Die *Weiße Rose* ist neben dem Widerstandskreis um Graf Stauffenberg heute eine der bekanntesten Widerstandsgruppen im Dritten Reich. Kern der Münchner Hitlergegner waren Hans Scholl, Alexander Schmorell, Sophie Scholl, Christoph Probst, Willi Graf und Professor Kurt Huber. Zwischen 1942 und 1943 verbreitete die Gruppe sechs Flugblätter, in denen sie zum Widerstand gegen das NS-Regime aufrief. Ihren Mut und ihre Entschlossenheit, sich gegen die Nazi-Diktatur zur Wehr zu setzen, bezahlten die sechs und ein weiterer Unterstützer, der Student Hans Leipelt, mit dem Leben. In diesem Band werden zum ersten Mal die zentralen Dokumente zur *Weißen Rose* kommentiert und historisch eingeordnet wiedergegeben. Die Geschichte des Münchner Widerstandskreises wird vor dem historischen Hintergrund des Krieges dargestellt und die wichtigsten Akteure werden biographisch porträtiert. Eindrucksvoll werden die dramatische letzte Aktion der Hitlergegner im Lichthof der Münchner Universität, die Verhöre der Gestapo und die Verhandlungen vor dem »Volksgerichtshof« sowie die Verbreitung des »Manifests der Münchner Studenten« auch noch nach deren Tod durch die Alliierten geschildert.

Ulrich Chaussy, geb. 1952, Publizist, produziert Kulturprogramme und historische Features im Radio, Filme sowie zahlreiche Veröffentlichungen, u. a. »Nachbar Hitler. Führerkult und Heimatzerstörung am Obersalzberg«. Mitarbeit an der von Otl Aicher für die »Weiße Rose Stiftung« konzipierten Ausstellung die »Weiße Rose«, Veröffentlichung der CD-ROM »Die Weiße Rose. Eine multimediale Dokumentation des deutschen Widerstandes«, Dokumentarfilm »Allen Gewalten zum Trotz« (mit Marieke Schröder).

Gerd. R. Ueberschär, geb. 1943, Historiker. Promotion 1976. Bis 1996 wiss. Mitarbeiter am Militärgeschichtlichen Forschungsamt in Freiburg/Potsdam, seit 1986 Lehrbeauftragter an der Freiburger Universität. 1996–2008 Historiker und Archivar im Bundesarchiv-Militärarchiv in Freiburg. Zahlreiche Veröffentlichungen, im Fischer Taschenbuch Verlag u. a. »Für ein anderes Deutschland. Der deutsche Widerstand gegen den NS-Staat 1933–1945«, »Das Nationalkomitee ›Freies Deutschland‹ und der Bund Deutscher Offiziere«, »Der Nationalsozialismus vor Gericht«, »Dienen und Verdienen. Hitlers Geschenke an seine Eliten« (zus. mit W. Vogel) sowie »Stauffenberg und das Attentat vom 20. Juli 1944. Darstellung, Biographien und Dokumente«.

Weitere Informationen, auch zu E-Book-Ausgaben, finden Sie bei www.fischerverlage.de

Ulrich Chaussy
Gerd R. Ueberschär

»Es lebe die Freiheit!«

Die Geschichte der *Weißen Rose*
und ihrer Mitglieder
in Dokumenten und Berichten

FISCHER Taschenbuch

MIX
Papier aus verantwor-
tungsvollen Quellen
FSC
www.fsc.org
FSC® C083411

2. Auflage: Juni 2013

Erschienen bei FISCHER Taschenbuch,
Frankfurt am Main, Februar 2013

© S. Fischer Verlag GmbH, Frankfurt am Main 2013
Gesamtherstellung: CPI – Clausen & Bosse, Leck
Printed in Germany
ISBN 978-3-596-18937-3

Inhalt

Einführung
von Gerd R. Ueberschär

»Es lebe die Freiheit«. Dies waren die letzten Worte von Hans Scholl, als er vor 70 Jahren am 22. Februar 1943 im Gefängnis München-Stadelheim nach einem Todesurteil des »Volksgerichtshofes« hingerichtet worden ist, weil er zusammen mit seiner Schwester Sophie Scholl sowie mit Alexander Schmorell und Christoph Probst und anderen Gegnern des NS-Regimes zum Widerstand gegen Hitlers Herrschaft aufgerufen hatte. Dass insbesondere die Forderung nach Freiheit das große Ziel des Münchner Widerstandskreises war, hat Eugen Grimminger, der die Gruppe damals finanziell unterstützte, überliefert: Es war mit seinen Worten der »Kampf um Gedankenfreiheit, freie Meinungsäußerung, Freiheit der Lebensgestaltung, Toleranz und Wahrung der Menschenrechte«,[1] der die Grundlage ihres Widerstandes gegen das NS-Regime bildete.

Im Februar 1943 befand sich das Dritte Reich seit dreieinhalb Jahren im Krieg gegen eine Übermacht von Feinden. Die Verluste und Schäden machten sich immer deutlicher auch im Alltag der Bevölkerung bemerkbar. Um diesen selbst begonnenen Krieg jedoch unerbittlich führen zu können, waren von der NS-Führung grausame Verbrechen angeordnet und durchgeführt sowie eine totalitäre Herrschaft eingerichtet worden. Der Widerstand des Kreises *Weiße Rose* um Hans Scholl und Alexander Schmorell richtete sich im Sommer 1942, als die ersten vier Flugblätter verteilt wurden, gegen diese diktatorische Gewaltherrschaft der Nationalsozialisten. Ihr Aufbegehren gegen das NS-Regime war – wie manche andere Opposition gegen Hitlers Herrschaft – nur punktuell sowohl in der Verbreitung als auch im Sympathisanten- und Teilnehmerkreis, aber zugleich fundamental und für das Regime gefährlich. Denn es befand sich gerade vom Sommer 1942 bis zum Februar 1943 mit dem militärischen Kampf um Stalingrad und der letztlich schweren Niederlage in der Wolgastadt in einer militärischen Krisensituation an der Ostfront, die auch die Kriegsbereitschaft in der Heimat tangierte. Am 3. Februar 1943 hatten die Reste einer ganzen deutschen Armee, der 6. Armee mit ursprünglich fast 300000 Soldaten unter Generalfeldmarschall Paulus, in Stalingrad kapitulieren müssen, nachdem sie Wochen zuvor von der Roten Armee von der deutschen Front abgeschnitten und an der Wolga eingekesselt worden war. Die immensen Verluste im Kampf um Stalingrad waren für den Widerstandskreis um die Geschwister Scholl und Alexander Schmorell ein zusätzlicher Anstoß, die deutsche Bevölkerung im Januar und Februar 1943 erneut zum Widerstand gegen Hitler und sein Regime aufzurufen. Neuere Untersuchungen zur *Weißen Rose* – wie von Detlef Bald in 2003 – betonen, dass die militärischen Erlebnisse und Erfahrungen im Rahmen von Einsätzen der Medizinstudenten als Sanitätsdienst-Unteroffiziere an der Ostfront vom Juli 1942 bis November 1942 motivierend für ihren Widerstand gegen das NS-Regime wirkten; auch wenn sie im Bereich der mittleren Ostfront und nicht im südlichen Abschnitt bei Stalingrad erfolgten. Sie hinterließen zweifellos bleibende und desillusionierende Eindrücke.[2] Diese Einschätzung und Bewertung der Kriegserlebnisse als besonderer Anstoß für den weiteren Widerstand führten allerdings auch zu kontroverser Forschungsdiskussion.[3] Die besondere Wirkung der Kriegserfahrungen an der Ostfront im Sommer und Herbst 1942 für die Widerstandsaktionen der *Weißen Rose* wurde dann von Detlef Bald bei der Herausgabe seiner Studie als Taschenbuch im Jahr 2004 erneut überzeugend dargestellt.[4]

Auch wenn nur 80 bis 100 Personen von den NS-Stellen bei deren Ermittlungen gegen den Widerstandskreis der *Weißen Rose* einbezogen wurden und dessen Flugblätter insgesamt nur eine Auflage von ca. 15000 Stück umfassten, so war die Widerstandsaktion zu dieser Zeit für das Regime in besonderem Maße gefährlich. Die ersten Flugblätter erschienen als anti-nationalsozialistische Protestaktion gegen das Regime im Sommer 1942, als das Regime eine neue Offensive im Süden der Ostfront unternahm, um die Kriegsinitiative nach dem vergeblichen Kampf um Moskau zurückzugewinnen, und ihre Verfasser konnten über mehrere Monate hinweg bis Mitte Februar 1943 weder entdeckt noch ihre Aktionen verhindert werden. Als der Widerstandskreis im Februar 1943 durch Zufall aufgedeckt worden war, wurden die verhafteten Mitglieder der *Weißen Rose* mit großer Härte verurteilt und in beschleunigtem Verfahren hingerichtet.

Bis heute ist die Münchner Studenten- und Jugendgruppe *Weiße Rose* um die Geschwister Scholl, Alexander Schmorell, Willi Graf und Christoph Probst neben den Gruppen um den 20. Juli 1944 der wohl bekannteste Widerstandskreis gegen Hitler und sein Regime innerhalb Deutschlands. Die Verteilung der Flugblätter der *Weißen Rose* und die aufgemalten Wandparolen mit anti-nationalsozialistischen Inhalten und Aufrufen an verschiedenen Gebäuden in München waren ein für die Öffentlichkeit deutlich sichtbares Zeichen und Symbol eines anderen, besseren Deutschland als das Dritte Reich der Nationalsozialisten.

Über die Grenzen Deutschlands hinaus werden die Protestaktionen der *Weißen Rose* gegen die NS-Herrschaft seit dem Erscheinen der ersten Monographie von Inge Scholl 1952,[5] der Schwester von Hans und Sophie Scholl, mit dem Abdruck der sechs Flugblätter und anderen Publikationen zum deutschen Widerstand in den 50er und 60er Jahren bis heute in besonderem Maße gewürdigt. So ist ihrer Forderung und ihrem Streben nach Freiheit beispielhaft in der »Hall of Freedom« im Eispalast auf dem Jungfraugipfel in der Schweiz eine besondere Gedenkstätte gewidmet. Ebenso große Aufmerksamkeit erzielte die von der Weiße Rose-Stiftung in München konzipierte Wanderausstellung über die Geschichte des Widerstandskreises um Hans Scholl und Alexander Schmorell. Seit 1990 ist sie erfolgreich in über 340 Ausstellungsorten und 17 Ländern Europas sowie auch in den USA, Australien und Südafrika präsentiert worden. Zudem wurde sie von 1999 bis 2004 in Zusammenarbeit mit der Orenburger Stiftung »Eurasia« in 16 Städten Russlands bis weit nach Sibirien hinein mit großem Interesse und Echo gezeigt. Darüber hinaus wurde in Orenburg, dem russischen Geburtsort von Alexander Schmorell im Südural, im September 2004 eine dauerhafte Gedenkstätte »Die Weiße Rose« eröffnet.

Die weltweite Anerkennung der Widerstandsgruppe *Weiße Rose* sollte allerdings nicht zu der Annahme führen, deren Widerstand gegen den Nationalsozialismus sei von Anfang an vorhanden gewesen und ihre Mitglieder als »weiße, lupenreine« Helden auf einem Denkmal zu präsentieren. Denn, wie bei anderen Hitlergegnern – etwa aus dem Kreis des 20. Juli 1944 um Graf von Stauffenberg – auch, dokumentierten mittlerweile einige neue Studien, dass z. B. auch Hans und Sophie Scholl anfangs von der NS-Bewegung begeistert waren oder zumindest dabei mitmachen wollten, da der Nationalsozialismus ihren eigenen Vorstellungen eines nationalen Aufbruchs zu entsprechen schien. Die Nähe zu NS-Ideen änderte sich allerdings, als die NS-Rassen- und Kriegspolitik ab Kriegsbeginn im September 1939 immer rücksichtsloser und brutaler wurde. Die Studien zeigen, dass Brüche in ihrem Verhalten zum Nationalsozialismus vorlagen und keineswegs eine gradlinige Entwicklung hin zur späteren Widerstandshaltung.

Bis heute, 70 Jahre nach den Widerstandsaktionen, liegt eine große Zahl an Forschungsstudien und Publikationen über den Widerstandskreis der *Weißen Rose* vor.[6] Darunter sind auch einige Quelleneditionen mit Briefen und Tagebücher. Viele Jahre war die Quellenlage nicht günstig. Dies änderte sich erst nach dem Zusammenbruch der kommunistischen Systeme in der UdSSR und DDR in den 90er Jahren.[7] Während die Texte der Flugblätter der *Weißen Rose* schon länger bekannt waren, wurden die verschiedenen Vernehmungsprotokolle und andere

Unterlagen der NS-Ermittlungsstellen erst 1989/90 zugänglich. Auf einigen Umwegen sind sie mittlerweile in Berlin gelandet, wo sie nun im Bundesarchiv aufbewahrt werden, so dass sich die Forschung über die Geschichte der *Weißen Rose* auf die überlieferten Verhörprotokolle und weitere Ermittlungsunterlagen der Gestapo als besondere primäre Quellenstücke stützen kann. Bis dorthin war es ein langer Weg.

Die von der Gestapo nach Verhaftung der Mitglieder der *Weißen Rose* angefertigten Vernehmungsprotokolle hatten den Zweiten Weltkrieg und die Wirren des Kriegsendes überstanden. Sie fielen als Teil der Akten des Volksgerichtshofes, die bei Kriegsende 1945 in Potsdam lagen, in die Hände der Roten Armee und wurden anschließend nach Moskau transportiert. Dort kamen die Verhörprotokolle mit anderen erbeuteten deutschen Akten im Sonderarchiv unter Verschluss. Einige Jahre nach Gründung der DDR wurden sie an die DDR übergeben – außer jenen Unterlagen, die den 1917 im russischen Orenburg geborenen Alexander Schmorell betrafen. Danach gelangten sie zum Teil in das Zentrale Parteiarchiv (ZPA) des Instituts für Marxismus-Leninismus beim Zentralkomitee der SED und teilweise in das Archiv des Ministeriums für Staatssicherheit (MfS). Dort blieben sie weitgehend unter Verschluss. Zuletzt befanden sich die Akten sowohl im zentralen Staatsarchiv der DDR als auch im ausgelagerten MfS-Archiv in Dahlwitz-Hoppegarten. Nach dem Ende des ostdeutschen Staates kamen sie 1990 in den übernommenen Bestand des Bundesarchivs Berlin und wurden endlich auch der wissenschaftlichen Forschung als Quelle zur Einsichtnahme und Auswertung frei zugänglich gemacht.

Möglicherweise wollte die SED-Führung in Ostberlin durch die Zurückhaltung der Dokumente umfängliche Studien und größere Publikationen zur Geschichte der *Weißen Rose* vermeiden, da sie die vielgepriesene Besonderheit und »herausragende Stellung« des kommunistischen Widerstandes relativiert hätten. Im Parteiarchiv standen die Protokolle viele Jahre nur einigen DDR-Historikern zur Verfügung[8] oder wurden nur nach parteipolitischer Hilfe und besonderer Genehmigung des damaligen DDR-Staatsratsvorsitzenden Erich Honecker westdeutschen Publizistinnen und Forschern über die *Weiße Rose* – wie z. B. Anneliese Knoop-Graf für ihre Edition der Briefe von Willi Graf im Jahre 1984 – zugänglich gemacht;[9] dadurch konnten sie auch bis dahin in zentralen Quelleneditionen zur *Weißen Rose*, die in der Bundesrepublik erschienen, nicht abgedruckt werden.[10]

Die Alexander Schmorell betreffenden Akten blieben allerdings überwiegend in Moskau, sie kamen ins Zentrum für die Aufbewahrung historischer Dokumentensammlungen (früher Sonderarchiv für erbeutetes Archivgut) und schließlich ins staatliche Militärarchiv Russlands (RGVA) in Moskau. Sie gehören damit zum Beutegut des Zweiten Weltkrieges, dessen Rückgabe durch Beschluss der russischen Duma nach wie vor verwehrt ist. Inzwischen liegt auf der Grundlage dieses Moskauer Aktenbestandes eine in Orenburg erschienene, sorgfältige deutsch-russische Publikation zu den Verhörprotokollen Alexander Schmorells vor.[11]

Nur ein kleiner Bestand der Akten des VGH – die Unterlagen des Oberreichsanwaltes beim Volksgerichtshof und einige Handakten des 1. Senats – fiel 1945 der US-Armee in die Hände. Sie wurden in die Bestände des US-Berlin Document Center und des Bundesarchivs Koblenz aufgenommen. Beide Bestände wurden dann im Bundesarchiv Abteilung Potsdam zusammengeführt, um danach dem Bestand des Bundesarchivs Berlin mit den DDR-Archivalien zugeordnet zu werden.

Die seit 1990 neu zugänglichen Vernehmungsprotokolle der Gestapo sind – trotz ihrer Quellenproblematik – als wertvolle und aussagefähige Schriftstücke für die Motive, Ziele und Hintergründe der Mitglieder der *Weißen Rose* anzusehen. Sie gelten insgesamt als sehr ergiebige Quellen bezüglich Informationen und Fakten zur Geschichte der *Weißen Rose* und werden in der neueren Literatur seit 1990 mit ausgewertet.

Eine kritische Diskussion und ein negatives Echo erfuhren neuere Überlegungen in der Literatur, die den Verfassern der Flugblätter vorhielten, sie hätten den im NS-Staat gesetzlich legitimierten Antisemitismus »hingenommen« und grundsätzlich keine Kritik am Antisemitismus des NS-Regimes entwickelt.[12] Auch wenn dabei ein möglicher Antijudaismus bzw. Antisemitismus beim Kreis der *Weißen Rose* als »Kind seiner Zeit« interpretiert wird, so ist die im zweiten Flugblatt von Alexander Schmorell verfasste Anklage gegen den Nationalsozialismus wegen der bestialischen Ermordung von 300 000 Juden im eroberten Polen nach dem September 1939 eine der nicht zu übersehenden, eindrücklichsten Vorhaltungen der NS-Gewaltverbrechen. Mit großer Schärfe wurden diese Gewalttaten als »das fürchterlichste Verbrechen an der Würde des Menschen« bezeichnet. Es war nach den Worten von Hans Scholl und Alexander Schmorell »ein Verbrechen, dem sich kein ähnliches in der ganzen Menschengeschichte an die Seite stellen kann«. Ebenso ablehnend wurden auch Hinweise bewertet, wonach die Geschwister Scholl möglicherweise unter Einfluss von Betäubungsmitteln standen, als sie die Flugblätter übermütig oder realitätsfern im Lichthof der Universität München verstreuten.[13]

Die Vernehmungsprotokolle der Gestapo waren dann Inspiration und Basis für den von Fred Breinersdorfer und Marc Rothermund im Jahr 2004 produzierten Film »Sophie Scholl – Die letzten Tage«, der – nicht zuletzt durch seine Oscar-Nominierung in den USA – mit großem Erfolg gezeigt und überaus positiv aufgenommen wurde. Ebenso erfolgreich war der von Fred Breinersdorfer zum Film herausgegebene Begleitband mit der Wiedergabe des Drehbuchs. Er erschien bis 2005 in fünf Auflagen und wurde in zwei Bänden auch ins Japanische übersetzt und in Japan herausgegeben.[14]

Auch für den vorliegenden Band sind die überlieferten Vernehmungsprotokolle und der Abdruck weiterer historischer Archivalien aus dem von der Roten Armee 1945 erbeuteten

Aktenbestand des Volksgerichtshofes ein wichtiger und zentraler Teil der Dokumentation und Darstellung zur Geschichte der *Weißen Rose*. Ihr umfangreicher Abdruck soll es dem Leser ermöglichen, anhand dieser primären Quellenstücke Hintergründe und Motive im Denken und Handeln der Mitglieder des Widerstandskreises um Hans Scholl und Alexander Schmorell zu erkennen und zu bewerten.

Anmerkungen

1 Zitiert nach: Hochverrat? Die »Weiße Rose« und ihr Umfeld. Hrsg. v. Rudolf Lill unter Mitarbeit von Michael Kißener. Konstanz 1993, S. 134.
2 Vgl. insbesondere Detlef Bald: Die »Weiße Rose«. Von der Front in den Widerstand. Berlin 2003.
3 Siehe Johannes Tuchel: »Von der Front in den Widerstand?« Kritische Überlegungen zu Detlef Balds Neuerscheinung über die »Weiße Rose«. In: Zeitschrift für Geschichtswissenschaft 51 (2003), S. 1022–1045; Armin Ziegler: Widerstand in Sachen »Weiße Rose«. Kritische Anmerkungen zu dem Buch von Detlef Bald: Die »Weiße Rose«. Von der Front in den Widerstand. Selbstverlag Schönaich 2003; Karl Heinz Jahnke: Jüngste Auseinandersetzungen um die Geschichte der Münchener Widerstandsgruppe Weiße Rose. In: Informationen – Studienkreis Deutscher Widerstand Frankfurt / Main 29. Jg., Nr. 59 v. Mai 2004, S. 33–35.
4 Detlef Bald: Die »Weiße Rose«. Von der Front in den Widerstand. Berlin 2004 (Taschenbuchausgabe), S. 11, 14 f., 22 ff.
5 Inge Scholl: Die Weiße Rose. Frankfurt am Main 1952.
6 Siehe dazu die bibliographischen Hinweise bei Ernst Fleischhack: Die Widerstandsbewegung »Weiße Rose«. Literaturbericht und Bibliographie. In: Jahresbibliographie der Bibliothek für Zeitgeschichte. Weltkriegsbücherei 42 (1970, erschienen 1971), S. 459–507; Wilfried Breyvogel: Die Gruppe »Weiße Rose«. Anmerkungen zur Rezeptionsgeschichte und kritischen Rekonstruktion. In: Piraten, Swings und Junge Garde. Jugendwiderstand im Nationalsozialismus. Hrsg. v. Wilfried Breyvogel. Bonn 1991; Michael Kißener: Literatur zur Weißen Rose 1971–1992. In: Hochverrat? Die »Weiße Rose« und ihr Umfeld. Hrsg. v. Rudolf Lill. Konstanz 1993, S. 159–179; Tatjana Blaha: Willi Graf und die Weiße Rose. Eine Rezeptionsgeschichte. München 2003.
Zur Darstellung und Dokumentation des Widerstandskreises »Weiße Rose« siehe: Inge Scholl: Die Weiße Rose. Frankfurt am Main 1.–3. Aufl. 1952, Lizenzausgabe Fischer Verlag 1955, danach erweiterte Neuausgaben ab 1982 und 1993 sowie Taschenbuchausgabe 1983; Klaus Vielhaber: Widerstand im Namen der deutschen Jugend. Willi Graf und die Weiße Rose. Eine Dokumentation. Würzburg 1963 (Neuausgabe u. d. T.: Gewalt und Gewissen); Christian Petry: Studenten aufs Schafott. Die Weiße Rose und ihr Scheitern. München 1968; Wir schweigen nicht! Eine Dokumentation über den antifaschistischen Kampf Münchner Studenten 1942 / 43. Hrsg. v. Klaus Drobisch. Berlin-Ost 1968, 1977, 1983; Karl Heinz Jahnke: Weiße Rose contra Hakenkreuz. Der Widerstand der Geschwister Scholl und ihrer Freunde. Frankfurt am Main 1969; Richard Hanser: Deutschland zuliebe. Leben und Sterben der Geschwister Scholl. Die Geschichte der Weißen Rose. München 1979, 1982; Hermann Vinke: Das kurze Leben der Sophie Scholl. Ravensburg 1980, 6. Aufl. 1991, Taschenbuchausgabe 1986; Michael Verhoeven / Mario Krebs: Die Weiße Rose. Der Widerstand Münchner Studenten gegen Hitler. Informationen zum Film. Frankfurt am Main 1982; Gerhard Schott: Die Weiße Rose. Studenti-

scher Widerstand im Dritten Reich 1943. Gedenkausstellung der Universitätsbibliothek München 1983. München 1983; Hans Scholl und Sophie Scholl. Briefe und Aufzeichnungen. Hrsg. v. Inge Jens. Frankfurt am Main 1984, Neuauflage als Taschenbuchausgabe 1988, 1993; »... Der Tod war nicht vergebens«. Kurt Huber zum Gedächtnis. Hrsg. v. Clara Huber. München 1986; Willi Graf. Briefe und Aufzeichnungen. Hrsg. v. Anneliese Knoop-Graf und Inge Jens. Frankfurt am Main 1988, Neuauflage als Taschenbuchausgabe 1994; Annette E. Dumbach / Jud Newborn: Wir sind euer Gewissen. Die Geschichte der Weißen Rose. Stuttgart 1988, Freiburg 2002 (zuerst in englischer Ausgabe u. d. T.: Shattering the German Night. Boston / Toronto 1986); Anneliese Knoop-Graf: »Jeder Einzelne trägt die ganze Verantwortung«. Willi Graf und die Weiße Rose. Berlin 1991; dies.: »Jeder trägt die ganze Verantwortung«. Widerstand am Beispiel Willi Graf. In: Piraten, Swings und Junge Garde. Jugendwiderstand im Nationalsozialismus. Hrsg. v. Wilfried Breyvogel. Bonn 1991, S. 222–240; dies.: Hochverräter? Willi Graf und die Ausweitung des Widerstands. In: Hochverrat? Die »Weiße Rose« und ihr Umfeld. Hrsg. v. Rudolf Lill. Konstanz 1993, S. 43–88; Harald Steffahn: Die Weiße Rose. Reinbek 1992; Hochverrat? Die »Weiße Rose« und ihr Umfeld. Hrsg. v. Rudolf Lill unter Mitarbeit von Michael Kißener. Konstanz 1993; Die Weiße Rose und das Erbe des deutschen Widerstandes. Münchner Gedächtnisvorlesungen. München 1993; Michael C. Schneider / Winfried Süß: Keine Volksgenossen. Studentischer Widerstand der Weißen Rose. München 1993; Sippenhaft. Nachrichten und Botschaften der Familie in der Gestapo-Haft nach der Hinrichtung von Hans und Sophie Scholl. Hrsg. v. Inge Aicher-Scholl. Frankfurt am Main 1993; Lilo Fürst-Ramdohr: Freundschaften in der Weißen Rose. München 1995; Susanne Hirzel. Vom Ja zum Nein – eine schwäbische Jugend 1933–1945. Tübingen 1998; Barbara Leisner: »Ich würde es genauso wieder machen«. Sophie Scholl. München 2000, 4. Aufl. 2001, 5. Aufl. 2003; »Weitertragen«. Studien zur Weißen Rose. Festschrift für Anneliese Knoop-Graf zum 80. Geburtstag. Hrsg. v. Michael Kißener und Bernhard Schäfers. Konstanz 2001; Karl-Heinz Jahnke: Weiße Rose contra Hakenkreuz. Studenten im Widerstand 1942 / 43. Einblicke in viereinhalb Jahrzehnte Forschung. Rostock 2003; Detlef Bald: Die »Weiße Rose«. Von der Front in den Widerstand. Berlin 2003, 2. Aufl. 2009; Luise Schultze-Jahn: »Und der Geist lebt trotzdem weiter!« Widerstand im Zeichen der Weißen Rose. Berlin 2003; Werner Milstein: Mut zum Widerstand. Sophie Scholl – Ein Porträt. Neukirchen 2003; Alexander Schmorell. Gestapo-Verhörprotokolle Februar–März 1943. Hrsg. v. Igor Chramow. Orenburg 2005; Hermann Vinke: Hoffentlich schreibst du recht bald. Sophie Scholl und Fritz Hartnagel. Eine Freundschaft 1937–1943. Ravensburg 2005; »Wider die Kriegsmaschinerie«. Kriegserfahrungen und Motive des Widerstandes der »Weissen Rose«. Hrsg. v. Detlef Bald. Essen 2005; Ein Weggefährte der Geschwister Scholl. Die Briefe des Josef Furtmeier 1938–1947. Hrsg. v. Sönke Zankel und Christine Hikel. München 2005; Hermann Vinke: Fritz Hartnagel. Der Freund von Sophie Scholl. Zürich 2005; Sophie Scholl – Fritz Hartnagel. Damit wir uns nicht verlieren. Briefwechsel 1937–1943. Hrsg. v. Thomas Hartnagel. Frankfurt am Main 2005; Sibylle Bassler: Die Weiße Rose. Zeitzeugen erinnern sich. Hamburg 2006; Sönke Zankel: Die Weisse Rose war nur der Anfang. Geschichte eines Widerstandskreises. Köln, Weimar, Wien 2006; erweiterte Fassung dieses Buches u. d. T.: Mit Flugblättern gegen Hitler. Der Widerstandskreis um Hans Scholl und Alexander Schmorell. Köln, Weimar, Wien 2008; Rosemarie Schumann: Leidenschaft und Leidensweg. Kurt Huber im Widerspruch zum Nationalsozialismus. Düsseldorf 2007; Peter Goergen: Willi Graf – Ein Weg in den Widerstand. St. Ingbert 2009; Barbara Beuys: Sophie Scholl. Biographie. München 2010; Der studentische Freundeskreis der Weißen Rose. Ausgewählte Brief- und Tagebuchauszüge. Hrsg. v. Heinrich Kanz. Frankfurt am Main 2011; Christiane Moll: Alexander Schmorell – Christoph Probst. Gesammelte Briefe. Berlin 2011; Peter N. Waage: Es lebe die Freiheit. Traute Lafrenz und die Weiße Rose. Stuttgart 2012; Die Stärkeren im Geiste. Zum christlichen Widerstand der Weißen Rose. Hrsg. v. Detelef Bald und Jakob Knab. Essen 2012; Barbara Ellermeier: Hans Scholl. Biographie. Hamburg 2012. Zu weiteren Literaturhinweisen und Bewertungen siehe die ›Kommentierte Auswahlbibliographie‹ in diesem Band, Seite 517 bis 525.

7 Zur Quellensituation in den Archiven siehe generell Archiv des Instituts für Zeitgeschichte (IfZ) München: ED 106/101, Archivbestand Walter Hammer; ebenda, Fa 215/1–5: Prozessakten, Flugblätter, Korrespondenzen, Berichte und Sammlungen betr. »Weiße Rose« (Sammlung Auerbach) und ED 474: Nachlass Inge Aicher-Scholl; Gedenkstätte Deutscher Widerstand (GDW) Berlin, Sammlung »Weiße Rose« u. a. Nachlass Harnack; BA Berlin (früherer Bestand in Hoppegarten): ZC 13267, Bd. 1–16 u. a. zu Hans Scholl, Sophie Scholl, Christoph Probst, Traute Lafrenz, Eugen Grimminger, Gisela Schertling und Katharine Schüddekopf; ZC 14116, Bd. 1–2 zu Hans Hirzel, Susanne Hirzel und Helmut Bauer; ZC 19601; NJ (Nationalsozialistische Justiz) 1704, Bd. 1–33 u. a. zu Kurt Huber und Wilhelm Graf sowie NJ 6136 zu Heinrich Guter; Stadtarchiv München: Nachlass Kurt Huber; Russisches Staatliches Militärarchiv (RGVA) Moskau: 1361–1–8808 mit den Verhörprotokollen und Verhandlungsunterlagen gegen Alexander Schmorell.

8 Vgl. die Zitatstellen aus den Vernehmungsprotokollen und Prozessunterlagen bei Karl-Heinz Jahnke: Jugend im Widerstand 1933–1945. 2. Aufl. Frankfurt am Main 1985 (zuerst Berlin-Ost 1970 u. d. T.: Entscheidungen – Jugend im Widerstand 1933–1945), S. 108 ff., 116 f.; ferner: Wir schweigen nicht! Eine Dokumentation über den antifaschistischen Kampf Münchner Studenten 1942/43. Hrsg. v. Klaus Drobisch. Berlin-Ost 1968, 1977, 1985. Sie standen wohl auch Margot Pikarski zur Verfügung.

9 Siehe die Angabe bei: Willi Graf. Briefe und Aufzeichnungen. Hrsg. v. Anneliese Knoop-Graf und Inge Jens. Frankfurt am Main 1988, Neuauflage als Taschenbuchausgabe 1994, S. 252.

10 Als zentrale Publikation siehe Inge Scholl: Die Weiße Rose. Frankfurt am Main 1.–3. Aufl. 1952, 1955, erweiterte Neuausgaben ab 1982 und 1993 sowie Taschenbuchausgabe 1983 mit Abdruck der beiden Urteile des »Volksgerichtshofes« v. 22.2.1943 und 19.4.1943 sowie mehrerer Augenzeugenberichte, jedoch ohne Wiedergabe der Verhörprotokolle.

11 Alexander Schmorell. Gestapo-Verhörprotokolle Februar-März 1943. Hrsg. v. Igor Chramow. Orenburg 2005.

12 Vgl. Sönke Zankel: Die Weisse Rose war nur der Anfang. Köln, Weimar, Wien 2006, S. 154 ff., 157, auch zum Folgenden.

13 Ebenda, S. 120 ff.; ebenso Sönke Zankel: Mit Flugblättern gegen Hitler. Der Widerstandskreis um Hans Scholl und Alexander Schmorell. Köln, Weimar, Wien 2008, S. 405 ff.; Armin Ziegler: Die Demontage von »Halbgöttern«. Sönke Zankels Biographien der Weißen Rose – eine kritische Stellungnahme. Selbstverlag Schönaich 2007.

14 Sophie Scholl – Die letzten Tage. Mit Beiträgen von Fred Breinersdorfer (Hrsg.), Ulrich Chaussy, Marc Rothermund und Gerd R. Ueberschär. Frankfurt am Main 2005, 5. Auflage 2006.

I. Die Flugblattaktionen
des Widerstandskreises *Weiße Rose*

*Die Texte der sechs Flugblätter der Münchner Widerstands-
gruppe* Weiße Rose *sind nachfolgend nur in geringem Umfange der neueren Rechtschreibung angepasst worden. Unterstreichungen und gesperrte Hervorhebungen in den
Flugblättern wurden in kursiver Schrift gesetzt.*

*Zusätzlich abgedruckt ist der Flugblattentwurf von Chri-
stoph Probst, den er Ende Januar 1943 für Hans Scholl handschriftlich formuliert hat. Er wurde als Flugschrift jedoch nicht
mehr hergestellt und verteilt. Der Text wurde bei Hans Scholl
bei dessen Verhaftung gefunden. Scholl gelang es dabei nicht,
ihn zu zerstören. Probst musste dann in der Haft den Text aus
den zerrissenen Papierfetzen rekonstruieren.*

*Die Hinweise zur Anzahl der gedruckten Flugblätter, zum
Verbreitungsgebiet, zur Verbreitungszeit und zu den Verfassern der Flugblätter folgen den Angaben in den Vernehmungsprotokollen der Betroffenen.*

*Ebenso aufgenommen sind die beiden im Rahmen der
Gestapo-Ermittlungsarbeit in Auftrag gegebenen textkritisch-
wissenschaftlichen Gutachten des Münchner Professors Richard Harder, die dieser nach dem 17. Februar 1943 »geheim«
für die Münchner Staatspolizeistelle zu erstellen hatte. Harder erkannte in seiner textkritischen Untersuchung nicht, dass
mehrere Verfasser an der Formulierung der Flugblätter beteiligt waren.*

Flugblätter der *Weißen Rose*

I

Nichts ist eines Kulturvolkes unwürdiger, als sich ohne Widerstand von einer verantwortungslosen und dunklen Trieben ergebenen Herrscherclique ›regieren‹ zu lassen. Ist es nicht so, dass sich jeder ehrliche Deutsche heute seiner Regierung schämt, und wer von uns ahnt das Ausmaß der Schmach, die über uns und unsere Kinder kommen wird, wenn einst der Schleier von unseren Augen gefallen ist und die grauenvollsten und jegliches Maß unendlich überschreitenden Verbrechen ans Tageslicht treten? Wenn das deutsche Volk schon so in seinem tiefsten Wesen korrumpiert und zerfallen ist, dass es, ohne eine Hand zu regen, im leichtsinnigen Vertrauen auf eine fragwürdige Gesetzmäßigkeit der Geschichte das Höchste, das ein Mensch besitzt und das ihn über jede andere Kreatur erhöht, nämlich den freien Willen, preisgibt, die Freiheit des Menschen preisgibt, selbst mit einzugreifen in das Rad der Geschichte und es seiner vernünftigen Entscheidung unterzuordnen – wenn die Deutschen, so jeder Individualität bar, schon so sehr zur geistlosen und feigen Masse geworden sind, dann, ja dann verdienen sie den Untergang.

Goethe spricht von den Deutschen als einem tragischen Volke, gleich dem der Juden und Griechen, aber heute hat es eher den Anschein, als sei es eine seichte, willenlose Herde von Mitläufern, denen das Mark aus dem Innersten gesogen und die nun ihres Kerns beraubt, bereit sind, sich in den Untergang hetzen zu lassen. Es scheint so – aber es ist nicht so; vielmehr hat man in langsamer, trügerischer, systematischer Vergewaltigung jeden einzelnen in ein geistiges Gefängnis gesteckt, und erst als er darin gefesselt lag, wurde er sich des Verhängnisses bewußt. Wenige nur erkannten das drohende Verderben, und der Lohn für ihr heroisches Mahnen war der

Tod. Über das Schicksal dieser Menschen wird noch zu reden sein.

Wenn jeder wartet, bis der andere anfängt, werden die Boten der rächenden Nemesis unaufhaltsam näher und näher rücken, dann wird auch das letzte Opfer sinnlos in den Rachen des unersättlichen Dämons geworfen sein. Daher muss jeder einzelne seiner Verantwortung als Mitglied der christlichen und abendländischen Kultur bewußt in dieser letzten Stunde sich wehren, soviel er kann, arbeiten wider die Geißel der Menschheit, wider den Faschismus und jedes ihm ähnliche System des absoluten Staates. Leistet passiven Widerstand –*Widerstand* –, wo immer Ihr auch seid, verhindert das Weiterlaufen dieser atheistischen Kriegsmaschine, ehe es zu spät ist, ehe die letzten Städte ein Trümmerhaufen sind, gleich Köln, und ehe die letzte Jugend des Volkes irgendwo für die Hybris eines Untermenschen verblutet ist. Vergeßt nicht, dass ein jedes Volk diejenige Regierung verdient, die es erträgt!

Aus Friedrich Schiller, ›Die Gesetzgebung des Lykurgus und Solon‹:

»... Gegen seinen eigenen Zweck gehalten, ist die Gesetzgebung des Lykurgus ein Meisterstück der Staats- und Menschenkunde. Er wollte einen mächtigen, in sich selbst gegründeten, unzerstörbaren Staat; politische Stärke und Dauerhaftigkeit waren das Ziel, wonach er strebte, und dieses Ziel hat er so weit erreicht, als unter seinen Umständen möglich war. Aber hält man den Zweck, welchen Lykurgus sich vorsetzte, gegen den Zweck der Menschheit, so muss eine tiefe Mißbilligung an die Stelle der Bewunderung treten, die uns der erste flüchtige Blick abgewonnen hat. Alles darf dem Besten des Staats zum Opfer gebracht werden, nur dasjenige nicht, dem der Staat selbst nur als ein Mittel dient. Der Staat selbst ist niemals Zweck, er ist nur wichtig als eine Bedingung, unter welcher der Zweck der Menschheit erfüllt werden kann, und dieser Zweck der Menschheit ist kein anderer, als Ausbildung aller Kräfte des Menschen, Fortschreitung. Hindert eine Staatsver-

24

fassung, dass alle Kräfte, die im Menschen liegen, sich entwikkeln; hindert sie die Fortschreitung des Geistes, so ist sie verwerflich und schädlich, sie mag übrigens noch so durchdacht und in ihrer Art noch so vollkommen sein. Ihre Dauerhaftigkeit selbst gereicht ihr alsdann viel mehr zum Vorwurf als zum Ruhme – sie ist dann nur ein verlängertes Übel; je länger sie Bestand hat, um so schädlicher ist sie.

... Auf Unkosten aller sittlichen Gefühle wurde das politische Verdienst errungen und die Fähigkeit dazu ausgebildet. In Sparta gab es keine eheliche Liebe, keine Mutterliebe, keine kindliche Liebe, keine Freundschaft – es gab nichts als Bürger, nichts als bürgerliche Tugend.

... Ein Staatsgesetz machte den Spartanern die Unmenschlichkeit gegen ihre Sklaven zur Pflicht; in diesen unglücklichen Schlachtopfern wurde die Menschheit beschimpft und mißhandelt. In dem spartanischen Gesetzbuche selbst wurde der gefährliche Grundsatz gepredigt, Menschen als Mittel und nicht als Zwecke zu betrachten – dadurch wurden die Grundfesten des Naturrechts und der Sittlichkeit gesetzmäßig eingerissen.

... Welch schöneres Schauspiel gibt der rauhe Krieger Gaius Marcius in seinem Lager vor Rom, der Rache und Sieg aufopfert, weil er die Tränen der Mutter nicht fließen sehen kann!

... Der Staat (des Lykurgus) könnte nur unter der einzigen Bedingung fortdauern, wenn der Geist des Volks stillstünde; er könnte sich also nur dadurch erhalten, dass er den höchsten und einzigen Zweck eines Staates verfehlte.«

Aus Goethes ›Des Epimenides Erwachen‹, zweiter Aufzug, vierter Auftritt:
»Genien
...
Doch was dem Abgrund kühn entstiegen,
Kann durch ein ehernes Geschick

Den halben Weltkreis übersiegen,
Zum Abgrund muss es doch zurück.
Schon droht ein ungeheures Bangen,
Vergebens wird er widerstehn!
Und alle, die noch an ihm hangen,
Sie müssen mit zu Grunde gehn.

Hoffnung
Nun begegn' ich meinen Braven,
Die sich in der Nacht versammelt,
Um zu schweigen, nicht zu schlafen,
Und das schöne Wort der Freiheit
Wird gelispelt und gestammelt,
Bis in ungewohnter Neuheit
Wir an unsrer Tempel Stufen
Wieder neu entzückt es rufen:
(Mit Überzeugung laut:)
Freiheit!
(gemäßigter)
Freiheit!
(von allen Seiten und Enden Echo)
Freiheit!«

Wir bitten Sie, dieses Blatt mit möglichst vielen Durchschlägen abzuschreiben und weiterzuverteilen!

Anzahl der gedruckten Flugblatt-Exemplare: ca. 100 Stück
Verbreitungsgebiet: per Post im Raum München verschickt
Zeit der Verbreitung: 27.6. – 12.7.1942
Verfasser des Flugblattes: Hans Scholl, Alexander Schmorell

Flugblätter der *Weißen Rose*

II

Man kann sich mit dem Nationalsozialismus geistig nicht auseinandersetzen, weil er ungeistig ist. Es ist falsch, wenn man von einer nationalsozialistischen Weltanschauung spricht, denn wenn es diese gäbe, müsste man versuchen, sie mit geistigen Mitteln zu beweisen oder zu bekämpfen – die Wirklichkeit aber bietet uns ein völlig anderes Bild: schon in ihrem ersten Keim war diese Bewegung auf den Betrug des Mitmenschen angewiesen, schon damals war sie im Innersten verfault und konnte sich nur durch die stete Lüge retten. Schreibt doch Hitler selbst in einer frühen Auflage ›seines‹ Buches (ein Buch, das in dem übelsten Deutsch geschrieben worden ist, das ich je gelesen habe; dennoch ist es von dem Volke der Dichter und Denker zur Bibel erhoben worden): »Man glaubt nicht, wie man ein Volk betrügen muss, um es zu regieren.« Wenn sich nun am Anfang dieses Krebsgeschwür des deutschen Volkes noch nicht allzusehr bemerkbar gemacht hatte, so nur deshalb, weil noch gute Kräfte genug am Werk waren, es zurückzuhalten. Wie es aber größer und größer wurde und schließlich mittels einer letzten gemeinen Korruption zur Macht kam, das Geschwür gleichsam aufbrach und den ganzen Körper besudelte, versteckte sich die Mehrzahl der früheren Gegner, flüchtete die deutsche Intelligenz in ein Kellerloch, um dort als Nachtschattengewächs, dem Licht und der Sonne verborgen, allmählich zu ersticken. Jetzt stehen wir vor dem Ende. Jetzt kommt es darauf an, sich gegenseitig wiederzufinden, aufzuklären von Mensch zu Mensch, immer daran zu denken und sich keine Ruhe zu geben, bis auch der Letzte von der äußersten Notwendigkeit seines Kämpfens wider dieses System überzeugt ist. Wenn so eine Welle des Aufruhrs durch das Land geht, wenn ›es in der Luft liegt‹, wenn viele mitmachen, dann kann in einer letzten, gewaltigen Anstrengung dieses System abgeschüttelt werden. Ein Ende mit Schrecken ist immer noch besser als ein Schrecken ohne Ende.

Es ist uns nicht gegeben, ein endgültiges Urteil über den Sinn unserer Geschichte zu fällen. Aber wenn diese Katastrophe uns zum Heile dienen soll, so doch nur dadurch: durch das Leid gereinigt zu werden, aus der tiefsten Nacht heraus das Licht zu ersehnen, sich aufzuraffen und endlich mitzuhelfen, das Joch abzuschütteln, das die Welt bedrückt.

———————

Nicht über die Judenfrage wollen wir in diesem Blatte schreiben, keine Verteidigungsrede verfassen – nein, nur als Beispiel wollen wir die Tatsache kurz anführen, die Tatsache, dass seit der Eroberung Polens *dreihunderttausend* Juden in diesem Land auf bestialischste Art ermordet worden sind. Hier sehen wir das fürchterlichste Verbrechen an der Würde des Menschen, ein Verbrechen, dem sich kein ähnliches in der ganzen Menschengeschichte an die Seite stellen kann. Auch die Juden sind doch Menschen – man mag sich zur Judenfrage stellen wie man will –, und an Menschen wurde solches verübt. Vielleicht sagt jemand, die Juden hätten ein solches Schicksal verdient; diese Behauptung wäre eine ungeheure Anmaßung; aber angenommen, es sagte jemand dies, wie stellt er sich dann zu der Tatsache, dass die gesamte polnische adelige Jugend vernichtet worden ist (gebe Gott, dass sie es noch nicht ist!)? Auf welche Art, fragen Sie, ist solches geschehen? Alle männlichen Sprößlinge aus adeligen Geschlechtern zwischen 15 und 20 Jahren wurden in Konzentrationslager nach Deutschland zur Zwangsarbeit, alle Mädchen gleichen Alters nach Norwegen in die Bordelle der SS verschleppt! Wozu wir dies Ihnen alles erzählen, da Sie es schon selber wissen, wenn nicht diese, so andere gleich schwere Verbrechen des fürchterlichen Untermenschentums? Weil hier eine Frage berührt wird, die uns alle zutiefst angeht und allen zu denken geben *muss*. Warum verhält sich das deutsche Volk angesichts all dieser scheußlichsten menschenunwürdigsten Verbrechen so apathisch? Kaum irgend jemand macht sich Gedanken darüber. Die Tatsache wird als solche hingenommen und ad acta gelegt. Und wieder schläft das deutsche Volk in seinem stumpfen, blöden Schlaf weiter und gibt diesen faschistischen Verbrechern Mut und Gelegenheit, weiterzuwüten –, und diese tun es. Sollte dies ein Zeichen dafür sein, dass die Deutschen in ihren primitivsten menschlichen Gefühlen verroht sind, dass keine Saite in ihnen schrill aufschreit im Angesicht solcher Taten, dass sie in einen tödlichen Schlaf versunken sind, aus dem es kein Erwachen mehr gibt, nie, niemals? Es scheint so und ist es bestimmt, wenn der Deutsche nicht endlich aus dieser Dumpfheit auffährt; wenn er nicht protestiert, wo immer er nur kann, gegen diese Verbrecherclique, wenn er mit diesen Hunderttausenden von Opfern nicht mitleidet. Und nicht nur Mitleid muss er empfinden, nein, noch viel mehr: *Mitschuld.* Denn er gibt durch sein apathisches Verhalten diesen dunklen Menschen erst die Möglichkeit, so zu handeln, er leidet diese ›Regierung‹, die eine so unendliche Schuld auf sich geladen hat, ja, er ist doch selbst schuld daran, dass sie überhaupt entstehen konnte! Ein jeder will sich von einer solchen Mitschuld freisprechen, ein jeder tut es und schläft dann wieder mit ruhigstem, bestem Gewissen. Aber er kann sich nicht freisprechen, ein jeder ist *schuldig, schuldig, schuldig*! Doch ist es noch nicht zu spät, diese abscheulichste aller Mißgeburten von Regierungen aus der Welt zu schaffen, um nicht noch mehr Schuld auf sich zu laden. Jetzt, da uns in den letzten Jahren die Augen vollkommen geöffnet worden sind, da wir wissen, mit wem wir es zu tun haben, jetzt ist es allerhöchste Zeit, diese braune Horde auszurotten. Bis zum Ausbruch des Krieges war der größte Teil des deutschen Volkes geblendet, die Nationalsozialisten zeigten sich nicht in ihrer wahren Gestalt, doch jetzt, da man sie erkannt hat, muss es die einzige und höchste Pflicht, ja heiligste Pflicht eines jeden Deutschen sein, diese Bestien zu vertilgen!

»Der, des Verwaltung unauffällig ist, des Volk ist froh. Der, des Verwaltung aufdringlich ist, des Volk ist gebrochen. Elend, ach, ist es, worauf Glück sich aufbaut. Glück, ach, verschleiert nur Elend. Wo soll das hinaus? Das Ende ist nicht abzusehen. Das Geordnete verkehrt sich in Unordnung, das Gute verkehrt sich in Schlechtes. Das Volk gerät in Verwirrung. Ist es nicht so, täglich, seit langem?

Daher ist der Hohe Mensch rechteckig, aber er stößt nicht an, er ist kantig, aber verletzt nicht, er ist aufrecht, aber nicht schroff. Er ist klar, aber will nicht glänzen.«   Lao-tse

*****

»Wer unternimmt, das Reich zu beherrschen und es nach seiner Willkür zu gestalten; ich sehe ihn sein Ziel nicht erreichen; das ist alles.«

»Das Reich ist ein lebendiger Organismus; es kann nicht gemacht werden, wahrlich! Wer daran machen will, verdirbt es, wer sich seiner bemächtigen will, verliert es.«

Daher: »Von den Wesen gehen manche vorauf, andere folgen ihnen, manche atmen warm, manche kalt, manche sind stark, manche schwach, manche erlangen Fülle, andere unterliegen.«

»Der Hohe Mensch daher läßt ab von Übertriebenheit, läßt ab von Überhebung, läßt ab von Übergriffen.«   Lao-tse

*****

Wir bitten, diese Schrift mit möglichst vielen Durchschlägen abzuschreiben und weiterzuverteilen.

Anzahl der gedruckten Flugblatt-Exemplare: ca. 100 Stück
Verbreitungsgebiet: im Raum München
Zeit der Verbreitung: 27.6. – 12.7.1942
Verfasser des Flugblattes: Alexander Schmorell, Hans Scholl

Flugblätter der *Weißen Rose*

III

»*Salus publica suprema lex.*«

Alle idealen Staatsformen sind Utopien. Ein Staat kann nicht rein theoretisch konstruiert werden, sondern er muss ebenso wachsen, reifen wie der einzelne Mensch. Aber es ist nicht zu vergessen, dass am Anfang einer jeden Kultur die Vorform des Staates vorhanden war. Die Familie ist so alt wie die Menschen selbst, und aus diesem anfänglichen Zusammensein hat sich der vernunftbegabte Mensch einen Staat geschaffen, dessen Grund die Gerechtigkeit und dessen höchstes Gesetz das Wohl Aller sein soll. Der Staat soll eine Analogie der göttlichen Ordnung darstellen, und die höchste aller Utopien, die civitas Dei, ist das Vorbild, dem er sich letzten Endes nähern soll. Wir wollen hier nicht urteilen über die verschiedenen möglichen Staatsformen, die Demokratie, die konstitutionelle Monarchie, das Königtum usw. Nur eines will eindeutig und klar herausgehoben werden: jeder einzelne Mensch hat einen Anspruch auf einen brauchbaren und gerechten Staat, der die Freiheit des einzelnen als auch das Wohl der Gesamtheit sichert. Denn der Mensch soll nach Gottes Willen frei und unabhängig im Zusammenleben und Zusammenwirken der staatlichen Gemeinschaft sein natürliches Ziel, sein irdisches Glück in Selbständigkeit und Selbsttätigkeit zu erreichen suchen.

Unser heutiger ›Staat‹ aber ist die Diktatur des Bösen. »Das wissen wir schon lange«, höre ich Dich einwenden, »und wir haben es nicht nötig, dass uns dies hier noch einmal vorgehalten wird.« Aber, frage ich Dich; wenn Ihr das wißt, warum regt Ihr euch nicht, warum duldet Ihr, dass diese Gewalthaber Schritt für Schritt offen und im verborgenen eine Domäne eures Rechts nach der anderen rauben, bis eines Tages nichts, aber auch gar nichts übrigbleiben wird als ein mechanisiertes

Staatsgetriebe, kommandiert von Verbrechern und Säufern? Ist euer Geist schon so sehr der Vergewaltigung unterlegen, dass Ihr vergeßt, dass es nicht nur euer Recht, sondern eure *sittliche Pflicht* ist, dieses System zu beseitigen? Wenn aber ein Mensch nicht mehr die Kraft aufbringt, sein Recht zu fordern, dann muss er mit absoluter Notwendigkeit untergehen. Wir würden es verdienen, in alle Welt verstreut zu werden wie der Staub vor dem Winde, wenn wir uns in dieser zwölften Stunde nicht aufrafften und endlich den Mut aufbrächten, der uns seither gefehlt hat. Verbergt nicht eure Feigheit unter dem Mantel der Klugheit. Denn mit jedem Tag, da Ihr noch zögert, da Ihr dieser Ausgeburt der Hölle nicht widersteht, wächst eure Schuld gleich einer parabolischen Kurve höher und immer höher.

Viele, vielleicht die meisten Leser dieser Blätter sind sich darüber nicht klar, wie sie einen Widerstand ausüben sollen. Sie sehen keine Möglichkeiten. Wir wollen versuchen, ihnen zu zeigen, dass ein jeder in der Lage ist, etwas beizutragen zum Sturz dieses Systems. Nicht durch individualistische Gegnerschaft, in der Art verbitterter Einsiedler, wird es möglich werden, den Boden für einen Sturz dieser ›Regierung‹ reif zu machen oder gar den Umsturz möglichst bald herbeizuführen, sondern nur durch die Zusammenarbeit vieler überzeugter, tatkräftiger Menschen, Menschen, die sich einig sind, mit welchen Mitteln sie ihr Ziel erreichen können. Wir haben keine reiche Auswahl an solchen Mitteln, nur ein einziges steht uns zur Verfügung – der *passive Widerstand*.

Der Sinn und das Ziel des passiven Widerstandes ist, den Nationalsozialismus zu Fall zu bringen, und in diesem Kampf ist vor keinem Weg, vor keiner Tat zurückzuschrecken, mögen sie auf Gebieten liegen, auf welchen sie auch wollen. An *allen* Stellen muss der Nationalsozialismus angegriffen werden, an denen er nur angreifbar ist. Ein Ende muss diesem Unstaat möglichst bald bereitet werden – ein Sieg des faschistischen Deutschland in diesem Kriege hätte unabsehbare, fürchterliche Folgen.

Nicht der militärische Sieg über den Bolschewismus darf die erste Sorge für jeden Deutschen sein, sondern die Niederlage der Nationalsozialisten. Dies muss *unbedingt* an erster Stelle stehen. Die größere Notwendigkeit dieser letzten Forderung werden wir Ihnen in einem unserer nächsten Blätter beweisen.

Und jetzt muss sich ein jeder entschiedene Gegner des Nationalsozialismus die Frage vorlegen: Wie kann er gegen den gegenwärtigen ›Staat‹ am wirksamsten ankämpfen, wie ihm die empfindlichsten Schläge beibringen? Durch den passiven Widerstand zweifellos. Es ist klar, dass wir unmöglich für jeden einzelnen Richtlinien für sein Verhalten geben können, nur allgemein andeuten können wir, den Weg zur Verwirklichung muss jeder selber finden.

Sabotage in Rüstungs- und kriegswichtigen Betrieben, Sabotage in allen Versammlungen, Kundgebungen, Festlichkeiten, Organisationen, die durch die nationalsozialistische Partei ins Leben gerufen werden. Verhinderung des reibungslosen Ablaufs der Kriegsmaschine (einer Maschine, die nur für einen Krieg arbeitet, der *allein* um die Rettung und Erhaltung der nationalsozialistischen Partei und ihrer Diktatur geht). *Sabotage* auf allen wissenschaftlichen und geistigen Gebieten, die für eine Fortführung des gegenwärtigen Krieges tätig sind – sei es in Universitäten, Hochschulen, Laboratorien, Forschungsanstalten, technischen Büros. *Sabotage* in allen Veranstaltungen kultureller Art, die das ›Ansehen‹ der Faschisten im Volke heben könnten. *Sabotage* in allen Zweigen der bildenden Künste, die nur im geringsten im Zusammenhang mit dem Nationalsozialismus stehen und ihm dienen. *Sabotage* in allem Schrifttum, allen Zeitungen, die im Solde der ›Regierung‹ stehen, für ihre Ideen, für die Verbreitung der braunen Lüge kämpfen. Opfert nicht einen Pfennig bei Straßensammlungen (auch wenn sie unter dem Deckmantel wohltätiger Zwecke durchgeführt werden). Denn dies ist nur eine Tarnung. In Wirklichkeit kommt das Ergebnis weder dem Roten Kreuz noch den Notleidenden zugute. Die Regierung braucht dies

Geld nicht, ist auf diese Sammlungen finanziell nicht angewiesen – die Druckmaschinen laufen ja ununterbrochen und stellen jede beliebige Menge Papiergeld her. Das Volk muss aber dauernd in Spannung gehalten werden, nie darf der Druck der Kandare nachlassen! Gebt nichts für die Metall-, Spinnstoff- und andere Sammlungen. Sucht alle Bekannten auch aus den unteren Volksschichten von der Sinnlosigkeit einer Fortführung, von der Aussichtslosigkeit dieses Krieges, von der geistigen und wirtschaftlichen Versklavung, von der Zerstörung aller sittlichen und religiösen Werte durch den Nationalsozialismus zu überzeugen und zum *passiven Widerstand* zu veranlassen!

Aristoteles, ›Über die Politik‹: »... Ferner gehört es (zum Wesen der Tyrannis), dahin zu streben, dass ja nichts verborgen bleibe, was irgendein Untertan spricht oder tut, sondern überall Späher ihn belauschen, ... ferner alle Welt miteinander zu verhetzen und Freunde mit Freunden zu verfeinden und das Volk mit den Vornehmen und die Reichen unter sich. Sodann gehört es zu solchen tyrannischen Maßregeln, die Untertanen arm zu machen, damit die Leibwache besoldet werden kann, und sie, mit der Sorge um ihren täglichen Erwerb beschäftigt, keine Zeit und Muße haben, Verschwörungen anzustiften ... Ferner aber auch solche hohe Einkommensteuern, wie die in Syrakus auferlegten, denn unter Dionysios hatten die Bürger dieses Staates in fünf Jahren glücklich ihr ganzes Vermögen in Steuern ausgegeben. Und auch beständig Kriege zu erregen, ist der Tyrann geneigt ...«

Bitte vervielfältigen und weitergeben!

Anzahl der gedruckten Flugblatt-Exemplare: ca. 100 Stück
Verbreitungsgebiet: im Raum München
Zeit der Verbreitung: 27.6. – 12.7.1942
Verfasser des Flugblattes: Hans Scholl, Alexander Schmorell

Flugblätter der *Weißen Rose*

IV

Es ist eine alte Weisheit, die man Kindern immer wieder aufs neue predigt, dass, wer nicht hören will, fühlen muss. Ein kluges Kind wird sich aber die Finger nur einmal am heißen Ofen verbrennen.

In den vergangenen Wochen hatte Hitler sowohl in Afrika, als auch in Rußland Erfolge zu verzeichnen. Die Folge davon war, dass der Optimismus auf der einen, die Bestürzung und der Pessimismus auf der anderen Seite des Volkes mit einer der deutschen Trägheit unvergleichlichen Schnelligkeit anstieg. Allenthalben hörte man unter den Gegnern Hitlers, also unter dem besseren Teil des Volkes, Klagerufe, Worte der Enttäuschung und der Entmutigung, die nicht selten in dem Ausruf endigten: »Sollte nun Hitler doch …?«

Indessen ist der deutsche Angriff auf Ägypten zum Stillstand gekommen, Rommel muss in einer gefährlich exponierten Lage verharren – aber noch geht der Vormarsch im Osten weiter. Dieser scheinbare Erfolg ist unter den grauenhaftesten Opfern erkauft worden, so dass er schon nicht mehr als vorteilhaft bezeichnet werden kann. Wir warnen daher vor *jedem* Optimismus.

Wer hat die Toten gezählt, Hitler oder Goebbels – wohl keiner von beiden. Täglich fallen in Rußland Tausende. Es ist die Zeit der Ernte, und der Schnitter fährt mit vollem Zug in die reife Saat. Die Trauer kehrt ein in die Hütten der Heimat und niemand ist da, der die Tränen der Mütter trocknet, Hitler aber belügt die, deren teuerstes Gut er geraubt und in den sinnlosen Tod getrieben hat.

Jedes Wort, das aus Hitlers Munde kommt, ist Lüge. Wenn er Frieden sagt, meint er den Krieg, und wenn er in frevelhaftester Weise den Namen des Allmächtigen nennt, meint er die

Macht des Bösen, den gefallenen Engel, den Satan. Sein Mund ist der stinkende Rachen der Hölle, und seine Macht ist im Grunde verworfen. Wohl muss man mit rationalen Mitteln den Kampf wider den nationalsozialistischen Terrorstaat führen; wer aber heute noch an der realen Existenz der dämonischen Mächte zweifelt, hat den metaphysischen Hintergrund dieses Krieges bei weitem nicht begriffen. Hinter dem Konkreten, hinter dem sinnlich Wahrnehmbaren, hinter allen sachlichen, logischen Überlegungen steht das Irrationale, d. i. der Kampf wider den Dämon, wider den Boten des Antichrists. Überall und zu allen Zeiten haben die Dämonen im Dunkeln gelauert auf die Stunde, da der Mensch schwach wird, da er seine ihm von Gott auf Freiheit gegründete Stellung im ordo eigenmächtig verläßt, da er dem Druck des Bösen nachgibt, sich von den Mächten höherer Ordnung loslöst und so, nachdem er den ersten Schritt freiwillig getan, zum zweiten und dritten und immer mehr getrieben wird mit rasend steigender Geschwindigkeit – überall und zu allen Zeiten der höchsten Not sind Menschen aufgestanden, Propheten, Heilige, die ihre Freiheit gewahrt hatten, die auf den Einzigen Gott hinwiesen und mit seiner Hilfe das Volk zur Umkehr mahnten. Wohl ist der Mensch frei, aber er ist wehrlos wider das Böse ohne den wahren Gott, er ist wie ein Schiff ohne Ruder, dem Sturme preisgegeben, wie ein Säugling ohne Mutter, wie eine Wolke, die sich auflöst.

Gibt es, so frage ich Dich, der Du ein Christ bist, gibt es in diesem Ringen um die Erhaltung Deiner höchsten Güter ein Zögern, ein Spiel mit Intrigen, ein Hinausschieben der Entscheidung in der Hoffnung, dass ein anderer die Waffen erhebt, um Dich zu verteidigen? Hat Dir nicht Gott selbst die Kraft und den Mut gegeben zu kämpfen? Wir *müssen* das Böse dort angreifen, wo es am mächtigsten ist, und es ist am mächtigsten in der Macht Hitlers.

»Ich wandte mich und sah an alles Unrecht, das geschah unter der Sonne; und siehe, da waren Tränen derer, so Unrecht

36

litten und hatten keinen Tröster; und die ihnen Unrecht taten, waren so mächtig, dass sie keinen Tröster haben konnten.

Da lobte ich die Toten, die schon gestorben waren, mehr
denn die Lebendigen, die noch das Leben hatten ...« (Sprüche)

Novalis: »Wahrhafte Anarchie ist das Zeugungselement der
Religion. Aus der Vernichtung alles Positiven hebt sie ihr
glorreiches Haupt als neue Weltstifterin empor ... Wenn
Europa wieder erwachen wollte, wenn ein Staat der Staaten,
eine politische Wissenschaftslehre bevorstände! Sollte etwa
die Hierarchie ... das Prinzip des Staatenvereins sein? ... Es
wird so lange Blut über Europa strömen, bis die Nationen
ihren fürchterlichen Wahnsinn gewahr werden, der sie im
Kreis herumtreibt, und von heiliger Musik getroffen und
besänftigt zu ehemaligen Altären in bunter Vermischung
treten, Werke des Friedens vornehmen und ein großes Frie-
densfest auf den rauchenden Walstätten mit heißen Tränen
gefeiert wird. Nur die Religion kann Europa wieder aufwek-
ken und das Völkerrecht sichern und die Christenheit mit
neuer Herrlichkeit sichtbar auf Erden in ihr friedenstiften-
des Amt installieren.«

Wir weisen ausdrücklich darauf hin, dass die Weiße Rose
nicht im Solde einer ausländischen Macht steht. Obgleich wir
wissen, dass die nationalsozialistische Macht militärisch gebrochen werden muss, suchen wir eine Erneuerung des
schwerverwundeten deutschen Geistes von innen her zu erreichen. Dieser Wiedergeburt muss aber die klare Erkenntnis aller Schuld, die das deutsche Volk auf sich geladen hat, und ein
rücksichtsloser Kampf gegen Hitler und seine allzuvielen Hel-
fershelfer, Parteimitglieder, Quislinge usw. vorausgehen. Mit
aller Brutalität muss die Kluft zwischen dem besseren Teil des
Volkes und allem, was mit dem Nationalsozialismus zusammenhängt, aufgerissen werden. Für Hitler und seine Anhänger
gibt es auf dieser Erde keine Strafe, die ihren Taten gerecht

wäre. Aber aus Liebe zu kommenden Generationen muss nach Beendigung des Krieges ein Exempel statuiert werden, dass niemand auch nur die geringste Lust je verspüren sollte, Ähnliches aufs neue zu versuchen. Vergeßt auch nicht die kleinen Schurken dieses Systems, merkt euch die Namen, auf dass keiner entkomme! Es soll ihnen nicht gelingen, in letzter Minute noch nach diesen Scheußlichkeiten die Fahne zu wechseln und so zu tun, als ob nichts gewesen wäre!

Zu Ihrer Beruhigung möchten wir noch hinzufügen, dass die Adressen der Leser der Weißen Rose nirgendwo schriftlich niedergelegt sind. Die Adressen sind willkürlich Adressbüchern entnommen.

Wir schweigen nicht, wir sind euer böses Gewissen; die Weiße Rose lässt euch keine Ruhe!

———————

Bitte vervielfältigen und weitersenden!

Anzahl der gedruckten Flugblatt-Exemplare: ca. 100 Stück
Verbreitungsgebiet: im Raum München
Zeit der Verbreitung: 11.7. – 20.7.1942
Verfasser des Flugblattes: Hans Scholl, Alexander Schmorell

Flugblätter der Widerstandsbewegung
in Deutschland.
Aufruf an alle Deutsche!

Der Krieg geht seinem sicheren Ende entgegen. Wie im Jahre
1918 versucht die deutsche Regierung alle Aufmerksamkeit
auf die wachsende U-Bootgefahr zu lenken, während im Osten
die Armeen unaufhörlich zurückströmen, im Westen die Invasion erwartet wird. Die Rüstung Amerikas hat ihren Höhepunkt noch nicht erreicht, aber heute schon übertrifft sie alles
in der Geschichte seither Dagewesene. Mit mathematischer
Sicherheit führt Hitler das deutsche Volk in den Abgrund. *Hitler kann den Krieg nicht gewinnen, nur noch verlängern!*
Seine und seiner Helfer Schuld hat jedes Maß unendlich überschritten. Die gerechte Strafe rückt näher und näher!

Was aber tut das deutsche Volk? Es sieht nicht und es hört
nicht. Blindlings folgt es seinen Verführern ins Verderben.
Sieg um jeden Preis! haben sie auf ihre Fahne geschrieben. Ich
kämpfe bis zum letzten Mann, sagt Hitler – indes ist der Krieg
bereits verloren.

Deutsche! Wollt Ihr und Eure Kinder dasselbe Schicksal er-
leiden, das den Juden widerfahren ist? Wollt Ihr mit dem gleichen Maße gemessen werden wie Eure Verführer? Sollen wir
auf ewig das von aller Welt gehasste und ausgestoßene Volk
sein? Nein! Darum trennt Euch von dem nationalsozialistischen Untermenschentum! Beweist durch die Tat, dass Ihr anders denkt! Ein neuer Befreiungskrieg bricht an. Der bessere
Teil des Volkes kämpft auf unserer Seite. Zerreißt den Mantel
der Gleichgültigkeit, den Ihr um Euer Herz gelegt! Entscheidet
Euch, *eh' es zu spät ist!*

Glaubt nicht der nationalsozialistischen Propaganda, die
Euch den Bolschewistenschreck in die Glieder gejagt hat!
Glaubt nicht, dass Deutschlands Heil mit dem Sieg des Natio-
nalsozialismus auf Gedeih und Verderben verbunden sei! Ein

Verbrechertum kann keinen deutschen Sieg erringen. Trennt Euch *rechtzeitig* von allem, was mit dem Nationalsozialismus zusammenhängt! Nachher wird ein schreckliches, aber gerechtes Gericht kommen über die, so sich feig und unentschlossen verborgen hielten.

Was lehrt uns der Ausgang dieses Krieges, der nie ein nationaler war?

Der imperialistische Machtgedanke muss, von welcher Seite er auch kommen möge, für alle Zeit unschädlich gemacht werden. Ein einseitiger preußischer Militarismus darf nie mehr zur Macht gelangen. Nur in großzügiger Zusammenarbeit der europäischen Völker kann der Boden geschaffen werden, auf welchem ein neuer Aufbau möglich sein wird. Jede zentralistische Gewalt, wie sie der preußische Staat in Deutschland und Europa auszuüben versucht hat, muss im Keime erstickt werden. Das kommende Deutschland kann nur föderalistisch sein. Nur eine gesunde föderalistische Staatenordnung vermag heute noch das geschwächte Europa mit neuem Leben zu erfüllen. Die Arbeiterschaft muss durch einen vernünftigen Sozialismus aus ihrem Zustand niedrigster Sklaverei befreit werden. Das Truggebilde der autarken Wirtschaft muss in Europa verschwinden. Jedes Volk, jeder einzelne hat ein Recht auf die Güter der Welt!

Freiheit der Rede, Freiheit des Bekenntnisses, Schutz des einzelnen Bürgers vor der Willkür verbrecherischer Gewaltstaaten, das sind die Grundlagen des neuen Europa.

Unterstützt die Widerstandsbewegung, *verbreitet* die Flugblätter!

Anzahl der gedruckten Flugblatt-Exemplare:
ca. 10–12 000 Stück
Verbreitungsgebiet: München, Augsburg, Salzburg, Wien,
Linz, Stuttgart, Frankfurt (Main)
Zeit der Verbreitung: 25.1.1943 – 18.2.1943
Verfasser des Flugblattes: Hans Scholl, Alexander Schmorell,
Kurt Huber

Kommilitoninnen! Kommilitonen!

Erschüttert steht unser Volk vor dem Untergang der Männer von Stalingrad. Dreihundertdreißigtausend deutsche Männer hat die geniale Strategie des Weltkriegsgefreiten sinn- und verantwortungslos in Tod und Verderben gehetzt. Führer, wir danken dir!

Es gärt im deutschen Volk: Wollen wir weiter einem Dilettanten das Schicksal unserer Armeen anvertrauen? Wollen wir den niedrigsten Machtinstinkten einer Parteiclique den Rest unserer deutschen Jugend opfern? Nimmermehr!

Der Tag der Abrechnung ist gekommen, der Abrechnung der deutschen Jugend mit der verabscheuungswürdigsten Tyrannis, die unser Volk je erduldet hat. Im Namen des ganzen deutschen Volkes fordern wir vom Staat Adolf Hitlers die persönliche Freiheit, das kostbarste Gut der Deutschen zurück, um das er uns in der erbärmlichsten Weise betrogen hat.

In einem Staat rücksichtsloser Knebelung jeder freien Meinungsäußerung sind wir aufgewachsen. HJ, SA und SS haben uns in den fruchtbarsten Bildungsjahren unseres Lebens zu uniformieren, zu revolutionieren, zu narkotisieren versucht. ›Weltanschauliche Schulung‹ hieß die verächtliche Methode, das aufkeimende Selbstdenken und Selbstwerten in einem Nebel leerer Phrasen zu ersticken. Eine Führerauslese, wie sie teuflischer und zugleich borniert nicht gedacht werden kann, zieht ihre künftigen Parteibonzen auf Ordensburgen zu gottlosen, schamlosen und gewissenlosen Ausbeutern und Mordbuben heran, zur blinden, stupiden Führergefolgschaft. Wir ›Arbeiter des Geistes‹ wären gerade recht, dieser neuen Herrenschicht den Knüppel zu machen. Frontkämpfer werden von Studentenführern und Gauleiteraspiranten wie Schulbuben gemaßregelt, Gauleiter greifen mit geilen Späßen den Studentinnen an die Ehre. *Deutsche Studentinnen haben an der Münchner Hochschule auf die Besudelung ihrer Ehre eine würdige Antwort gegeben,* deutsche Studenten haben sich für ihre Kameradinnen eingesetzt und standgehalten ... Das ist ein Anfang zur Erkämpfung unserer freien Selbstbestimmung, ohne die geistige Werte nicht geschaffen werden können. Unser Dank gilt den tapferen Kameradinnen und Kameraden, die mit leuchtendem Beispiel vorangegangen sind!

Es gibt für uns nur eine Parole: Kampf gegen die Partei! Heraus aus den Parteigliederungen, in denen man uns politisch weiter mundtot halten will! Heraus aus den Hörsälen der SS-Unter- und -Oberführer und Parteikriecher! Es geht uns um wahre Wissenschaft und echte Geistesfreiheit! Kein Drohmittel kann uns schrecken, auch nicht die Schließung unserer Hochschulen. Es gilt den Kampf jedes einzelnen von uns um unsere Zukunft, unsere Freiheit und Ehre in einem seiner sittlichen Verantwortung bewußten Staatswesen.

Freiheit und Ehre! Zehn lange Jahre haben Hitler und seine Genossen die beiden herrlichen deutschen Worte bis zum Ekel ausgequetscht, abgedroschen, verdreht, wie es nur Dilettanten vermögen, die die höchsten Werte einer Nation vor die Säue werfen. Was ihnen Freiheit und Ehre gilt, das haben sie in zehn Jahren der Zerstörung aller materiellen und geistigen Freiheit, aller sittlichen Substanz im deutschen Volk genugsam gezeigt. Auch dem dümmsten Deutschen hat das furchtbare Blutbad die Augen geöffnet, das sie im Namen von Freiheit und Ehre der deutschen Nation in ganz Europa angerichtet haben und täglich neu anrichten. Der deutsche Name bleibt für immer geschändet, wenn nicht die deutsche Jugend endlich aufsteht, rächt und sühnt zugleich, ihre Peiniger zerschmettert und ein neues geistiges Europa aufrichtet.

Studentinnen! Studenten! Auf uns sieht das deutsche Volk! Von uns erwartet es, wie 1813 die Brechung des Napoleonischen, so 1943 die Brechung des nationalsozialistischen Terrors aus der Macht des Geistes.

Beresina und Stalingrad flammen im Osten auf, die Toten von Stalingrad beschwören uns!

»Frisch auf mein Volk, die Flammenzeichen rauchen!«

Unser Volk steht im Aufbruch gegen die Verknechtung Europas durch den Nationalsozialismus, im neuen gläubigen Durchbruch von Freiheit und Ehre!

Anzahl der gedruckten Flugblatt-Exemplare: ca. 3000 Stück
Verbreitungsgebiet: Raum München (insbesondere
Universität München)
Zeit der Verbreitung: 15.2.1943 – 18.2.1943
Verfasser des Flugblattes: Kurt Huber, Hans Scholl, Alexander
Schmorell

Flugblattentwurf von Christoph Probst, 28./29.1.1943

Stalingrad!

200 000 deutsche Brüder wurden geopfert für das Prestige eines militärischen Hochstaplers. Die menschlichen Kapitulationsbedingungen der Russen wurden den geopferten Soldaten verheimlicht. General Paulus erhielt für diesen Massenmord das Eichenlaub. Hohe Offiziere haben sich im Flugzeug aus der Schlacht von Stalingrad gerettet.

Hitler verbot den Eingekesselten sich zu den rückwärtigen Truppen zurückzuziehen. Nun klagt das Blut von 200 000 dem Tod geweihten Soldaten den Mörder Hitler an.

Tripolis! Es ergab sich bedingunglos der 8. englischen Armee. Und was taten die Engländer, sie ließen das Leben der Bürger in ihren gewohnten Geleisen weiter laufen. Belassen sogar die Polizei und Beamte in ihren Stellen. Nur eines machten sie gründlich, sie säuberten die größte italienische Kolonialstadt von allen falschen Rädelsführern und Untermenschen. Mit tödlicher Sicherheit kommt die vernichtende, erdrückende Übermacht von allen Seiten herein. Viel weniger als Paulus kapitulierte, wird Hitler kapitulieren. Gäbe es doch für ihn dann kein Entkommen mehr. Und wollt ihr Euch genau so belügen lassen wie die 200 000 Mann, die Stalingrad auf verlorenem Posten verteidigten? Dass ihr massakriert, sterilisiert oder Eurer Kinder beraubt werdet? Roosevelt, der mächtigste Mann der Welt, sagt am 26. Januar 1943 in Casablanca: Unser Vernichtungskampf richtet sich nicht gegen die Völker, sondern gegen die politischen Systeme. Wir kämpfen bis zur bedingungslosen Kapitulation. Bedarf es da noch eines Nachdenkens, um die Entscheidung zu fällen?

Es handelt sich nunmehr um Millionen Menschenleben. Soll Deutschland das Schicksal von Tripolis erfahren?

Heute ist ganz Deutschland eingekesselt wie es Stalingrad war. Sollen dem Sendboten des Hasses und des Vernichtungswillens alle Deutschen geopfert werden! Ihm, der die Juden zu Tode marterte, die Hälfte der Polen ausrottete, Rußland vernichten wollte, ihm, der Euch Freiheit, Frieden, Familienglück, Hoffnung und Frohsinn nahm und dafür Inflationsgeld gab. Das soll, das darf nicht sein! Hitler und sein Regime muss fallen, damit Deutschland weiter lebt. Entscheidet Euch, Stalingrad oder Untergang, oder Tripolis und die hoffnungsvolle Zukunft. Und wenn ihr Euch entschieden habt, dann handelt.

Die beiden Schriftgutachten für die Gestapo von Prof. Richard Harder vom 17./18.2.1943 über die Flugblätter der *Weißen Rose*

Um die Verfasser der Flugschriften zu finden und sie verhaften zu können, erteilte die Münchner Gestapo-Leitstelle am 17. und 18. Februar 1943 dem Münchner Altphilologen Professor Dr. Richard Harder den Auftrag, ein sprachlich-wissenschaftliches Gutachten zu den Inhalten der Flugblätter, zuerst über die zwei Flugblätter Nr. 5 und 6, später auch noch über die ersten vier Flugblätter, zu verfassen. Richard Harder (1896–1957) hatte sich 1927 an der Heidelberger Universität in Klassischer Altertumswissenschaft habilitiert. Danach lehrte er an den Universitäten Königsberg und Kiel sowie seit 1941 an der Universität München. Er galt in Fachkreisen als anerkannter Altphilologe. In München war er den NS-Stellen bekannt, da er ein neues, besonders arisch ausgerichtetes »Institut für Geistesgeschichte« aufbauen sollte*; insofern konnte die Gestapo ihm unbesorgt die geheimen Flugblätter zur Auswertung übergeben und ein auf die Interessen des NS-Staates orientiertes Gutachten erwarten.

Harder bescheinigte den Verfassern ein »außergewöhnlich hohes« intellektuelles Niveau. Er kam zu dem Ergebnis, dass Gegenstand und Forderung – d. h. das Verlangen nach »Freiheit und Ehre« für jeden Einzelnen in der Diktatur Hitlers – »fest und zielsicher« durchdacht und stark christlich geprägt seien. In seinem Gutachten bezweifelte Harder allerdings, dass die Flugblätter »in breiteren Kreisen der Soldaten oder Arbeiter« Widerhall finden könnten. Er vermutete immerhin, dass die Flugblätter im Umfeld der Universität entstanden seien. Bevor aber die Gestapo anhand des ersten Gutachtens von

---

* Vgl. Hochverrat? Die »Weiße Rose« und ihr Umfeld. Hrsg. v. Rudolf Lill unter Mitarbeit von Michael Kißener. Konstanz 1993, S. 216.

Harder weitere Recherchen aufnehmen konnte, kam es am 18. Februar zur Verhaftung von Hans und Sophie Scholl in der Universität München. Bei den Vernehmungen spielten dann auch die beiden Gutachten Harders gegenüber den Verdächtigen keine erkennbare Rolle.

Professor Harder   München 22, den 17.2.1943
                              Ludwigstr. 14, I. Aufg.
                              Tel. 23 0 31.

Geheim

Vor einigen Stunden wurden mir zwei Flugblätter übergeben. Im Interesse der Beschleunigung der Untersuchung stelle ich sofort zusammen, was eine geisteswissenschaftliche Überprüfung in der Kürze der Zeit ergeben konnte. Sollten sich mir weitere wichtige Gesichtspunkte ergeben, werde ich einen Nachbericht machen.

Ich zitiere die beiden Flugblätter folgendermassen

a = »Flugblätter der Widerstandsbewegung in Deutschland« (beginnt: »Der Krieg geht ... «; schliesst: »... verbreitet die Flugblätter«.)

b = »Kommilitoninnen und Kommilitonen!!«
(beginnt: »Erschüttert steht ...«; schliesst:
von Freiheit und Ehre«.)

Ich zähle in beiden Flugblättern die Zeilen durch.

Die beiden Machwerke zeigen ein aussergewöhnlich hohes Niveau. Es spricht ein Mensch, der die deutsche Sprache vollendet meistert, der seinen Gegenstand bis zur letzten Klarheit durchdacht hat. Der Mann weiss genau was er will; er verfügt über detaillierte Kenntnisse. Er ist Deutscher. Und zwar nicht Emigrant, sondern ein Deutscher, der seit Jahren bis heute die politischen Ereignisse hier im Lande miterlebt. Er ist genauestens über die politischen und personalen Verhältnisse orientiert, insbesondere in München. Und zwar kennt er die Personalverhältnisse in der Partei: Er weiss z. B. dass Gauleiter Giesler, der gemeinhin in München einfach als Gauleiter gilt, offiziell nur mit der Gauleitung betraut ist, infolgedessen zielt er auf ihn mit dem Ausdruck b 24 »Gauleiter*aspiranten*«. Ferner kennt er genau die Personalverhältnisse an der Universität. Denn mit dem Ausdruck b 34 »den Hörsälen der SS-Unter- und Oberführer« ist ohne Frage auf den Rektor der Universität SS-Oberführer Wüst gezielt, dessen genauen SS-Rang zweifellos nicht jeder kennt. Übrigens ist die verdeckte Art der Anspielung in beiden Fällen gleichzeitig ein Beispiel für die stilistische Raffiniertheit des Mannes.

Ich stelle im folgenden über die Tatbestände einige Thesen auf:

1. a und b stammen von dem gleichen Verfasser. Trotz der Abweichung im Ton geht die Identität des Verfassers aus einigen Einzelheiten ziemlich deutlich hervor. Das Stichwort von b lautet »Freiheit und Ehre«: das Stichwort »Freiheit« kehrt a 53 wieder und zwar fällt der Blick bei diesem Freiheitswillen typisch auf »jeden *Einzelnen*«. (a 51; b 37: dementsprechend heisst es b 12 »*persönliche* Freiheit«). Die politisch-geschichtliche Konzeption des Verfassers sieht einen neuen. »Befreiungskrieg« beginnen (a 24); es ist sehr charakteristisch für den Verfasser, dass dies keine blosse Augenblicksphrase ist, sondern eine durchdachte geschichtliche These. In b zieht der Verfasser die Parallele zum Ende der Befreiungskriege vom 1813 bis in die Einzelheiten (b 50); er vergleicht die Niederlage Napoleons an der Beresina mit dem Ereignis von Stalingrad (b 53); er zitiert Theodor Körner (a 55) und spricht von der »Verknechtung Europas« (a 56) wie es zu Zeiten Napoleons üblich war. Die zugrundeliegende Parallele Hitler-Napoleon hört man in reaktionären Kreisen öfter; hier ist sie mit genauen geschichtlichen Kenntnissen ausgeschlachtet.

2. a und b sind zu verschiedener Zeit verfasst, und zwar a

etwa im Dezember 42 oder Januar 43: Hier ist die Kriegslage lediglich allgemein ungünstig gesehen: zurückströmende Armeen im Osten. Invasionserwartung im Westen, riesige Rüstung Amerikas. Nur damals konnte in höhnischer Weise vom »Bolschewistenschreck« (29) gesprochen werden. b ist dagegen verfasst nach dem Fall von Stalingrad (siehe den Anfang) und nach der Münchner Universitätswoche; ferner nach der Ankündigung der neuen Schliessungsmassnahmen (36); das heisst also im Laufe der letzten 2–3 Wochen.

3. Der Verfasser schreibt einen hervorragenden deutschen Stil, wie ihn nur ein Mensch schreiben kann, der in längerem Umgang mit deutscher Literatur steht, also vermutlich entweder ein Geisteswissenschaftler oder ein Theologe.

4. Der Verfasser erweist sich stilistisch als ein Mensch, dem die lutherische Bibelübersetzung als vertrauter Besitz im Ohr liegt. a 34 »... gerechtes Gericht über die, so ...«: dieses archaische Relativpronomen ist in Deutschland nur noch im Nachklang Luthers gebräuchlich. b 4 steht der Ausdruck »vor die Säue werfen«. Dies innere Vertrautsein mit der Sprache der Bibel deutet entweder auf einen Theologen oder doch wenigstens auf einen im Kampf der Kirche stehenden Menschen; und zwar, da die katholische Kirche meistens andere Bibelübersetzungen verwendet, eher auf einen Protestanten als auf einen Katholiken (vgl. auch a 53 »Freiheit des Bekenntnisses«). Theologisch ist auch der Ausdruck b 51 »*gläubiger* Durchbruch«. Der Ausdruck a 26 »den Mantel der Gleichgültigkeit, den ihr um eure Herzen gelegt« ist typischer Predigtstil. Auf kirchliche Herkunft führt auch die Bemerkung b 20 über die Ordensburgen; die Ordensburgen sind gegenwärtig ohne innenpolitische Aktualität, da sie seit Kriegsbeginn geschlossen sind: sie haben überhaupt eine verhältnismässig geringe Rolle in der innenpolitischen Diskussion

gespielt, mit einer einzigen Ausnahme: die Diskussion über die »Kulträume«, gegen die von kirchlicher Seite Sturm gelaufen wurde; in diese Richtung führt der Vorwurf b 21 der Gottlosigkeit.

5. Der Verfasser spricht in b in einem Ton im Namen eines geistigen Deutschlands, der eigentlich nur möglich ist, wenn er nicht nur Akademiker ist, sondern zu der Universität in näherer Beziehung steht; ich schliesse auf einen Menschen, dessen Studium etwa um 1933 begann und der in irgendeiner Weise noch mit der Universität verbunden ist, also entweder als Assistent oder dgl. in der Wissenschaft oder in der Universitätspolitik tätig ist.

6. Der Verfasser ist mit dem Nationalsozialismus und seiner Entwicklung so genau vertraut, wie es nur aus eigenem Erleben sich erklärt. Das beweist besonders der Abschnitt b 15–19, wo mit dem Angriff gegen die »weltanschauliche Schulung« in der Tat ein wunder Punkt getroffen wird; ich habe schon in anderem Zusammenhang an massgebender Stelle darüber berichtet, wie abschreckend diese Schulung auf Menschen von geistiger Begabung zu wirken pflegt. Wenn a 19 mit besonderer Erbitterung von der Führerauslese gesprochen wird, so möchte ich vermuten, dass der Verfasser bei einer solchen Führerauslese unter den Tisch gefallen ist. Die vertraute Kenntnis der gesamten Terminologie bestätigt dies Bild.

7. Bei aller Durchdachtheit unterlaufen doch gelegentlich Denkfehler, die auf rasche Abfassung schliessen lassen. a 54 »Gewaltstaaten« ist unsinnig. a 36 »Der Ausgang dieses Krieges« gleichfalls. b 16 »zu uniformieren, zu *revolutionieren*, zu narkotisieren«: das Mittelglied ist ausgerutscht.

8. Die bisher festgestellten Züge sind dem Verfasser ungewollt entglitten. In seiner politischen Zielsetzung tarnt er seine geistige Herkunft sorgfältig, so bedient er sich in seiner Propaganda z. B. keineswegs des Kirchenkampfes

mit seinen naheliegenden Argumenten; bezeichnend ist ferner die Art wie er a 20 über die Juden spricht: keineswegs als Philosemit und keineswegs unter Verwendung der sentimentalen Gefühlsargumente, die gerade zu diesem Punkt im Ausland umlaufen. Überhaupt verfügt er über keine Kenntnis der üblichen ausländischen Argumentationen und dürfte sich weder im Ausland aufhalten noch mit Ausländern Fühlung haben. Bezeichnend ist das Fehlen jeder aussenpolitischen Konzeption (z. B. Italien). Was a 41 ff. über »Zusammenarbeit der europäischen Völker« gesagt wird, ist phrasenhaft, platt und dürftig.

Soviel zur Person des Verfassers. Zur politischen Situation lässt sich folgendes ablesen. a 38 ff., also in dem früheren Flugblatt bedient er sich der alten Propagandaphrasen vom »preussischen« Militarismus. Da ist natürlich auf Bayern abgestellt. Dementsprechend die Forderung des »Föderalismus« (a 46). Das Arbeiten mit den bayerischen Sonderneigungen ist eine alte Taktik des Zentrums gewesen. Dem entsprechen auch die verlegenen Worte a 48. ff., die ein Sozialprogramm entwickeln wollen, damit aber nicht zustandekommen. Diese Stümperei zeigt den weltfremden Akademiker und erinnert etwa an die Praxis der ehemaligen »gelben« Gewerkschaften, d. h. der katholischen Sozialpolitik.

Zugleich ist aber bei diesem Kampf gegen das Preussentum eine sehr überlegte Einschränkung gemacht. a 39 wird »ein *einseitiger* preussischer Militarismus« bekämpft: hier ist das Wort »einseitiger« eine bewusste Einschränkung, die vermeiden will, bei Menschen mit soldatischer Gesinnung Anstoss zu erregen. Der Bayerische Separatismus nimmt also zugleich Rücksicht auf die verbreitete soldatische Haltung des deutschen Volkes und sucht seine Anhänger in den entsprechenden Kreisen, d. h. am ehesten in der Studentenschaft. Dazu stimmt, dass sich a 35 gegen diejenigen wendet, die »feig und unentschlossen« seien: das wendet sich an typisch intellektuelle Kreise. Weiter stimmt dazu, dass a 36 ausdrücklich abgelehnt wird, dass dieser Krieg ein »nationaler« sei: hier wird also die Empfindung von Menschen nationaler Gesinnung bewusst geschont. Übrigens glaube ich nach der gesamten Ausdrucksweise nicht, dass der Verfasser Soldat gewesen ist oder ist.

Während in a auf diese Weise noch nach Anhängern gleichsam gesucht wird, ist in b der politische Boden eindeutig die Studentenschaft. Hier wird gearbeitet mit einer genauen Kenntnis der Münchner Vorgänge in den letzten Wochen. Aber auch die Stimmung in der Studentenschaft ist dem Verfasser genau bekannt. B 23 wird davon gesprochen, dass Frontkämpfer von Studentenführern wie Schuljungen gemassregelt werden: dies entspricht einer tatsächlichen Verärgerung der Studierurlauber der Wehrmacht, die vielfach zu den Anforderungen des Studentenbundes in Opposition stehen.

Zusammenfassend stellt sich der Verfasser als ein begabter Intellektueller dar, der seine Propaganda auf akademische Kreise, insbesondere die Studentenschaft abstellt. Trotz einem gewissen Schwung der Sprache und der Entschlossenheit des politischen Wollens sind seine geistigen Erzeugnisse aber letzten Endes Schreibtischprodukte; wenn sie auch nicht den Ton eines verbitterten Einsamen haben, hinter ihnen also wohl eine gewisse Clique steht, so sind sie doch nicht der Ausfluss einer machtpolitisch aktiven Gruppe; dazu ist ihre Sprache zu abstrakt; sie will (und kann) in breiteren Kreisen der Soldaten oder Arbeiter keinen Widerhall finden.

gez. Harder.

Abschrift.

Professor Harder   München 22, 18.2.1943
                                    Ludwigstr. 13 I. Aufgang.

Geheim.

Nachdem mir gestern zwei Flugblätter (a und b) vorlagen, erhalte ich heute weitere vier Blätter (Flugblätter der Weissen
Rose Nr. I– IV); ich bezeichne sie mit c – f und wiederum den
Zeilenzahlen. Ferner wurde mir mitgeteilt, dass durch technische Anzeichen bewiesen ist, dass der Verfasser von a b identisch mit dem Verfasser von c – f ist.

Durch diese Moment erhalten meine gestrigen Beobachtun-
gen eine neue Beleuchtung. Zunächst einmal bestätigt sich das
Ergebnis der gestrigen Analyse von a b, indem in c – f Motive
deutlich herauskommen, die in a b nur dem geschulten Ohr
hörbar wurden.

Dies gilt von folgenden Punkten.

Gestr. Gut. S. 3 Nr. 4 christliche Färbung: dies kommt jetzt
in voller Breite zu Tage. Die christlichen Ausdrückte häufen
sich. e 14 Kreatur, d 33 es ist uns nicht gegeben, d 48 gebe Gott
dass; entsprechend dem archaischen Relativpronomen »so« (a
34) erscheint hier ein ebenso untrügliches Zeichen theologi-
scher Redeweise »jetzt da uns die Augen geöffnet sind« (d 79),
d 76 (der fanatische Ruf eines Busspredigers), c 38 wieder der
Vorwurf der Gottlosigkeit: atheistische Kriegsmaschine, f 22
der Tod als Schnitter, f 27 Vorwurf der Gotteslästerung, e 38
Mantel der Klugheit (vgl. a 26), e 19 nach Gottes Willen, e 35 in
alle Welt zerstreut wie der Staub vor dem Winde, e 39 Ausgeburt der Hölle, c 34 Mitglied der christlichen und abendländischen Kultur. Am offensten lässt er die christlich Maske fallen
in f: f 44 der Einzige Gott, f 46 der wahre Gott. f 98 tritt er auf
als böses Gewissen der Menschen; f 47 Schiff ohne Ruder,
Säugling ohne Mutter, Wolke die sich auflöst: diese eigentüm-
lichen Bilder scheinen aus der christlichen Mystik zu stammen, ich vermute etwa von Meiser Ekkehard. Schon in e 11 fiel

54

das Wort civitas dei, d. h. also ein lateinisches Zitat aus Augustin; dieser Gedanke wird wieder aufgenommen f 37: Der Mensch, der seine Stellung im ordo verlässt, d. h. in der Weltordnung, ebenfalls ein augustinisches Bild (bezeichnend übrigens wie der Verfasser hier ohne Rücksicht auf das Verständnis lateinische Ausdrücke gebraucht). Schliesslich ist ein grosser Teil von f beherrscht von den Visionen des Buches Daniel vom gefallenen Engel, dem Antichrist und dem Dämon der dem Menschen auflauert. Eine gewisse leise Tarnung ist darin gegeben, dass f 61 »Sprüche« zitiert werden – es kann sich hierbei nur um die Sprüche Salomonis handeln. Dies aber hinzuzufügen, scheute sich der Verfasser denn doch.

Gestr. Gut. S. 4 Nr. 8 Vorsicht in der Propaganda: d 36 zeigt dieselbe Zurückhaltung in der Judenfrage. e 34: der Verfasser ist kein Monarchist.

Gestr. Gut. S. 6 2. Absatz stellte ich fest, dass die Aufrufe nicht den Ton eines verbitterten Einsamen haben: das wird jetzt e 46 ausdrücklich ausgesprochen. Im übrigen sieht sich der Verfasser umgeben von Menschen der gleichen Gesinnung (e 23; f 10) und klagt wieder wie in a b über deren Lauheit (c 3 ff; d 5 ff.)

Ich bezeichnete den Verfasser als Intellektuellen. Das kommt in dem neuen Material wieder deutlich heraus. Der Verfasser bringt weithin unbekannte Zitate von Goethe und Schiller; ferner Novalis, Aristoteles, Laotse. e 94 ist von den »unteren Volksschichten« die Rede; d 20 »die deutsche Intelligenz im Kellerloch«. Auf denselben geistigen Boden gehören auch Ausdrücke wie c 38 die rächende Nemsis, c 41 die Hybris; c 32 der unersättliche Dämon. Ebenso gehört dahin c 12 die Polemik gegen eine Gesetzmässigkeit in der Geschichte. Die typische Blickrichtung des Intellektuellen zeigt sich auch e 72 ff. in der Aufforderung zur Sabotage, wo das Interesse des Verfassers über die Rüstungsindustrie rasch hinweggleitet, dagegen umso länger bei Wissenschaft, Kultur, Kunst usw. verweilt.

Unstimmigkeiten und Denkfehler (vgl. gestr. Gut. S. 4. Nr. 7) tauchen auch hier wieder auf: d 15 soll das wahre Wesen des

Nationalsozialismus bei der Machtergreifung zu Tage getreten sein, d 82 aber erst beim Ausbruch des Krieges.

Auch c – f weisen auf Anwesenheit in Deutschland, wie ich es vermutet hatte. Eine Bemerkung in e 30 weist auf typisch Münchner Geschwätz.

Der geistige Boden, von dem er ausgeht, erinnert mich am ehesten an Wilhelm *Stapel*: hier haben wir dieselbe Verbindung von Nationalismus, modifiziertem Antisemitismus und einer politischen Theologie, die aus dem Protestantismus kommt, jedoch überkonfessionelle Neigungen zeigt. Zur dieser These muss ich mir erst das Material beschaffen.

Ausserdem nährt sich der Verfasser sichtlich von einer gewissen ziemlich banalen ausländischen Propaganda, die mir aus Auslandsaufenthalten bekannt ist; ich möchte vermuten, dass sie aus ausländischen Sendern stammt, habe aber zur Nachprüfung keinerlei Möglichkeit. Hierher gehört das Predigen des passiven Widerstandes; ferner der Ausdruck faschistisch für den Nationalsozialismus, der aus dem Bolschwismus stammt; die Rede von den starken Verlusten im Osten schon im vorigen Sommer; schliesslich auch die Kritik am Stil von Adolf Hitlers Mein Kampf. Wenn c 26 von wenigen angebl. heroischen Männern die Rede ist, die den Tod gefunden haben, so kann diese Angabe, wenn überhaupt etwas Reales hinter ihr steht, ebenfalls nur auf solchem Wege zu dem Verfasser gedrungen sein.

Zeitgeschichtlich spiegeln c – f ziemlich die gleiche Situation des vorigen Sommers wieder, sie dürften rasch hintereinander verfasst sein: Luftangriffe auf Köln, Vormarsch im Osten geht weiter, Rommel steht in El Alamein (f 6); Quisling hat wahrscheinlich eben Deutschland besucht (f 84).

Der Verfasser ist ohne jedes ernste positive Programm. Das zeigt sich in c – f noch deutlicher. Er will die Opposition sammeln (d 23), es soll passiver Widerstand getrieben werden: wie das aber mit den militärischen Notwendigkeiten des Krieges zu vereinigen ist, bleibt völlig unbeantwortet (e 59), worin sich wiederum die gleiche Weltfremdheit und dazu noch deutlicher die völlige Verantwortungslosigkeit des Verfassers ausspricht.

Man kann an Hand der gesamten 6 Flugblätter eine Art von politischer Biographie aufstellen. Der Verfasser beginnt (c–f) ziemlich primitiv (vgl. die naive Aufforderung, die Flugblätter zu vervielfältigen), er ist noch ausgesprochen romantisch (der kitschige Titel Weisse Rose). Er ist in seinem politischen Programm noch unvorsichtig und lässt die christliche Katze aus dem Sack. Er hat dann diese seine Tätigkeit eingestellt und zwar unerwartet abgebrochen; e 63 und c 28 finden sich Ankündigungen von Fortsetzungen, die nicht erfüllt werden. Nach längerer Pause beginnt er dann im Januar ds. Jha. von neuem mit a. Das politische Gesicht ist verändert. Er ist weit behutsamer geworden, unromantischer und bewusster. Ich möchte der Vermutung Ausdruck geben, dass hierzwischen ein fremder Einfluss liegt. Offenbar ist irgendeine Stelle, etwa des Auslandes, durch die erste Flugblätterserie auf ihn aufmerksam geworden und hat auf ihn eingewirkt. Daher ist sein Auftreten jetzt fester und zielsicherer (soweit bei ihm, überhaupt von Zielen die Rede sein kann). Das steigert sich dann im letzten Flugblatt (b) durch ein sehr geschicktes Aufgreifen der letzten Vorgänge in der Universitätspolitik. –

Wenn ich in diesem und im vorigen Gutachten als geistigen Boden die Lehre von Wilhelm *Stapel* und geistigen Raum die Universität bezeichne, so will ich natürlich durch diese Vermutungen weder Stapel noch die Universität mit diesem einzelnen Mann belasten, sondern lediglich die geistigen Hintergründe angeben. Ich habe den Eindruck, und Gespräche die ich nach den heutigen Vorfällen in der Universität mit Studenten hatte, bestätigen das, dass der Verfasser zwar an gewisse Situationen und Vorgänge der letzten Zeit geschickt anknüpft und sie für sich ausnutzt, dass er aber mit seinem wahnsinnigen Vorhaben bei der Studentenschaft keinen Widerhall findet.

gez. Harder.

II. »Freiheit!« –
Eine kurze Geschichte der *Weißen Rose,*
erzählt von ihrem Ende her

von Ulrich Chaussy

Stalingrad und »Totaler Krieg« –
Unmut im Reich, Tumult in München

Noch nie in den dreieinhalb Jahren seit Kriegsbeginn hatte der Großdeutsche Rundfunk in seinem Wehrmachtsbericht eine Niederlage eingestanden, bis zu dieser Meldung, die am Abend des 3. Februar 1943 über alle Sender im Deutschen Reich ging: »Der Kampf um Stalingrad ist zu Ende. Ihrem Fahneneid bis zum letzten Atemzug getreu, ist die 6. Armee unter der vorbildlichen Führung des Generalfeldmarschalls Paulus der Übermacht des Feindes und der Ungunst des Feindes erlegen.«[1]

Die Niederlage wird gemeldet, weil kein noch so gut geölter Propagandaapparat der Welt, auch nicht der des deutschen Propagandaministers Dr. Joseph Goebbels, eine solche Katastrophe verschweigen und beschönigen kann, denn ihre Auswirkungen sind seit Wochen überall spürbar: Seit dem 22. November 1942 sind 260 000 Soldaten der 6. Armee in Stalingrad eingekesselt. In der Folge warten Tausende von Familien in Deutschland vergeblich auf Nachricht über das Schicksal ihrer Männer, Freunde und Söhne.

In dieser Sorge lebt auch Sophie Scholl. Seit 1937 ist sie mit dem Offizier Fritz Hartnagel eng befreundet, er bezeichnet sie gegenüber Dritten gelegentlich als seine Braut oder Verlobte. Sie weiß seit Dezember 1942, dass seine Einheit in Stalingrad liegt. Sie schreibt ihm Briefe ins Ungewisse, die wochenlang ohne Antwort bleiben, Briefe voller Sehnsucht, Hoffnung und dunkler Andeutungen: »In Gedanken bin ich jetzt so viel bei Dir, dass ich oft meine, wir müssten uns begegnen. Doch frage ich mich immer wieder mit Sorge, wie es Dir jetzt ergehen mag. Du weißt, wie schwer ein Menschenleben wiegt, und man muss wissen, wofür man es in die Waagschale wirft.«[2]

Sophie Scholl aus Ulm studiert seit Mai 1942 Biologie und Philosophie in München. Seit Anfang Dezember wohnt sie gemeinsam mit ihrem älteren Bruder Hans in einer Wohnung in der Franz-Joseph-Straße 13. Hans studiert als Mitglied einer Sanitätskompanie des Heeres Medizin in München. Innerhalb der Kompanie bildet sich ein weitläufiger Kreis musisch und philosophisch interessierter Mediziner, die Studium und Freizeit gemeinsam verbringen. Sophie hat Hans' engen Freund Alexander Schmorell und Willi Graf kennen gelernt, auch Christoph Probst, der einer Sanitätskompanie der Luftwaffe angehört, schon verheiratet und Vater von drei Kindern ist. Die Wohnung der beiden Scholl-Geschwister nahe der Universität ist einer der regelmäßigen Treffpunkte des Freundeskreises; das einige Gehminuten entfernte, meist leer stehende Atelier des Architekten Manfred Eickemeyer ein weiterer, geeignet für größere, gesellige Zusammenkünfte. Auch die Freundinnen Traute Lafrenz und Gisela Schertling sind oft zu Besuch bei den Geschwistern Scholl.

Die Niederlage von Stalingrad zeichnet sich bereits seit Ende 1942 ab. Das aber melden nur die so genannten »Feindsender«. Wer sie hört, riskiert die Todesstrafe. Doch dieses Risiko nehmen immer mehr Deutsche auf sich, denn auf anderem Weg ist nicht an Informationen zu kommen. Die deutschen Zeitungen und Sender werden auffällig still. Vor ihrem Verstummen hatten sie zuletzt im September 1942 großspurig prophezeit, die Stunde sei nahe, »in der die Stadt Stalins mit ihren eingeschlossenen großen Sowjetarmeen und der Unmenge von Kriegsmaterial dem Untergang geweiht sein wird«. Niemand glaubt Anfang 1943 solchen Ankündigungen noch. In den geheimen Lageberichten des Sicherheitsdienstes SD notieren die Spitzel, »dass zur Zeit ein Tiefstand in diesem Kriege erreicht sei. [...] Ähnlich verhält es sich mit Stalingrad, welches von vielen Volksgenossen bereits als verloren angesehen wird. Abgesehen von der seinerzeit stark herausgestellten strategischen Bedeutung dieser Stadt wurde seine Eroberung von vielen

Volksgenossen als Prestigefrage angesehen, teilweise glaubte man hiervon den entscheidenden Wendepunkt des Krieges erwarten zu können.«[3]

Hitler beruft Mitte Januar 1943 einen Dreier-Ausschuss ein. Ihm gehören Wilhelm Keitel, der Chef des Oberkommandos der Wehrmacht, Reichskanzleichef Hans Heinrich Lammers und der Chef der Parteikanzlei, Reichsleiter Martin Bormann, an. Sie sollen weitere Soldaten ausheben, die Rüstungsproduktion auf Kosten der zivilen Wirtschaft steigern und Mehrarbeit anordnen.

Für psychologische Durchhalteappelle, die über bürokratische Anordnungen hinausgehen, fühlt sich Propagandaminister Joseph Goebbels berufen wie kein anderer. »Wir dürfen jetzt gar keine Rücksicht mehr auf die Heimat nehmen. Die Heimat hat kein Recht, in Frieden zu leben, wenn die Front ungeheure Lasten und Gefahren auf sich nehmen muss. Sie muss in einem Umfange aktiviert werden, von dem wir im Augenblick noch keine Vorstellung haben«,[4] redet Goebbels Mitte Januar 1943 bei seinem Besuch im Führerhauptquartier Rastenburg auf Hitler ein, während Adjutanten ständig neue katastrophale Nachrichten vom Armee-Oberkommando 6 in Stalingrad hereinreichen. »Ich bezeichne das zusammenfassend als ein Reorganisationsprogramm der Heimat, das unter der Überschrift ›Totale Kriegsführung‹ steht. Es beinhaltet die Frauenarbeitspflicht, die Auflösung aller nicht kriegswichtigen oder kriegsnotwendigen Institute und Unternehmungen und die restlose Einstellung der ganzen Heimatorganisation des zivilen Lebens auf die Bedingungen des Krieges selbst. Der Führer genehmigt von vornherein alles das, was ich vorgeschlagen habe.«[5] Zu Goebbels Plänen gehört neben der Schließung von Luxusrestaurants und dem Verbot von Tanz- und Vergnügungsveranstaltungen eine reichsweit im Rundfunk zu übertragene Kundgebung. Durch sie will er den spürbaren Fatalismus der Bevölkerung in Fanatismus für den Kampf um den »Endsieg« verwandeln. Die Provinzfürsten der NSDAP, die

Gauleiter, sollen mit lokalen Kundgebungen und Appellen dieser Propagandaoffensive den Boden bereiten.

Noch erreicht die Dramatik des Krieges Bayern vor allem nachrichtlich, weniger im Alltag. Zwar wird in München, der »Hauptstadt der Bewegung« der Nationalsozialisten, jeden Abend die Stadt verdunkelt, aber der Luftkrieg hat München lange nicht so hart in Mitleidenschaft gezogen wie die Städte Westdeutschlands. Doch auch in Bayern üben sich jetzt die örtlichen NS-Funktionäre in Durchhalteparolen.

Für den 13. Januar 1943 hat der Gauleiter von Oberbayern, Paul Giesler, die Münchner Studentinnen und Studenten zu einer Kundgebung in den Kongresssaal des deutschen Museums bestellt. Dabei geschieht Ungewöhnliches, für Nazi-Verhältnisse Ungeheuerliches. Eigentlich herrscht Anwesenheitspflicht für die in München eingeschriebenen Studenten. Gleichwohl ziehen es Alexander Schmorell, Willi Graf und Hans Scholl vor, gar nicht erst zu erscheinen. Eine breite Unzufriedenheit, weit über den Freundeskreis der *Weißen Rose* hinaus, muss schon vorab in der Luft gelegen haben. Der Ulmer Maler Wilhelm Geyer arbeitete im Januar 1943 im Architektenatelier Eickemeyer, sein Essen bereitete er sich in der Küche der Scholls. Als er sie am Abend der Kundgebung zu Hause antrifft und verwundert fragt, warum sie nicht im Deutschen Museum seien, erhält er zur Antwort, sie würden nicht hingehen, denn »im Falle von Unstimmigkeiten (würden) sie in erster Linie als Urheber bezeichnet werden, da sie innerhalb der Studentenschaft oder der Studentenkompanie politisch verdächtig seien«[6].

Es kommt dann auch zu den von Hans Scholl vermuteten »Unstimmigkeiten«. Denn anstatt der Rede des mächtigen NS-Funktionärs ergeben zu lauschen, begehrt das Publikum auf. Es kommt zu Protesten und schließlich zu handgreiflichen Auseinandersetzungen zwischen Studenten auf der einen Seite – viele von ihnen Soldaten in Uniform oder verletzte Kriegsteilnehmer – und Braunhemden, SS und Polizei auf der

anderen. Der genaue Ablauf der Ereignisse ist schwierig zu rekonstruieren: Der einzige Pressebericht im ›Völkischen Beobachter‹[7] zwei Tage später gibt Gieslers Rede nur auszugsweise
wieder – ohne seine beleidigenden Ausfälle – und verschweigt
den nachfolgenden Aufruhr.

Gieslers Redemanuskript ist nicht überliefert, und die Erinnerungen der Zeitzeugen[8] ergeben kein einheitliches Bild im
Detail, wohl aber, was die Atmosphäre anlangt: Als Giesler von
Studentinnen sprach, die sich nicht an den Universitäten her-
umdrücken, sondern »lieber dem Führer ein Kind schenken«
sollten, etwa in Gestalt eines Sohnes als alljährliches Universi-
tätszeugnis, standen die ersten Studentinnen auf und strebten
dem Ausgang zu. Wahrscheinlich als Reaktion und in Abweichung vom Redemanuskript schwadronierte Giesler weiter:
»Wenn einige Mädels nicht hübsch genug sind, einen Freund
zu finden, werde ich gern jeder einen von meinen Adjutanten
zuweisen, und ich kann ihr ein erfreuliches Erlebnis versprechen.«[9] Darauf steigerte sich die Unruhe zum Tumult, zumal
die Studentinnen am Verlassen des Saales gehindert wurden
und nun gemeinsam mit den männlichen Kommilitonen Giesler so lautstark störten, dass er seine Rede unterbrechen
musste. Mitglieder der NS-Studentenschaft schwärmten aus,
um die protestierenden Studentinnen für die alarmierte Polizei
festzuhalten. Ihre männlichen Kommilitonen sprangen den
Frauen bei. Sie verwickelten die NS-Studenten und die anrük-
kende Polizei in Prügeleien. Es ist ihnen wohl auch gelungen,
einen nicht unbeträchtlichen Teil ihrer Kommilitoninnen nach
über einer Stunde freizubekommen.[10] Diese Befreiung wurde,
wie nicht nur Annemarie Farkasch schilderte, als Triumph
empfunden, »da fanden sich auf einmal Juristen, Mediziner
und Philosophen zusammen. Wildfremde Kollegen und Kolle-
ginnen gingen mit uns Arm in Arm die Ludwigstraße hinunter
und allen war die offene Empörung gegen das Geschehene und
die Angst um die Festgenommenen gemeinsam.«[11]

Was am Abend des 13. Januar im Deutschen Museum geschehen war, wirkte sich auch auf die Stimmung in der Universität in den kommenden Tagen aus. »Ich habe nie vorher und niemals mehr nachher eine solche Stimmung an der Universität erlebt, wie am folgenden Tage. Gruppen bildeten sich auf den Gängen, Angehörige der verschiedensten Fakultäten, die sich vorher überhaupt nicht beachtet hatten, standen einträchtig beisammen und jeder war des anderen Freund.«[12]

Welchen weitreichenden Eindruck die spontane Revolte gegen Giesler über die Studentenschaft hinaus hinterließ, verdeutlicht der Bericht von Philomena Sauermann. Sie gehörte zu den verhafteten Studentinnen, die trotz der Proteste ihrer Kommilitonen nicht freikamen. Erst am späten Abend wurden die 22 jungen Frauen zu Verhören in die Gestapo-Leitstelle im Wittelsbacher Palais gebracht. Dort mussten sie unter Bewachung und striktem Redeverbot untereinander in einem großen Saal warten. Philomena Sauermann berichtet, dass die mitten in der Nacht herbeitelefonierten Beamten den Vorgang sehr ernst nahmen. »Sie haben gemeint, es sei eine geplante Revolution von uns gewesen. Man wollte herausbringen, dass das organisiert, und wer der Anführer war. Aber so war es ja nicht. Wir waren eben empört über die Ausführungen des Gauleiters.«[13] Philomena Sauermann gewann den Eindruck, dass die Gestapo von einer schlagkräftigen Widerstandsgruppe ausging, der sie einen Umsturz zutraute. Als sie nachts um halb drei gemeinsam mit einigen Kommilitoninnen aus dem Wittelsbacher Palais in das verdunkelte München entlassen wurde, verabschiedete sie ein Gestapo-Beamter mit den Worten: »Sie haften jetzt mit Ihren Köpfen, wenn hier die Revolution ausbricht.«[14] Philomena Sauermann wurde einige Tage später zum Gaustudentenführer und ein weiteres Mal zur Gestapo bestellt. Sie erhielt wie alle bei der Gestapo erfassten Studentinnen am 12. Februar im Rektorat der Universität einen schriftlichen Verweis, in dem ihr bei der geringsten weiteren Verfehlung der Verweis von der Universität angedroht wurde.

»Ich erkenne Anneliese kaum wieder, da sie am Abend aus

der Studentenkundgebung im Deutschen Museum wieder-
kommt«, notiert Willi Graf an diesem Abend in seinem Tagebuch die merkwürdige Wandlung seiner Schwester, die in die
verschwörerischen Aktivitäten ihres Bruders nicht eingeweiht
ist und daher nicht ahnt, worauf Willi nur einen Satz zuvor im
selben Tagebucheintrag anspielt: »Besuch bei Hans, auch am
Abend bin ich noch dort, wir beginnen mit der Arbeit, der
Stein kommt ins Rollen.«[15] Gemeint ist damit die Herstellung
des fünften Flugblattes mit der Überschrift »Aufruf an alle
Deutschen!«.

Professor Kurt Huber, seit einer Woche vor Weihnachten in
die Flugblattaktivitäten seiner Studenten eingeweiht, war am
Nachmittag des 13. Januar mit Alexander Schmorell, Willi
Graf und Hans Scholl in dessen Wohnung zusammengetroffen
und diskutierte deren Textentwürfe[16], die wahrscheinlich
schon vor Gieslers Ansprache verfasst worden waren.[17] Der
Text wurde jedenfalls nach dem 13. Januar nicht mehr verändert, wohl auch, weil die Verbreitung dieses Flugblattes über
München hinaus mit erheblichem logistischen Aufwand vorbereitet werden musste. Anders ist kaum zu erklären, dass die
Revolte gegen Giesler keine Erwähnung findet, die *Die Weiße
Rose* als eindrucksvolle Bestätigung des studentischen Unmuts
hätte anführen können.

Wie aus dem Nichts tauchen dann am Monatsende, abge-
sendet fast gleichzeitig in Salzburg, Linz und Wien, in Stuttgart, Augsburg und in München, bei Empfängern in all diesen
Städten jene »Aufruf an alle Deutsche!« überschriebenen
Flugblätter in den Briefkästen auf. Schon die ersten Sätze treffen im angespannten Warten auf die Entscheidung in Stalingrad die Stimmung im Lande ganz genau:

»Der Krieg geht seinem sicheren Ende entgegen. Wie im Jahr
1918 versucht die deutsche Regierung alle Aufmerksamkeit auf
die wachsende U-Boot-Gefahr zu lenken, während im Osten die
Armeen unaufhörlich zurückströmen, im Westen die Invasion
erwartet wird. Die Rüstung Amerikas hat ihren Höhepunkt

noch nicht erreicht, aber heute schon übertrifft sie alles in der Geschichte seither Dagewesene. Mit mathematischer Sicherheit führt Hitler das deutsche Volk in den Abgrund. Hitler kann den Krieg nicht gewinnen, nur noch verlängern! Seine und seiner Helfer Schuld hat jedes Maß unendlich überschritten. Die gerechte Strafe rückt näher und näher!«[18]

Von diesem Flugblatt druckt *Die Weiße Rose* mindestens 9000 Stück, und sie werden planvoll verteilt: Mit 1500 in Kuverts gepackten Flugblättern im Gepäck reist Alexander Schmorell über Salzburg und Linz nach Wien und gibt sie dort für Adressaten in diesen Städten und in Frankfurt am Main zur Post. Beinahe gleichzeitig übergibt Sophie Scholl in Ulm dem Gymnasiasten Hans Hirzel etwa 2500 Flugblätter, unterbricht dann ihre Rückfahrt in Augsburg und wirft dort adressierte Umschläge in die Briefkästen. Hirzel und sein Schulfreund Franz Müller beschaffen Kuverts und Adressen und beschriften die Umschläge. Hirzel schafft einen Teil nach Stuttgart. Dort hilft seine Schwester Susanne, die Flugblattbriefe aufzugeben.

Kaum ist Alexander Schmorell in München zurück, legen er und Hans Scholl in einer nächtlichen Streuaktion in den Straßen der Innenstadt etwa 5000 Flugblätter aus.

Ermittlungen und Mutmaßungen –
Die Gestapo auf der Suche

Als das Flugblatt »Aufruf an alle Deutsche!« der »Widerstandsbewegung in Deutschland« in großer Zahl Ende Januar
1943 per Post in sieben Städten und gleichzeitig nach einer
nächtlichen Verteilaktion in Münchens Innenstadt auftaucht,
tappt die gefürchtete Geheime Staatspolizei in München völlig
im Dunkeln. Dazu trägt besonders die ausgeklügelte Postver-
sandaktion bei. Sie stiftet Verwirrung bei der Sonderkommission der Gestapo, die unter dem Eindruck der nunmehr deutlich intensivierten Widerstandtätigkeit eingesetzt wurde.
Zwar waren schon einmal Ende Juni 1942 in kurzer Folge vier
Folgen der »Flugblätter der *Weißen Rose*« erschienen. Sie
waren jedoch in weit geringerer Auflage gedruckt und von
München aus vornehmlich an Münchner Adressen gesandt
worden. Alle Begleitumstände deuteten damals auf eine ausschließlich lokale Gruppierung. Nun aber rätseln die Gestapo-
Beamten in einem internen Papier nicht nur, wer ihr Gegner
ist, sondern auch, wo er zu finden sei:
  »Die Zahl der hier aus der Streuaktion vom 28./29.1.43 er-
faßten Flugblätter beläuft sich nunmehr auf rund 1300 Stück.
Um einen Überblick über die gebietsmäßige Ausdehnung innerhalb des Stadtgebietes zu gewinnen, wurde ein Übersichts-
plan erstellt. Daraus ergibt sich, dass sich der Hauptbahnhof
München ziemlich genau im Mittelpunkt der Aktion befindet,
bzw. dass sich die Streuaktion von hier etwa in gleicher Ausdehnung in nördlicher und südlicher Richtung erstreckt. Aus
dieser Tatsache könnte gefolgert werden, dass der oder die Täter mit der Eisenbahn von auswärts kamen und hier vom
Bahnhofe aus mit der Verbreitung der Flugblätter begannen –
am 27.1.43 traten sie in Wien in Erscheinung.«[19]

Schon im Juni 1942 war Kriminalsekretär Robert Mohr mit dem Fall *Weiße Rose* befasst worden. Im Sommer 1942 verebbte die Aktivität der Gruppe nach nur zwei Wochen, nachdem in kurzer Folge vier Flugblätter verschickt worden waren.[20] Die Ermittlungen verliefen im Sande.

Am 29. Januar 1943 wurde Mohr vom Münchner Gestapo-Chef Oswald Schäfer in dessen Büro gerufen. »Als ich wenig später nichtsahnend dort eintraf, fand ich Herrn Schäfer an seinem Schreibtisch, hinter einem Berg der vorerwähnten Flugblätter, die inzwischen in der Stadt eingesammelt wurden und hier aufgestapelt waren«, schreibt Robert Mohr in dem Bericht über seine Rolle bei den Ermittlungen gegen die an der *Weißen Rose* Beteiligten und fährt fort: »Nach kurzer Information erhielt ich den Auftrag, alle anderen Arbeiten zu übergeben oder, wenn nicht dringlich, liegen zu lassen, um sogleich mit mehreren Beamten die Fahndungstätigkeit nach den Urhebern dieser Flugblätter aufzunehmen. Zugleich wurde mir mitgeteilt, dass diese Flugblatt-Aktion größte Beunruhigung hervorgerufen habe und demgemäss die höchsten Stellen von Partei und Staat an einer möglichst baldigen Aufklärung interessiert seien.«[21] Handfeste Erkenntnisse liefern nach einer Woche verstärkter Ermittlungen aber nicht die Fahnder und Spitzel, sondern das Polizeilabor: »Die Kriminaltechnische Untersuchungsstelle bei der Kriminalpolizeileitstelle München hat festgestellt, dass die Flugblätter der sogenannten ›Widerstandsbewegung‹ nur auf einer Maschine geschrieben wurden. Nach diesem Gutachten ist mit ziemlicher Sicherheit anzunehmen, dass die Matrizen dieser Flugblätter auf der gleichen Maschine gefertigt wurden wie diejenigen der bekannten Flugblätter der sogenannten *Weißen Rose*«, schreiben die Kriminaltechniker. Sie finden auch heraus, dass das Druckpapier in München gekauft und die verwendeten Kuverts in einer Münchner Fabrik produziert worden sind, und resümieren: »Mit dieser Feststellung wird die Ansicht gefestigt, dass der oder die Täter in München oder Umgebung zu suchen sein dürften.«[22]

Diese Vermutung verdichtet sich nach dem 3. Februar, dem Tag, an dem die Niederlage von Stalingrad im Radio gemeldet und getragene Musik gesendet wird, zur Gewissheit. »Unter der Hakenkreuzfahne, die auf der höchsten Ruine von Stalingrad weithin sichtbar gehißt wurde, vollzog sich der letzte Kampf. Generale, Offiziere, Unteroffiziere und Mannschaften fochten Schulter an Schulter bis zur letzten Patrone. Sie starben, damit Deutschland lebe. […] Eines aber kann schon jetzt gesagt werden: Das Opfer der Armee war nicht umsonst.«[23]

Was in der Nacht darauf in Münchens verdunkelter Innenstadt geschieht und im Morgenlicht für die Münchner Bürger sichtbar wurde, veranlasst die Gestapo, den Ring noch enger zu ziehen. Die Oberstaatsanwaltschaft beim Landgericht München I meldete mit dem Betreff: »Staatsfeindliche Umtriebe in München« dem Reichsjustizministerium nach Berlin: »I. In der Nacht vom 3. auf 4. Februar wurden an mindestens 20 Stellen der Stadt München mit Blechschablone und Teerfarbe Inschriften angebracht, die lauten: ›Freiheit‹ oder ›Nieder mit Hitler‹; daneben ist ein durchstrichenes Hakenkreuz angebracht. Inschriften dieser Art wurden festgestellt an Anschlagsäulen in der Ludwigstraße, an der Universität, in der Amalienstraße, in der Gegend der Salvatorstraße und am Altheimereck. Die Täter sind unbekannt. Die Hauseigentümer wurden angewiesen, die Inschriften zu entfernen.«[24]

Gestapo-Chef Oswald Schäfer löst eine Großfahndung mit allen verfügbaren Polizeibeamten aus, lässt die Meldezettel in den Hotels überprüfen und verspricht per Zeitungsanzeige 1000.– Reichsmark Belohnung für Hinweise auf die »Gewaltverbrecher«, die die Parolen gemalt und die Flugblätter verteilt haben. Schließlich lässt er mit dem ehemaligen, als Nazi-Gegner bekannten Bibliothekar Dr. Max Stefl einen »üblichen Verdächtigen« unter Überwachung stellen, weil ihm aufgrund seiner Bildung die Autorenschaft der Flugblätter zugetraut wird. »Die Großfahndung […] nach dem Flugzettelverteiler ist ergebnislos verlaufen«, muss Schäfer am 11. Februar an das

Reichssicherheitshauptamt vermelden, und eine erneute nächtliche Malaktion: »Die Schmierereien ›Nieder mit Hitler‹ und ›Freiheit‹ sind neuerdings am 8./9.2.1943 angebracht worden. […] Da es der oder die Täter offensichtlich gerade auf das Universitätsgebäude abgesehen haben, wurde dieses unter die entsprechende Überwachung gestellt.«[25]

Noch einmal tauchen Wandinschriften auf, in der Nacht vom 15. auf den 16. Februar: »Nieder mit Hitler« und in ein Meter hohen schwarzen Lettern an der Buchhandlung Hugendubel »Massenmörder Hitler«. Außerdem ist in dieser Nacht ein neues Flugblatt per Post aufgegeben worden, das die Empfänger am nächsten Tag aus ihren Briefkästen ziehen:

»Kommilitonen, Kommilitoninnen! Erschüttert steht unser Volk vor dem Untergang der Männer von Stalingrad. Dreihundertdreißigtausend Männer hat die geniale Strategie des Weltkriegsgefreiten sinn- und verantwortungslos in Tod und Verderben gehetzt. Führer, wir danken Dir!

Es gärt im deutschen Volk: Wollen wir weiter einem Dilettanten das Schicksal unserer Armeen anvertrauen? Wollen wir den niedrigen Machtinstinkten einer Parteiclique den Rest unserer deutschen Jugend opfern? Nimmermehr!«[26]

Nur so viel ist klar aus Sicht der Gestapo bis zur Verhaftung von Hans und Sophie Scholl: Die für die Ermittler nicht fassbare Widerstandsgruppe sucht die Nähe zur Münchner Universität, zu den Studenten, auch sprachlich. So setzen sie darauf, dass eine Analyse der Flugblätter ihnen hilft, den oder die Verfasser zu identifizieren. Universitätsprofessor Richard Harder, ein Altphilologe, der das Vertrauen der Gestapo besitzt, beugt sich am 17. und 18. Februar in deren Auftrag für ein Eilgutachten über das Material – das »Flugblatt der Widerstandsbewegung in Deutschland« und das frisch erschienene »Kommilitoninnen! Kommilitonen!«[27]. Harder schreibt:

»Die beiden Machwerke zeigen ein außergewöhnlich hohes Niveau. Es spricht ein Mensch, der die deutsche Sprache vollendet meistert, der seinen Gegenstand bis zur letzten Klarheit durchdacht hat. Der Mann weiß genau, was er will, er verfügt über detaillierte Kenntnisse. Er ist Deutscher. Und zwar nicht Emigrant, sondern ein Deutscher, der seit Jahren bis heute die politischen Ereignisse hier im Land miterlebt.«[28] Harder kommt zu dem Schluss, es bei beiden Blättern mit nur einem Autor zu tun zu haben. In seiner Analyse bezeugt er ihm Respekt, doch ebenso kühl kritisiert er auch die Texte:

»Zusammenfassend stellt sich der Verfasser als ein begabter Intellektueller dar, der seine Propaganda auf akademische Kreise, insbesondere die Studentenschaft abstellt. Trotz eines gewissen Schwungs der Sprache und der Entschlossenheit des politischen Wollens sind seine geistigen Erzeugnisse aber letzten Endes Schreibtischprodukte; wenn sie auch nicht den Ton eines verbitterten Einsamen haben, hinter ihnen also eine gewisse Clique steht, so sind sie doch nicht der Ausfluß einer machtpolitisch aktiven Gruppe: dazu ist ihre Sprache zu abstrakt; sie will (und kann) in breiteren Kreisen der Soldaten oder Arbeiter keinen Widerhall finden.«[29]

»Die Nacht ist des Freien Freund« –
Die *Weiße Rose* in Aktion

Die wohl wirksamste Tarnung der Aktivisten der *Weißen Rose* war gar keine angelegte Maske, sondern die Normalität ihres Lebenswandels. Sie lernten und studierten, sie besuchten Konzerte, sie feierten Feste, fuhren in die Berge zum Skifahren oder Wandern, sie hatten Freunde und Liebschaften. Sie waren keine isolierten Einzelgänger, die den Kontakt zu anderen scheuten, um ausschließlich und unbeobachtet einer ominösen, nach außen abgeschirmten Tätigkeit nachzugehen. Diese Normalität als Tarnung funktionierte mehr als leidlich nach verschiedenen Seiten hin: der Gestapo gegenüber, die sich solche Verschwörer nicht vorstellte, aber auch all denjenigen nahe stehenden Personen und den Familienmitgliedern gegenüber, die nicht miteinbezogen und gefährdet werden sollten. Anschaulich machen dies die Erlebnisse von Elisabeth Hartnagel, der Schwester von Hans und Sophie Scholl. Sie sah die Geschwister und deren Freunde zum letzten Mal, als sie sie Ende Januar bis zum 5. Februar für zehn Tage lang in München besuchte – mitten in der intensivsten Phase ihrer Widerstandsaktivitäten. Elisabeth war nicht eingeweiht und bekam in den Tagen ihres Besuches mit Spaziergängen, Restaurant- und Konzertbesuchen keinen Anlass zu der Vermutung, dass ihre Geschwister und ihr Freundeskreis zu dieser Zeit auch mit so etwas wie Widerstandsarbeit befasst waren. Elisabeth Hartnagel erinnert sich an den Abend des 3. Februar, des Tages, an dem die Niederlage von Stalingrad gemeldet wurde: »Das war nach zehn oder kurz vor Mitternacht. Der Alexander Schmorell kam. Und zu mir sagen sie dann. ›Wir gehen jetzt in die Frauenklinik.‹ Und dann sind sie verschwunden. Dann kam der Willi Graf. Haben wir gesagt: Sie sind in der Frauenklinik.

Hat er gelacht und gesagt: ›Ohne mich gehen die nicht in die Frauenklinik!‹ – Also gut, sie waren tatsächlich noch da und gingen dann zusammen weg. Sophie und ich haben im Englischen Garten einen Spaziergang gemacht. Sagt die Sophie: ›Jetzt müsste man Maueranschriften machen.‹ Sage ich: ›Ich hab' einen Bleistift dabei‹ – Hat sie gesagt: ›Das genügt nicht, da braucht man Teerfarbe.‹ Hab' ich gesagt: ›Das ist aber gefährlich!‹ Und da hat sie darauf geantwortet: ›Die Nacht ist des Freien Freund.‹ – Danach kamen wir heim, und Hans rief an, er hätte in seiner Tasche noch 50 Mark gefunden, wir sollten bei dem Hausmeister, das war ein Schwarzhändler, noch eine Flasche Wein besorgen. Das haben wir gemacht, wir haben sogar zwei Flaschen besorgt. Dann kamen die drei so richtig aufgedreht, und wir haben miteinander den Wein getrunken. Hinterher, wie sie dann tot waren, hab' ich mir gedacht: Der Anruf war sicher für die Sophie das Zeichen, dass alles geklappt hat. Deshalb hat Hans angerufen. Denn ich kann mir nicht vorstellen, dass es bei der Flasche Wein auf zehn Minuten angekommen wäre.«[30]

Am nächsten Morgen nehmen Hans und Sophie ihre Schwester Elisabeth und den befreundeten Ulmer Maler Wilhelm Geyer mit in die Universität zu Professor Hubers Vorlesung über Leibniz, treffen dort Alexander Schmorell und Willi Graf. Sie gehen an den Mauerinschriften »Freiheit« und »Nieder mit Hitler« vorbei. Sie lassen sich nicht dazu hinreißen, der Schwester oder Geyer gegenüber zu erwähnen, dass sie die Urheber der Inschriften sind. Wieder nimmt Sophie ihre Schwester Elisabeth diskret zur Seite, als Alexander Schmorell, Willi Graf und Hans Scholl nach dem Ende der Vorlesung sich kurz mit Professor Huber besprechen. Mit dem Satz »Die Zeit der Phrasen ist vorbei« hatte Huber an diesem Tag seine Vorlesung begonnen, eine für seine Hörer unmissverständliche Anspielung auf das als Zynismus verstandene Pathos der Meldungen über den Untergang der 6. Armee in Stalingrad, der ihr Oberster Befehlshaber Hitler wochenlang kategorisch jeden Ausbruch und Entsatz verweigerte hatte, als es für solch eine Rettung noch Chancen gab.

Hubers Anspielung vor den Studenten belegt, wie sehr ihn das Thema Stalingrad umtreibt; Alexander, Hans und Willi dürften ihren Professor auch an die Lesung des Schriftstellers Theodor Haecker erinnert haben, die sie für ihren Freundeskreis arrangiert haben, nachmittags im Atelier Eickemeyer. Theodor Haecker liest aus seinem Buch *Schöpfer und Schöpfung*. Nur Stunden nach der gefährlichen nächtlichen Malaktion bedeutet die Zeit mit Haeckers philosophisch-theologischen Texten nun wieder ein meditatives Innehalten. »Seine Worte fallen langsam wie Tropfen, die man schon vorher sich ansammeln sieht, und die in diese Erwartung hinein mit ganz besonderem Gewicht fallen«, notiert Sophie Scholl. »Er hat ein sehr stilles Gesicht, einen Blick, als sähe er nach innen. Es hat mich noch niemand so mit seinem Antlitz überzeugt wie er.« [31] Nach Elisabeth Hartnagels Erinnerung wurde auch nach der Lesung zwar über die allgemeine Lage nach Stalingrad, jedoch nicht über die Aktionen der Gruppe gesprochen – jedenfalls nicht in Gegenwart von Personen, die wie sie nicht eingeweiht waren.

Ständige Übermüdung und nervliche Anspannung waren der Preis dafür, die Nacht zum Tag zu machen, um die illegale Widerstandstätigkeit in einen keineswegs reduzierten Studentenalltag, in ein scheinbar ganz durchschnittliches Studentenleben einzuflechten. Traute Lafrenz beobachtete am Morgen nach der ersten nächtlichen Malaktion die ersten nervösen Spuren dieses Lebens im Ausnahmezustand an ihrem ehemaligen Geliebten Hans Scholl, als auch sie auf dem Weg in Hubers Vorlesung am Morgen des 4. Februar an den Maueraufschriften vorbeikam. »Ich ging zur Universität und sah Hans von der anderen Seite mir entgegenkommen [...] mit großen Schritten, ein wenig vornüber geneigt (er hielt sich schlecht in der letzten Zeit), ging er an den sich anstoßenden, hindeutenden Menschen vorbei – nur ein kleines, fast übermütiges Lächeln lag über den sehr wachen Zügen. Als wir dann in die Universität hineingingen, vorbei an Scharen von Reinemachefrauen, die mit Eimern und Besen und Bürsten die Schrift von der Steinmauer abkratzen wollten, da verstärkte sich dieses Lächeln – und als dann ein aufgeregter Student auf uns zugelaufen kam: ›Habt Ihr das schon gesehen?‹, da lachte Hans laut heraus und sagte: ›Nein, was ist denn?‹ Und von dem Moment fing ich an, wahnsinnige Angst um ihn zu haben.«[32]

Fast jeder Schritt in der Widerstandsarbeit war unvermeidlich mit Gefahr verbunden. Gewerbliche Druckereien wurden streng überwacht und kamen nicht für die Herstellung illegaler Flugblätter in Frage. Alle Nazi-kritischen Organisationen mit eigenen Druckmöglichkeiten waren 1933 zerschlagen worden. Die unbemerkte Beschaffung von Schreibmaschinen, Druckmaschinenfarbe und Matrizen, von Kuverts und Druckpapier und Briefmarken in Mengen, die den privaten Bedarf überschritten, war äußerst schwierig. Soldaten durften Reisen über fünfzig Kilometer nicht ohne Marschbefehl oder Genehmigung der militärischen Vorgesetzten antreten. Oft gab es Personen- und Gepäckkontrollen in den Zügen. Trotzdem reiste Willi Graf zweimal in Uniform und ohne Fahrerlaubnis mit Exemplaren der Flugblätter und einmal sogar einem Vervielfältigungsapparat im Gepäck im Zug quer durch Deutschland, um Mitstreiter für *Die Weiße Rose* im Kreis seiner alten Freunde aus der bündischen Jugend zu gewinnen. Er erhielt mehr Absagen als Zusagen, nur Willi Bollinger in Saarbrücken und sein Bruder Heinz in Freiburg sowie Helmut Bauer und Rudi Alt waren zur Mitarbeit bereit. Traute Lafrenz, von Hans Scholl aus dem Kern der Verschwörung herausgehalten, aber mit Sophie gelegentlich unterwegs, um Papier und Umschläge zu besorgen, brachte Flugblätter der *Weißen Rose* nach Hamburg und regte in einem oppositionellen Kreis von Absolventen ihres Gymnasiums, der Lichtwark-Schule, an, die Blätter in Hamburg nachzudrucken und zu verteilen. Alexander Schmorell hatte über seine Bekannte Lilo Fürst-Ramdohr Kontakt zu dem jungen Theaterdramaturgen Dr. Falk Harnack aufgenommen und besuchte ihn mit Hans Scholl in Chemnitz, wo Harnack stationiert war. Auch für diese Zugreise hatten sie keine Fahrerlaubnis. Harnacks Bruder Arvid und seine Schwägerin Mildred waren kurz zuvor vom Volksgerichtshof als führende Mitglieder der Widerstandsgruppe *Rote Kapelle* wegen Hochverrats zum Tode verurteilt worden. Alexander und Hans nahmen daher an, dass Falk Harnack über Verbindungen zu Widerstandskreisen in Berlin verfügte, mit denen die *Weiße Rose* Kontakt herstellen wollte. Harnack war zur Mitarbeit bereit. Sein Gegenbesuch in München stand in den ersten Februartagen an; er platzte mitten in die Hochphase der Widerstandsaktivitäten hinein.

Es gab also Versuche, die *Weiße Rose* auch in anderen Städten zu verankern und eine überregionale, weniger fassbare, schlagkräftige Organisation zu entwickeln. Sie scheiterten an der fehlenden Bereitschaft der Mehrheit der Angesprochenen, eine Tragödie angesichts der mutigen und riskanten Rundreisen Willi Grafs zu seinen einst engen Gefährten aus der bündischen Jugend. Dass sich die Akteure der *Weißen Rose* bei ihren letzten Aktionen durch die Beschränkung auf München und das engere Umfeld der Universität zunehmend in die Gefahr der Entdeckung brachten, geschah nicht freiwillig und war schon gar keine programmatische Entscheidung. Sie fanden einfach zu wenige Helfer.

Falk Harnack kommt am 8. Februar nach München. Er besucht seine enge Freundin Lilo Fürst-Ramdohr – und kann später auch das Gericht davon überzeugen, dass er die Verschwörer der *Weißen Rose* nur zufällig getroffen habe. Alexander Schmorell bringt ihn an diesem Tag zunächst zu einem Gespräch zu Hans Scholl. Für den kommenden Tag arrangieren die beiden ein gemeinsames Gespräch mit Prof. Huber, wiederum in der Wohnung der Scholls. Man tastet sich ab, und neben Gemeinsamkeiten werden auch Differenzen über ein Deutschland nach Hitler deutlich, vor allem zwischen Huber und Harnack. Huber nimmt nicht bis zum Ende an dem Gespräch teil; er verlässt die Wohnung der Scholls, die Studenten und Harnack sind einige Zeit unter sich. Seine wichtigste Nachricht an Schmorell und Hans Scholl lautet, die Brüder Dietrich und Klaus Bonhoeffer seien bereit, die Münchner in Berlin zu treffen, um den Kontakt des Münchner Studentenwiderstandes mit Kreisen des militärischen Widerstands herzustellen.[33]

Etwas später – Harnack ist mittlerweile gegangen – taucht Professor Kurt Huber erneut in Hans Scholls Wohnung auf. Der Fall von Stalingrad und die entwürdigende Behandlung der Studenten durch Gauleiter Giesler hatten ihm einen Stoß versetzt, und er bestimmte seine Rolle neu. Bisher war Kurt Huber als intellektuelle Autorität und sympathisierender Berater für die Studenten der *Weißen Rose* wichtig gewesen. Er mahnte zur Vorsicht und stand der Flugblattpropaganda skeptisch gegenüber.

Jetzt ist er unter höchstem Risiko selbst aktiv geworden. Er präsentierte Hans Scholl und Alexander Schmorell den Entwurf für ein Flugblatt, das er, wie seine Frau Clara berichtete, eines Morgens vor dem Frühstück, wenige Tage nur nach der Nachricht vom Fall Stalingrads, zu Hause auf seiner Schreibmaschine verfasst hatte. »Um Gotteswillen, was fällt Dir denn ein! So was sollst Du nicht einmal denken«, habe sie ausgerufen, als sie ihrem Mann beim Schreiben über die Schulter sah. »Dann kam er bald zum Frühstück und dann ging er fort. Hab ich gefragt: ›Hast Du das jetzt eingesteckt?‹ – Da sagt er: ›Ja natürlich! Das kommt jetzt raus!‹ – Ich hatte Angst. Ich hab' mir gedacht, wie kann er nur? Aber er musste.«[34]

In Hubers Flugblattentwurf geht es um die »sinn- und verantwortungslose« Opferung der Soldaten in Stalingrad, herauszuhören sind aber auch die Wut und Frustrationen eines Hochschullehrers, der nicht mehr frei lehren und keine freien Geister mehr erziehen kann. Auf Wunsch des Studenten Hans Scholl schreibt der Professor wie ein Student[35]:

»In einem Staat rücksichtslosester Knebelung jeder freien Meinungsäußerung sind wir aufgewachsen. HJ, SA, SS haben uns in den fruchtbarsten Bildungsjahren unseres Lebens zu uniformieren, zu revolutionieren, zu narkotisieren versucht. ›Weltanschauliche Schulung‹ hieß die verächtliche Methode, das aufkeimende Selbstdenken und Selbstwerten in einem Nebel leerer Phrasen zu ersticken. Eine Führerauslese, wie sie teuflischer und bornierter zugleich nicht gedacht werden kann, zieht ihre künftigen Parteibonzen auf Ordensburgen zu gottlosen, schamlosen und gewissenslosen Ausbeutern und Mordbuben heran, zu blinder, stupider Führergefolgschaft.«[36]

Hatte Kurt Huber den Entwurf der Studenten für das vorangegangene Flugblatt »Aufruf an alle Deutsche!« korrigiert, so haben jetzt Hans Scholl und Alexander Schmorell einen für sie wichtigen Einwand gegen eine Passage im Text des Professors. Kurt Huber hatte im Entwurf seinen Aufruf, die NSDAP zu bekämpfen und aus allen Parteigliederungen auszutreten, mit der Forderung beschlossen: »Stellt Euch weiterhin geschlossen in die Reihen unserer herrlichen Wehrmacht.«[37]

Kurt Huber sah die Verantwortung für die Grausamkeiten des Krieges, die von Deutschen begangen wurden, ausschließlich bei der SS. Den fronterfahrenen Studenten der *Weißen Rose* bot sich ein anderes Bild. Sie hatten die Wehrmacht gerade nicht als den von Huber erhofften Hort des soldatischen Anstands erlebt. Zumindest ließ sie die Mordaktionen im Hinterland zu, schaute weg, fiel Hitler nicht in den Arm. Die Wehrmacht war sein willfähriges Werkzeug. Bis zum Beweis des Gegenteils – einem Militärputsch gegen Hitler – konnte nur die militärische Niederlage Deutschlands das Ende der nationalsozialistischen Herrschaft herbeiführen.

Als Kurt Huber Alexander Schmorell und Hans Scholl seinen Flugblattentwurf brachte, flackerte dieser Streit wieder auf. Er war in der Kürze nicht beizulegen.[38] Huber verließ Hans Scholls Wohnung – und die Studenten verwendeten seinen Entwurf, jedoch ohne den letzten Satz. Sie hatten die

Druckmaschine. Und tippten wieder Matrizen, zogen Blatt um Blatt ab, tagsüber oder die Nacht hindurch bis morgens um halb sechs, immer wenn Zeit blieb. Etwa 3000 Exemplare stellten sie her. An der Oberfläche ging das normale Studentenleben weiter, so wie dies Willi Graf in seinem Tagebuch am 12. Februar notiert: »Eine Stunde Fechten, es macht Freude, nur müsste man es öfter tun. Für einige Stunden bei Hans. Anneliese fährt am Nachmittag schon weg. Ich treffe Vorbereitungen, um 20.15 Uhr fahre ich mit Walter nach Gaißach. Allein schon die Luft dort erfrischt mich, tut mir gut. Langes Palaver bis in die Nacht hinein. Otto Gmelin: *Die Gralsburg.*«[39] Willi Graf treibt erst Sport, dann druckt er mit Alexander Schmorell und Hans Scholl in dessen Wohnung Hubers Flugblatt, dann fährt er über das Wochenende zum Bergwandern und Skifahren aufs Land hinaus, im Gepäck als Lektüre Otto Gmelins *Gralsburg*, die Erzählung von einem Soldaten, der an der Front verletzt wird, das Bewusstsein verliert und sich in einer friedlichen Welt wiederfindet, an einem idyllischen Traumort, den er nach der Genesung und dem Ende des Krieges in der wirklichen Welt sucht.

Letzte Flugblätter im Lichthof –
Die Festnahme

Warum Hans und Sophie Scholl am Donnerstagmorgen des 18. Februar 1943 die Universität mit einem Koffer voller Flugblätter betraten und diese am helllichten Tag wenige Minuten vor Vorlesungsende um 11 Uhr auf den Fluren, vor den Türen, auf Fenstersimsen und Treppenbrüstungen auslegten, wird nie vollständig geklärt werden. Eine merkwürdige Mischung aus Kaltblütigkeit und Leichtsinn, aus Euphorie und Depression muss diese Aktion bestimmt haben. Über drei Wochen waren sie trotz der massiven Steigerung ihrer Aktivitäten nicht entdeckt worden. Die Universität war seit der zweiten Parolen-Malaktion am 9. Februar für die Studenten wahrnehmbar unter Überwachung gestellt, und doch war es Willi Graf, Alexander Schmorell und Hans Scholl in der Nacht vom 15. auf den 16. Februar gelungen, die mittlerweile versandfertigen etwa 800 bis 1200 Exemplare des sechsten Flugblattes in verschiedenen Briefkästen der Innenstadt einzuwerfen. Sie waren dabei gleichzeitig mit Farbeimer und Pinsel unterwegs und schafften es, auf ihrem Weg erneut zahlreiche Parolen an die Hauswände zu malen. »Hitler Massenmörder« prangte am nächsten Morgen gar in ein Meter hohen Buchstaben an der Fassade der Buchhandlung Hugendubel in der Salvatorstraße. Die Restauflage der Flugblätter, etwa 1800, waren nach dieser Verteilaktion noch in der Wohnung der Scholls.

Dicht an der Stimmung der Euphorie lag Enttäuschung. Das bezeugen Passagen von Hans Scholls späterer Vernehmung bei der Gestapo: Zu den äußerst riskanten nächtlichen Wandanschriften habe er sich nur deshalb entschlossen und damit die bisherige Vorsicht aufgegeben, weil er auf die mehreren Tausend verteilten Aufrufe der »Widerstandsbewegung in

Deutschland« keinerlei Reaktion habe feststellen können.[40] Um das normale tägliche Studentenpensum und die nächtliche Widerstandsarbeit körperlich durchhalten zu können, benutzte Hans Scholl Aufputschmittel. Auch dies könnte eine Ursache sein, die bislang übliche Vorsicht, Konzentration und Konsequenz nicht mehr gewissenhaft durchzuhalten.

Vermutlich platzte in diese Situation am 17. Februar spätabends eine verschlüsselte Warnung. Der mit Inge Scholl befreundete Ulmer Otl Aicher ist gerade in München, er besucht den Publizisten Carl Muth. Von dort ruft Aicher am späten Abend Hans Scholl an und verabredet sich mit ihm für den Morgen des 18. Februar.[41] In Ulm war der Schüler Hans Hirzel von der dortigen Gestapo am 17. Februar verhört, jedoch wieder freigelassen worden.[42] Er ging zu Inge Scholl und bat sie, dringend eine Nachricht nach München zu übermitteln. Hirzel war, im Unterschied zu den Mitgliedern der Familie Scholl und dem Ulmer Freundeskreis, durch Alexander Schmorell und Hans Scholl in die Flugblattaktionen eingeweiht und an der Verteilung der Flugblätter in Süddeutschland aktiv beteiligt. Mit ihm hatten Scholl und Schmorell im Falle von Schwierigkeiten als warnende Code-Nachricht den Satz vereinbart: »Das Buch *Machtstaat und Utopie* ist vergriffen.« Es besteht die Möglichkeit, dass Aicher diesen unverfänglichen Satz schon bei dem abendlichen Telefonat mit Hans Scholl ausgerichtet hat. Als er am nächsten Morgen wie vereinbart um 11 Uhr in der Franz-Joseph-Straße eintrifft, sind Hans und Sophie Scholl jedoch mit dem Koffer voller Flugblätter bereits in Richtung Universität unterwegs.

Zwischen Willi Graf, Alexander Schmorell, Hans und Sophie Scholl war in den Tagen vor dem 18. Februar eine Flugblattaktion in der Universität im Gespräch. Zu einem gemeinsamen Beschluss, sie zu wagen oder zu verwerfen, waren die Freunde aber wohl noch nicht gekommen. Alexander Schmorell ist von der Aktion zu diesem Zeitpunkt und in dieser Form von den beiden Geschwistern überrascht worden – folgt man dem Bericht von Traute Lafrenz – wie wohl auch Willi Graf: »Zum letzten Mal hab ich Hans und Sophie am 18. Februar gesehen. Willi Graf und ich hatten 10 Minuten vor Beendigung der Vorlesung von Professor Huber den Vorlesungssaal verlassen, um einigermaßen rechtzeitig in die Nervenklinik zu kommen. An der Glastür kommen Hans und Sophie uns mit einem Koffer entgegen. Wir haben es eilig, sprechen nicht viel, verabreden uns für den Nachmittag. In der Straßenbahn wird mir unheimlich: was tun die zwei 5 Minuten vor Schluß der Vorlesung in der Uni? Willi zuckt mit den Schultern, ist aber auch unruhig.«[43]

Die Aktion schien zu gelingen. Fast alle Flugblätter waren schon vor den Hörsälen ausgelegt und Hans und Sophie unentdeckt mit ihrem Koffer wieder draußen vor dem Hintereingang der Universität in der Amalienstraße, da machten die beiden mit dem verbliebenen Rest der Flugblätter kehrt, gingen noch einmal die Treppen hoch zur Balustrade des Lichthofs und ließen von dort – beabsichtigt oder versehentlich – einen ganzen Stapel Flugblätter in die Tiefe fallen. Der Hausmeister Jakob Schmid sah die herabwirbelnden Flugblätter, hastete die Treppen hoch und entdeckte im zweiten Stockwerk nur zwei ihm nicht bekannte Studenten: Hans und Sophie Scholl. Er erklärte sie für verhaftet. Sie liefen nicht weg und folgten ihm zum Syndikus der Universität. Alle Türen der Universität wurden verschlossen, die Gestapo gerufen. Noch bevor sie eintraf, hatte Hans Scholl versucht, einen Zettel aus seinem Sakko in winzige Schnipsel zu zerreißen und sie unauffällig zu beseitigen. Auch dies beobachtete und vereitelte der Hausmeister Jakob Schmid.

Als Hans Scholl von der Gestapo durch die Universität abgeführt wurde, erkannte er in der Nähe des Ausgangs in der Menge der festgehaltenen Studenten zufällig seine Freundin Gisela Schertling. Ohne sie anzusehen, sagte er: »Geh' nach Haus und sag Alex, wenn er da ist, er soll nicht auf mich warten.« Die Gestapo verhaftete den Studenten, der Hans Scholl am nächsten stand, Gisela Schertling konnte später unbehelligt gehen. Hans Scholl konnte hoffen, dass Alexander Schmorell seine schon einige Zeit erwogene Flucht würde antreten können.

Leugnen, Schützen und Bekennen –
Die *Weiße Rose* in Gestapo-Haft

Am 17. Februar hatte die Gestapo-Sonderkommission dem Gräcisten Professor Richard Harder das fünfte und sechste Flugblatt übergeben. Der liefert noch am gleichen Tag sein Gutachten. Harders scharfsinnige Analyse ging nur in einem Punkt fehl: Er nahm an, dass beide Flugblätter von einem Verfasser stammten. Zwar konnte er nicht angeben, wer dieser Verfasser war, aber der Kreis konnte noch enger gezogen werden. Die kriminaltechnischen Untersuchungen des Papiers der Flugblätter und der Kuverts hatten schon auf einen Täterkreis in München hingedeutet. Diejenigen, die die Mauerinschriften in der Innenstadt und an der Universität angebracht hatten, wollten offenbar vor allem Studenten ansprechen. Und nun ergab Harders Stil- und Inhaltsanalyse, dass der Verfasser der Flugblätter »nicht nur Akademiker ist, sondern zu der Universität in näherer Beziehung steht« [44].

Der Leiter der Sonderkommission Kriminalsekretär Robert Mohr weiß also am Ende seines Arbeitstages am 17. Februar, dass er besondere Aufmerksamkeit auf das Umfeld der Universität richten muss. Mehr nicht. Die Entdeckung und Verhaftung von Hans und Sophie Scholl geschah ganz ohne sein Zutun: »Mitten in diese Ermittlungtätigkeit kam am Vormittag des 18.2.43, etwa um 11 Uhr, von der Universität die telefonische Mitteilung, dass dort kurz vorher von der Balustrade des Lichthofes eine große Zahl von Flugblättern heruntergeworfen worden sei und dass 2 Personen festgehalten werden würden, die vermutlich als die Verbreiter in Frage kämen.« [45]

Mohr fuhr selbst in die Universität. Er ist von diesem Zeitpunkt an der einzige Gewährsmann, durch den man Details über die Ermittlungen im Wittelsbacher Palais erfahren hat.

Er führte vom 18. bis 20. Februar 1943 die Verhöre mit Sophie Scholl und formulierte die Protokolle, durch die uns ihre Aussagen überliefert sind. Nach dem Krieg schließlich, genau acht Jahre nach seinen Ermittlungen, verfasst Mohr »auf Ersuchen des Herrn Robert Scholl, Ob a. D. in Ulm […] aus dem Gedächtnis nachstehende Niederschrift, die meine Erfahrungen mit seinen Kindern Sophie und Hans Scholl in den kritischen Tagen des Feb. 43 zum Gegenstand hat«.[46] Man muss also bei dem respektvollen Ton, den Mohr in seinem Bericht anschlägt, bedenken, dass zu diesem Zeitpunkt er als ehemaliger Gestapo-Beamter auf dem Prüfstand steht: »Als ich wenig später in das Vorzimmer des Rektorates geführt wurde, waren auch hier auf einem kleinen Tisch Flugblätter der bekannten Art, allerdings mit der Überschrift ›Kommilitoninnen! Kommilitonen!‹, die man eben im Lichthof eingesammelt. Im gleichen Zimmer befanden sich ein junges Fräulein und ein junger Herr, die mir als die vermutlichen Verbreiter der Flugblätter bezeichnet wurden. Ein Bediensteter der Universität (Schmid) wollte die beiden in der Nähe der Abwurfstelle gesehen haben. Beide, vor allem das Fräulein, machten einen absolut ruhigen Eindruck und legitimierten sich schließlich durch Vorzeigen ihrer Studenten-Ausweise als das Geschwisterpaar Sophie und Hans Scholl.«

Mohr ließ beide mit dem Auto ins Wittelsbacher Palais bringen. Bei der Aufnahme in das Hausgefängnis der Gestapo begegnet Sophie zum ersten Mal Else Gebel. Sie ist selbst Häftling.[47] Weil es keine Gestapo-Beamtinnen gibt, wird Gebel als Kalfaktorin und zur Leibesvisitation neu eingelieferter weiblicher Häftlinge eingesetzt. »Wir stehen uns das erste Mal allein gegenüber, und ich kann Dir zuflüstern: ›Wenn Sie irgendein Flugblatt bei sich haben, vernichten Sie es jetzt, ich bin selbst Häftling.‹« Else Gebel reflektiert sogleich, dass Sophie Scholl dieser Aufforderung misstrauisch begegnen muss, zumal sie vom ersten Tag an in die geräumige »Ehrenzelle« verlegt wird, die Sophie Scholl zugeteilt wird. »Glaubst Du mir, oder meinst Du, die Gestapo stellt Dir eine Falle?«[48], fährt sie in ihrem Bericht vom November 1946 fort, dem zweiten, wichtigen Dokument über Sophie Scholls letzte Tage.

Nach der Aufnahmeprozedur werden Hans und Sophie Scholl gleichzeitig, jedoch getrennt voneinander verhört. Hans Scholl wird von Kriminalsekretär Anton Mahler vernommen, Sophie Scholl von Robert Mohr. Die Geschwister leugnen stundenlang mit großem Geschick, und man muss daraus mehrerlei folgern: Die beiden mögen unter dem Eindruck in die Universität aufgebrochen sein, die Gestapo sei ihnen auf der Spur. Sie mögen deshalb auch übereilt gehandelt und die Wohnung und ihre Kleidung nicht umsichtig und konsequent genug von verräterischen potenziellen Beweismitteln gereinigt haben. Offenkundig verräterisch waren jedoch vor allem die 1800 bisher nicht verteilten Flugblätter in der Wohnung, die die Geschwister deshalb am Morgen des 18.2.1943 in die Universität brachten. Ein Fanal mit bekenntnishafter Geste, gar bewusster Selbstopferung, war die Aktion der Geschwister jedoch nicht. Dazu hätten die beiden das Ende der Vorlesung abwarten, die Flugblätter nicht kurz vor, sondern kurz nach Ende der Vorlesungen abwerfen müssen, so dass sie von möglichst vielen durch das Gebäude und den Lichthof flanierenden Studenten wahrgenommen worden wären. Und sie hätten nicht, vom Hausmeister Jakob Schmid verdächtigt und abgeführt, empört geleugnet, irgendetwas mit den im Gebäude verteilten und in den Lichthof hinabgeflatterten Flugblättern zu tun zu haben.

Hans und Sophie Scholl scheinen allerdings ihr Verhalten in Verhören nach einer eventuellen Verhaftung irgendwann verabredet zu haben. Anders ist kaum zu erklären, dass ihre Aussagen weitgehend stimmig zueinander passten und es daher den beiden bis in die Abendstunden des 18. Februar gelang, in ihren getrennten, unabhängig voneinander geführten Vernehmungen die Gestapo-Beamten um ein Haar davon zu überzeugen, dass sie an die Falschen geraten seien.«Sophie Scholl versicherte mir zuerst absolut glaubwürdig (das war nach der Lage der Dinge nur verständlich), mit dieser Flugblattgeschichte nicht das Mindeste zu tun zu haben«, notiert Robert Mohr in seiner Niederschrift und fährt fort: »Zu diesem Zeitpunkt war ich beim Stand der Dinge der Auffassung, dass Hans und Sophie Scholl noch am gleichen Tag mit ihrer Entlassung zu rechnen hätten.«[49]

Mohr ging sogar so weit, Sophie Scholl die Entlassung anzukündigen. Offenbar konnte auch Hans Scholl in der ersten Vernehmung für die Beamten glaubwürdig seine Beteiligung an der Flugblattaktion leugnen. Doch bevor es dazu kommt, sind Gestapo-Beamte von einer zweiten Wohnungsdurchsuchung in der Franz-Josef Straße zurück. Sie haben neue Beweisstücke gefunden. Die werden in die nun weitergeführten Verhöre eingebracht: Ein Bogen mit 100 Briefmarken und – dies ist der folgenschwerste Fund – »Briefschaften«. Wahrscheinlich stimmte die Handschrift eines dieser Briefe mit dem Flugblattentwurf überein, den Hans Scholl bei der Verhaftung bei sich trug und zu spät und noch in der Universität vergeblich zu beseitigen versuchte. Damit kann Hans Scholl seine bisherige Behauptung nicht weiter aufrechterhalten: Ein ihm unbekannter Absender habe ihm dieses Schriftstück ohne Umschlag in den Briefkasten gesteckt.[50]

Jetzt entfaltet Hans Scholls Nachlässigkeit katastrophale Wirkung: Hätte er weiter abgestritten, für die Flugblätter in der Universität verantwortlich zu sein, wäre der durch seinen handschriftlichen Flugblattentwurf überführte Christoph Probst von diesem Moment von der Gestapo auch als Autor der anderen schon verteilten Flugblätter belangt worden. Um 4 Uhr morgens begann Hans Scholl mit seinem Geständnis. Sophie Scholl schließt sich dem erst an, als sie mit den Aussagen ihres Bruders konfrontiert wird.[51] Wenn Robert Mohrs Darstellung zutrifft, dann wird Sophie aller Wahrscheinlichkeit nach zu diesem Zeitpunkt Gewissheit über den Zustand ihres Bruders verlangt haben. »Während der umfangreichen Vernehmung der Sophie Scholl bemerkte ich in den ersten Abendstunden des 18.2.1943 bei meinem Gegenüber eine Unruhe, die ich mir nicht erklären konnte. Auf meine Frage nach dem Grund, erhielt ich von Sophie ungefähr folgendes zur Antwort: ›Ich habe mir sagen lassen, dass die Beschuldigten bei der Stapo gequält, geschunden, ja sogar gemartert würden, um Geständnisse zu erpressen.‹ Sie (Sophie) warte nun förmlich darauf, dass sich in dieser Richtung etwas tue, obgleich sie mir (Unterzeichneten) solches nicht zutrauen könne. Selbst habe sie weder Angst, so erwähnte sie weiter, aber sie denke an ihren Bruder. Ich habe darüber gelacht und ihr erklärt, dass es eine derartige Behandlung bei uns nicht gebe, dass sie (Sophie) vielmehr das Opfer falscher Information sei. Aber auch damit begnügte sich mein Gegenüber nicht. Erst als ich ihr versicherte, sie (Sophie), so oft sie dies wünsche, mit ihrem Bruder in Verbindung zu bringen, war sie zufrieden und auch wieder ganz ruhig. Zu dieser Beruhigung hat vielleicht auch der Umstand beigetragen, dass ich zwischendurch die Türe zum Nachbarzimmer vorübergehend öffnete und dadurch Sophie Scholl Gelegenheit gab, ihren Bruder, um den sie so sehr bangte, zu sehen.«[52]

Es muss an diesem Punkt ausdrücklich erwähnt werden, dass es keinerlei Möglichkeit gibt, Robert Mohrs Darstellung mit Hilfe einer zweiten Quelle zu überprüfen. Wahrscheinlich hat Inge Aicher-Scholl aus diesem Grund diese Passage des Mohr-Berichtes nie veröffentlicht. Diese Vorsicht ist verständlich, insbesondere, weil der Vernehmungsbeamte Hans Scholls, Kriminalsekretär Anton Mahler, nach dem Krieg wegen Gefangenenmisshandlung in seiner Spruchkammerverhandlung und in einem Strafprozess vor dem Landgericht München rechtskräftig verurteilt worden ist. Allerdings haben die Misshandlungen, für die Mahler belangt wurde, in einer späteren Phase ab Ende 1943 stattgefunden, als die Verfahren gegen die Mitglieder der *Weißen Rose* bereits abgeschlossen waren.[53]

Für Robert Mohrs Schilderung spricht, dass er nach den ersten Verhörstunden als psychologisch erfahrener Vernehmer sein Gegenüber Sophie Scholl und deren Verhältnis zu ihrem Bruder einzuschätzen gelernt hatte. Mohr hatte eine persönlich unerschrockene junge Frau erlebt, die sich mit großer Anhänglichkeit um ihren Bruder sorgte. Die Sorge Sophies um den Bruder muss sich enorm gesteigert haben, als sie erfuhr, dass er sein Aussageverhalten geändert und zu gestehen begonnen hatte. Mohr scheint daraus gefolgert zu haben: Er bringt Sophie Scholl nur dann zum Sprechen, wenn sie sich davon überzeugen kann, dass ihr Bruder Hans sein Schweigen nicht auf Grund von Folter gebrochen hat.

Was auch immer vorangegangen sein mag, Sophie Scholls Verhör, das – ohne Uhrzeitangabe – 14 Seiten lang ohne jedes Geständnis abgelaufen und dann von ihr selbst und Robert Mohr schon unterschrieben worden ist, wird – ebenfalls ohne Zeitangabe – fortgesetzt. Es beginnt dann mit diesen Sätzen:

»Nachdem mir eröffnet wurde, dass mein Bruder Hans Scholl sich entschlossen hat, der Wahrheit die Ehre zu geben und von den Beweggründen unserer Handlungsweise ausgehend die reine Wahrheit zu sagen, will auch ich nicht länger an mich halten all das, was ich von dieser Sache weiß zum Protokoll zu geben.« [54] Von dieser Wende zum Geständnis an berichten beide Geschwister rückhaltlos offen über ihre Motive für ihre Widerstandsaktionen, ihre vehemente Ablehnung des nationalsozialistischen Staates und seiner Kriegsführung. »Es war unsere Überzeugung, dass der Krieg für Deutschland verloren ist, und dass jedes Menschenleben das für diesen verlorenen Krieg geopfert wird, umsonst ist. Besonders die Opfer die Stalingrad forderte, bewogen uns, etwas gegen dieses unserer Ansicht nach sinnlose Blutvergiessen zu unternehmen.« Diesem Kernsatz ihres Geständnisses fügt Sophie Scholl später an: »Ich war mir ohne weiteres im Klaren darüber, dass unser Vorgehen darauf abgestellt war, die heutige Staatsform zu beseitigen und dieses Ziel durch geeignete Propaganda in breiten

Schichten der Bevölkerung zu erreichen.«[55] Hans Scholl bekennt sich wie Sophie zu dem Ziel, den verlorenen Krieg zu verkürzen, und fährt fort: »Andererseits war mir die Behandlung der von uns besetzten Gebiete und Völker ein Gräuel. Ich konnte mir nicht vorstellen, dass nach diesen Methoden der Herrschaft eine friedliche Aufbauarbeit in Europa möglich sein wird.«[56]

Sophie und Hans Scholl verfolgten mit dieser Offenheit zugleich eine Strategie der Verschleierung: Sie geben sich selbst als das ideelle Zentrum der Verschwörung aus. Sie behaupten, möglichst viele Aktionen alleine ausgeführt zu haben. Sie versuchen den Anteil der Aktivitäten, die sie nicht alleine durchgeführt haben konnten, auf einen einzigen Helfer, nämlich Alexander Schmorell, zu begrenzen, auf dessen Flucht sie hoffen.

Hans Scholl räumt dabei in seiner Vernehmung nach und nach Alexander Schmorells aktive Beteiligung an den Widerstandsaktivitäten ein: Ihn benennt er als Helfer bei der Versendung und der Verteilung der Flugblätter und bei den nächtlichen Maueraufschriften. Am Ende seiner Vernehmungen schildert Hans Scholl schließlich, dass Alexander Schmorell mit ihm gemeinsam schon im Sommer 1942 die ersten vier Flugblättern der *Weißen Rose* verfasst, hergestellt und verbreitet hat.

Sophie Scholl spielt die Bedeutung sämtlicher Freunde, die von der Gestapo als Helfer bei den Widerstandsaktivitäten verdächtigt werden, bis zuletzt konsequent und systematisch herunter. Alexander Schmorell habe mitgemacht, »weil er politisch nicht nüchtern genug denkt und sehr begeisterungsfähig ist«, Willi Graf »war an der Herstellung und Verbreitung der Flugblätter in keiner Weise beteiligt«, über dessen Schwester Anneliese bemerkt sie: »Die Graf halte ich, ohne mir ein abschließendes Urteil erlauben zu wollen, für vollkommen unpolitisch.«[57]

Aus dem Bericht von Sophie Scholls Zellengenossin Else

Gebel lässt sich ablesen, wie Sophie Scholl den Verlauf der Ermittlungen und Verhöre bewertet hat. Schockiert reagiert sie, als sie von Gebel erfährt, dass der am Samstagabend eingelieferte weitere »Hauptbeteiligte« ihres Falles nicht Alexander Schmorell, sondern Christoph Probst ist. »Dein Gesicht zeigt Entsetzen, als ich Dir Christls Namen nenne. Zum ersten mal sehe ich Dich fassungslos. [...] Aber Du beruhigst Dich wieder: Man kann Christl höchstens eine Freiheitsstrafe zudiktieren, und die ist ja bald überstanden.«[58] Einen Tag später vermerkt Gebel Sophie Scholls Reaktion auf die Anklageschrift: »Deine Hand zittert, wie Du die umfangreiche Anklageschrift zu lesen beginnst. Aber je weiter Du liest, um so ruhiger werden Deine Züge, und bis Du zu Ende bist, hat sich Deine Erregung gänzlich gelegt. ›Gott sei Dank‹, ist alles, was Du sagst.«[59]

Das Studium der vom Oberreichsanwalt Weyersberg verfassten Anklageschrift erklärt beide Reaktionen: Höchst beunruhigend ist, dass Christoph Probst wegen des bei Hans Scholl gefundenen handschriftlichen Textentwurfes mit den Geschwistern angeklagt wird, wie sie wegen Vorbereitung zum Hochverrat, Feindbegünstigung und Wehrkraftzersetzung, Delikte, für die die Todesstrafe verhängt werden kann. Nur ein weiterer wesentlicher Tatbeteiligter wird erwähnt: Alexander Schmorell. Da er jedoch nicht als Mitangeklagter aufgeführt ist, ist für sie klar: Die Gestapo hat ihn nicht fassen können. Als Erfolg mag Sophie Scholl vor allem gewertet haben, wen die Gestapo nicht ermittelt hat. Nicht einmal fällt der Name von Professor Kurt Huber, von Willi Graf und dessen Freunden, von den Helfern in Ulm und Stuttgart.

?cht vor dem Henker – rreislers Justizmord an Christoph Probst sowie an Hans und Sophie Scholl

Wie sehr die Aktionen der *Weißen Rose* den NS-Staat heraus-forderten, ist aus der beispiellosen Reaktion seiner Terrorjustiz ablesbar. Am Donnerstag, den 18. Februar, wurden Hans und Sophie Scholl festgenommen und mit nur kurzen Unterbre-chungen drei Tage, bis zum 20. Februar, vernommen. Am Frei-tag, den 19. Februar, wurde Christoph Probst in Innsbruck im Büro der Studentenkompanie verhaftet und nach München ins Wittelsbacher Palais gebracht. Er bekennt sich im Verhör am 20. Februar zu dem handschriftlichen Textentwurf, der bei Hans Scholl gefunden wurde und den er auf dessen Bitte ange-fertigt hatte. Am Tag darauf – es ist Sonntag, der 21. Februar – liegt die fertige Anklageschrift vor. Bereits für Montagmor-gen, den 22. Februar, um 10 Uhr ist der Prozess vor dem in Berlin ansässigen formal höchsten deutschen Gericht, dem so genannten Volksgerichtshof, anberaumt, das im Münchner Ju-stizpalast tagt. Die Verhandlung wird der Präsident des »Volksgerichtshofes« Dr. Roland Freisler persönlich leiten, der dafür unverzüglich mit dem Flugzeug nach München reist.

Dass der »Volksgerichtshof« überhaupt und dann so schnell in Aktion tritt, geht auf das Betreiben des Gauleiters Paul Gies-ler zurück. Hans Scholl, Christoph Probst, Alexander Schmo-rell und Willi Graf sind Soldaten. Sie unterstehen deshalb eigentlich nicht der Ziviljustiz, sondern der Wehrgerichtsbar-keit. Doch schon am 19. Februar wendet sich Giesler an Reichs-leiter Martin Bormann in Berlin und teilt am selben Tag um 17 Uhr der Gestapo-Sonderkommission das Ergebnis seiner Intervention mit: »dass Generalfeldmarschall Keitel die betei-ligten Soldaten aus der Wehrmacht entlassen hat und mit ihrer

94

Aburteilung durch den Volksgerichtshof einverstanden ist. Der Gauleiter bittet, die Aburteilung in den nächsten Tagen hier und die Vollstreckung alsbald darauf vorzunehmen.«[60]

Die Vollstreckung. Nicht nur Gieslers verräterischer Sprachgebrauch macht deutlich, dass das Ergebnis der »Gerichtsverhandlung« von vornherein feststeht. Weder die Gestapo noch das Gericht haben den Beschuldigten die Möglichkeit eingeräumt, einen Verteidiger beizuziehen. Auch die Familien der Beschuldigten konnten nicht für einen Rechtsbeistand sorgen, sie wurden weder von der Verhaftung noch vom bevorstehenden Prozess gegen ihre Verwandten verständigt (im Falle der Eltern Scholl übernehmen dies couragiert Traute Lafrenz und Jürgen Wittenstein). Der Oberreichsanwalt stellt zwei Pflichtverteidigern am Sonntagnachmittag die Anklageschrift für ein Hochverratsverfahren zu, das für den nächsten Morgen angesetzt ist. Der Rechtsanwalt, der Hans und Sophie Scholl zugeordnet ist, zeigt weder Mut oder auch nur Neigung, die Verschiebung des Verhandlungstermins zu beantragen, um sich in die Materie des Falles einarbeiten und sich mit seinen Mandanten beraten zu können. Else Gebel berichtet vom peinlichen Auftritt dieses Rechtsanwaltes August Klein, der Sophie Scholl pro forma in der Zelle aufsuchte und fragte, ob sie denn einen Wunsch habe, anstatt ein ernsthaftes Gespräch über eine erfolgversprechende Verteidigungsstrategie zu beginnen. »Nein, Du willst nur von ihm bestätigt haben, dass Dein Bruder das Recht auf den Tod durch Erschießen hat. [...] Über Deine Fragen, ob Du selbst wohl öffentlich aufgehängt wirst oder durch das Fallbeil sterben sollst, ist er geradezu entsetzt«, notiert Else Gebel und fährt fort: »Derartiges, in so ruhiger Art gefragt, noch dazu von einem jungen Mädchen, hat er wohl nicht erwartet.«[61] Rechtsanwalt Dr. Ferdinand Seidl versucht wenigstens mit einem Antrag, das Verfahren seines Mandanten Christoph Probst von der Hauptverhandlung gegen die Geschwister Scholl abtrennen zu lassen – vergeblich.[62]

Die Gerichtsverhandlung am Montagmorgen ist als Tribunal geplant. Doch Gestapo und NS-Juristen fürchten die unberechenbaren Reaktionen eines zuvor nicht genauestens ausgesuchten Publikums. Daher wird der Verhandlungstermin nicht veröffentlicht. Die Zuschauerbänke werden mit eigens delegierten Angehörigen von NS-Organisationen gefüllt. Der Gerichtsreferendar Leo Samberger, einer der wenigen unabhängigen Augenzeugen, berichtet gleichwohl, dass sich auch in den Gesichtern des bestellten Publikums Anspannung gespiegelt habe. »Man sah überall angespannte Gesichter. Ich glaubte festzustellen, dass die meisten bleich waren vor Angst. Vor jener Angst, die sich vom Richtertisch her ausbreitete.«[63] Der Universitätspedell Schmid, die Gestapo-Kommissare Robert Mohr und Anton Mahler waren als Zeugen bestellt, wurden aber nicht gehört. Der Ankläger, Oberreichsanwalt Weyersberg, und die Gerichtsbeisitzer, aber auch die Verteidiger der Angeklagten bildeten die stumme Staffage für den Hauptakteur in roter Robe. »Tobend, schreiend, bis zum Stimmüberschlag brüllend, immer wieder explosiv aufspringend«[64], schildert der Augenzeuge Leo Samberger die Verhandlungsführung von Volksgerichtshofpräsident Freisler, von der sich die Angeklagten jedoch nicht einschüchtern und brechen ließen. »Die Haltung der Angeklagten machte wohl nicht nur mir einen tiefen Eindruck. Da standen Menschen, die ganz offensichtlich von ihren Idealen erfüllt waren. Ihre Antworten auf die teilweise unverschämten Fragen des Vorsitzenden, der sich in der ganzen Verhandlung nur als Ankläger aufspielte und nicht als Richter zeigte, waren ruhig, gefasst, klar und tapfer.«[65]

Freisler verweigerte den in den Gerichtssaal drängenden Eltern von Hans und Sophie jedes rechtliche Gehör und ließ sie durch Gerichtsdiener aus dem Saal schaffen. Seine Mordlaune wird in besonderer Weise an der Behandlung von Christoph Probst deutlich. Selbst nach dem Stand der Gestapo-Ermittlungen hatte er keinen Anteil an den Wandparolen- und Flugblattaktionen, die im Zentrum der Anklage standen. Alles reduzierte sich auf den einen bei Hans Scholl gefundenen und auf dessen Bitte verfassten Text, der nicht vervielfältigt worden war. Niemand außer Hans Scholl hatte ihn gelesen. Probst war geständig, er gab an, den Text in einem psychotischen Depressionszustand wegen der schweren Geburt und des Kindbettfiebers seiner Frau verfasst zu haben. Er bat um sein Leben als Vater dreier kleiner Kinder. Als schließlich in seinem Schlusswort auch Hans Scholl um Gnade für Probst bat, unterbrach ihn Freisler mit den Worten: »Wenn Sie für sich selbst nichts vorzubringen haben, schweigen Sie!« Mit der Verhandlungsführung und dem Todesurteil auch gegen Christoph Probst unterstrich Freisler demonstrativ seine an Willkür und keinerlei rechtliche Abwägung und Differenzierung gebundene Entscheidungsfindung. Die Botschaft lautete: Der Volksgerichtshof vernichtet nicht nur diejenigen physisch, die wie die Scholls Widerstand leisten und sich dazu bekennen, sondern auch jeden, der sich in gedankliche und freundschaftliche Nähe zu Personen begibt, die Widerstand ausüben. Kein Gedanke ist mehr frei. Ein Gestapo-Beamter notiert für Freisler Hans Scholls Kommentar über den Gerichtspräsidenten auf ein Aktenblatt: »Scholl bezeichnete die laufende Verhandlung als ein Affentheater.«[66]

Die einmütige Feststellung aller Fraktionen des Deutschen Bundestages vom 25. Januar 1985 beschreibt präzise, was auch auf die Verhandlung am Morgen des 22. Februar 1943 in München zutraf, nämlich »dass die als ›Volksgerichtshof‹ bezeichnete Institution kein Gericht im rechtsstaatlichen Sinne, sondern ein Terrorinstrument zur Durchsetzung der nationalsozialistischen Willkürherrschaft gewesen war«.[67]

Um 12.45 Uhr verkündet Freisler das Urteil. »Die Angeklagten haben im Kriege in Flugblättern zur Sabotage der Rüstung und zum Sturz der nationalsozialistischen Lebensform unseres Volkes aufgerufen, defaitistische Gedanken propagiert und den Führer aufs gemeinste beschimpft und dadurch den Feind des Reiches begünstigt und unsere Wehrkraft zersetzt. Sie werden deshalb mit dem Tode bestraft. Ihre Bürgerehre haben sie für immer verwirkt.«

Die Gnadengesuche, bei deren Abfassung Gerichtsreferendar Leo Samberger Robert Scholl unterstützt, laufen ins Leere. Immerhin erhält Robert Scholl die Erlaubnis, mit seiner Frau Hans und Sophie in Stadelheim zu besuchen. Die Eltern wissen zu diesem Zeitpunkt nicht, dass noch für denselben Tag die Hinrichtungen angesetzt sind.

Christoph Probst kann sich nicht von seiner Familie verabschieden. Er lässt sich von einem katholischen Geistlichen in letzter Stunde taufen. Die Zellenwärter ermöglichen den drei Freunden noch, gemeinsam eine Zigarette zu rauchen. Um 17 Uhr werden Sophie, Hans und Christoph von Scharfrichter Reichart mit dem Fallbeil hingerichtet.

Weitertragen –
Die Freunde aus der *Weißen Rose*
und ihr Vermächtnis

Zwei Tage nach der Hinrichtung seiner Freunde wird Alexander Schmorell am 24. Februar verhaftet. »Verbrecher gesucht« – unter dieser Überschrift war auf Plakaten und in Zeitungen nach Alexander Schmorell gefahndet worden. Auf seine Ergreifung war eine Belohnung von 1000 Reichsmark ausgesetzt.[68] Er war nach seiner vergeblichen Flucht in Richtung Schweiz nach München zurückgekehrt, wurde in einem Luftschutzkeller erkannt, denunziert und festgenommen. Am 26. Februar verhaftete die Gestapo Professor Kurt Huber, von dessen Verbindung mit der studentischen Widerstandsgruppe und seiner Autorschaft des letzten Flugblattes die Gestapo erst jetzt erfuhr. Wohl deshalb lassen sich Gestapo und Volksgerichtshof diesmal Zeit mit der Anklageerhebung und versuchen, die Verschwörung der *Weißen Rose* in allen Verästelungen auszuforschen. Besonders dem schon am 18. Februar verhafteten Willi Graf gelingt es trotzdem, mit seinem besonnenen Aussageverhalten die meisten seiner Freunde zu decken, die er zur Mitarbeit geworben hatte.

Am 19. April tagt wiederum in München und unter dem Vorsitz Freislers der Volksgerichtshof. Professor Kurt Huber, Willi Graf und Alexander Schmorell werden zum Tode verurteilt. Elf weitere Angeklagte erhalten Haftstrafen. Falk Harnack wird überraschend freigesprochen.

Hitler lehnt alle Gnadengesuche für die im zweiten Prozess zum Tode Verurteilten umgehend ab. Alexander Schmorell und Professor Kurt Huber werden am 13. Juli hingerichtet. Willi Graf saß am längsten in der Todeszelle, er wurde am 12. Oktober enthauptet. Seine Hinrichtung wurde herausgeschoben, weil die Gestapo von ihm Aufklärung über Willi Bollingers Verstrickungen in die Aktivitäten der *Weißen Rose* erhoffte, die sie aber nicht erhielt. Die Serie der Prozesse gegen Unterstützer der *Weißen Rose* geht bis in die letzten Tage des Krieges weiter: In Hamburg, in München, in Neuburg an der Donau. Dort verhandelt der Volksgerichtshof gegen Marie-Luise Jahn und den Chemie-Studenten Hans Konrad Leipelt.

Noch am 29. Januar 1945 wird Leipelt in München hingerichtet. Als »rassischer Halbjude« im Sinne der Nürnberger Gesetze war der protestantisch erzogene, patriotisch gesinnte und als Soldat mit Panzerkampfabzeichen dekorierte Leipelt zunächst 1940 »unehrenhaft« aus der Wehrmacht entlassen worden. 1941 wurde er wegen seiner jüdischen Abstammung von der Hamburger Universität verwiesen und hatte gerade im Münchner Chemischen Institut als Gaststudent von Nobelpreisträger Professor Heinrich Wieland Unterschlupf gefunden, der in seinem Bereich die Hochschulvorschriften der Nazis couragiert missachtete.

Hans Leipelt und seine Freundin Marie-Louise Jahn wurden nach der Hinrichtung der Geschwister Scholl und Christoph Probsts aktiv. Sie bekamen das sechste Flugblatt der *Weißen Rose* in die Hand und verbreiteten es weiter – so wie in Berlin ein Kreis um die Schriftstellerin Ruth Andreas-Friedrich. Über das Flugblatt setzten Hans Leipelt und Marie-Luise Jahn die Überschrift »Und ihr Geist lebt trotzdem weiter«. Außerdem hatten die beiden für Kurt Hubers Frau Clara Geld gesammelt, die nach der Verurteilung ihres Mannes völlig mittellos dastand.

Mehr Raum als der Schriftwechsel um die mögliche Begnadigung der Mitglieder der *Weißen Rose* nimmt in den Akten des Volksgerichtshofes die hartnäckige Nachfrage eines Münchner Rechtsanwaltes um die Rückübereignung einer Schreibmaschine ein. Es ist jene Schreibmaschine, die Alexander Schmorell von einem Bekannten entliehen und zur Herstellung der Flugblätter der *Weißen Rose* benutzt hatte. Die Schreibmaschine, so der Anwalt, wird von ihrem rechtmäßigen Besitzer dringend für die Hinterbliebenenbetreuung seines SS-Sturmes gebraucht. Nach einigen Monaten wird sie ausgehändigt – und funktioniert wieder im Sinne des Systems. Scharfrichter Johann Reichart, der die Mitglieder der *Weißen Rose* in Stadelheim hingerichtet hat – er vollstreckte insgesamt über 3000 Urteile –, wurde nach Kriegsende für kurze Zeit entlassen, um bereits im Herbst 1945 wieder vom Bayerischen Justizministerium eingestellt und nach Landsberg verpflichtet zu werden – diesmal als Henker der in Nürnberg verurteilten NS-Hauptkriegsverbrecher.

Anmerkungen

1 Meldung des Großdeutschen Rundfunks am 3.2.1943, in: Wolfram Wette / Gerd R. Ueberschär (Hrsg.), Stalingrad. Mythos und Wirklichkeit einer Schlacht, Frankfurt 1992, S. 54.

2 Sophie Scholl an Fritz Hartnagel, 3.1.1943, in: Hans Scholl und Sophie Scholl, Briefe und Aufzeichnungen, Hrsg. Inge Jens, Frankfurt 1984, S. 231.

3 Heinz Boberach (Hrsg.), Meldungen aus dem Reich. Die Geheimen Lageberichte des SD, Herrsching 1984, 21.1.1943, Bd. 12, S. 4707.

4 Joseph Goebbels, Tagebucheintrag 23.1.1943, in: Joseph Goebbels, Die Tagebücher, Bd. 2 / 7, hrsg. von Elke Fröhlich, München 1993.

5 Joseph Goebbels, a. a. O. (Anm. 4).

6 Urteil des Sondergerichts München gegen Eickemeyer, Söhngen und Geyer vom 13.7.1944, Staatsarchiv München Staatsanwaltschaften 12530.

7 ›Völkischer Beobachter‹, Ausgabe München, 15.1.1943, Gauleiter Giesler an die Studentenschaft: Der Krieg macht nicht halt vor den hohen Schulen, abgedruckt bei Christian Petry, Studenten aufs Schafott. Die *Weiße Rose* und ihr Scheitern, München 1968, S. 170.

8 Äußerungen und Berichte liegen vor von: Wolf Jaeger, Jürgen Wittenstein, Annemarie Farkasch, Albert Riester, Anneliese Knoop-Graf, Philomena Sauermann.

9 William L. Shirer, Aufstieg und Fall des Dritten Reiches, München–Zürich 1963, S. 1075, und Christian Petry, Studenten aufs Schafott. Die *Weiße Rose* und ihr Scheitern, München 1968, S. 99, nach einer Mitteilung von Wolf Jaeger, der mit Hans Scholl, Alexander Schmorell und Willi Graf befreundet war und mit ihnen in der Studentenkompanie Medizin studierte.

10 Hier weichen die Berichte voneinander ab. Nur Jürgen Wittenstein, auch er Mediziner und Mitglied der Sanitätskompanie, berichtet, der NS-Studentenführer sei verprügelt und als Geisel genommen worden, wodurch man die Kommilitonen wieder freibekommen habe. Annemarie Farkasch und Albert Riester sprechen übereinstimmend davon, dass die Teilnehmer trotz des Eintreffens der Polizei nach Ende der Veranstaltung nicht nach Hause gingen und in Sprechchören die Herausgabe ihrer Kommilitoninnen forderten.

11 Annemarie Farkasch, Studenten gegen Hitler. Es lebe die Freiheit, Folge 1, in: Der Student, Wien, 1948, zitiert hier nach Institut für Zeitgeschichte, Bestand *Weiße Rose* FA 215, Band 3.

12 Farkasch, a. a. O. (Anm. 11).

13 Mitteilung Philomena Sauermann an den Verfasser, September 2004.

14 Philomena Sauermann, a. a. O. (Anm. 13).

15 Willi Graf, Briefe und Aufzeichnungen. Hrsg. von Anneliese Knoop-Graf und Inge Jens, Frankfurt 1988, S. 99.

16 Alexander Schmorell sagte im Gestapo-Verhör am 1.3.1943 dazu aus: »Ich weiß noch ganz genau, dass Prof. Huber und Hans Scholl mit meinem Entwurf nicht einig gingen, sondern ihn mißbilligten. Solange ich an dem betr. Abend in der Woh-

nung des Scholl war, hat Prof. Huber selbst keinen Entwurf zu einem staatsfeindlichen Flugblatt angefertigt. [...] Da ich an diesem Abend ohnehin vor hatte, ein Konzert im Odeon zu besuchen, habe ich mich in der Wohnung des Scholl nicht länger aufgehalten, sondern bin unverrichteter Dinge weggegangen.« Schmorell belastet also lediglich den bereits hingerichteten Freund, entlastet den Mitangeklagten Prof. Huber und entlastet den Mitangeklagten Willi Graf, indem er seine Anwesenheit bei der Besprechung nicht erwähnt. Huber bestätigt in seiner Aussage vom 2.3.1943, dass Schmorell das Treffen frühzeitig verließ, um ins Konzert zu gehen. Sein Entwurf sei daher nicht für das Flugblatt verwendet worden. Huber erwähnt Grafs Anwesenheit ebenfalls nicht. Willi Graf hingegen spricht in seinem Verhör zum gleichen Thema am 16.3.1943 mit keinem Wort von Alexander Schmorell. Huber habe lediglich auf Scholls Aufforderung hin dessen Flugblattentwurf kommentiert und stilistisch verbessert. Auch hier bei Willi Graf das gleiche Muster: Belastung des schon hingerichteten Freundes, Entlastung seines mitangeklagten Freundes Schmorell, dem mitangeklagten Prof. Huber wird eher eine Nebenrolle zugewiesen. Überlebende Mitglieder der *Weißen Rose* wie etwa Susanne Zeller-Hirzel berichten von ähnlichen Strategien bei ihren Verhören. Dafür war allerdings Voraussetzung, über das Schicksal der Freunde informiert zu sein. Zeller-Hirzel bekam einen Zeitungsausschnitt unter der Zellentür durchgeschoben, über den sie von der Hinrichtung von Christoph Probst, Hans und Sophie Scholl erfuhr. Neben der Erschütterung sei ihre Reaktion auch gewesen: »Ich wußte: Jetzt kann ich lügen« (Interview Susanne Zeller-Hirzel mit dem Verfasser, 18.3.2004).
17 Gestapo-Vernehmung Kurt Huber vom 27.2.1943: »Diese Sache war vor der Studentenkundgebung im Kongresssaal, bei welcher Gauleiter Giesler sprach.« In der Vernehmung vom 2.3. datiert Huber das Gespräch wahrscheinlich irrtümlich auf den Zeitraum vom 18. bis 20.1.1943.
18 5. Flugblatt »Aufruf an alle Deutsche!«, gesamter Text siehe S. 27 f.
19 Gestapo-Leitstelle München an das RSHA am 5.2.1943, BA ZC 13267, Bd. 1.
20 Die vier »Flugblätter der *Weißen Rose*« wurden von Alexander Schmorell und Hans Scholl verfasst und am 27.6., 30.6., 4.7. und 12.7.1942 verschickt. Jedes war nur in einer Auflage von ca. 100 Stück gedruckt worden. Unter den Adressaten waren Ärzte, Gastwirte, Geschäftsinhaber, von denen sich die Autoren die Weiterverbreitung ihrer Texte erhofften. Aber viele von ihnen lieferten die Flugblätter sofort bei der Gestapo ab. Eine Liste von 40 Personen befindet sich in BA ZC13267, Bd. 1.
21 Bericht Robert Mohr, in: Inge Scholl, Die Weiße Rose, Frankfurt 1993, S. 172.
22 Oswald Schäfer, Gestapo-Leitstelle München an das RSHA Berlin, 12.2.1943, Bundesarchiv Berlin, ZC 13267, Bd. 1.
23 Meldung des Großdeutschen Rundfunks am 3.2.1943.
24 Oswald Schäfer, a.a.O. (Anm. 22).
25 Oswald Schäfer, a.a.O. (Anm. 22).
26 6. Flugblatt »Kommilitoninnen! Kommilitonen!«, siehe S. 29 ff.
27 6. Flugblatt, a.a.O. (Anm. 26), siehe S. 29 ff.
28 Richard Harder, BA Berlin, ZC 13267 Bd. 1.
29 Harder, a.a.O. (Anm. 28).

30 Interview Elisabeth Hartnagel mit dem Verfasser, 18.3.2004.

31 Brief an Fritz Hartnagel, 7.2.1943, in: Hans Scholl und Sophie Scholl, Briefe und Aufzeichnungen, a. a. O., S. 234 / 235 (Anm. 2).

32 Traute Lafrenz, in: Inge Scholl, Die Weiße Rose, Frankfurt 1993, S. 133 / 134.

33 Die Berichte der Beteiligten über diese Treffen, an denen Sophie Scholl nicht teilnahm – sie war in diesen Tagen in Ulm und kehrte erst am 14. Februar nach München zurück – sind mit Vorsicht zu bewerten. Von Hans Scholl gibt es keinen Bericht – Scholl hat in seinen Verhören die Beteiligung Hubers und Harnacks gänzlich verschweigen können. In ihren Gestapo-Verhörprotokollen versuchen Alexander Schmorell, Kurt Huber, Willi Graf und Falk Harnack verständlicherweise Belastendes zu verschweigen bzw. herunterzuspielen. Im Gegensatz dazu bezeichnet der einzige überlebende Gesprächspartner Falk Harnack in seiner Darstellung aus dem Jahr 1947 die beiden Gespräche als »Münchner Konferenz«, die er wie die Gründungsversammlung einer Volksfront-Bewegung darstellt. Zweifel sind auch angebracht, ob Harnack tatsächlich noch am Nachmittag des 25. Februar 1943 in Berlin einen Termin mit den Gebrüdern Bonhoeffer abgemacht hat und zum verabredeten Treffpunkt um 19 Uhr an der Gedächtniskirche gefahren ist, um Scholl zu den Bonhoeffers zu begleiten, nachdem die Verurteilung und Hinrichtung von Hans und Sophie Scholl und Christoph Probst doch schon am 23. Februar im ›Völkischen Beobachter‹ gemeldet worden war.

34 Clara Huber, Interview mit dem Verfasser, 1989.

35 BA Berlin, NJ 1704 Bd. 7, Vernehmung Kurt Huber.

36 6. Flugblatt, a. a. O., siehe S. 29 ff.

37 Die gesamte Passage lautete; »Studentinnen, Studenten! Ihr habt Euch der deutschen Wehrmacht an der Front und in der Etappe, vor dem Feind, in der Verwundeten-Hilfe, aber auch im Laboratorium und am Arbeitstisch restlos zur Verfügung gestellt. Es kann für uns alle kein anderes Ziel geben als die Vernichtung des russischen Bolschewismus in jeder Form. Stellt Euch weiterhin geschlossen in die Reihen unserer herrlichen Wehrmacht.« BA Berlin, NJ 1704 Bd. 7, Vernehmung Kurt Huber, siehe auch: Clara Huber (Hrsg.), Kurt Huber zum Gedächtnis. »… der Tod war nicht vergebens«, München 1986, S. 15.

38 Wie heftig dieser Streit war, ist schwierig zu beurteilen, weil in diesem Punkt die Gestapo-Verhörprotokolle die einzige Quelle sind und keiner der Zeugen überlebte. Schmorell spricht in seiner Vernehmung von einer Diskussion mit Huber und einigen Änderungen, mit denen Huber einverstanden war. Die Passage mit der Wehrmacht hätten Scholl und er allerdings nach Hubers Weggang und deshalb ohne sein Einverständnis geändert. Huber sagt: »Ich überließ das Konzept etwas ärgerlich an Scholl mit der Bemerkung, sie möchten damit machen, was sie wollten« und »Beiden war der Entwurf nicht aggressiv genug abgefaßt, so dass ich mich zurückzog und eigentlich der Meinung war, dass der Entwurf nicht benützt würde.« (BA, NJ 1704 Bd. 7) In Verhörprotokolle gehen vielfältige Strategien Beschuldigter ein: nur das Notwendige und nicht Bestreitbare zuzugeben und nach Möglichkeit andere Beschuldigte herauszuhalten. Und auch daran sei nochmal erinnert: Natürlich kann einem bereits hingerichteten Freund ein höherer Tatanteil zugeschrieben werden.

39 Willi Graf, Briefe und Aufzeichnungen, a.a.O. (Anm. 15), S. 106.

40 Vernehmung Hans Scholl, BA Berlin, ZC 13267, Bd. 2.

41 Otl Aicher, innenseiten des krieges, Frankfurt 1985, S. 153.

42 Hirzel konnte nicht wissen, dass seine Aussagen von dem Ulmer Gestapo-Beamten Rechsteiner am 17. Februar nicht ernst genommen worden waren. Rechsteiner verständigte die Münchner Gestapo nicht. Deshalb hätte den Scholls am Morgen des 18. Februar in München, wären sie zu Hause geblieben, weder Hausdurchsuchung noch Verhaftung gedroht.

43 Traute Lafrenz, in: Inge Scholl, Die Weiße Rose, a.a.O. (Anm. 32) S. 173 f., auch in einem Interview des Verfassers mit Traute Lafrenz. Lilo Fürst-Ramdohr berichtet, dass Hans Scholl die Aktion in der Uni wollte, jedoch bei dem sonst sehr wagemutigen Alexander Schmorell auf Ablehnung gestoßen sei. Der sonst so zurückhaltende und vor Aktionismus warnende Christoph Probst habe mitmachen wollen. Hiergegen habe sich Sophie Scholl gewandt und darauf bestanden, an seiner Stelle ihren Bruder zu begleiten. Siehe: Lilo Fürst-Ramdohr, Freundschaften in der Weißen Rose, München 1995, S. 113–120. Die Verhörprotokolle geben in dieser Frage wenig Aufschluss. Hans und Sophie Scholl gelingt es, als sie schließlich gestehen müssen, die Verantwortung für die Flugblattverteilung in der Universität am 18.2. ganz auf sich zu beschränken. Schmorell und Graf haben in ihren Verhören keinen Anlass, Mitverantwortung für diese Tat ihrer schon hingerichteten Freunde auf sich zu nehmen.

44 Richard Harder, BA Berlin, ZC 13267 Bd. 1.

45 Robert Mohr, Erinnerungsbericht über die Ereignisse in München um die Geschwister Scholl und deren Haltung bei den Verhören, IfZ, Fa 215 Bd. 3, siehe auch, jedoch gekürzt: Inge Scholl, Die Weiße Rose, a.a.O. (Anm. 21), S. 226 ff.

46 Mohr hatte sich zuvor an Robert Scholl gewandt und bat ihn um eine Bescheinigung für ein offenbar erwartetes Gerichtsverfahren. Robert Scholl hatte darauf erklärt, seine Kinder hätten ihm noch eine halbe Stunde vor der Hinrichtung unabhängig voneinander erklärt, »sie seien von der Gestapo so gut und vornehm behandelt worden«. (Hier zitiert nach einem Brief Scholls an den RA Ruefer, StA München, SpKa Karton 1104, Anton Mahler, eine Formulierung Robert Scholls, die in diesen unmittelbaren Nachkriegsjahren immer wieder, auch in Presseveröffentlichungen, zitiert wird.)

47 Sie kam durch ihren Bruder Willy Gebel in Kontakt mit der Hartwimmer-Olschewski-Gruppe in München und war wegen Kurierdiensten für die Gruppe inhaftiert worden. Im Februar 1943 wartete sie auf ihre Anklage, ihr Urteil wurde am 18.3.1944 verkündet. Siehe Kurzbiographie Else Gebel, S. 135 ff.

48 Else Gebel, Dem Andenken von Sophie Scholl, November 1946, IfZ, Fa 215/Bd. 3.

49 Robert Mohr, a.a.O. (Anm. 21).

50 Der Handschriftenvergleich wird von Sönke Zankel (»Mit Flugblättern gegen Hitler«, Köln, Weimar, Wien, 2008; S. 437 ff.) als »Legende« abgetan, weil die Gestapo nicht explizit einen Brief von Christoph Probst erwähnt, sondern nur, ohne weitere Spezifizierung »Briefschaften, Notizen und Aufzeichnungen« (Suchungsbericht). Es habe der Gestapo kein Probst-Brief vorgelegen, dieser Umstand sei sonst in ihren Akten vermerkt. Das Aussageverhalten Scholls vom Beginn seines

Geständnisses an lässt aber ein absolut konsequent durchgehaltenes Muster erkennen. Scholl gibt, was die Beteiligung Dritter angeht, schrittweise nur das an, was er – durch Vorhalte, Indizien oder durch Zeugenaussagen widerlegt – zugeben muss und nicht weiter als angeblich eigenen Tatanteil auf sich nehmen kann. So scheitert Scholl einerseits exemplarisch mit seinem anfänglichen Versuch, Alexander Schmorells Rolle an der Flugblattproduktion zu leugnen oder auch nur kleinzureden. Schmorells fast tägliche Anwesenheit in der Wohnung Scholl, seine Arbeit dort an der Schreibmaschine wird von Scholls Freundin Gisela Schertling bezeugt. Einen weiteren Hauptbeteiligten, Prof Huber, kann Hans Scholl bis zum Schluss seiner Verhöre heraushalten: Weder Zeugenaussagen noch bei Scholls aufgefundene Indizien verweisen auf ihn. Es entbehrt daher jeder Logik, dass Hans Scholl den in München nicht präsenten Christoph Probst als Verfasser des handschriftlichen Flugblattentwurfes angibt, ohne durch einen eindeutigen Vorhalt dazu gezwungen zu sein. Gleichwohl kommt Hans Scholl die Verantwortung zu, den handschriftlichen Flugblattentwurf seines Freundes Christoph Probst am Morgen des 18. Februar bei sich getragen und nicht vernichtet zu haben.

51 Was den Zeitpunkt 4 Uhr morgens angeht, siehe Bericht Gauleiter Giesler an Reichsleiter Bormann in BA Berlin, ZC 13267 Bd. 1. In den Verhörprotokollen gibt es keine Uhrzeitangaben, die Reihenfolge der Geständnisse aber geht aus dem Wortlaut der Verhörprotokolle von Sophie Scholl hervor.

52 Robert Mohr, a.a.O. (Anm. 21).

53 Siehe Staatsarchiv München, SpKa Karton 1104, Anton Mahler.

54 Vernehmung Sophie Scholl, BA ZC 13267, Bd. 3. Seite 15 beginnt mit einem in Maschinenschrift erneut getippten Briefkopf »Geheime Staatspolizei, Staatspolizeileitstelle München« und der Überschrift »Fortsetzung der Vernehmung der Beschuldigten Sophie Scholl« (siehe S. 364 ff.).

55 Alle Zitate Vernehmung Sophie Scholl, a.a.O. (Anm. 54).

56 Vernehmung Hans Scholl, BA ZC 13276, Bd. 2.

57 Vernehmung Sophie Scholl, a.a.O. (Anm. 54).

58 Else Gebel, Dem Andenken von Sophie Scholl, a.a.O. (Anm. 48).

59 Else Gebel, Dem Andenken von Sophie Scholl, a.a.O. (Anm. 48).

60 BA ZC 13267, Bd. 1.

61 Else Gebel, Dem Andenken von Sophie Scholl, a.a.O. (Anm. 48).

62 BA ZC 13267, Bd. 1, Antrag des Rechtsanwalts Dr. Seidl an Freisler vom 22.2.43.

63 Leo Samberger, in: Inge Scholl, *Die Weiße Rose*, a.a.O., S. 184.

64 Leo Samberger, a.a.O. (Anm. 63), S. 184.

65 Leo Samberger, a.a.O. (Anm. 63), S. 184.

66 BA ZC 13267, Bd. 1, handschriftlicher Vermerk des offenbar bei der Verhandlung anwesenden Gestapo-Beamten Schmauß auf einem Aktenstück.

67 Helmut Ortner, Der Hinrichter. Roland Freisler – Mörder im Dienste Hitlers, Wien 1993, S. 300.

68 ›Völkischer Beobachter‹, 20.2.1943, im Faksimile abgedruckt in: Kurt Huber Gymnasium Gräfelfing (Hrsg.), Kurt Huber, Stationen seines Lebens, Gräfelfing, o. J.

III. Biographische Notizen

von Ulrich Chaussy

Abschied vor der Abfahrt zur Ostfront,
München, 23. Juli 1942

Fronteinsatz im Osten Sommer 1942
(von links nach rechts: Hubert Furtwängler, Hans Scholl, Willi Graf, Alexander
Schmorell)

1. Die Mitglieder der *Weißen Rose*

Hans Scholl

Hans Fritz Scholl wurde am 22. September 1918 in Ingersheim bei Crailsheim geboren. Er war, nach seiner ein Jahr zuvor geborenen Schwester Inge, das zweite Kind von Robert und Magdalene Scholl, ihr ältester Sohn.

Es gibt eine von ihm verfasste Passage im ersten Flugblatt der *Weißen Rose*, die man zweimal lesen muss. Denn was zunächst nur nach einem allgemeinen politischen Pamphlet klingt, das spiegelt präzise auch seine ganz persönliche Entwicklung: »Goethe spricht von den Deutschen als einem tragischen Volke, gleich dem der Juden und Griechen, aber heute hat es eher den Anschein, als sei es eine seichte, willenlose Herde von Mitläufern, denen das Mark aus dem Innersten gesogen und die nun ihres Kernes beraubt, bereit sind, sich in den Untergang hetzen zu lassen. Es scheint so – aber es ist nicht so; vielmehr hat man in langsamer, trügerischer, systematischer Vergewaltigung jeden einzelnen in ein geistiges Gefängnis gesteckt, und erst als er darin gefesselt lag, wurde er sich des Verhängnisses bewusst.«[1]

Die Flugblatt-Sätze schildern Hans Scholls Leben im Telegrammstil. Denn während seine späteren Gefährten in der *Weißen Rose*, Alexander Schmorell, Christoph Probst und Willi Graf, sich schon als Jugendliche dem Zugriff der Hitlerjugend entzogen, begeisterten sich Hans Scholl und seine Geschwister in Ulm von 1933 an zunächst durchaus für die »Neue Zeit«, die sie mit Hitler gekommen sahen. Hans war damals gerade 15 Jahre alt. Die »langsame, trügerische, systematische Vergewaltigung« hatte auch ihn zeitweise »in ein geistiges Gefängnis gesteckt«. Viele Jugendliche in Deutschland erlebten

Hans Scholl, Ulm, geboren am 22.9.1918,
Student der Medizin,
hingerichtet am 22.2.1943

HJ und BDM als die ersten Gelegenheiten, sich dem bestimmenden elterlichen Einfluss zu entziehen. Was die Jugendbewegung zu Beginn des Jahrhunderts mit ihrem Ausbruch »aus grauer Städte Mauern« als bündische Protestbewegung gegen die Welt der Erwachsenen begonnen hatte, schien nun von der staatlichen Macht akzeptiert. Die schiefe Gleichung lautete: Im Konflikt der Generationen stehe der neue NS-Staat auf Seiten der Jungen gegen die Alten. Diese schiefe Gleichung galt für die Scholl-Geschwister Inge, Hans, Elisabeth, Sophie und Werner bis etwa 1936.

Dass ihr Vater Robert Scholl von Anbeginn in der Familie vehement kritisch gegen den Nationalsozialismus auftrat, passte dabei ins Bild der Jungen. Die Argumente des liberal gesinnten Mannes stießen über drei Jahre hinweg bei seinen Kindern auf taube Ohren. Robert Scholl hatte schon im nationalen Taumel der Kriegsbegeisterung von 1914 einen kühlen Kopf bewahrt und mit pazifistischer Entschlossenheit den Kriegsdienst verweigert. Ebenso kühl widerstand er dem Begeisterungstaumel für Hitler. Inge Scholl berichtet in ihrem Buch ›Die Weiße Rose‹, wie ihr Vater dem Argument seiner Kinder begegnete, Hitler habe ja sein Versprechen gehalten und die Arbeitslosigkeit abgeschafft:

»Das bestreitet ja niemand. Aber fragt nicht, wie! Die Kriegsindustrie hat er angekurbelt, Kasernen werden gebaut … Wißt ihr, wo das endet? … Er hätte es auch auf dem Wege der Friedensindustrie schaffen können, die Arbeitslosigkeit zu beseitigen – in der Diktatur ist das leicht genug zu erreichen. Wir sind doch kein Vieh, das mit einer vollen Futterkrippe zufrieden ist. Die materielle Sicherheit allein wird nie genügen, uns glücklich zu machen. Wir sind doch Menschen, die ihre freie Meinung, ihren eigenen Glauben haben. Eine Regierung, die an diese Dinge rührt, hat keinen Funken Ehrfurcht mehr vor dem Menschen. Das aber ist das erste, was wir von ihr verlangen müssen.«[2]

Es vergehen Jahre, bis Hans Scholl im Sommer 1942 mit den

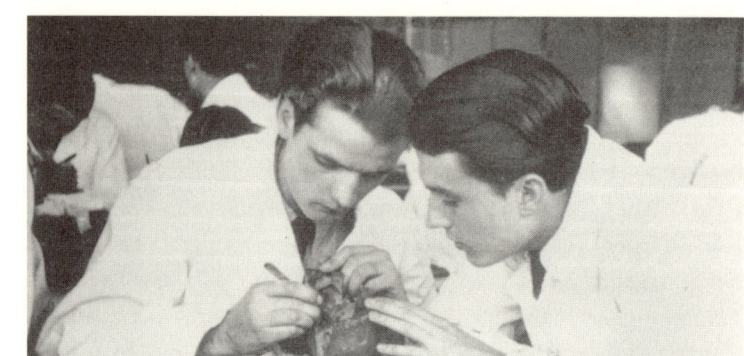

Ende 1939 im Präpariersaal mit Freund Enno v. Bresser

einleitenden Passagen des von ihm verfassten ersten Flugblattes der *Weißen Rose* zum öffentlichen Echo der Gedankengänge seines Vaters Robert Scholl werden wird. Dann aber ist die Ähnlichkeit der Grundsatzpositionen nicht mehr zu verkennen. »Ist es nicht so, dass sich jeder ehrliche Deutsche heute seiner Regierung schämt, und wer von uns ahnt das Ausmaß der Schmach, die über uns und unsere Kinder kommen wird, wenn einst der Schleier von unseren Augen gefallen ist und die grauenvollsten und jegliches Maß unendlich überschreitenden Verbrechen ans Tageslicht treten? Wenn das deutsche Volk schon so in seinem tiefsten Wesen korrumpiert und zerfallen ist, dass es, ohne eine Hand zu regen, im leichtsinnigen Vertrauen auf eine fragwürdige Gesetzmäßigkeit der Geschichte das Höchste, das ein Mensch besitzt und das ihn über jede andere Kreatur erhöht, nämlich den freien Willen, preisgibt, die Freiheit des Menschen preisgibt, selbst mit einzugreifen in das Rad der Geschichte und es seiner vernünftigen Entscheidung unterzuordnen – wenn die Deutschen, so jeder Individualität bar, schon so sehr zur geistlosen und feigen Masse geworden sind, dann, ja dann verdienen sie den Untergang.«[3]

Hans Scholl hatte es in der HJ von 1933 bis 1936 bis zum Fähnleinführer von somit 160 Hitlerjungen gebracht. In dieser

112

Zeit beeindruckten ihn die Argumente des Vaters nicht. Hans musste erst auf ganz eigene Widersprüche und Konflikte mit der Bewegung stoßen, der er sich verschrieben hatte. Er versuchte, anfänglich noch geduldet, innerhalb der HJ die Traditionen der bündischen Gruppe »deutsche jungenschaft« – abgekürzt: »d.j.1.11.« – weiterzuführen.[4] Die bestanden in einer eigenartigen Mischung: Zu ihnen gehörte, wie in der HJ, uniformiertes und militärisches Gehabe. Zu ihnen gehörte weiter die Verehrung elitärer Dichter-Priester wie Stefan George. Zu diesen Traditionen gehörte aber auch die Begeisterung für die Moderne der Weimarer Zeit.

Beeinflusst vom Bauhaus schrieb man in Kleinschrift. Man verknüpfte die auf Fahrten ausgelebte Natursehnsucht mit der Begeisterung für die expressionistische Malerei eines Franz Marc. Hans Scholl und seine Freunde zeigten nicht nur für die mittlerweile von den Nazis als »entartet« diffamierten Maler Interesse, sondern auch für verfemte Dichter wie Stefan Zweig oder Thomas Mann. Und zu alledem wurden auf Fahrten und Gruppenabenden keineswegs nur deutsche, sondern auch russische oder skandinavische Volkslieder gesungen. Diese Aktivitäten wurden innerhalb der HJ durch die übergeordneten Führer Zug um Zug verboten.

Auf dem Heimweg nach Bad Tölz

1936 war Hans Scholl noch als Vertreter seines HJ-Standorts zum Nürnberger Reichsparteitag geschickt worden. Doch von der mit hoher Erwartung angetretenen Reise kehrte er völlig desillusioniert zurück. Die Erfahrungen der letzten Jahre hatten sich in den Marschblöcken und Lichtdomen des Zeppelinfeldes zur Gewissheit verdichtet: Die neue Gemeinschaft, die die Nationalsoziasten anstrebten, sollte durch die systematische Auslöschung von Individualität erreicht werden. Angeekelt und resigniert teilt er diese für ihn neue Erkenntnis seinen Eltern in einem Brief mit. »Mir ist der Kopf schwer. Ich verstehe die Menschen nicht mehr. Wenn ich durch den Rundfunk diese namenlose Begeisterung höre, möchte ich hinausgehen auf eine große einsame Ebene und dort allein sein.« [5]

Immer mehr entwickeln sich bei Hans Scholl Distanz und Wut. Nach dem Abitur absolviert er gerade die ersten Monate seines Wehrdienstes, da werden er und seine Geschwister im Spätherbst 1937 wegen so genannter »bündischer Umtriebe« – das heißt, wegen der Fahrten und Treffen außerhalb der Hitlerjugend, in Untersuchungshaft genommen und angeklagt.

Frankreichfeldzug 1940

Nur eine Amnestie nach dem Anschluss von Österreich rettet die Geschwister vor einem Gerichtsverfahren. In seiner Untersuchungshaft entschließt sich Hans Scholl, Medizin zu studieren. Die Skepsis dem herannahenden Krieg gegenüber, die aus vielen Briefen und Tagebuchnotizen spricht, der Unwille, als kämpfender Soldat zum Werkzeug in den Händen Hitlers und der Nazis zu werden, dürften diese Entscheidung mit beeinflusst haben. Als der Krieg dann im September 1939 mit dem Überfall auf Polen beginnt, notiert Hans Scholl in seinem Tagebuch: »Mich verlangt es nicht nach einem ›Heldentum‹ im Kriege. Ich suche Läuterung. Ich will, dass alle Schatten von mir weichen. Ich suche mich, nur mich. Denn das weiß ich: Die Wahrheit finde ich nur in mir.« [6]

Der Rückzug aus dem von den Nationalsozialisten bestimmten Alltag ist für Hans Scholl nur eine erste Reaktion. Im Kreis der Geschwister und der engsten Freunde beginnt die Suche nach eigenen Orientierungen. Bücher, von Hand zu Hand gegeben, gemeinsam gelesen und diskutiert, spielen dabei eine

114

Rast beim Wandern 1941

entscheidende Rolle. Otl Aicher, der Freund und spätere Ehemann von Inge Scholl, ist der literarisch-philosophische Pfadfinder des Freundeskreises. In seiner Autobiographie ›innenseiten des krieges‹ beschreibt er die mühsame Suche nach lesenswerten Büchern: »Politische Literatur gab es für uns nicht. Alles, was dem Staat nicht paßte, wurde weggeräumt, zum Teil öffentlich verbrannt. Aber gelegentlich geht auch der Zensur etwas durch die Lappen. Ein Buch mit dem Titel: ›Die Zukunft der Christenheit‹ musste offensichtlich ein religiöses Buch sein, auch wenn darin die Demokratisierung der Wirtschaft durch Mitbestimmung und Mitverwaltung gefordert wird, um die Macht des Kapitals einzudämmen. Maritain war ein französischer Philosoph. Ich kam auf ihn über meine Thomas-Studien. […] Von Jacques Maritain übernahmen wir den Begriff der pluralistischen Demokratie. Atheisten werden neben Christen leben, Sozialisten neben Liberalen, und keine utopische Ideologie, sei es die der Rasse oder die der Klasse, kann Herrschaft über andere legitimieren.«[7]

Der evangelisch getaufte Hans Scholl entdeckte mit seinen Freunden die Schriften des französischen Zeitgenossen Georges Bernanos, etwa sein ›Tagebuch eines Landpfarrers‹. Bernanos war ein führender Kopf des »Renouveau Catholique«, einer Erneuerungsbewegung des Katholizismus, in der der Versuch unternommen wurde, religiöse Spiritualität und politisch-soziales Engagement zu verbinden. Hatte sich Hans Scholl ab 1936 zunächst den politischen Zumutungen des Nationalsozialismus entzogen, um zu sich selbst zu finden, beginnt er diesen Rückzug ins Private seit dem Beginn des Krieges kritisch zu sehen:

»Soll man hingehen, ein kleines Haus bauen mit Blumen vor den Fenstern und einem Garten vor der Tür und dort Gott

preisen und danken und der Welt mit ihrem Schmutz den Rük-
ken kehren? Ist nicht Weltabgeschiedenheit Verrat, Flucht?
Das Nacheinander ist zu ertragen. Aus den Trümmern steigt
der junge Geist empor zum Licht. Aber das Nebeneinander ist
Widerspruch. Trümmer und Licht zur gleichen Zeit. Ich bin
klein und schwach, aber ich will das Rechte tun.«[8] Nicht nur
dieser Brief an die Freundin Rose Nägele belegt, dass allein die
innere Abkehr vom Nationalsozialismus Hans Scholl nicht zufrieden stellen konnte. Aber: Sollte, durfte, musste er aktiv
Widerstand leisten? Diese Frage trieb Hans Scholl noch im

München 1941

Winter 1941/42 um, und er
hatte sich noch nicht entschieden. In dieser Zeit traf er, ver-
mittelt durch die Schwester Sophie, mit dem Ulmer Schüler
Hans Hirzel zusammen. »Hans
Scholl hat mir im Winter Anfang 42 schlimme Dinge er-
zählt, dass die Nazis Anstalten treffen, die gesamte polnische
Intelligenz auszurotten und auch die Juden. Dabei wußten wir
nur von 300 000. Hätten wir die wahren Zahlen gewußt, hätte
das uns viel Gewissensqualen erspart. Das war schwerwiegend,
ging es doch um die Frage, dagegen anzugehen. Und es verdichtete sich der Eindruck, dass man es tun muss. So war das
im Frühjahr 1942.

Hans Scholl war da noch dagegen. Aus religiösen Gründen.
Und zwar wegen der enormen Unterschiede der Größenord-
nungen: Hier das große mächtige Reich mit seinen Hilfsmit-
teln, dort eine kleine Gruppe von jungen Leuten ohne Macht
und Erfahrung, ohne wichtige Stellung. ›Steht's uns denn
zu?‹, fragten wir uns, im Sinne unserer Meinung zu handeln.

Mögen die Gründe dafür so zwingend sein, wie sie wollen.
Verstößt man da nicht gegen eine universelle Ordnung? Es
wäre Sache der Bischöfe, Richter etc. Die sind dafür berufen.
Die müssen ihr Leben einsetzen. Ist das nicht überheblich,

wenn wir eingreifen? Ist nicht Demut richtiger? Das war Hans Scholls Meinung damals. Er gebrauchte den Ausdruck ›nicht eingreifen in das Rad der Geschichte‹. Das war bei uns verbreitet.«[9]

»Selbst mit einzugreifen in das Rad der Geschichte.« Als Hans Hirzel in Ulm wenige Monate später im Juni 1942 die ihm anonym per Post zugesandten Flugblätter der *Weißen Rose* liest, entdeckt er darin diesen Halbsatz wie ein Kennwort. »Wenn das deutsche Volk schon so in seinem tiefsten Wesen

Hans Scholl: »Der Krieg läßt nicht zu, daß der Mensch als Mensch sein Leben beendet.«

korrumpiert und zerfallen ist, dass es, ohne eine Hand zu regen, im leichtsinnigen Vertrauen auf eine fragwürdige Gesetzmäßigkeit der Geschichte das Höchste, das ein Mensch besitzt und das ihn über jede andere Kreatur erhöht, nämlich den freien Willen, preisgibt, die Freiheit des Menschen preisgibt, *selbst mit einzugreifen in das Rad der Geschichte* [Kursivierung von Ulrich Chaussy] und es seiner vernünftigen Entscheidung unterzuordnen – wenn die Deutschen, so jeder Individualität bar, schon so sehr zur geistlosen und feigen Masse geworden sind, dann, ja dann verdienen sie den Untergang.«[10]

Der Autor dieser Sätze kann nur Hirzels vor kurzem noch zweifelnder Gesprächspartner Hans Scholl sein. Er hat sich, wie er später in seiner Vernehmung bei der Gestapo bekennen wird, für den aktiven Widerstand entschieden, »[...] weil ich bestrebt sein wollte, als Staatsbürger dem Schicksal meines Staates nicht gleichgültig gegenüberzustehen, entschloß ich mich, nicht nur in Gedanken, sondern auch in der Tat meine Gesinnung zu zeigen. So kam ich auf die Idee, Flugblätter zu verfassen und zu verfertigen.

Als ich mich zur Herstellung und Verbreitung von Flugblättern entschlossen habe, war ich mir darüber im Klaren, dass eine solche Handlungsweise gegen den heutigen Staat gerichtet ist. Ich war der Überzeugung, dass ich aus innerem Antrieb so handeln musste und war der Meinung, dass diese innere Verpflichtung höher stand, als der Treueid, den ich als Soldat geleistet habe. Was ich damit auf mich nahm, wußte ich, ich habe auch damit gerechnet, dadurch mein Leben zu verlieren.«[11]

Alexander Schmorell

Hans Scholl traf seine Entscheidung für den aktiven Widerstand gemeinsam mit Alexander Schmorell. In dessen Elternhaus in München-Harlaching wurden im Juni 1942 die ersten
»Flugblätter der *Weißen Rose*« hergestellt. Schmorell hatte die
Schreibmaschine und das Vervielfältigungsgerät beschafft.
Alex und Hans studierten Medizin und hatten sich beim Studium kennen gelernt. Als sie ihre ersten »Flugblätter der *Weißen Rose*« druckten, kannten sie sich aus Kursen, Vorlesungen
und Prüfungsvorbereitungen. Sie hatten beide am Harlachinger Krankenhaus famuliert und hatten einander ihre Freunde
vorgestellt. Ein Netz privater Kontakte war geflochten worden,
bei Konzertbesuchen, Wanderungen, Gesprächen, Leseaben-
den. Jeder hatte die Vorgeschichte des anderen kennen gelernt.
So waren Offenheit, Freundschaft und Vertrauen entstanden.
Sie waren Voraussetzung für das riskante Unterfangen, Flugblätter gegen den Nationalsozialismus zu verbreiten. Das damit
verbundene Risiko trugen beide von Anfang an gemeinsam
und in jeder Phase der Arbeit. Denn wie Hans Scholl hat auch
Alexander Schmorell große und entscheidende Passagen der
Flugblätter formuliert, wie etwa diese: »Nicht über die Judenfrage wollen wir in diesem Blatte schreiben, keine Verteidigungsrede verfassen – nein, nur als Beispiel wollen wir die
Tatsache kurz anführen, die Tatsache dass seit der Eroberung Polens dreihunderttausend Juden in diesem Land auf bestialischste Art ermordet worden sind. Hier sehen wir das
fürchterlichste Verbrechen an der Würde des Menschen, ein
Verbrechen, dem sich kein ähnliches in der ganzen Mensch-
heitsgeschichte an die Seite stellen kann. Auch die Juden sind

Alexander Schmorell, München, geboren am 16.9.1917,
Student der Medizin,
hingerichtet am 13.7.1943

doch Menschen – man mag sich zur Judenfrage stellen, wie man will –, und an Menschen wurde solches verübt.«[12]

Dieser Text aus dem zweiten Flugblatt der *Weißen Rose*, den Alexander Schmorell im Juni 1942 verfasste, ist der einzige bis heute bekannt gewordene öffentliche Protest von Angehörigen des deutschen Widerstandes gegen den Holocaust an den Juden. Schmorell selbst bezeichnete in seiner Vernehmung die Texte der ersten vier Flugblätter insgesamt als »mein und Scholls geistiges Eigentum, weil wir alles gemeinschaftlich getan haben«.[13] Obwohl Angaben aus den Verhörprotokollen mit Vorsicht zu bewerten sind, spricht viel dafür, dass Hans Scholls detaillierte Angaben, welche Passagen er und welche sein Freund Alexander Schmorell formuliert hat, zutreffend sind. Denn die distanzierte Sicht auf »die Deutschen« und ihre moralische Apathie, die der Autor jenes Abschnittes über die Morde an Polen und Juden erkennen lässt, war niemandem aus dem inneren Kreis der *Weißen Rose* so mitgegeben wie Alexander Schmorell:

»Und wieder schläft das deutsche Volk in seinem stumpfen, blöden Schlaf weiter und gibt diesen faschistischen Verbrechern Mut und Gelegenheit weiterzuwüten –, und diese tun es. Sollte dies ein Zeichen dafür sein, dass die Deutschen in ihren primitivsten menschlichen Gefühlen verroht sind, dass keine Saite in ihnen schrill aufschreit im Angesicht solcher Taten, dass sie in einen tödlichen Schlaf versunken sind, aus dem es kein Erwachen mehr gibt, nie, niemals? Es scheint so und ist es bestimmt, wenn der Deutsche nicht endlich aus dieser Dumpfheit auffährt, wenn er nicht protestiert, wo immer er nur kann, gegen diese Verbrecherclique, wenn er mit diesen Hunderttausenden von Opfern nicht mitleidet. Und nicht nur Mitleid muss er empfinden, nein, noch vielmehr:

Mitschuld. Denn er gibt durch sein apathisches Verhalten diesen dunklen Menschen erst die Möglichkeit so zu handeln, er leidet diese ›Regierung‹, die eine so unendliche Schuld auf sich geladen hat, ja, er ist doch selbst schuld daran, dass sie

Besuch bei Angelika Probst, Marienau, September 1940

überhaupt entstehen konnte! Ein jeder will sich von seiner Mitschuld freisprechen, ein jeder tut es und schläft dann wieder mit ruhigstem, bestem Gewissen. Aber er kann sich nicht freisprechen. Ein jeder ist *schuldig, schuldig, schuldig!*«[14]

Von Alexander Schmorell, einem der wichtigsten und gleichwohl lange Zeit am wenigsten bekannten Mitglieder der *Weißen Rose*, sind nur wenige Bilder vorhanden. Sie zeigen einen schlanken, großen jungen Mann mit langem und schmalem Gesicht, kräftiger Nase, sinnlichem Mund und vollem, für damalige Maßstäbe langem Haar. Oft hat er eine Pfeife dabei. Ausführliche schriftliche Zeugnisse von seiner Hand waren jahrzehntelang nicht zugänglich. Es sind keine Tagebücher vorhanden, die mittlerweile veröffentlichten Briefe sind vor allem privaten Inhalts. Sie zeigen einen leidenschaftlich Liebenden, oft unglücklich Verliebten. Er ist eine Beziehung zur Schwester seines Freundes Christoph Probst eingegangen, zur mittlerweile verheirateten Angelika Knoop, mit der er sich ausführlich über seine breitgefächerten literarischen, künstlerischen und musikalischen Vorlieben und Erfahrungen austauscht.[15] »Sein Hauptinteresse galt der Kunst, insbesondere der Bildhauerei – eine Plastik von Beethoven ist mir in Erinnerung«, schrieb sein Studienfreund aus der Studentenkompanie Hubert Furtwängler, »Beethoven war wohl mit Mussorgskij sein Lieblingskomponist. Alex wollte innerlich aufgewühlt und umgekrempelt werden durch die Kunst. Dem entsprach auch ein gewisser bacchantischer Zug in seinem Wesen – das Spiel der Balalaika bei Wodka und Tanz liebte er über alles. Ich selbst habe solche Abende in Rußland mit ihm erlebt und ich weiß, dass er im Winter 1942 / 43 sich öfters mit ukrainischen Freunden traf und bei Wodka und Gesang mit ihnen die Nächte verbrachte.«[16]

Alexander Schmorell wurde am 16. September 1917 in Russland geboren, in der Stadt Orenburg im südlichen Ural. Nach Russland kehrte er später zurück – in vielerlei Beziehung. Seine Mutter war Russin, Tochter eines russisch-orthodoxen Geistlichen, und in diesem Ritus wurde das Kind, das in der Familie und später von seinen Freunden »Schurik« genannt wurde, getauft. Auch Alexanders Vater Hugo Schmorell ist in Russland geboren und dort aufgewachsen – allerdings als Sohn deutscher Eltern, die weder ihre kulturellen Beziehungen zu Deutschland noch die deutsche Staatsbürgerschaft aufgaben. Als Alexander Schmorell noch keine zwei Jahre alt war, starb seine Mutter während einer Typhusepidemie. Sein Vater heiratete erneut, verließ Orenburg und ging 1921 nach München, wo er einst Medizin studiert hatte. Hier eröffnete er eine Arztpraxis. Russland war aber auch in der Harlachinger Villa der Schmorells gegenwärtig – in der Person der alten russischen Kinderfrau Nanja, die Alexander von seiner Geburt an betreut hatte und der Familie nach München gefolgt war. Diese Einflüsse haben Alexander unter seinen deutschen Altersgenossen nicht zum Außenseiter gemacht. Er schloss sich dem Jugendbund Scharnhorst an. Allerdings trat er aus, als diese Organisation der Hitlerjugend einverleibt wurde. Er suchte Freunde und fand sie in den Geschwistern Christoph und Angelika Probst. Mal ging Alex mit den beiden, mal allein in die Berge und an die bayerischen Seen. »Er liebte es, einsam zu wandern, ziellos umherzustreifen, irgendwo unterzutauchen und Bekanntschaft zu schließen mit seltsamen Geschöpfen dieser Erde«, erinnert sich Angelika Probst, »er hatte Neigung und Blick für Abenteurer, Landstreicher, heruntergekommene Artisten, Zigeuner und Bettler aller Art; und später saß er oft bis tief in die Nacht beim Wein, um dann anderntags voll Begeisterung zu erzählen.«[17]

Alexander Schmorell war gewiss kein ideologisch gefestigter oder gar festgelegter Untergrund- und Widerstandskämpfer. Aber man wird ihm ebenso wenig gerecht, wenn man ihn zu einem im Grunde unpolitischen Gefühlsrebellen stilisiert. In dem Maß, in dem der nationalsozialistische Staat seinen persönlichen Freiheitsdrang einschränkte, lief er nicht schweigend und opportunistisch mit, sondern meldete seinen Widerspruch offen an, was später auch in der Anklageschrift des Volksgerichtshofes vermerkt wird. »Als er nach dem Arbeitsdienst in die Wehrmacht eintrat, hatte er innere Hemmungen, den Eid auf den Führer zu leisten und offenbarte einige Zeit später seinen Vorgesetzten seine politische Einstellung. Seine Bitte um Entlassung aus der Wehrmacht hatte jedoch keinen Erfolg.« [18] Freunde von Alex berichten, er habe die Uniform bei jeder nur möglichen Gelegenheit gegen Zivilkleider vertauscht. In Zivil lernte ihn auch der Bulgare Nikolai Nikolaijeff

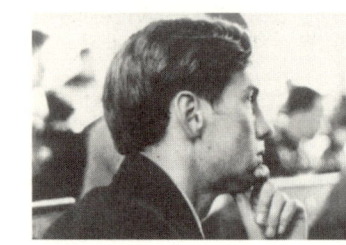

Während einer Vorlesung in der Münchner Universität 1940

Hamasaspian kennen, der im Oktober 1939 zum Studium nach München kam. Die beiden, die sich miteinander mal auf russisch, mal auf deutsch unterhielten, freundeten sich an. »Zuerst hat mir Schurik über das Pogrom gegen die Juden erzählt, dass es unmenschlich ist, dass sie nicht in den Omnibus einsteigen dürfen, dass sie zu Fuß gehen müssen und den gelben Stern tragen müssen«, erinnert sich Hamasaspian. Ab Juni 1940 wurden die beiden gemeinsam aktiv. »Als Frankreich kapituliert hatte, haben wir Tabak und Abfälle gesammelt. In Richtung Freising gab es französische Gefangene, und wir haben ihnen Zigaretten gegeben. Alex hat immer Brot und Zigaretten und, was er kriegen konnte, gesammelt, und wir brachten es auf unseren Fahrrädern dorthin in das Lager.« [19]

Hilfe und menschliche Solidarität mit den vom Nationalsozialismus ausgegrenzten Menschen war Schmorells erster Reflex. Aber eine weitere, von ihm verfasste Passage im dritten Flugblatt der *Weißen Rose* belegt, dass er sich auch damit beschäftigte, wie politischer Widerstand unter den Bedingungen einer Diktatur ausgeübt werden kann.

»Wir wollen versuchen, Ihnen zu zeigen, dass ein jeder in der Lage ist, etwas beizutragen zum Sturz dieses Systems. Nicht durch individualistische Gegnerschaft, in der Art verbitterter Einsiedler, wird es möglich werden, den Boden für einen Sturz dieser ›Regierung‹ reif zu machen oder gar den Umsturz möglichst bald herbeizuführen, sondern nur durch die Zusammenarbeit vieler überzeugter, tatkräftiger Menschen, Menschen, die sich einig sind, mit welchen Mitteln sie ihr Ziel erreichen können. Wir haben keine reiche Auswahl an solchen Mitteln, nur ein einziges steht uns zur Verfügung – der *passive Widerstand*.«[20] Auch die präzisen politischen Passagen des dritten Flugblattes der *Weißen Rose* über passiven Widerstand und Sabotage hat, wie wir heute wissen, Alexander Schmorell ausgearbeitet. Man kann diesen Text als Beleg dafür werten, wie sich das politische Bewusstsein des Individualisten Alexander Schmorell allmählich zugespitzt hat. Er ist, wohl weil er in keinerlei gängige ideologische und weltanschauliche Schublade passte, gelegentlich falsch eingeschätzt worden, wurde mal unter-, dann wieder überschätzt. Sogar im Freundeskreis galt er als künstlerisch-musische Natur ohne ausgeprägtes politisches Interesse. Dagegen legte Professor Huber Schmorells romantisch überhöhte Zuneigung zu Russland und seinen Menschen als Sympathie für den Bolschewismus aus. Nachdem Schmorell seine Rolle in der Widerstandsarbeit der *Weißen Rose* von Anfang an eingestanden und sich dazu bekannt hatte, verfasste er in der Haft noch vor dem »Volksgerichtshof«-Prozess auf Aufforderung der Gestapo hin ein »Politisches Bekenntnis«, das mit einem Bekenntnis zur Monarchie beginnt.

»Wenn ich mich schon öfter als Russen bezeichnet habe, so

sehe ich für Russland als die einzig mögliche Staatsform unbedingt den Zarismus an. Ich will damit nicht sagen, dass die Staatsform wie sie in Russland bis 1917 geherrscht hat, mein Ideal war – nein. Auch dieser Zarismus hatte Fehler, vielleicht sogar sehr viele – aber im Grunde war er richtig. Im Zaren hatte das russische Volk seinen Vertreter, seinen Vater, den es heiss liebte – und mit Recht. Man sah in ihm nicht sosehr das Staatsoberhaupt, als vielmehr den Vater, Fürsorger, Berater des Volkes – und wiederum mit vollem Recht, denn so war das Verhältnis zwischen ihm und dem Volk. [...]

Selbstverständlich wird es in einem Staate, wie ich ihn mir vorstelle, auch eine Opposition geben, immer wird es diese geben, da selten ein ganzes Volk nur einer Meinung ist – aber auch diese muss geduldet und geachtet werden. Denn diese deckt die Fehler der bestehenden Regierung auf – und, welche Regierung macht keine Fehler – und übt Kritik. [...]

Sie fragen mich weiter, warum ich mit der natsoz. Regierungsform nicht einverstanden bin. Weil sie meinem Ideal, wie mir scheint, nicht entspricht. Meiner Ansicht nach stützt sich die natsoz. Regierung zu sehr auf die Macht, die sie in Händen hat. Sie duldet keine Opposition, keine Kritik, deshalb können die Fehler, die gemacht werden, nicht erkannt, nicht beseitigt werden. Dann glaube ich, dass sie nicht eine reine Ausdrucksform des Volkswillens darstellt. Sie macht es dem Volk unmöglich, seine Meinung zu äussern, sie macht es dem Volk unmöglich, etwas an ihr zu ändern, wenn es (das Volk) auch damit nicht einverstanden ist. Sie ist geschaffen worden, und an ihr darf nicht kritisiert, nichts mehr geändert werden – und das finde ich nicht richtig. Sie müsste mit dem Volksdenken mitgehen, elastisch – nicht nur befehlen. [...] Meiner Ansicht nach hat jetzt jeder Bürger direkt Angst, irgendetwas bei den Regierungsbehörden auszusetzen, weil er sonst bestraft wird. Und das müsste vermieden werden. Ich bin sogar geneigt, der autoritären Staatsform fast immer vor der demokratischen den Vorzug zu geben. Denn wohin uns die Demokratien geführt haben,

Auf der Fahrt zur Ostfront Juli 1942

haben wir alle gesehen. Eine autoritäre Staatsform bevorzuge ich nicht nur für Russland, sondern auch für Deutschland. Nur muss das Volk in seinem Oberhaupt nicht nur den politischen Führer sehen, sondern vielmehr seinen Vater, Vertreter, Beschützer. Und das, glaube ich, ist im natsoz. Deutschland nicht der Fall.«[21]

Alexander Schmorells »Politisches Bekenntnis« ist ein Dokument ohne jeden taktischen Winkelzug, das überraschende Einsichten in sein Fühlen und politisches Denken gewährt. Es zeigt, wie wenig die Widerstandskämpfer der *Weißen Rose* in bekannte ideologische Schubladen passten, dass sie, wie zum Beispiel Schmorell, noch auf der Suche waren, wenn auch da und dort schon mit festen Prinzipien, wie etwa in der Frage der Gewalt:

»Ein Volk ist wohl berechtigt, sich an die Spitze aller anderen Völker zu stellen und sie anzuführen zu einer schliesslichen Verbrüderung aller Völker – aber auf keinen Fall mit Gewalt. Nur dann, wenn es das erlösende Wort kennt, es ausspricht, und dann alle Völker *freiwillig* folgen, indem sie die Wahrheit einsehen und an sie glauben. Auf diesem Wege wird, dessen bin ich ganz sicher, schliesslich eine Verbrüderung ganz Europas und der Welt kommen, auf dem Wege der Brüderlichkeit, des freiwilligen Folgens. Sie können sich vorstellen, dass es mich besonders schmerzlich berührte, als der Krieg gegen Russland, meine Heimat, begann. Natürlich herrscht dort drüben der Boleschwismus, aber es bleibt trotzdem meine Heimat, *die Russen bleiben doch meine Brüder.*«[22]

Christoph Probst

Am Sonntag, den 21. Februar 1943, sitzt Christoph Probst in der Gestapo-Haft im Wittelsbacher Palais im Beisein seines Vernehmungsbeamten Geith vor einem aus zerrissenen Papierschnipseln zusammengeklebten handschriftlichen Brief und rekonstruiert aus dem Puzzle einen Text, den er geschrieben hat. Es ist jenes handschriftliche Textblatt, das Hans Scholl fahrlässigerweise bei sich trug, als er bei der Verteilung des sechsten Flugblattes in der Universität festgenommen wurde und das er daraufhin vergeblich zu zerstören und beiseite zu schaffen versucht hatte. Christoph Probst hatte diesen Text Ende Januar verfasst. Darin vergleicht er die Lage auf den zwei damals umkämpften Kriegsschauplätzen: In Tripolis hatten die Italiener bedingungslos vor den Briten kapituliert, das Leben der Zivilbevölkerung normalisierte sich nach Ende der Kampfhandlungen. In Stalingrad hatte Hitler den eingekesselten deutschen Truppen die Kapitulation verboten, die 6. Armee unter Befehl des Generals Paulus wurde aufgerieben, 200 000 deutsche Soldaten fielen. Probst argumentiert in seinem Text, dass in naher Zukunft die Entscheidung anstehe, ob in Deutschland nach dem Modell Tripolis – oder nach dem Modell Stalingrad verfahren werde. »Mit tödlicher Sicherheit kommt die vernichtende, erdrückende Übermacht von allen Seiten herein. Viel weniger als Paulus kapitulierte, wird Hitler kapitulieren. Gäbe es doch für ihn dann kein Entkommen mehr. Und wollt ihr Euch genauso belügen lassen wie die 200 000 Mann, die Stalingrad auf verlorenem Posten verteidigten? Dass ihr massakriert, sterilisiert oder Eurer Kinder beraubt werdet?

Christoph Probst, München, geboren am 6.11.1919,
Student der Medizin,
hingerichtet am 22.2.1943

Im bayerischen Oberland

Roosevelt, der mächtigste Mann der Welt, sagt am 26. Januar 1943 in Casablanca: Unser Vernichtungskampf richtet sich nicht gegen die Völker, sondern gegen die politischen Systeme. Wir kämpfen bis zur bedingungslosen Kapitulation. Bedarf es da noch eines Nachdenkens, um die Entscheidung zu fällen? [...] Heute ist ganz Deutschland eingekesselt, wie es Stalingrad war. Sollen dem Sendboten des Hasses und des Vernichtungswillens alle Deutschen geopfert werden? Ihm, der die Juden zu Tode marterte, die Hälfte der Polen ausrottete, Rußland vernichten wollte, ihm, der Euch Freiheit, Frieden, Familienglück, Hoffnung und Frohsinn nahm und dafür Inflationsgeld gab? Das soll, das darf nicht sein. Hitler und sein Regime muss fallen, damit Deutschland lebt. Entscheidet Euch: Stalingrad und der Untergang – oder Tripolis – und die hoffnungsvolle Zukunft. Und wenn ihr euch entschieden habt, handelt!«[23]

Dieser Textentwurf, der als Flugblatt nie vervielfältigt und verteilt wurde, ist der einzige konkret-materielle Beleg für Christoph Probsts Beteiligung am Widerstand der *Weißen Rose*. Er ist erst 1990 bekannt geworden, als die Verhörprotokolle von Hans und Sophie Scholl und Christoph Probst aus Ostberliner Archiven auftauchten.[24] Dennoch standen die Zugehörigkeit von Christoph Probst zur *Weißen Rose* und seine Übereinstimmung mit den Auffassungen seiner Freunde gegenüber Nationalsozialismus und Krieg nie in Frage. Aus einer Reihe von Gründen war Probst im Freundeskreis nicht so präsent wie die anderen. Zwar studierte er ebenfalls Medizin; er

Fechtübungen in München

gehörte aber nicht der gleichen Studentenkompanie an wie Hans Scholl, Alexander Schmorell und Willi Graf. Ab dem Wintersemester 1942/43 war er nach Innsbruck versetzt worden, seine Frau Herta und seine Kinder lebten in seiner Nähe in Lermoos. Erst kurz vor Christophs Versetzung waren seine Freunde gerade mit ihrer Studentenkompanie von einer mehr als dreimonatigen Frontfamulatur aus Russland zurückgekehrt.

Dass Christoph Probst jedoch im Sommer 1942 im Gespräch Einfluss auf die ersten vier Flugblätter seiner Freunde Alexander Schmorell und Hans Scholl genommen hat, wird von Lilo Fürst-Ramdohr berichtet, die auch das entscheidende Motiv benennt, Christoph Probst im Hintergrund zu belassen. »Alex vertraute mir im Laufe des Jahres 1942/43 alles über den Fortgang der Aktion an, wobei immer wieder die Besorgtheit um Christl Probst zur Sprache kam. Ihm dürfe nichts passieren – auf keinen Fall. Er hat Frau und Kinder, die ihn brauchen. [...] Christl aber ließ sich nicht ausschließen und wäre wohl nur schwerlich zu entbehren gewesen.« Auch die Versetzung nach Innsbruck, so Fürst-Ramdohr, habe daran nichts geändert.

Mit Sohn Micha 1941

»Immer wieder aber besuchte er seine Freunde und verfolgte deren Arbeit kritisch und mit guten Vorschlägen, wie jedenfalls Alex sagte.«[25] Dass Christoph Probst, wie Inge Scholl schildert, bei dem Abschiedsabend für seine Freunde vor der Frontfamulatur in Russland in großer Runde gegen die Zweifel anderer ein vehementes Plä-

Zu Hause in Ruhpolding, August 1942

doyer für den Widerstand hielt, mit den Worten »Wir müssen dieses Nein riskieren gegen eine Macht, die sich anmaßend über das Innerste und Eigenste des Menschen stellt und die Widerstrebenden ausrotten will«[26] – das allerdings ist nach der Erinnerung eines überlebenden Teilnehmers dieses Abends sehr unwahrscheinlich. »Persönlich angezogen hat mich ein schweigsamer, junger Mann, der nun für meine Vorstellung auch nicht mehr so jung war, fünf Jahre älter«, erinnert sich der Ulmer Schüler Hans Hirzel, der, kurz nachdem er per Post die Flugblätter der *Weißen Rose* erhalten hatte, nach München gekommen war, um bei dieser Gelegenheit den Freundeskreis kennen zu lernen, über den ihm Hans Scholl bei einem Gespräch in Ulm eine Reihe von Andeutungen gemacht hatte. »Der junge Mann war Christoph Probst, und der hat nicht viel gesagt, und eben deswegen hat er sich ja in diesem Gespräch gar nicht so eingefügt. Er war eigentlich mehr dabei, als er mitmachte. Ich hatte aber den Eindruck großer Nachdenklichkeit, großer Überlegtheit.« Hirzel sprach Probst an und vereinbarte einen Besuch bei ihm. »Da hat er sich kritisch ablehnend geäußert gegenüber dem, was er den Aktionismus von Scholl nannte. Ich habe also gesehen, dass seine starke Gegnerschaft zum Dritten Reich nicht so angekränkelt ist wie bei mir mit meinen Selbstzweifeln, die sich immer wieder meldeten: Ob nicht doch vielleicht alles falsch ist, weil ich die Akzente falsch setze, zu wenig von der Welt weiß, es nicht beurteilen kann.«[27]

Christoph Probst wurde am 6. November 1919 in Murnau geboren. Er wuchs in einer Atmosphäre auf, die ihn für die

Verlockungen auch des frühen Nationalsozialismus immun machte, ja machen musste. Denn was er als Kind schätzen lernte, war vom totalitären Anspruch des Systems bedroht: die kulturelle und religiöse Offenheit, die er im Haus seines Vaters, des Privatgelehrten und Sanskrit-Forschers Hermann Probst, erlebte.

Hermann Probst war mit dem expressionistischen Maler Emil Nolde befreundet, von dessen Hand es Porträts von Christoph Probst und seiner Schwester Angelika gibt, ebenso mit Paul Klee – beides Künstler, die die Nazis umgehend als »entartet« diffamierten. Und schließlich ragte die Bedrohung durch den Nationalsozialismus unübersehbar in das Familienleben hinein, denn nach der Scheidung von Christophs und Angelika Probsts Mutter heiratete der Vater erneut. Seine zweite Frau war Jüdin.

»Er empörte sich über den öffentlich zu tragenden gelben Judenstern – zumal seine Stiefmutter selbst Jüdin war«, erinnert sich Christoph Probsts ehemaliger Lehrer und späterer Ehemann seiner Schwester Angelika, Bernhard Knoop, »ganz zu schweigen von allmählich immer mehr durchsickernden Nachrichten über Massenverbrechen in den Konzentrationslagern und auch an der Ostfront.«[28]

Angelika Probst beobachtete, dass ihr Bruder schon früh und gegen den Zeitgeist auf Ausgrenzung und Verletzung der Menschenwürde reagierte. »Besonders lebhaft erinnere ich mich an die heilige Erregung, mit der Christoph sich gegen die Tötung der Irren und rettungslos Kranken aussprach, wie er mir, der ich damals nicht ganz so Entsetzliches darin sah, klar machte, dass es den Menschen in keinem Fall zuständе, in den Willen Gottes einzugreifen, denn niemand könne doch wissen, was in den Seelen dieser Irren vorgehe und zu welch geheimer Reifung das Leid über sie verhängt sei.«[29]

Christoph Probst verbrachte einen Großteil seiner Schulzeit in den Landerziehungsheimen Marquartstein und Schondorf am Ammersee. Diese Internatsschulen waren reformpädagogischen Ansätzen verpflichtet und ermöglichten ihren Schülern auch in der NS-Zeit noch Freiräume. Sein Abitur legte er schon mit 17 ab, dann musste er den unvermeidlichen Arbeitsdienst absolvieren. Er meldete sich zum Militärdienst bei der Luftwaffe. 1939 begann er Medizin zu studieren, ein Studium, das Christoph Probst gerne und mit großem Ernst aufgenommen hat – anders als seine Kommilitonen Alexander Schmorell und Hans Scholl, die mit dem Medizinstudium vor allem einem aktiven Frontdienst in Hitlers Krieg entgehen wollten. Mit 21 Jahren heiratete Christoph Probst, 1942 hatte er bereits zwei Kinder.

Auch wenn sich die Assoziation aufdrängt: Es ist gewiss nicht richtig, dieses Leben im Geschwindschritt als Vorahnung seines frühen Todes zu interpretieren. In den Schilderungen der Freunde erscheint er als freundlicher und gelöster Mensch, und diesen Eindruck vermitteln auch Fotografien des großen, gutaussehenden jungen Mannes, der mit offenem Gesicht und gewinnendem Lachen in die Kamera schaut.

Christoph Probst war freireligiös erzogen und nicht getauft worden. Es scheint, als habe er sich ohne vorab von den Eltern entschiedene Bindung weit mehr als andere herausgefordert gefühlt, diese Bindung – Religion – zu suchen. Denn was nach dem Tod geschieht, wurde in seinem Leben früh zum Thema. Er war 17, als sich sein bewunderter und geliebter Vater das Leben nahm. Als Christoph Probst, gerade 23 Jahre alt, der lebenslustige Vater dreier Kinder, binnen zweier Tage von der Haft zur Aburteilung vor der Hinrichtung steht, Stunden nur nach dem Prozess,

Mit Sohn Micha, Sommer 1942

bittet er den katholischen Gefängnispfarrer um die Taufe. Seiner Mutter schreibt er im Abschiedsbrief: »Ich danke Dir, dass Du mir das Leben gegeben hast. Wenn ich es recht übersehe, war es ein einziger Weg zu Gott. Da ich ihn aber nicht gehen konnte, springe ich über das letzte Stück hinweg. Mein einziger Kummer ist, dass ich Euch Schmerz bereiten muss. Trauert nicht zu sehr um mich, denn das würde mir in der Ewigkeit Schmerz bereiten. Aber ich bin ja nun im Himmel und kann Euch dort einen herrlichen Empfang bereiten. Eben erfahre ich, dass ich nur noch eine Stunde Zeit habe. Ich werde jetzt die heilige Taufe und die heilige Kommunion empfangen.

Wenn ich keinen Brief mehr schreiben kann, grüße alle Lieben von mir. Sag ihnen, dass mein Sterben leicht und freudig war.« [30]

Sophie Scholl

»Von Hans habe ich einen sehr netten Brief erhalten. Ich glaube, es wäre ganz fein, wenn wir zusammen studieren könnten, denn ich werde mich vor Hans nicht gehen lassen. (Übrigens möchte ich das vor niemandem mehr.) Und er will es vor mir auch nicht. Das ist doch das beste Erziehungsmittel.«[31]

Sophie Scholls Wunsch, mit ihrem Bruder Hans zu studieren, geht nach einjähriger Wartezeit Anfang Mai 1942, wenige Tage vor ihrem 21. Geburtstag, in Erfüllung. Sie kann nach München fahren und sich für das Studium der Biologie und Philosophie einschreiben.

Sophie hatte im März 1940 ihr Abitur bestanden. Vor allem um dem verhassten Reichsarbeitsdienst zu entkommen, meldete sie sich zu einer Ausbildung am Ulmer Fröbel-Seminar an. Eine Tätigkeit als Kindergärtnerin würde als Arbeitsdienst-Ersatz angerechnet werden – so hieß es zunächst. Sie begann ihre Ausbildung gemeinsam mit Susanne Hirzel. Die beiden Freundinnen, die ab und zu miteinander trampten und wanderten, verband eine eindringliche Erinnerung an die Hitlerjugend.

»Wir wurden beide, die Sophie und ich, rausgeschmissen als Führerinnen, da waren wir 16 Jahre alt, und zwar wegen ›Untreue‹ und ›unbotmäßigen Äußerungen‹. Eines weiss ich noch: Wir hatten uns eigene Fahnen gemacht mit eigenen Zeichen drauf und sind damit rummarschiert. Also, es war irgendwie ein Aufleben von bündischen Sitten. Das war verboten. Was die ›unbotmäßigen Äußerungen‹ waren, weiß ich nicht mehr. Das war also ein Festakt, oder ein Trauerakt, bei dem man uns also bestraft und gesagt hat: ›Ja, wir wollen Euch nicht rausschmei-

Sophie Scholl, Ulm, geboren am 9.5.1921,
Studentin der Biologie und Philosophie,
hingerichtet am 22.2.1943

ßen aus der Hitlerjugend, weil Euch sonst das ganze übrige Leben verdorben würde, aber als Führerinnen seid ihr abgesetzt‹, und dann wurde gesungen: ›Wo wir stehen, steht die Treue‹.« [32]

Sophie Scholl wurde am 9. Mai 1921 geboren – als zweitjüngstes der insgesamt fünf Geschwister Scholl. Die vier Jahre Abstand zur ältesten Schwester Inge und die drei Jahre zum älteren Bruder Hans erlaubten ihr eine andere Entwicklung. Denn die anfängliche Begeisterung der geschwisterlichen Leitfiguren Inge und Hans für BDM und HJ teilte sie nur in noch beinahe kindlicher Imitation, als Zwölfjährige. Ab dem vierzehnten Lebensjahr erlebte sie immer bewusster die Konflikte ihrer Geschwister mit, die zur Abkehr vom linientreuen Jugendkult der Nationalsozialisten führten. Diese Abkehr vollzog sie selbst schon frühzeitig und auf ihre Art – in einer leisen Entschiedenheit.

Sophie Scholl untermauerte ihre moralische Empörung mit analytischem Blick. So durfte ihre jüdische Mitschülerin Luise Nathan nicht Mitglied der Hitlerjugend werden. Sophie protestierte dagegen mehrmals in ihrer BDM-Gruppe. Sie prangerte bei dieser Gelegenheit die erbärmlichen Legitimationsversuche der NS-Rassedoktrin an, die mit pseudowissenschaftlichen »rassehygienischen« Erkenntnissen Arier und Nichtarier auseinander zu sortieren versuchte. »Warum darf Luise, die blonde Haare und blaue Augen hat, nicht Mitglied sein, während ich mit meinen dunklen Haaren und dunklen Augen BDM-Mitglied bin?« [33]

Über den Krieg, den Hitler mit dem Überfall auf Polen am 1. September 1939 begann, wurde sich Sophie Scholl schneller, entschiedener und radikaler klar als die männlichen Mitglieder der *Weißen Rose*. Ein ausführlicher Briefwechsel zeigt dies, der mal schroff, mal liebevoll, dann wieder provozierend und gleich wieder werbend ist: Sophies Briefwechsel mit ihrem vier Jahre älteren Freund Fritz Hartnagel, der sich als Berufsoffizier verpflichtet hatte. »Lieber Fritz, Danke schön für Deinen Brief. Hoffentlich muss ich auf den nächsten nicht wieder so lange

An der Iller bei Ulm, Sommer 1938

warten«, schreibt sie ihm vier Tage nach Kriegsbeginn am 5.9.
1939, und fährt schnippisch fort: »Nun werdet ihr ja genug zu
tun haben. Ich kann es nicht begreifen, dass nun dauernd Menschen in Lebensgefahr gebracht werden von anderen Menschen. Ich kann es nie begreifen und ich finde es entsetzlich.
Sag nicht, es ist für's Vaterland.« Im nächsten Satz kippt der
Ton ins Zärtliche. »Wenn es Dir nur immer gut geht. Gelt, Du
hast keinen so gefährlichen Posten?«[34]

Sophie Scholl war 16, als sie Fritz Hartnagel beim Tanzen
kennen lernte. »Sie tanzte mit großer Hingabe, konzentriert
und sehr still. Sie ließ sich von der Musik forttragen, vergaß
ihre Umgebung und stellte sich ganz auf ihren Partner ein«[35],
so erlebte Inge Scholl ihre vier Jahre jüngere Schwester Sophie. Sie könne nichts dafür, wenn eine Schulfreundin eine
solche Tanzweise unanständig finde, schrieb Sophie in einem
ihrer Briefe Inge Scholl zufolge, die das Verhalten der Schwester anders, nüchtern, eher mit leiser Bewunderung ver-
merkte. »Tanzen war für sie etwas Befreiendes. Oft trafen wir
uns auch nachmittags bei einer Freundin in Ulm, bei Anneliese, die ein Grammophon und Platten zum Tanzen besaß. Bei
ihr haben sich 1937 Sophie und Fritz kennengelernt.«[36] Sophies Briefe an Fritz belegen, wie frei sie ihm gegenüber ihre
Gefühle bekannte, und Inge, die mit ihrer Schwester für einige

Bei einer Pfingstwanderung 1940 mit dem jüngsten Bruder Werner, der seit 1944 als vermisst gilt

Jahre ein Zimmer teilte, weiß von dem unverkrampften Verhältnis ihrer Schwester zur Sexualität zu berichten. »Ein Jahr vor ihrem Abitur nahm Sophie im Biologieunterricht die Zeugungsvorgänge durch. Eines Abends sagte sie zu mir: ›Du, wir haben heute was Tolles gelernt. Ich möchte Dir das gern erklären.‹ Sie schlüpfte zu mir unter die Decke, nahm Block und Zeichenstift und zeichnete genau auf, was die Biologielehrerin ihr beigebracht hatte. Mit nüchternem Enthusiasmus holte sie bei mir etwas nach, was ich in der Schule nicht mitbekommen hatte.«[37]

Fritz Hartnagel gegenüber offen ihre Gefühle zu bekennen hat Sophie jedoch in ihren Anschauungen und Urteilen nicht abhängig von ihrem Geliebten gemacht. Ihre Briefe an ihn vermitteln den gegenteiligen Eindruck: Sie fühlt sich dem Menschen gegenüber, den sie liebt, frei, ihn zu fordern, ja, seine Positionen zu kritisieren. Eine spürbar zunehmende Spannung durchzieht Sophie Scholls Briefe an Fritz Hartnagel angesichts des eskalierenden Krieges. »Manchmal graut mir vor dem Krieg, und alle Hoffnung will mir vergehen. Ich mag gar nicht dran denken, aber es gibt ja bald nichts anderes mehr als Politik, und solange sie so verworren ist und böse, ist es feige, sich von ihr abzuwenden. Wahrscheinlich lächelst Du und denkst, sie ist ein Mädchen. Aber ich glaube, ich wäre sehr viel froher, wenn ich nicht immer unter dem Druck stünde – ich könnte mit viel besserem Gewissen anderem nachgehen. So aber kommt alles andere erst in zweiter Linie. Man hat uns eben politisch erzogen. (Jetzt lachst Du wieder.) Ich möchte mich nur wieder bei Dir ausruhen und nichts anderes sehen und spüren als das Tuch von Deinem Anzug.«[38]

Im Verhältnis des vier Jahre älteren Offiziersanwärters Fritz Hartnagel zu Sophie, die noch Schülerin war, kehren sich die gewohnten Rollen um. »Sie hat ihn laufend versucht zu beeinflussen, dass er als Soldat verantwortlich ist für den Krieg, als Offizier verantwortlich ist für das, was Hitler macht«, resümiert Sophies Schwester Elisabeth, die später Fritz Hartnagels Ehefrau wurde. »Die Sophie hat keine Zugeständnisse gemacht. Sie hat versucht, es so schonend wie möglich auszudrücken. Das war ein langer, schmerzhafter Weg und eine Auseinandersetzung zwischen den beiden. Fritz Hartnagel hat mir später, noch im Krieg, geschrieben: ›Ich schäme mich nicht, zuzugeben, dass ich von einem jungen Mädchen völlig umgewandelt wurde‹.«[39] Es gibt Briefe, in denen dieser argumentative Zweikampf besonders deutlich wird, etwa, als Fritz Hartnagel sie fordert, sie solle ihm ihre Meinung zum Thema »Volk« schreiben. Das tut sie dann auch, ohne sich einen Moment lang mit unverbindlichen Äußerungen aufzuhalten. Denn sie diskutiert die Rolle des Soldaten im Volk, jene Rolle, die Fritz Hartnagel mit seiner Berufsentscheidung eingenommen hat.

»Die Stellung eines Soldaten dem Volk gegenüber ist für mich ungefähr die eines Sohnes, der seinem Vater und der Familie schwört, in jeder Situation zu ihm oder zu ihr zu halten. Kommt es vor, dass der Vater einer anderen Familie Unrecht tut und dadurch Unannehmlichkeiten bekommt, dann muss der Sohn trotz allem zum Vater halten. Soviel Verständnis für Sippe bringe ich nicht auf. Ich finde, dass immer Gerechtigkeit höher steht als jede andere, oft sentimentale Anhänglichkeit. Und es wäre doch schöner, die Menschen könnten sich bei einem Kampfe auf die Seite stellen, die sie für die gerechtfertigte halten. [...]

Wenn ich auf der Straße Soldaten sehe, womöglich noch mit Musik, dann bin ich gerührt, früher musste ich mich bei Märschen gegen Tränen wehren. Aber das sind Sentimente für alte Weiber. Es ist lächerlich, wenn man sich von ihnen beherrschen läßt. [...] Für heute die herzlichsten Grüße Sofie.«[40]

Kaum ist Sophie Anfang Mai 1942 in München, ist sie in den Freundeskreis ihres Bruders aufgenommen. Seine ehemalige Freundin Traute Lafrenz hatte Hans schon früher nach Ulm mitgebracht. Mit Alexander Schmorell teilt Sophie das künstlerische Interesse. Ab und zu treffen sich die beiden in Alex' Atelier im Haus Schmorell, Sophie zeichnet, Alex modelliert. Sophie freundet sich auch mit Christoph Probst und dessen Frau Herta an, die mit ihren Kindern zu dieser Zeit in Ruhpolding wohnt. In Briefen berichtet sie von ausgelassenen Feiern mit den Freunden, von nächtlichen Ausflügen in den Englischen Garten. Sie spürt sofort, dass sie sich unter Gleichgesinnten befindet. Im Juni 1942, einen Monat nach Sophies Ankunft, verfassen und verbreiten Hans Scholl und Alexander Schmorell die Serie der vier »Flugblätter der *Weißen Rose*«.

Ob Sophie Scholl schon in diese Aktion eingeweiht oder gar an ihr beteiligt war, ist unklarer denn je. Lange Zeit galt, was Inge Scholl in ihrem Buch ›Die Weiße Rose‹ geschrieben hatte. Sophie habe zunächst an der Universität ein von Hand zu Hand gehendes Flugblatt der *Weißen Rose* gelesen. Im Zimmer ihres Bruders habe sie dann Anstreichungen in den offen herumliegenden Büchern entdeckt, die exakt mit Textstellen des Flugblattes übereinstimmten. Darauf habe sie ihren Bruder zur Rede gestellt: »›Weißt Du, woher die Flugblätter kommen?‹ – ›Man soll heute manches nicht wissen, um niemanden in Gefahr zu bringen.‹ – ›Aber Hans. Allein schafft man so etwas nicht. Dass heute nur noch einer von einer solchen Sache wissen darf, zeigt doch, wie unheimlich diese Macht ist, die es fertigbringt, die engsten menschlichen Beziehungen zu zerfressen und zu isolieren. Allein kommst du gegen sie nicht an.‹«[41]

Dieses Vier-Augen-Gespräch in Inge Scholls Buch ›Die Weiße Rose‹ ist fiktiv, denn Sophie und Hans sind hingerichtet worden, und beide haben ihre illegale Arbeit vor den Eltern und vor ihren anderen Geschwistern bis zum Schluss nicht offenbart.[42]

Aus heutiger Sicht kann nicht als gesichert gelten, dass

Im Reichsarbeitsdienst in Krauchenwies (Sigmaringen), Juni 1941

Sophie Scholl an der Ausarbei-
tung, Herstellung oder auch
nur der Verbreitung der unmittelbar folgenden Flugblätter
zwei, drei und vier beteiligt war,
die in den folgenden zwei Wochen bis Mitte Juli 1942 erschienen sind. Die Protokolle ihrer
Verhöre bei der Gestapo bargen
an diesem Punkt eine Überraschung. Aus ihnen geht hervor,
dass Sophie Scholl, als das Leug-
nen sinnlos geworden war, sich rückhaltlos zu den Aktivitäten
der *Weißen Rose* bekannte. Doch als Robert Mohr Sophie in der
Schlussphase der Verhöre auf die vier »Flugblätter der *Weißen
Rose*« vom Juni / Juli 1942 ansprach, stellte sie jede Mitarbeit
daran in Abrede.[43]

Elisabeth Hartnagel geht jedoch auf Grund anderer Informationen sehr wohl davon aus, dass Hans Scholl seine Schwester Sophie noch vor ihrem Umzug nach München in die geplante Widerstandstätigkeit eingeweiht hat. Von Fritz weiß
sie, dass Sophie ihn bei ihrem letzten Treffen vor seiner Versetzung an die russische Front im Sommer 1942 und unmittelbar vor Sophies Umzug nach München um 1000 Reichsmark
gebeten hat, außerdem um einen mit dem Stempel seiner
Kompanie versehenen Beschaffungsschein für ein Vervielfältigungsgerät. Wofür sie das Geld und das Vervielfältigungsgerät
benötigte, wollte sie ihm nicht sagen. Das Geld besorgte er, den
gestempelten Beschaffungsschein nicht. Dafür hätte er einen
Regimentskameraden mit hineinziehen müssen. Das aber
lehnte er ab, weil er davon ausging, dass Sophie eine illegale
Aktion plante.

Als Hans Scholl, Alexander Schmorell und der neu hinzuge-
stoßene Willi Graf im Winter 1942 die Widerstandstätigkeit
neu aufnehmen, ist Sophie Scholl von Anfang an beteiligt. So

Semesterferien zu Hause 1942

begleitet sie ihren Bruder Hans, als der im Dezember 1942 zu Eugen Grimminger nach Stuttgart fährt. Grimminger, ein Freund der Familie und Kollege von Robert Scholl, gibt Hans Geld, um die Flugblattpropaganda zu unterstützen. Es ist die Zeit, in der Sophies Freund Fritz wie Hunderttausende anderer deutscher Soldaten in Stalingrad eingeschlossen ist. Bei dieser Gelegenheit trifft sie ihre Freundin Susanne Hirzel wieder, die in Stuttgart Musik studiert. Susanne kennt Sophie, ihre Impulsivität, ihre Radikalität, die ihr auf eindringliche Weise noch einmal gesteigert vorkommen. »Wir sind dann in die Innenstadt, um den Hans Scholl in einem Cafe zu treffen. Und ich weiß noch, wie die Sophie da die Straße runterging, die Römerstraße und gesagt hat: ›Wenn jetzt der Hitler käme, und ich eine Pistole hätte, würde ich ihn erschießen. Wenn's die Männer nicht machen, muss es eben eine Frau machen.‹

Da sagte ich: ›Du hast eben keine Pistole. Und der kommt eben nicht. Und wenn du ihn erschossen hättest, dann steht der Himmler da. Ich glaube nicht, dass mit der Ermordung von Hitler viel geändert werden würde.‹

Da sagt sie: ›Wenn keiner was tut! Das alles ist nur möglich gewesen, weil keiner etwas getan hat. Und ich muss etwas machen.‹ – Ich merkte damals, sie war einfach … Sie war entschlossen, etwas zu tun, und ich wollte sie aber warnen. Denn was heißt das, ›etwas tun‹. Man ist am Platzen. Sie fühlt sich schuldig. Sie fühlt sich schuldig an den ganzen Verhältnissen. Also muss ich etwas tun. Aber es muss ja doch einen Sinn haben.«[44]

Es ist das letzte Mal, dass Susanne Hirzel ihre Freundin sieht. Sie wird selbst, wider all ihre Bedenken, im Januar 1943 bei der Verbreitung der Flugblätter der *Weißen Rose* mithelfen, die Sophie Scholl zuvor ihrem Bruder Hans Hirzel gebracht hatte.

Wilhelm Graf

»Zur Universität, am Mittag Appell, abends Rede des Chefs, die unausstehlich ist, denn sie steckt voller Phrasen. Bei Hans sitzen wir lange zusammen, denn Christl wird jetzt wegfahren. Gespräche über den Aufbau. Manche Gedanken sind mir neu.«[45]

Ein Eintrag, datiert 2. Dezember 1942, in der winzigen Tagebuchkladde, die Willi Graf am Abend seiner Verhaftung vor der Gestapo versteckte. Seine Schwester Anneliese hat sie später gefunden.

In den Wochen nach der Rückkunft aus Russland entschließt sich Willi Graf, aktiv am Widerstand seiner Freunde teilzunehmen – eine Entscheidung, die er lange erwogen hat, die ihm offenbar nicht leicht gefallen ist.

Willi Graf, der am 2. Januar 1918 geboren wurde, wuchs mit seinen beiden Schwestern in Saarbrücken auf. Er stammt aus einer streng katholischen Familie, in der vor allem die Mutter auf die religiöse Erziehung der Kinder großen Wert legte. Willi übernahm diese Bindung an die Kirche, ging allsonntäglich in die Gottesdienste, wurde Messdiener. Er schloss sich dem katholischen »Schülerbund Neudeutschland« an, der in der Tradition der Wandervogel-Bewegung stand. 1935, beim Anschluss des Saarlandes an das Deutsche Reich, wurde der Schülerbund – wie alle konfessionellen Jugendgruppen – von den Nationalsozialisten aufgelöst. Willi Graf verhielt sich daraufhin konsequent: Er weigerte sich trotz des Drängens seiner Eltern, trotz verschiedenster Drohungen von Seiten der Lehrer und Mitschüler, der Hitlerjugend beizutreten. In seinem Notizbuch strich der Fünfzehnjährige in dieser Zeit viele Namen

Willi Graf, Saarbrücken, geboren am 2.1.1918,
Student der Medizin,
hingerichtet am 12.10.1943

früherer Freunde durch. An den Rand schrieb er lakonisch: »Ist in der HJ.«

1938 wurde Willi Graf zusammen mit 17 seiner Kameraden inhaftiert – wie zur selben Zeit die Geschwister Scholl. Auch bei ihm lautete die Anklage: »bündische Umtriebe.«

Nach seinem Abitur hatte sich Willi Graf entschieden, Medizin zu studieren, was für ihn, dessen ausgeprägtestes Interesse theologischen und religiösen Fragen galt, wohl auch eher ein Studium aus Verlegenheit war. Im Juni 1942, nach Kriegseinsätzen in Frankreich, Jugoslawien und an der Ostfront, begegnet er Hans und Alex in der Münchner Studentenkompanie.

Sechs Monate später, im Dezember 1942, hat er seine Zweifel überwunden, ob ein gläubiger Christ von der passiven Verweigerung zum aktiven Widerstand übergehen darf. Kurz vor Weihnachten notiert er im Tagebuch:

»Der Sonntag. Ich schlafe lange, gehe dann wieder zum ›Messias‹, habe leider nur einen Stehplatz. Aber die Aufführung macht wiederum großen Eindruck auf mich vor allem die Arie ›Ich weiß, dass mein Erlöser lebt‹.

Es ist wundervolles, klares Wetter, wie am vergangenen Sonntag. Abends im Bayerischen Hof das Konzert.

Spät noch zu Hans und Alex. Wir trinken Tee und Cognac, reden und planen.«[46]

Willi Graf singt in diesen Tagen und Wochen wie gewohnt im Bachchor, er hört Konzerte, er geht seinem Studium nach, er besucht den Fechtboden, er bereitet mit in München lebenden Freunden aus der illegalen bündischen Gruppe »Grauer Orden« die Sonntagsliturgie vor, er pflegt unverfängliche gesellschaftliche Kontakte, er bewahrt Ruhe. Ihm merkt niemand an, dass er sich in die Vorbereitung der nächsten Flugblattaktionen der *Weißen Rose* eingeschaltet hat. Selbst seine Schwester Anneliese, die auf Willis Wunsch im November 1942 zum Studium nach München kommt und ein Zimmer bei derselben Vermieterin bezieht, erlebt ihn wie eh und je.

Das Gespräch mit Hans und Alex bei Tee und Cognac dreht

Fahrt mit Freunden aus dem »Grauen Orden«, Montenegro 1936
(Willi Graf, 3. v. r.)

sich um einen wichtigen Reiseplan. Willi Graf nutzt zunächst
den Weihnachtsurlaub in Saarbrücken, um alte Freunde aus
der bündischen Jugend zur Mitarbeit für die *Weiße Rose* zu gewinnen. Auch darüber gibt sein Tagebuch Auskunft.

»27.12.1942. Am Morgen besuche ich die Familie Bollinger.
Wir sprechen über die Freiburger Verhältnisse, dann verstehen
wir uns aber rasch, sind uns ganz einig.«

Willi Graf sucht und findet Kontakt zu den Brüdern Heinz
und Willi Bollinger. In Freiburg trifft er Heinz an, der dort Philosophie studiert. Er kommt dem vertrauten Freund gegenüber
schnell und offen zum Grund seines Besuches: »Dann hat er
mir das Konzept dargelegt: Eben, dass die Alliierten landen
werden und es dann ganz schnell geht, '43 geht der Krieg zu
Ende. Aber in der Stunde X werden die Nazis dann noch überall
ihre Gegner umzubringen versuchen und auch noch so und so
vieles zerstören, was ja auch dann tatsächlich '45 geschehen ist.
Dafür sollten wir uns dann bereithalten, die einzelnen Gruppen
in den einzelnen Städten, in denen er auf Organisationsreise
war. Er habe auch den Auftrag, in Freiburg so eine Gruppe zu

Student in Bonn 1938

gründen. Darauf habe ich ihm gesagt: Das ist nicht nötig. Ich habe schon über ein Jahr so eine Gruppe.«[47]

Es war das Bild einer gewandelten *Weißen Rose*, das Willi Graf im Dezember 1942 vor den Brüdern Heinz und Willi Bollinger entwarf. In nur einem halben Jahr hat sich eine gewaltige programmatische Radikalisierung vollzogen, und die Verschwörer glaubten, eine allgemeine Endzeitstimmung zu wittern, die es allerdings außerhalb ihres Münchner Kreises so nicht gab. Im dritten Flugblatt hatten Alexander Schmorell und Hans Scholl den passiven Widerstand als das einzige probate Mittel propagiert, um den Nationalsozialismus auszuheben. Jetzt, im Winter 1942, geht es, wie Heinz Bollinger belegt, auch um den Tyrannenmord, ohne den kein erfolgreicher Widerstand ins Werk gesetzt werden kann. »Außerdem haben wir uns auch darüber verständigt: Es geht nur, indem der Hitler getötet wird. Und das war also auch nach Willi Graf das Ziel der Münchner Gruppe. Er wusste auch von dem Generalskreis, und das hat mich dann also auch überzeugt. Er hat so getan, als hätten sie schon den Kontakt. Den hatten sie ja auch fast durch Falk Harnack. Und die würden den Hitler dann liquidieren. Andere kämen ja nicht an den heran. Dass wir das aber unterstützen könnten, dann auch durch Flugblätter und Straßeninschriften, um die Bevölkerung vorzubereiten, aufzuklären und vorzubereiten.«[48]

Willi Graf hat bei einer zweiten, sehr riskanten Reise im Januar 1943 einen Vervielfältigungsapparat und Exemplare des zu dieser Zeit neuen, fünften Flugblattes im Gepäck. Den Apparat und ein Flugblatt übergab er Willi Bollinger. Der zog mehrere hundert Exemplare davon ab und verbreitete sie in Saarbrücken. Außerdem hortete Willi Bollinger Waffen, die er im Lazarett eingelieferten Soldaten abnahm. Dass Willi Graf mit Willi Bollinger eine so weit reichende Zusammenarbeit organisiert hatte, hat die Gestapo nie erfahren, obwohl sie hartnäckig den Verdacht hegte, dass Graf auf seinen Reisen weitere ihr noch unbekannte Mitarbeiter für die *Weiße Rose* geworben habe. Willi Graf war verschwiegen und bewies in seinen Verhören größte Umsicht und Besonnenheit. Er hat vielen Freunden, nicht nur Willi Bollinger, auf diese Weise das Leben gerettet. Graf ist gemeinsam mit Schmorell und Huber am 19. April von Freisler zum Tode verurteilt worden. In diesem zweiten Verfahren wurde auf die an ein Standgericht erinnernde Vollstreckung am Tag der Verhandlung verzichtet. Alle drei Todeskandidaten konnten Gnadengesuche einreichen. Nachdem sie Hitler abgelehnt hatte, wurden Huber und Schmorell am 13. Juli enthauptet. Willi Grafs Hinrichtung aber wurde ausgesetzt, um ihn zu weiteren Auskünften über das Umfeld der *Weißen Rose* zu bewegen. Nach acht Monaten quälenden Wartens wird Willi Graf am 12. Oktober hingerichtet. Der Gefängniskaplan schmuggelt einen unzensierten Abschiedsbrief an seine Schwester Anneliese heraus. Aus ihm geht hervor, dass Willi Graf ungebrochen war und woraus er seine Kraft bezog.

»... Gerade in der Zeit der Einsamkeit habe ich viel an Euch gedacht und für Euch gebetet, und ich glaube und hoffe, dass ihr alle Trost und Stärke in Gott und Seinem unerforschlichen Willen findet. Du weißt, dass ich nicht leichtsinnig gehandelt habe, sondern dass ich aus tiefer Sorge und dem Bewusstsein der ernsten Lage gehandelt habe. Und Du mögest dafür sorgen, dass dieses Andenken in der Familie, den Verwandten und Freunden lebendig und bewusst bleibt. Für uns ist der Tod nicht das Ende, sondern der Anfang wahren Lebens und ich sterbe im Vertrauen auf Gottes Willen und Fürsorge. [...] Auch gegenüber meinen Freunden sollst Du bestimmt sein, mein Andenken und mein Wollen aufrecht zu erhalten. Du kannst es ja verstehen, dass ich ihnen kein Zeichen hinterlassen konnte. Sie sollen weitertragen, was wir begonnen haben.« [49]

Kurt Huber

»Bei Scholls: Sehr interessantes Gespräch mit Huber. Nachher sitzen wir noch lange beisammen.«[50]

Wieder ist es Willi Graf, der am 17. Dezember 1942 in dürren Worten in seinem Tagebuch eine wichtige Etappe in der Geschichte der *Weißen Rose* notiert. Ein halbes Jahr lang schon – seit dem Sommer 1942 – haben sich Professor Kurt Huber und Hans Scholl und seine Freunde in privaten Gesprächen im privaten Rahmen immer mehr angenähert. Erst in den Tagen vor Weihnachten geben die Studenten ihre Deckung auf. Sie offenbaren, die Verfasser der Flugblätter zu sein, was Huber ahnen mochte, aber noch nicht wusste. Sie wollen ihn, den sie als erbitterten Gegner der Nazis kennen gelernt haben, schon lange für die Mitarbeit in der *Weißen Rose* gewinnen.

Hans, Alex, Sophie, Christoph und Willi kannten Huber zunächst aus respektvoller Entfernung. Seine Vorlesungen galten innerhalb der Münchner Studentenschaft als Geheimtipp. Ob er sich mit Kant auseinandersetzte, mit Musikästhetik oder mit Leibniz, seine stets ohne Manuskript gehaltenen Vorträge führten, wie seine Schülerin Hermine Maier schildert, eine Art des freien Philosophierens vor, das an der Münchner Universität sonst ausgestorben schien. »War es damals üblich, Denker wie Spinoza, Husserl u. a. entweder totzuschweigen oder negativ zu beurteilen oder ihre Urheberschaft an dem ihnen zugeschriebenen Gedankengut zu bezweifeln, so ließ ihnen Professor Huber stets, die Gefahr, der er sich dabei aussetzte, bewusst missachtend, die Gerechtigkeit und Verehrung zuteil werden, die ihnen gebührt. Manchmal fügte er lächelnd hinzu, wenn er

Kurt Huber, München, geboren am 24.10.1893,
Professor für Psychologie und Philosophie,
hingerichtet am 13.7.1943

Preissingen in Landshut 1931

ihre Werke zitierte, ›er ist Jude, Vorsicht, dass man sich nicht vergiftet!‹«[51]

Kurt Huber wurde am 24. Oktober 1893 in Chur als Sohn deutscher Eltern geboren. Aufgewachsen ist er in Stuttgart. Schon früh zeigte sich bei ihm eine ausgeprägte musikalische Begabung. Nach dem frühen Tod des Vaters begann er eine rasante akademische Laufbahn, er studierte Musikwissenschaft, Psychologie und Philosophie. Mit 24 promovierte er, mit 27 habilitierte er sich und wurde außerordentlicher Professor.

Er widmete sich vor allem der Volksliedforschung, die er ganz praktisch anging: Ab 1925 sammelte er auf Exkursionen und Wanderungen altbayerische Volkslieder, später bereiste er den Balkan, Südfrankreich und Spanien. Im Gepäck hatte er Notenblätter, aber auch eine Grammophon-Aufzeichnungsapparatur. Der koreanische Schüler Mirok Li erlebte seinen Professor immer dann als aufmerksamen Zuhörer, wenn er ihm über seinen heimischen asiatischen Kulturkreis berichtete.

»Er liebte seine Heimat, ihre Berge und Flüsse, ihre Bauern und Handwerker, Künstler und Dichter. Deshalb zog er aber keine engen Grenzen zwischen den Völkern. Seine Lieder- und musikalische Forschung umfasste die ganze alte Welt bis zu den Südseeinseln – und wie oft sprach er mit Begeisterung von den großen Kulturwerten bei anderen Völkern und Rassen. Diese Weite seines Wesens und die Herzenswärme, mit der selbst bei Menschen aus fernsten Ländern nur die verwandte Seele suchte, erfüllte mich immer mit großer Freude, wenn ich ihn sehen durfte, besonders in den letzten Jahren, in denen die Außenwelt mit Ablehnung und Hass gegen alles Fremde erfüllt war.«[52]

Mirok Lis Schilderung muss man bedenken, versucht man Kurt Hubers Haltung zum Nationalsozialismus zu verstehen.

Denn der national gesinnte deutsche Professor war keineswegs der geborene Widerstandskämpfer. Wie viele Intellektuelle hat auch Kurt Huber mit dem aufkommenden Nationalsozialismus sympathisiert, hat ihn als Damm gegen die, wie er sagte »innere Bolschewisierung« der Deutschen angesehen. Von einer politischen Bewegung, die das Deutschtum so auf ihre Fahnen schrieb, erwartete er sich Rückenwind für seine Arbeit, die Volksliedforschung. Er erfuhr bald am eigenen Leib, dass seine Forschung damit nicht gemeint war. Denn in Hubers Verständnis waren die Volksliedkulturen verschiedener Nationen gleichwertig. Diese Auffassung passte nicht in das völkische Konzept der Nazis, die – wie üblich – nur wieder einmal die Höherwertigkeit deutscher Kultur belegt wissen wollten. 1937 wurde Huber zunächst die Leitung des neu gegründeten Volksliedarchivs in Berlin übertragen. Dann hintertrieb das für Weltanschauungsfragen zuständige »Amt Rosenberg« Hubers Berufung, da es ihn als einen »geistigen Vertreter der Katholischen Aktion«[53] ansah. Ein Dossier der Münchner NSDAP dürfte dabei zum Stolperstein geworden sein.

Auf einem Ausflug in den bayerischen Bergen

Zu Hubers enttäuschten Hoffnungen auf die Nationalsozialisten kamen persönliche Demütigungen. Nach der Rückkehr aus Berlin mussten er und seine Familie von einem kärglichen Gehalt von nicht einmal 300 Mark leben, bis Frau Huber ihren widerstrebenden Mann ohne sein Wissen Mitte 1940 als NSDAP-Mitglied anmeldete.[54] Binnen weniger Wochen wurde das Gehalt auf 600 Mark angehoben. Huber hatte nie Parteigenosse werden wollen, weil er

155

trotz seiner anfänglichen Sympathien für die Nationalsozialisten auch immer schon Reserven verspürte. Seine Witwe Clara berichtet, dass diese Vorbehalte mit Beginn des Krieges immer stärker wurden.

»Schon 1933 hat mein Mann immer getobt über Hitler. Er hatte Bekannte, die ihm erzählten, was vorgefallen war; eben diese Gräueltaten, die uns Studenten, die aus dem Krieg heimkamen, auf kurzen Urlaub, erzählt haben: Gräueltaten an den Juden. Studenten hatten gesehen, wie Juden reihenweise erschossen worden sind. Es hat meinen Mann schwer empört, was die SS gemacht hat. Mein Mann kannte viele Juden. Immer wenn er sie traf, haben die Juden gesagt: ›Gehen Sie, Herr Kollege, man darf Sie mit mir nicht sehen.‹ Schon vor der sogenannten Kristallnacht 1938 hat mein Mann gewarnt: ›Ziehen Sie weg, gehen Sie doch ins Ausland. Haben Sie denn sein Buch, ›Mein Kampf‹ nicht gelesen?‹ – ›Ach‹, haben die gesagt, ›das ist doch nur der Gefreite, der macht doch das nicht.‹ – Da hat mein Mann gesagt: ›Glauben Sie mir, der macht das; er hat es ganz genau beschrieben, er wird es auch ausführen.‹ Aber sie haben es nicht geglaubt.«[55]

Hubers moralisches Empfinden gegenüber der rassistischen Politik und den Verbrechen der Nationalsozialisten ist frühzeitig geschärft, seine Empörung wächst mit den Jahren. Gleichwohl ist er hin- und hergerissen, wie offen er sich als angestellter Wissenschaftler mit der Verantwortung für seine Frau und die zwei Kinder exponieren kann, wie weit er sich anpassen soll. In seinen philosophischen Vorlesungen, gespickt mit kritisch-ironischen, aber nicht gerichtsverwertbaren Anspielungen über nationalsozialistische Politik und »Weltanschauung« findet Huber seine Form. Er wird verstanden. Kritische Studentinnen und Studenten der verschiedensten Fachrichtungen strömen in seine Vorlesungen. Huber ist zugänglich, am Dialog mit seinen Studenten interessiert. So ist er bereits ein geistiger Mentor der Studenten der *Weißen Rose*, als er ihr noch nicht angehört und nicht einmal weiß, dass sie in seinen Vorlesungen sitzen. Das Beispiel seiner Studenten, die sich ihm kurz vor Weihnachten 1942 schließlich zu erkennen gaben, muss ihn sehr bewegt haben. Er war um Rat angegangen worden – und riet zunächst zur Vorsicht, war skeptisch gegenüber Flugblattpropaganda. Das volle Risiko zu gehen, möglicherweise sein Leben zu lassen, hat er selbst entschieden, als er nach der Niederlage von Stalingrad in der Nacht vom 6. auf den 7. Februar sich an die Schreibmaschine setzte und das letzte Flugblatt entwarf.

Als der »Volksgerichtshof« am 19. April sein Tribunal über Huber, Schmorell, Graf und zwölf weitere Angeklagte hält, behandelt Freisler Professor Kurt Huber besonders demütigend. Die Universität München hat ihm sofort eilfertig sämtliche akademischen Grade entzogen. Er kenne keinen Professor, keinen Doktor Huber, er kenne nur den Angeklagten Huber, brüllt Freisler. Und dennoch gelingt es Kurt Huber, in seiner Verteidigungsrede die Rollen vor Gericht zu vertauschen: Der Angeklagte wird zum Ankläger.

»Was ich bezweckte, war die Weckung der studentischen Kreise nicht durch eine Organisation, sondern durch das schlichte Wort, nicht durch irgendeinen Akt der Gewalt, sondern durch sittliche Einsicht in bestehende schwere Schäden des politischen Lebens. Rückkehr zu klaren sittlichen Grundsätzen, zum Rechtsstaat, zu gegenseitigem Vertrauen von Mensch zu Mensch, das ist nicht illegal, sondern umgekehrt die Wiederherstellung der Legalität. [...]

Es gibt für alle äußere Legalität eine letzte Grenze, wo sie unwahrhaftig und unsittlich wird. Dann nämlich, wenn sie zum Deckmantel einer Feigheit wird, die sich nicht getraut, gegen offenkundige Rechtsverletzung aufzutreten. Ein Staat, der jegliche freie Meinungsäußerung unterbindet und jede, aber auch jede sittlich berechtigte Kritik, jeden Verbesserungsvorschlag als ›Vorbereitung zum Hochverrat‹ unter die furchtbarsten Strafen stellt, bricht ein ungeschriebenes Recht, das im gesunden Volksempfinden noch immer lebendig war und le-

bendig bleiben muss. Mit allen Mitteln der Aufrüttelung ein-
geschlafener Gewissen, der Einsicht in die Verdrehung einer
ungeschriebenen, für jeden gültigen Rechtsordnung zu dienen,
ist höchste vaterländische Pflicht.« [56]

2. Die kurze Nachblüte der *Weißen Rose*

Hans Leipelt und Marie-Luise Jahn –
»und ihr Geist lebt trotzdem weiter«

»Unterstützt die Widerstandsbewegung, verbreitet die Flugblätter!« – Mit diesem Appell endete das fünfte Flugblatt der
Weißen Rose, der »Aufruf an alle Deutsche!« Schon die ersten
vier Flugblätter hatten Alexander Schmorell und Hans Scholl
mit der Aufforderung beendet: »Bitte vervielfältigen und
weitersenden.« Die Verfasser setzten auf die Wirkung ihrer
Schriften bei den Lesern durch das reine Wort und hofften mindestens auf die Weitergabe ihrer Gedanken an potentielle Sympathisanten. Beim Beginn ihrer Flugblattaktionen im Sommer
1942 wußten weder Scholl und Schmorell, noch die Gestapo, in
wieweit die Flugblätter Wirkung entfaltet hatten. 35 Adressaten hatten die mit der Post zugesandten Flugblätter samt Briefumschlag bei der Gestapo abgeliefert, die aber im Dunklen
tappte, wieviele Exemplare gedruckt und verschickt worden
waren. Scholl und Schmorell wußten präzise um die geringe
Auflage ihrer Flugblätter: Es waren von Folge eins bis vier je
einhundert, die sie an in etwa so viele Adressaten verschickt
hatten. Sie ahnten jedoch nicht, dass allein 35 Prozent der Empfänger die ihnen zugedachten Blätter der *Weißen Rose* umgehend der Gestapo ablieferten, weil sie ihren Inhalt entweder
ablehnten oder sich durch die Zusendung bedroht fühlten.
Manche Adressaten fürchteten wohl, auf die Probe gestellt zu
sein, ob sie auch sofort ihnen unterschobene *staatsfeindliche*
Propaganda melden würden. Über die 35 verängstigten Denun-
zianten hinaus, zu denen nach Aussage des Gestapo-Beamten
Anton Mahler auch der vom Kreis der *Weißen Rose* verehrte
Schriftsteller Werner Bergengruen gehört hatte[57], sind durch-

Hans-Konrad Leipelt
geb. am 18. Juli 1921
hingerichtet am 29. Januar 1945

aus weitere Empfänger denkbar, die die zugesandten Blätter nur gelesen und danach sofort vernichtet haben. Diese dürre Bilanz veranschaulicht, in welchem gesellschaftlichen Klima der Einschüchterung und Angst die *Weiße Rose* agierte.

Soweit einzelne Flugblätter in andere Städte erfolgreich verbreitet und dort gelegentlich auch vervielfältigt wurden, hatten sie Mitglieder der *Weißen Rose* wie etwa Traute Lafrenz oder Willi Graf persönlich in widerständige Bekanntenkreise übermittelt. So kann man ermessen, mit welchem Einsatz Hans Konrad Leipelt und Marie-Luise Jahn [58], zur Geschichte der *Weißen Rose* beigetragen haben. »Die Nachricht von der Verhaftung der Geschwister Scholl, die kam schon am selben Tage zu uns«, so erinnerte sich Marie-Luise Schultze-Jahn [59], »Die kam als Gerücht. Und wir bekamen aber am selben Tage das sechste Flugblatt, überschrieben: ›Kommilitonen. Kommilitoninnen!‹ Wir wussten aber überhaupt nicht, wer das geschrieben hatte. Ich weiß nur, dass es mir Hans ins Labor brachte, und wir's am Labortisch beide gelesen haben und fasziniert waren.« Leipelt und Jahn reagierten am 18. Februar 1943 auf das sechste Flugblatt so direkt, wie es sich der Kern der Gruppe schon zuvor immer vorgestellt und leider meist vergeblich gewünscht hatte. Sie wurden selbst aktiv und beteiligten sich an dem Versuch, ihre Umgebung über das Unrechtsregime der Nationalsozialisten aufzuklären. Die Gründe dafür sind vor allem in den leidvollen Erfahrungen von Hans Leipelts Familie zu sehen, über die er sich, als sich die beiden im Jahr 1942 nähergekommen waren, allmählich seiner Partnerin Marie-Luise Jahn anvertraut hatte. »Wir haben natürlich etwas von der Vernichtung der Juden gewusst, schon allein, weil Hans erzählte, dass seine Großmutter im KZ Theresienstadt umgekommen ist. Das durfte er ja auch nicht laut sagen. Und wir wussten, dass die Juden deportiert wurden, und auch von der Euthanasie, dass geistig und körperlich Behinderte umkamen. Das wussten wir aus den Hirtenbriefen des Bischofs von Galen, die wir beide gelesen hatten«.

Marie-Luise Jahn beim Räumen
ihres ausgebrannten Studentenzimmers in München.

Hans Konrad Leipelt, geboren am 18. Juli 1921 in Wien, stammte mütterlicherseits aus einer emanzipierten, religionsfernen jüdischen Familie. Leipelt war »Halbjude« nach den rassistischen Kriterien der »Nürnberger Rassegesetze« – als Sohn einer jüdischen Mutter und eines nichtjüdischen Vaters, die sich beide zum protestantischen Glauben bekannten und ihre Kinder Hans und seine Schwester Marie evangelisch taufen und konfirmieren ließen. Zunächst wird im Juli 1942 die bei Hans Leipelts Eltern im Haushalt lebende 76jährige Großmutter nach Theresienstadt deportiert. Dann löst im September 1942 der frühe Tod des nichtjüdischen Vaters Dr. Konrad Leipelt die Katastrophe aus, in die die ganze Familie stürzt: Sofort verliert seine Frau mit dem Tod des Mannes den relativen Schutz der »privilegierten Mischehe«. Ehefrau Katharina, promovierte Chemikerin wie ihr Mann, muss den Judenstern tragen und als Laborhilfe Gläser spülen. Hans Leipelt, der sich im September 1939 freiwillig zur Wehrmacht gemeldet und im Frankreichfeldzug das EK II und das Panzerkampfabzeichen erhalten hatte, wird Ende August 1940 »unehrenhaft« aus der Wehrmacht entlassen, weil er Halbjude ist. Den Chemiestudienplatz, den er danach durch die Beziehungen seines Vaters erhält, verliert Leipelt 1941, weil »Halbjuden« nun auch von den Universitäten verwiesen werden.

Dass danach Hans Leipelt und mit ihm etwa einhundert weitere, wie es im Jargon der Nazis hieß: »jüdisch versippte Studenten« überhaupt an der Münchner Universität studieren können, ist dem damaligen Leiter des Chemischen Institutes in München zu verdanken. Geheimrat Professor Heinrich Wieland, der als Nobelpreisträger für Chemie des Jahres 1927 weltweite Reputation genoß, bewies Zivilcourage. Er ließ all diese Studentinnen und Studenten, die nach den Regularien der nationalsozialistischen Hochschulpolitik nicht mehr immatrikuliert sein durften, als seine »persönlichen Gäste« am Institut studieren.[60] Hier lernten sich Hans Leipelt und Marie-Luise Jahn kennen. Auch sie hat entwürdigende Erfahrungen im Staat der Nationalsozialisten gemacht, die sie in eine Haltung erst der Distanz, dann der Ablehnung versetzten. Als ihr mit 21 Jahren wegen einer Erkrankung die Gebärmutter entfernt werden musste, wurde sie deswegen für »eheuntauglich« erklärt. Und kaum hatte sie sich im Frühjahr am Institut in ihren Mitstudenten Hans Leipelt verliebt, zitierte sie der NS-Studentenschaftsführer zu einem Gespräch in sein Büro. »Ich wäre doch ein arisches Mädchen. Mein Vater wäre doch Offizier, mein Bruder kämpfte in Rußland, und ich ließe mich mit einem Halbjuden ein. Das sei Rassenschande. Darauf entgegnete ich: Auch Hans Leipelt hat im Kriege gekämpft, sich freiwillig gemeldet und Auszeichnungen erhalten. Er sei ein guter Deutscher. »Es ist mir darauf nichts weiter geschehen.«[61]

Als Hans Leipelt am 18. Februar das Flugblatt der verhafteten Studenten ins Labor des Chemischen Institutes mitbringt, sind er und Marie-Luise Jahn sogleich entschlossen, diese wichtige Botschaft weiterzuleiten. »Jetzt war das Flugblatt da. Dann hörten wir gerüchteweise von der Verhaftung von Medizinstudenten und schon vier Tage später von der Verurteilung und Hinrichtung der Geschwister Scholl. Der Name war uns nicht bekannt. Wir hatten dann das Gefühl: Wenn die Scholls nicht mehr da sind: dieses Flugblatt ist ein Aufruf an uns alle. Jetzt haben wir etwas, was wir tun können. Es war wie ein Ventil. Dann haben wir getippt auf einer Reiseschreibmaschine, mit Durchschlägen. Das ging natürlich nicht wie auf einer Presse. Es wurde getippt und dann im Labor verteilt. Hans verwies auf die Geschwister Scholl, die endlich etwas getan hatten, wofür dieses Flugblatt der Beweis war. Und er hat dann auf die Flugblätter die Überschrift gesetzt: ›*Und ihr Geist lebt trotzdem weiter*‹«.[62]

Mit dieser Überschrift bediente sich Leipelt einer ähnlich sarkastischen Zitierweise wie Scholl und Schmorell im fünften Flugblatt. Darin hatten die beiden die häufig von Hitler verwendete Redewendung von der *mathematischen Sicherheit* gegen ihren Urheber gewendet: »*Mit mathematischer Sicherheit* führt Hitler das deutsche Volk in den Abgrund.«

Mit dem Satz *Und ihr Geist lebt trotzdem weiter* griff Hans Leipelt das Leitmotiv und die Überschrift ungezählter Gedenkfeiern für die 1923 beim Marsch auf die Feldherrenhalle getöteten Hitler-Putschisten auf. Um sie wurde vor allem in München ein bizarrer Totenkult inszeniert, der sie zu Märtyrern stilisierte und zugleich ihr geistiges Weiterleben beschwor. Mit der Überschrift *Und ihr Geist lebt trotzdem weiter* verband Leipelt die Geschwister Scholl und Christoph Probst geschickt mit diesem positiv besetzten Märtyrerbegriff. Es charakterisiert Hans Leipelt ganz treffend, dass er seine ohnmächtige Wut gegen die zahlreich erfahrenen Diskriminierungen in solcherlei sprachliche Zuspitzungen packte. Er gab sie in seinem Hamburger Freundeskreis zum Besten, in dem verbotene Literatur kursierte, gemeinsam britische Sender abgehört und Feste gefeiert wurden. An Silvester 1941 verlas Leipelt im Freundeskreis den selbstverfassten, satirischen *Fragebogen aus dem vierten Reich*. Eine der Fragen darin lautete: »Waren Sie im

Dritten Reich verhaftet? Und wenn nein – Warum nicht?«[63] Leipelt und Jahn verbreiteten das nur in Durchschlägen auf der Schreibmaschine vervielfältigte sechste Flugblatt in München unter ihren Kommilitonen im Chemischen Institut und brachten es nach Hamburg. Im Juli 1943 erfuhren sie von der Hinrichtung von Kurt Huber. »Nachdem wir dann gehört hatten, dass die Witwe von Professor Huber keine Bezüge mehr bekommt, haben wir einfach Geld gesammelt, im Institut, im Bekanntenkreis in München und Hamburg, und ließen es über einen kirchlichen Mittelsmann Frau Huber zukommen. So hat sie nicht gewußt von wem es war, und das war auch gut so da sie ja beobachtet wurde. Diese Geldsammlung ist verraten worden.«[64]

Hans Leipelt wurde am 8. Oktober 1943 verhaftet, wenige Tage darauf Marie-Luise Jahn. In Hamburg nimmt die Gestapo Leipelts Mutter und seine Schwester Maria in Sippenhaft. Dr. Katharina Leipelt stirbt im Januar 1944 in der Haft, wahrscheinlich durch Selbstmord. Hans Leipelt und Marie-Luise Jahn müssen fast ein Jahr auf ihren Prozess vor dem sogenannten Volksgerichtshof warten. Erst am 13. Oktober 1944 tagt dessen 2. Senat in Donauwörth in einem improvisierten Saal, der mit einer Hakenkreuzfahne dekoriert ist. Im Verlauf der Verhandlung wird deutlich, dass beiden Angeklagten die Todesstrafe droht, da ihnen die gleichen Taten vorgeworfen und nachgewiesen werden. Leipelt gelingt es, in einer Verhandlungspause, Jahns Verteidiger anzusprechen und ihm das Versprechen abzunehmen, die Verantwortung für Jahns Mittäterschaft ihm aufzubürden. »Als ich mich weigerte, dies zu tun, forderte er, ihm dies per Handschlag zu versprechen, welchem Drängen ich schließlich nachgegeben habe. Diese für einen jungen Mann menschliche Größe in seiner persönlichen Haltung in dieser Situation ist mir immer, obwohl ich Leipelt nicht kannte und zum ersten Mal im Leben sah, im Gedächtnis geblieben.«[65] Die Strategie, die Sophie Scholl aus eigener Entscheidung entschieden verweigert hatte, geht bei Marie-Luise

Jahn auf. In das Frauenbild der nationalsozialistischen Richter passt die Vorstellung einer politisch unmündigen und in allen Lebensäußerungen hörigen Frau nur zu gut, die ohne eigene Initiative nur gehorsam Beihilfe leistet. Während Hans Leipelt wegen Wehrkraftzersetzung zum Tode verurteilt wird, kommt Marie-Luise Jahn mit zwölf Jahren Zuchthaus davon.

Am 29. Januar 1945 schreibt Leipelt von München-Stadelheim aus an seine Schwester Maria: »Liebes Schwesterchen, gerade im Moment sozusagen habe ich eine Karte an Dich losgelassen, und heute findet meine Hinrichtung statt. Ich weiß, was Dir diese Nachricht für große Schmerzen bereiten wird. Sie lässt Dich die völlige Hilflosigkeit und Verlassenheit Deiner gegenwärtigen Lage umso stärker empfinden, da Dir nun der letzte Dir wirklich nahestehende Mensch genommen wird, der – wenn auch jetzt ebenso hilflos wie Du – Dir doch nach dem Kriege jede Hilfe hätte zu Teil werden lassen, die in seiner Macht gestanden hätte, der versucht hätte, durch ein Leben voll unaufhörlicher Liebe nach Möglichkeit ein Teil dessen wiedergutzumachen, was Du durch ihn und seinetwegen hast erdulden müssen. Sei meinetwegen nicht traurig, wenn, Du kannst, und jedenfalls unbesorgt. Ich fühle eine im wahrsten Sinne des Wortes göttliche Ruhe in mir und sterbe ohne Angst, in der Hoffnung auf Gottes Vergebung, die mir freilich bitter notwendig ist, bedenke ich, in wie schwerer Weise ich mich an ihm, an unserer lieben Mutti, Dir und Eileen – von anderen nahen zu schweigen – versündigt habe. Der evangelische Anstaltspfarrer Dr. Alt wird mir das Abendmahl reichen, und Dich bitte ich zum Schluß, Du möchtest mir meine häufige Lieblosigkeit gegen Dich, meinen Egoismus, vor allem meinen Mangel an Selbstbeherrschung vergeben, durch den ich Dich ins Unglück gestürzt habe. Lebe wohl, mein Liebes. Nochmals empfehle ich Dich in die Hände Gottes. Ich weiß, dass wir uns wiedersehen werden. Dein Dich liebender Bruder Hans.«

Else Gebel – Solidarität einer Widerständigen

»Vor mir liegt Dein Bild, Sophie, ernst, fragend, zusammen
mit Deinem Bruder und Christoph Probst aufgenommen. Als
ob Du ahnen würdest, welch schweres Schicksal Du erfüllen
musst, das Euch drei im Tode vereint.«[66] So beginnt der Bericht von Else Gebel, verfasst im November 1946. Sie war der
Mensch, mit dem Sophie Scholl in den letzten fünf Tagen ihres
Lebens – abgesehen von dem Gestapo-Beamten Robert Mohr
– den intensivsten Kontakt hatte. Ein ganz und gar anderer
Kontakt, denn Else Gebel teilte sich mit Sophie Scholl ihre
Zelle im Gestapo-Hausgefängnis des Wittelsbacher Palais.
Auch sie war Mitglied einer Widerstandgruppe und in Untersuchungshaft. Sie wartete auf ihr Gerichtsverfahren, nachdem
sie von Stadelheim in das Wittelsbacher Palais verlegt und dort
in der Gefängnisregistratur zur Arbeit verpflichtet worden
war.

Else Gebels Neffe Walter, als junger Soldat nach Kriegsende
heimgekehrt, erinnert sich an die Abfassung dieses Berichtes.
»Ich spürte, dass es eine ganz enge Verbindung gegeben hatte
zwischen meiner Tante und Sophie Scholl. Sie verehrte Sophie
außerordentlich und hatte ihr Bild da stehen. Sie schrieb damals den Bericht über ihre gemeinsame Zeit mit Sophie. Das
weiß ich noch gut, das hat sie bei uns zu Hause gemacht, auf
der Maschine geschrieben. In dieser Zeit hat sie alles noch einmal durchgearbeitet und auch erzählt.«[67]

Else Gebel wurde am 5. Juli 1905 in Augsburg geboren. Walter Gebel berichtet, dass seine Tante Else zwei Brüder hatte,
seinen Vater Arno und seinen Onkel Willy Gebel. Alle drei
Geschwister standen dem Nationalsozialismus distanziert ge-

In den 50er Jahren

genüber. Arno war Freimaurer, 1934 wurde die Druiden-Loge in München, in der er Mitglied war, geschlossen. Weit kritischer aber waren Willy und Else Gebel eingestellt. Die beiden bildeten eine starke Einheit. Nach dem frühen Tod der Eltern wohnte Else bei Willy und führte ihm bis zu dessen Heirat im Jahr 1935 den Haushalt. Willy wurde ein erfolgreicher Versicherungskaufmann, Else erlernte den Beruf der Sekretärin und Buchhalterin.

»Onkel und Tante waren von Anfang an beide im Widerstand, das spürte ich schon als Kind«, berichtet Walter Gebel, »Onkel Willy sprach von Anfang an von Hitler nur vom ›Braunauer‹, schon Anfang der 30er äußerte er sich offen gegen ihn. Meine Tante war auch immer gegen Hitler. Wenn sie uns besuchte, sagten ihr meine Eltern: ›Schrei net so laut, sonst kommst nach Dachau!‹« [68] Nach allem, was Walter Gebel über das Leben, die Interessen und den Charakter seiner Tante zu schildern weiß, passt Else Gebel, die die nationalsozialistische Justiz später als Unterstützerin einer über das Reich weitverzweigten kommunistischen Widerstandsgruppe verurteilte, in keine festgefügte ideologische Schublade. Sie war lebenslustig, unterhielt Männerbekanntschaften, ging aber keine feste Bindung ein. Sie mochte den anarchischen Humor eines Karl Valentin. Sie war evangelisch getauft und tief religiös. Wer nach konkreten Gründen ihrer entschiedenen Ablehnung der Nationalsozialisten sucht, wird bei ihren Erlebnissen nach der Pogromnacht gegen die Juden am 9. November 1938 fündig. Was der Gestapo-Beamte Robert Mohr seinem 14 Jahre alten Sohn Willi gegenüber als Vandalismus einer Gruppe Betrunkener verharmloste, erlebte Else Gebel in München aus nächster Nähe mit. Sie war Chefsekretärin des jüdischen Kaufhausbesitzers Max Uhlfelder. Das große Kaufhaus Heinrich Uhlfelder (es beschäftigte damals in zwei Filialen in der Münchner Innenstadt 450 Mitarbeiter) gehörte in der Pogromnacht in München zu den ersten Zielen der Nazi-Zerstörung. Es wurde weitgehend verwüstet und systematisch geplündert. Max Uhlfelder wurde in der Pogromnacht von einer dreiköpfigen Gruppe, angeführt von dem HJ-Oberbannführer Ulrich, um einen Scheck über 5000 Reichsmark erpresst, bevor er verhaftet und ins KZ Dachau gebracht wurde.[69]

Else Gebel verlor ihre Arbeit und erfuhr, wie ihr hoch verehrter Chef Max Uhlfelder in der Folgezeit gedemütigt, seines Vermögens beraubt, sein Betrieb zerschlagen wurde.[70] Sie fand dann eine Anstellung bei der Firma Diamalt, in der sie bis zu ihrer Festnahme im Februar 1942 arbeitete.

Seit Mitte der 30er Jahre lebte Else Gebel alleine in München; ihr Bruder Willy war mit seiner jungen Familie aus beruflichen Gründen zunächst nach Hannover, dann nach Leipzig gezogen. Else Gebels Gegnerschaft zum Nationalsozialismus wuchs mit ihren drastischen Erfahrungen. Für die Richter vom 2. Senat des Volksgerichtshofes, die Willy Gebel am 24. März 1944 »wegen Feindbegünstigung in Verbindung mit Vorbereitung zum Hochverrat zum Tode und zum dauernden Ehrverlust« verurteilten, war sie jedoch vor allem eine untergeordnete Gehilfin ihres Bruders. So sahen dies auch die Richter des Zweiten Strafsenats beim Oberlandesgericht München. Sie verhängten über Else Gebel am 20. Juni 1944 eine Zuchthausstrafe von einem Jahr und vier Monaten, die ihrer Untersuchungshaft angerechnet wurde. Konkret war ihr ein Botendienst zwischen der Gruppe um die kommunistische Organisation von Robert Uhrig in Berlin und einer Münchner Organisation um Wilhelm Olschewski und Hans Hartwimmer nachgewiesen worden. Hartwimmer, mit dem Else Gebel befreundet war, hatte sie mit im Untergrund kursierenden Schriften versorgt, in denen

»wenn auch in sehr vorsichtiger Form der Verlust des gegenwärtigen Krieges als unvermeidbar dargestellt wird«.[71] Vom weit erheblicheren Vorwurf des Anklägers, auf Hartwimmers Anweisung ein staatsfeindliches Flugblatt durch die Collage von Zitaten aus Ludwig Thomas Aufsatz ›Vaterlandsliebe‹ auf der Schreibmaschine hergestellt zu haben, sprachen die Richter Else Gebel frei.

Doch das Schicksal ihres Bruders und den Ausgang ihres eigenen Prozesses im Jahr 1944 konnte Else Gebel noch nicht kennen, als sie am 18. Februar 1943 am frühen Nachmittag Sophie Scholl bei ihrer Einlieferung in das Gestapo-Hauptquartier begegnete. Sie musste die neue Mitgefangene durchsuchen und bot ihr bei dieser Gelegenheit an, eventuell belastendes Material zu beseitigen. Ferner wusste sie, worauf es in der Verhörsituation ankam. »Ich rate Dir, ja nichts einzugestehen, wovon sie keine Beweise hätten«[72], rät sie Sophie Scholl vor der Abholung zur Vernehmung. Else Gebel sieht Sophie Scholl erst am Morgen des 19. Februar wieder, nachdem diese die ganze Nacht verhört worden war. Beide Geschwister Scholl haben gestanden.

Jetzt konnten die beiden Frauen die Gemeinsamkeiten ihrer Situation entdecken: Beide bangten um ihre Brüder, beide waren mit ihren Brüdern in gemeinsame Aktivitäten verstrickt. Else Gebel und ihr Bruder Willy mochten noch hoffen. Im Februar 1943, also schon seit über einem Jahr war weder der Fall ihres Bruders noch ihr eigener zur Verhandlung gekommen, und mit diesem eigenen Erfahrungshintergrund konnte sie Sophie Scholl anfangs Mut machen. Und sie verweist Sophie darauf, mit Robert Mohr »einen der wenigen sympathischen Sachbearbeiter zu haben«[73].

Umso deutlicher verzeichnet Else Gebel, mit welcher erbarmungslosen Hast der Fall »Weiße Rose« vorangetrieben wird, als Sophie bereits am Sonntagnachmittag gegen 15 Uhr die Anklageschrift ausgehändigt und die Gerichtsverhandlung für den nächsten Tag angekündigt wird.

Nach dem Krieg

Sie wird Zeugin, wie Sophie Scholl die Strategie ablehnt, sich als von ihrem älteren Bruder Hans als beeinflusst und abhängig darzustellen, um so vielleicht ein Todesurteil für sich zu vermeiden. Niemanden kann dies tiefer beeindruckt haben als Else Gebel, die ebenfalls gemeinsam mit ihrem Bruder angeklagt war. Auch bei ihr würde die künftige Strafe daran gemessen werden, wie viel eigene politische Verantwortung für ihr Handeln ihr zugerechnet würde.

Gebel unterrichtet Sophie Scholl über den alten Rechtsbrauch, dass auch nach einer Verurteilung zum Tode die Verurteilten 99 Tage Frist bis zur Vollstreckung haben. Der damals 38-jährigen Else Gebel blieb vor allem, der 16 Jahre jüngeren Sophie Scholl Zuwendung zu geben. Anneliese Knoop-Graf, die später während ihrer Untersuchungshaft ebenfalls mit Else Gebel die Zelle teilte, berichtet von der mütterlichen und burschikosen Art, mit der Gebel auftrat. Schon wieder also eine Gefangene, die wie sie um ihren Bruder bangen musste. Um einen Bruder, der ebenfalls Willi hieß: Willi Graf. Um ihrer Mitgefangenen Hoffnung zu machen, hat Else Gebel auch jenen letzten Traum Sophie Scholls variiert, der durch ihren schriftlichen Bericht so überliefert ist:

»Du bist sofort munter und erzählst mir, noch im Bett sitzend, Deinen gehabten Traum: Du trugst an einem schönen Sonnentag ein Kind in einem langen, weißen Kleid zur Taufe. Der Weg zur Kirche führte einen steilen Berg hinauf. Aber fest und sicher trugst Du das Kind. Du hattest gerade noch Zeit, das

Kind auf die gesicherte Seite zu legen, da stürztest Du in die Tiefe. Du legtest Dir den Traum so aus. Das Kind in weißem Kleid ist unsere Idee, sie wird sich trotz aller Hemmnisse durchsetzen. Wir durften vorher Wegbereiter sein, müssen aber vorher sterben, für sie.«[74]

In einer Situation der Niedergeschlagenheit erzählte Else Gebel Anneliese Graf Sophies letzten Traum – mit der Variation, dass das Kind, das sicher auf die andere Seite gelange, Willi Graf sei.

Elses Bruder Willy Gebel wurde am 24. März 1944 zum Tode verurteilt und wurde im April hingerichtet. Else Gebel starb 1964 in München.

3. Die NS-Verfolger

Robert Mohr, Anton Mahler
Die wendigen Verfolger

Wer wie unter dem Vergrößerungsglas Sophie Scholls letzte Tage detailgenau anschaut, stellt zunächst fest, dass sie mit keinem anderen Menschen in den letzten Tagen ihres Lebens mehr Zeit verbracht, mehr gesprochen hat, mehr sich messen musste als mit dem Gestapo-Beamten Robert Mohr, Kriminalobersekretär bei der Gestapo-Leitstelle München.

Mohr ist der Leiter der Sonderkommission, die in München Anfang 1943 die intensive Flugblattpropaganda unbekannter Herkunft aufklären soll. Er sieht Sophie Scholl das erste Mal am 18. Februar 1943, kurz nachdem die Gestapo um 11 Uhr vom Rektoratsbüro der Universität gerufen worden war. »Als ich wenig später in das Vorzimmer des Rektorates geführt wurde, waren auch hier auf einem kleinen Tisch Flugblätter der bekannten Art [...] angehäuft. Im gleichen Zimmer befanden sich ein junges Fräulein und ein junger Herr, die mir als die vermutlichen Verbreiter der Flugblätter bezeichnet wurden. [...] Beide, vor allem das Fräulein, machten einen absolut ruhigen Eindruck und legitimierten sich schließlich durch Vorzeigen ihrer Studenten-Ausweise als das Geschwisterpaar Sophie und Hans Scholl.«[75] Das letzte Mal sieht Mohr Sophie Scholl am 22. Februar etwa um 15 Uhr nachmittags im Gefängnis Stadelheim, zwei Stunden bevor sie hingerichtet wird. »Sophie Scholl traf ich in der Wärterinnen-Zelle, wohin man sie nach dem Besuch ihrer Eltern gebracht hatte, erstmals seit ich mit ihr in Berührung kam, weinend. Sie entschuldigte sich ihrer Tränen, indem sie mir mitteilte: ›Ich habe mich gerade von meinen Eltern verabschiedet und Sie werden begreifen.‹«[76]

Dazwischen lagen die Verhöre, die Robert Mohr mit Sophie Scholl geführt hat. Von Donnerstag am frühen Nachmittag bis in den Freitagmorgen. Am Samstag eine weitere Vernehmung. Sie schufen die Voraussetzung für das Todesurteil, das »Volksgerichtshofpräsident« Roland Freisler kurz zuvor am Montag um 13.30 Uhr gefällt hat. Von dieser Feststellung ausgehend, wiegt jedes Wort schwer, mit dem Robert Mohrs Tun möglichst genau bezeichnet werden soll. Von dieser Feststellung ausgehend, sind auch die Worte Mohrs schwer erträglich, mit denen er die Schilderung seines Abschieds von Sophie Scholl fortsetzt: »Wie mir um diese Stunde selbst zumute war, kann man aus dem Zusammenhang ermessen. Nach einigen Worten des Trostes habe ich mich von Sophie Scholl verabschiedet. Ich kann nur wiederholen, dass dieses Mädel, wie auch ihr Bruder, eine Haltung bewahrt hat, die sich nur durch Charakterstärke, ausgeprägte Geschwisterliebe und eine seltene Tiefgläubigkeit erklären läßt.«[77]

Die ganze Bandbreite ist eröffnet. Mohr bereitet Sophie Scholl objektiv den Weg zum Schafott, und er bedauert subjektiv, dass sie sterben muss. Angesichts dieser für das Schicksal von Sophie Scholl so wichtigen Person stellte sich die Frage: Was für ein Mensch war dieser Robert Mohr?

Die erste verblüffende Feststellung ist, dass die gesamte, mittlerweile umfangreiche Literatur über die Geschichte der *Weißen Rose* darüber keine Auskunft gibt. Es existieren darin über Robert Mohr bislang nur zwei Quellen, die aber nur auf einem einzigen Gewährsmann beruhen: auf Robert Mohr selbst. Niemand hat ihn bislang von außen beschrieben. Und es gab nicht ein einziges Bild, keine Fotografie.

Quelle eins – und auf vier Jahrzehnte die einzige – war Robert Mohrs »Niederschrift«, entstanden exakt acht Jahre nach seinen Verhören, am 19. Februar 1951. Mohrs Niederschrift stand Inge Scholl also schon bei der Abfassung ihres Buches ›Die Weiße Rose‹ zur Verfügung, dem Auftaktdokument, mit dem die publizistische Befassung mit dieser Widerstandgruppe begonnen hat. Mohr hat seinen Bericht »auf Ersuchen des Herrn Robert Scholl, Oberbürgermeister a. D. in Ulm« geschrieben. Es ist anzunehmen, dass Robert Scholl seine Schilderungen grundsätzlich gebilligt hat. Andernfalls hätte er ihn nicht zur Verwendung freigegeben. Robert Scholls Motiv dafür ist klar. Hans und Sophie sagten dem Vater vor ihrer Hinrichtung, sie seien von der Gestapo anständig behandelt und nicht gequält worden. Robert Scholl hat Mohr aber auch aus einem zweiten Grund für aufrichtig gehalten. Scholl ist in der Zeit der Sippenhaft nach der Hinrichtung seiner Kinder in Ulm selbst von Mohr vernommen worden. Auch das schildert Mohr in seinem Bericht. In diesem Verhör habe sich Robert Scholl mit staatsfeindlichen Aussagen eigentlich um Kopf und Kragen geredet, er habe dies aber nicht protokolliert, um Scholl zu schützen. Wäre diese Geschichte einer Rettung von Mohr erdichtet worden, hätte sie Robert Scholl nicht durchgehen lassen.

Quelle zwei über Robert Mohr sind die ebenfalls von ihm formulierten Vernehmungsprotokolle[78] von Sophie Scholl. Indem er darin nicht nur Antworten Sophies, sondern auch die Fragen und damit seine Gesprächsführung wiedergibt, beleuchtet Mohr auch seine eigene Persönlichkeit, seine Strategien und Absichten. Die Protokolle galten bis 1988 als verschollen und sind erst 1990 in den Archiven der ehemaligen DDR aufgetaucht und der Forschung zugänglich gemacht worden. Sie bestätigten immerhin die zentrale Behauptung von Mohrs Niederschrift aus der Erinnerung: »Was Sophie Scholl

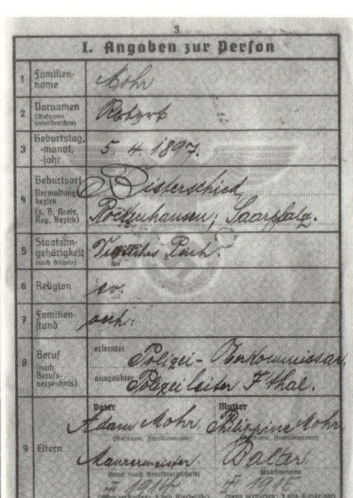

Wehrpass Robert Mohr

anlangt, glaubte ich einen Weg gefunden zu haben, ihr wenigstens das Leben zu retten. […] Ich versuchte mit letzter Beredsamkeit Fräulein Scholl zu einer Erklärung zu veranlassen, die letzten Endes darauf hinaus hätte laufen müssen, dass sie ideologisch mit ihrem Bruder nicht konform war, sich vielmehr auf ihren Bruder verlassen habe, dass das, was sie getan habe, richtig sei, ohne sich selbst über die Tragweite der Handlungsweise Gedanken zu machen. Sophie Scholl erkannte sofort, wo ich hinauswollte, lehnte es jedoch entschieden ab, sich zu einer solchen oder ähnlichen Erklärung bereitzufinden.«[79] Zweimal, so kann man in den Vernehmungsprotokollen nachlesen, setzt Mohr an, zweimal weigert sich Sophie Scholl, die ihr angebotene goldene Brücke zu beschreiten. »Wenn die Frage an mich gerichtet wird, ob ich auch jetzt noch der Meinung sei, richtig gehandelt zu haben, so muss ich hierauf mit ja antworten«, beschied sie Mohr in der Mitte des Verhörs und schließt mit den unmissverständlichen Sätzen: »[…] ich bin nach wie vor der Meinung, das Beste getan zu haben, was ich gerade jetzt für mein Volk tun konnte. Ich bereue deshalb meine Handlungs-

176

weise nicht und will die Folgen, die mir aus meiner Handlungsweise erwachsen, auf mich nehmen.«[80]

War Mohr wirklich »sehr enttäuscht«, wie er schreibt, dass er Sophie Scholls Leben nicht retten konnte, das Leben einer Wehrkraftzersetzerin, einer Hochverräterin?

Ein erstes Bild von Robert Mohr kann man sich anhand seiner Parteiunterlagen machen. Auch ein erstes Fotografisches. Denn es existiert eine Akte Robert Mohr im Parteiarchiv der NSDAP, dem früheren »Berlin Document Center«, das nun in das Bundesarchiv überführt ist. Schon am 1.5.1933 ist Robert Mohr Mitglied der NSDAP geworden, Mitgliedsnummer 3271936. Er war ferner führendes Mitglied im Nationalsozialistischen Kraftfahrerkorps, einfaches Mitglied bei der NS-Volkswohlfahrt, dem Reichsbund der Deutschen Beamten, beim Reichsluftschutzbund und dem Kolonialbund.[81] Alles in allem macht er den Eindruck eines früh berufenen und überzeugten Nationalsozialisten, der sich später erhärtet.

Zur Parteiakte gehören auch zwei Fotografien von Robert Mohr. Er hat einen schlanken, hohen, sich zum Kinn hin etwas verjüngenden Kopf, starke Backenknochen, einen energischen, ernsten Mund, eine vor allem im Profil starke Nase, ganz leicht abstehende Ohren, eine hohe Stirn und intensiv prüfend in die Kamera blickende Augen. Dieser intensive Blick auf den Betrachter findet sich später wieder – auf buchstäblich jedem Bild im Familienalbum.

Robert Mohr, geboren am 5. April 1897, kommt aus kleinen Verhältnissen. Sein Vater ist zwar Maurermeister, aber bei neun Kindern – fünf Brüdern und drei Schwestern – muss sich der junge Robert gleich nach der Volks- und Fortbildungsschule nach einem Handwerk umschauen. Er erlernt das Schneidern mehr der Not gehorchend. Später arbeitet er nie wieder mehr in diesem Beruf. Denn unversehrt und dekoriert mit dem EK II aus dem Krieg zurückgekehrt, kann er in dem Beruf anheuern, den er als seine Berufung ansieht: bei der Polizei. Der handgeschriebene Lebenslauf, Teil der Aufnahmeprozedur in die SS, verzeichnet die ersten Stationen und ist eine potenzielle neue Quelle zur Person Robert Mohr.

»Nach meinem Ausscheiden aus der Wehrmacht am 11.5. 1919 war ich einige Monate Feldwebeldiensttuer auf Zivilvertrag bei 3. Gefangenenkompanie des Gefangenenlagers Hammelburg. Am 1.10.1919 wurde ich zur bayerischen Gendarmerie einberufen und erhielt nach meiner Beschulung die erste etatmäßige Anstellung bei der Gendarmerieabteilung der Pfalz in Frankenthal. Dort habe ich mich am 27.6.1923 mit der Landwirtschaftstochter Martha Klein aus Biesterschied verheiratet. Aus unserer Ehe ist ein Sohn von nunmehr 18 Jahren hervorgegangen.«

Der Vorname des Sohnes wird in keinem der Parteidokumente erwähnt. Dies machte eine relativ umfangreiche Suche nötig, bis Willi Mohr gefunden war. Er ist 1924 geboren – und dies beinhaltete eine weitere Neuigkeit von einiger Bedeutung über Robert Mohr. Der Gestapo-Beamte ist 1943 also Vater eines Sohnes, der dem gleichen Geburtsjahrgang angehört wie die jüngsten Mitglieder der *Weißen Rose*, die er bei seinen Verhören im Wittelsbacher Palais zu überführen versuchte.[82]

Willi Mohr konnte die nüchternen Daten der väterlichen Polizeikarriere erläutern: Bayerische Gendarmerieschule in der Münchner Arcisstraße, danach Einsatz in der ebenso jungen wie wirtschaftlich gebeutelten Weimarer Demokratie als Gendarm im bayerisch-pfälzischen Frankenthal. Robert Mohr ist auf der Gendarmerieschule gedrillt worden, als Gendarm politisch neutral zu bleiben. Doch er entwickelte eine Abneigung gegen die Kommunisten. Er erfuhr sie als Unruhestifter, immer wieder hielten sie illegale Versammlungen ab, die er als Polizist mit Schlagstockeinsatz auflösen musste. Zu der Abneigung gegen die Kommunisten gesellte sich bei Mohr die gegen die Franzosen, die »Erbfeinde«. Sie hielten die Pfalz besetzt, sie versuchten die Verwaltung unter ihre Kontrolle zu bringen und verwiesen deutsche Beamte in großer Zahl des Landes, darunter auch den Gendarmen Robert Mohr. Sein Sohn Willi wird deshalb 1924 im bayerischen »Exil« in Donauwörth geboren. Die achtmonatige Ausweisung habe seinen Vater zum glühenden Nationalisten gemacht, berichtet Willi Mohr. Enttäuscht sei er gewesen von den moderaten Kräften wie etwa der SPD und dem Zentrum. Sie hätten weder die soziale Frage dieser Zeit lösen, die Armut lindern noch den Franzosen Paroli bieten können. Mohrs Nationalismus verstärkte sich, als er im Mai 1924 wieder in seine pfälzische Heimat zurückkehren konnte. Als die Nationalsozialisten nach der Machtergreifung Hitlers sämtliche Parteien außer der NSDAP verboten und Beamten erlaubten, darin Mitglied zu werden, trat Robert Mohr sofort in die Partei ein und bekannte sich begeistert zu Hitler. Von da an machte er Karriere. Erst wurde er Polizeileiter in Frankenthal. 1938 vermittelte ein Staatsanwalt und NSDAP-Parteigenosse Robert Mohr den Wechsel zur Geheimen Staatspolizei in München.

Über seine dienstliche Tätigkeit sprach Robert Mohr in der Familie so gut wie nicht. Er stand unter großem innerem Druck, jede Maßnahme des Regimes gutzuheißen. Als sein Sohn Willi verstört von der Schule heimkam und fragte, warum nach dem 9. November 1938 so viele Schaufenster jüdischer Geschäfte in der Innenstadt zerschlagen und die Läden verwüstet waren, gab der Vater die ausweichende Antwort, Betrunkene seien hineingefallen. Und wenn mit sich zuspitzender Kriegslage der Sohn dem Vater vermitteln wollte, wie Deutschland denn einen Krieg gewinnen solle, in dem es zuvor beinahe die ganze Weltkugel gegen sich aufgebracht habe, ging Willi Mohr auf Sicherheitsabstand außer Reichweite von Robert Mohrs Schlaghand. Der sonst ruhige Mann konnte zu Hause seinem Sohn gegenüber fast ansatzlos in Aggression ausbrechen. Das geschah immer dann, wenn er in den eigenen vier Wänden mit genau den Zweifeln aus dem Mund seines Sohnes konfrontiert wurde, die er in seiner Gestapo-Tätigkeit unter den Überschriften Wehrkraftzersetzung, Feindbegünstigung, Defaitismus oder Vorbereitung zum Hochverrat untersuchte. Mohr wird als ruhige und besonnene Person geschildert, wie angespannt er innerlich ist, wird 1942, im Jahr der ersten Ermittlungen gegen die *Weiße Rose* deutlich.

Mohr war magenkrank, er litt unter Geschwüren. Eines Tages im Jahr 1942 brach er im Dienst bei der Gestapo zusammen. Eine schwere Magenblutung wurde diagnostiziert, Mohr benötigte dringend eine Bluttransfusion. Die SS-Wachen in Dachau wurden alarmiert, ein Freiwilliger aus dem Kreis der SS-Männer, der Mohrs Blutgruppe hatte, spendete Blut, Mohr wurde gerettet.

Willi Mohr wusste, dass sich sein Vater bei der Gestapo mit der Aufdeckung politischer Widerstandsdelikte befasste. Aber er hat nicht von ihm persönlich erfahren, dass er mit der Zerschlagung der *Weißen Rose* befasst war, sondern erst durch die Entdeckung von Inge Scholls Buch und den darin abgedruckten Bericht seines Vaters, auf das er zufällig stieß. »Da ist es mir eiskalt den Buckel heruntergelaufen, als ich mitbekommen habe, dass mein Vater der Vorarbeiter vom Freisler war«, sagt Willi Mohr.

Er war ein fleißiger, ein effizienter Vorarbeiter. Robert Mohr hat nicht nur Sophie Scholl vernommen, er war auch der Vernehmungsbeamte von Willi Graf, von Susanne Hirzel, von Anneliese Graf, von Robert Scholl.

»Er zog sich das Mäntelchen des Väterlichen an. Er bot Zigaretten an. Mohr hatte eine gewisse Art sich hilflosen Frauen gegenüber als hilfreicher Mann darzustellen. Das ärgerte mich, ich wollte diese Hilfe nicht. Er war für uns einer der Schergen«[83], erinnert sich Anneliese Knoop-Graf, die feststellt, dass Robert Mohr über viele Facetten verfügte. Sie waren funktional für seine Verhörarbeit, mal gefährlich, mal hilfreich für die Gefangenen. Anneliese Graf diskutierte mehrfach mit ihrer Zellengenossin Angelika Probst, ob sie ihn nett finden dürften. Dann wieder gab es abstoßende Grenzüberschreitungen. Anneliese Grafs Schwester war im Frühjahr 1943 hochschwanger. »Mohr wusste aus der Überwachung des

Mit Sohn Willi und Frau Martha, 1942

Briefverkehrs, dass ein Kind unterwegs war. Eines Morgens kommt er ein Telegramm schwenkend in die Zelle und ruft: Der Stammhalter ist da!« – Es war derselbe, immer ordentlich angezogene Robert Mohr mit dem Parteiabzeichen am Revers, der freundlich und meist ruhig das Verhör führte und viele Fragen immer mal wieder wiederholte, um Widersprüche und Unsicherheiten in den Aussagen der Verhörten herauszukitzeln. So beflissen er die Meldung über das neue Leben in der Familie Graf in die Zelle von Anneliese Graf trug, so sachlich und fleißig trug er einen Puzzlestein nach dem anderen zusammen in den langen Verhören von Willi Graf, den Freisler zum Tode verurteilte.

Für Robert Mohr endete seine Zeit in der Münchner Gestapo-Leitstelle mit der Zerschlagung des *Weiße Rose*-Kreises. Er absolvierte einen Kurs an der höheren Polizeischule in Berlin und wurde dann als Chef der Gestapo oder der Kriminalpolizei ins Elsass nach Mühlhausen / Mulhouse entsandt. Noch vor dem Kriegsende setzte er sich erst nach Freiburg, dann in seine pfälzische Heimat Biesterschied ab. Etwa 1947 internierten ihn die Franzosen zeitweise, um ihn für seine Polizeitätigkeit in Mulhouse zur Rechenschaft zu ziehen. Nach den Erinnerungen seines Sohnes Willi kehrte er nach etwa zwei Jahren nach Hause zurück. Sein Vater habe, so gibt Willi Mohr an, nach der Internierung entlastende Zeugenaussagen für ein bevorstehendes Entnazifizierungsverfahren gesammelt. Es ist dieselbe Zeit, in der Robert Mohr mit Robert Scholl Kontakt aufnimmt und jenen Bericht niederschreibt, der möglicherweise auf immer die einzige Quelle über die letzten Tage des inneren Kreises der *Weißen Rose* bleiben wird. Denn ein Entnazifizierungsverfahren von Robert Mohr, das bis dato unbekannte Zeugnisse und Dokumente enthalten könnte, ist bisher in den Archiven nicht aufzufinden. Mohr arbeitete nach dem Krieg als Angestellter der Bäderverwaltung in Bad Dürkheim. Er starb am 5. Februar 1977 in Ludwigshafen.

Hans Scholl, Christoph Probst, Kurt Huber, Traute Lafrenz und die Ulmer Schüler Hans Hirzel und Franz Müller sind von Mohrs Kollegen Anton Mahler vernommen worden. Der SS-Untersturmführer Anton Mahler (SS Nummer 369 826) geriet als Gestapo-Beamter nach Kriegsende in den »automatic arrest« der Amerikaner in ein Camp in der Nähe von Regensburg. Er wurde von Ihnen ausführlich vernommen. Nach seiner Entlassung aus der Internierung wurde 1948 zunächst vor der Spruchkammer München gegen ihn verhandelt. Wegen der dort schon bekanntgewordenen Vorwürfe wurde ihm dann gemeinsam mit seinem Gestapo-Kollegen Eugen Fischer 1949 wegen der Erpressung und Körperverletzung der Prozess vor dem Landgericht München I gemacht. Die ihm in diesem Prozess zur Last gelegten Gefangenenmisshandlungen fanden nach den Ermittlungen gegen Mitglieder der *Weißen Rose* statt. Zu seiner Rolle in der Ermittlung gegen die *Weiße Rose* ist in Anton Mahlers Gerichts- und Spruchkammerakten nichts Erhellendes zu finden, auch nicht über seine Zusammenarbeit mit Robert Mohr beim Verhör der Geschwister Scholl. Mahler wurde am 22.12.1949 von der 3. Strafkammer des Landgerichts München wegen fortgesetzter Vergehen der Körperverletzung im Amt und Aussageerpressung zu einer Strafe von vier Jahren Zuchthaus verurteilt. Dem Haftantritt entzog er sich durch Flucht aus dem Gerichtssaal in der letzten Verhandlungspause vor der Urteilsverkündung. Am selben Tag tauchte er mit der Unterstützung der amerikanischen Geheimdienstes CIC unter und trat in dessen Dienste[84], während die deutsche Polizei vergeblich nach ihm fahndete, um Mahler seiner Zuchthausstrafe zuzuführen, zu der er in Abwesenheit verurteilt worden war.

Vorübergehend fungierte er als Mitarbeiter von Klaus Barbie, des damals ebenfalls in Diensten des CIC stehenden ehemaligen Gestapo-Chefs von Lyon. Wie Barbie ging Mahler der ihm von der Gestapo wohl bekannten Aufgabe nach: der Bekämpfung der kommunistischen Subversion. Als Mahlers Eintrittsticket in das Counter Intelligence Corps CIC ist ein ausführliches Interview anzusehen, das der Vernehmer Herbert K. Bechthold am 14. Juli 1950 aufzeichnet. Auf 17 engbedruckten Seiten[85] schildert Mahler aus seiner Sicht und Erinnerung, wie sich die »Sedition activities of the Scholl Twins«, die aufrührerischen Aktivitäten der Geschwister Scholl von der ersten Wahrnehmung der Gestapo bis zur Zerschlagung der Gruppierung entwickelten. Das Dokument ist mit äußerster Vorsicht zu lesen. Es besteht aus einer schwierig zu entwirrenden Mischung aus bisher unbekannten Fakten über die Fahndung nach den Flugblatt-Autoren der *Weißen Rose* – und der empörenden Verleumdung ihrer Mitglieder durch ihren ehemaligen Verfolger Anton Mahler.

So erfährt man, dass zu den Personen, die die ersten Flugblätter Scholls und Schmorells per Post erhielten und freiwillig bei der Gestapo ablieferten, der vom Kreis der *Weißen Rose* hochgeschätzte Schriftsteller Werner Bergengruen gehört haben soll. Er berichtete – Mahler zufolge – der Gestapo bei seiner Befragung wegen des Flugblattes auch von einer privaten Lesung in einem Kreis von Münchner Studenten. Eine erneute Lesung in ihrem Kreis habe Bergengruen abgelehnt, weil er sie als »zu revolutionär und marxistisch« empfunden habe. Auch wenn Bergengruen keine Namen und Beschreibungen geliefert habe, so habe von diesem Moment an die Gestapo eine erste Spur in das Milieu der Münchner Studentenschaft gehabt.

Während sich der wegen Häftlingsmisshandlungen verurteilte Mahler aus dem Untergrund brieflich an Robert Scholl wendet und ihn um einen Persilschein bittet, da er doch – wie Robert Mohr – Scholls hingerichtete Kinder »nobel« behandelt habe, bezeichnet er den amerikanischen CIC-Offizieren gegenüber eben jenen Vater Scholl als Marxisten, der seine gesamte Familie in diesem Sinne beeinflusst habe. Ferner schwadroniert Mahler, dass Hans Scholls Fahrten mit seinen Jugendlichen regelmäßig in die Sowjetunion geführt hätten – was jeglicher Grundlage entbehrt. Mahler deutet den antitotalitären Widerstand der *Weißen Rose* unter den Vorzeichen des entstehenden Kalten Krieges passend in das neue Feindbild des Westens um: in kommunistische Subversion. Sein Lohn ist die Weiterverwendung im gleichen Aktionsfeld wie einst bei der Gestapo, nun für das CIC: die Kommunistenbekämpfung. Die Spur des Gestapo-Vernehmers und SS Untersturmführers verliert sich bislang im Jahr 1953.

Von den Akten der Gestapo-Leitstelle München sind nur Fragmente erhalten, der größte Teil wurde zu Kriegsende vernichtet, Erkenntnisse über die *Weiße-Rose*-Ermittlungen enthalten sie nicht. Die Ruine des 1944 bei einem Bombenangriff schwer beschädigten ehemaligen Gestapo-Hauptquartiers ist 1964 abgerissen worden. An seine Stelle ist die Zentrale der Bayrischen Landesbank errichtet worden. Gut versteckt, an der äußersten Ecke des Gebäudes an der Einmündung der Türkenstraße in die Barer Straße erinnert eine Gedenktafel an die ehemalige Terrorzentrale der Gestapo, die sich hier befunden hat.

Roland Freisler
Der fanatische Vollstrecker

»Mein Führer! Ihnen, mein Führer, bitte ich melden zu dürfen: das Amt, das sie mir verliehen haben, habe ich angetreten und mich inzwischen eingearbeitet. [...] Der Volksgerichtshof wird sich stets bemühen, so zu urteilen, wie er glaubt, dass Sie mein Führer, den Fall selbst beurteilen würden. Heil, mein Führer! In Treue, Ihr politischer Soldat Roland Freisler« [86]

Diese Ergebenheitsadresse schrieb Roland Freisler am 15. Oktober 1942, nachdem er wenige Wochen zuvor von Hitler zum Präsidenten des Volksgerichtshofes ernannt worden war. Deutlicher konnte ein Jurist nicht erklären, dass er auf die Unabhängigkeit der Gerichtsbarkeit von der politischen Macht verzichtet.

Roland Freisler wurde am 30. Oktober 1893 in Celle geboren. Im Ersten Weltkrieg geriet er 1915 in russische Kriegsgefangenschaft und wurde mehrere Jahre in Sibirien festgehalten. Dort soll er fließend Russisch gelernt haben und brachte es zum Rang eines Lagerkommissars. Das bestritt Freisler auch nie, wohl aber, er habe sich dem Bolschewismus angenähert und sei zum Kommunisten geworden – eine Episode in seiner Biographie, die bis heute nicht restlos geklärt ist. [87] Erst 1920 kehrte er nach Deutschland zurück. Freisler promovierte und schloss seine juristischen Staatsexamina 1923 ab. Der Volljurist wurde schon 1925 Mitglied der NSDAP. Zunächst diente er seiner Partei als Verteidiger für Parteigenossen, die wegen ihrer Gesetzesverstöße vor Gericht gestellt wurden. Schon bald arbeitete er ab 1935 als Staatssekretär im Justizministerium an der Indienstnahme der ge-

Präsident des Volksgerichtshofes 1942 bis 1945

samten Justiz für den national-sozialistischen Staat und Hitlers Ziele.

Der Volksgerichtshof war schon am 24. April 1934 gegründet worden. Nachdem die NS-Regierung damit unzufrieden war, dass das Reichsgericht im Reichstagsbrand-Prozess vier kommunistische Angeklagte freigesprochen hatte, wurde der Volksgerichtshof geschaffen und ihm die Zuständigkeit in Hoch- und Landesverratsfragen zugeschlagen. Um die Parteilichkeit dieses »Gerichts« im Sinne der NS-Führung sicherzustellen, wurde sein Personal – zwei Berufsrichter und drei Laienrichter pro Senat – nach politischen Kriterien ausgesucht. »Die Laienrichter stammen insbesondere aus der NSDAP, der SA, der SS und der Wehrmacht.[88] Die Bindung an übliche gerichtliche Verfahrensabläufe ist beim Volksgerichtshof weitgehend aufgehoben. Es gibt keine gerichtliche Voruntersuchung, Beweisanträge der Angeklagten zu ihrer Entlastung müssen nicht berücksichtigt werden.

So führte Freisler auch die beiden Prozesse gegen die Angeklagten aus dem Kreis der *Weißen Rose*. Ein halbes Jahr nach seiner Amtseinführung als Volksgerichtshofpräsident waren diese seine ersten spektakulären Verfahren, da die Flugblattaktionen, wie etwa Robert Mohr bemerkt, »Beunruhigung bis in höchste Parteikreise« erregt hatten. Freisler teilte daher mit, er wünsche »einen würdigen Saal« für die Verhandlung. Für diese begab er sich extra von Berlin, dem Sitz des Volksgerichtshofes, nach München, um

Während einer Volksgerichtshof-verhandlung

der Forderung des Münchner Gauleiters Paul Giesler nach »Aburteilung« Rechnung zu tragen.

Nach der Verlesung der Anklageschrift führte Freisler nach Belieben die Verhöre mit den Angeklagten. Weitere Prozessbeteiligte, vor allem die Verteidiger oder die Beisitzer Freislers am Gerichtstisch, griffen nicht ein. Im zweiten Prozess gegen Angeklagte aus der *Weißen Rose* geschah dies überraschenderweise dann doch. Hans Hirzel hat sich diese Szene besonders deutlich eingeprägt: »Er hat eine Art Privatissimum-Anfang über den Status und den Sinn dieses Gerichts gegeben. Er hat bekanntgegeben, dass das Gericht an kein Gesetz, an keine Prozeßordnung gebunden sei, was natürlich wesentlich ist. Er hat dann gesagt: ›Sehen Sie mal, wir haben nicht einmal ein Strafgesetzbuch bei uns!‹ – Da hat ihm ein Beisitzer ein Strafgesetzbuch, das er trotzdem, trotz dieser Auffassung bei sich hatte, zugeschoben. Worauf Freisler es packte, in den Saal warf, so dass es am Boden entlang schlidderte und brüllte: ›Wir brauchen kein Recht! Wir brauchen kein Gesetz! Wer gegen uns ist, der wird vernichtet.‹« [89]

Aus dem Kreis der *Weißen Rose* verurteilte Freisler sechs Menschen zum Tode: alle drei Angeklagten des ersten Prozesses am 22. Februar 1943, Hans und Sophie Scholl und Christoph Probst, im zweiten Prozess am 19. April 1943 Alexander Schmorell, Willi Graf und Professor Kurt Huber. Insgesamt hat der Erste Senat des Volksgerichtshofes, den Freisler leitete, zwischen 1942 bis Freislers Tod etwa 2295 Todesurteile gesprochen. Freisler war auch an seinem Todestag am 3. Februar 1945 mit nichts anderem befasst. Während einer Verhandlungspause tötete ihn bei einem schweren Fliegerangriff auf Berlin ein Bombensplitter.

Anmerkungen

1 Flugblätter der *Weißen Rose*, I, siehe S. 11 ff.
2 Inge Scholl, Die Weiße Rose, a. a. O., S. 18 / 19.
3 Flugblätter der *Weißen Rose*, I, siehe S. 11 ff.
4 So benannt nach dem Datum ihrer Gründung am 1. November 1929.
5 Brief an die Eltern. Bad Cannstatt, 14.3.1938, in: Hans und Sophie Scholl, Briefe und Aufzeichnungen, a. a. O., S. 16.
6 Tagebuch Hans Scholl, 20.9.1939, in: Hans und Sophie Scholl, Briefe und Aufzeichnungen, a. a. O., S. 26.
7 Otl Aicher, innenseiten des krieges, Frankfurt 1985, S. 71.
8 Brief an Rose Nägele, in: Hans und Sophie Scholl, Briefe und Aufzeichnungen, a. a. O., S. 53 / 54.
9 Hans Hirzel, Interview mit dem Verfasser, 15.7.1990.
10 Flugblätter der *Weißen Rose*, I, siehe S. 11 ff.
11 Vernehmung Hans Scholl, BA ZC 13267, Bd. 2.
12 Flugblätter der *Weißen Rose*, II., siehe S. 15 ff.
13 Vernehmung Alexander Schmorell, Sonderarchiv Moskau 1361-1-8808.
14 Flugblätter der *Weißen Rose*, II., siehe S. 15 ff.
15 2011 erschien Christiane Moll (Hg.): Alexander Schmorell, Christoph Probst, Gesammelte Briefe. Berlin.
16 IfZ München, Fa 215 / Bd. 2.
17 Christian Petry, Studenten aufs Schafott, a. a. O., S. 17.
18 Der Oberreichsanwalt beim Volksgerichtshof, Anklageschrift gegen Schmorell u. a., in: Christian Petry, Studenten aufs Schafott, a. a. O., S. 18.
19 Nikolai Hamsaspian, Interview mit dem Verfasser, 2.3.1989.
20 Flugblätter der *Weißen Rose*, III, siehe S. 19 ff.
21 Gestapo-Vernehmungen Alexander Schmorell, Sonderarchiv Moskau 1361-1-8808.
22 Gestapo-Vernehmungen Alexander Schmorell, a. a. O.
23 BA ZC 13267, Bd. 4.
24 Siehe hierzu S. 339 ff.: Die Vernehmungsprotokolle von Mitgliedern der *Weißen Rose*.
25 Lilo Fürst-Ramdohr, Freundschaften in der Weißen Rose, München 1995, S. 60 f.
26 Inge Scholl, Die Weiße Rose, a. a. O., S. 44.
27 Interview Hans Hirzel mit dem Autor, 15.7.1990.
28 Bernhard Knoop, Ansprache zum Gedenken an Christoph Probst, in: … damit Deutschland weiterlebt. Christoph Probst 1919–1943, Gilching, 2000, S. 133. Ursprünglich abgedruckt in: Schondorfer Berichte, 30. Jahrgang, Schondorf 1983. Bernhard Knoop heiratete später Anneliese Graf, die Schwester von Willi Graf.
29 Angelika Probst, Christoph Probst, in: … damit Deutschland weiterlebt. a. a. O., S. 128 f. Ursprünglich abgedruckt in: Der Fährmann. Zeitschrift der katholischen

Jungmänner-Gemeinschaft im Bund der deutschen Katholischen Jugend, Heft 3, 1947.

30 Christoph Probst, Abschiedsbrief an die Mutter, in: ... damit Deutschland weiterlebt, a. a. O., S. 118. Diesen Brief hat Probsts Mutter Karin Kleeblatt nie ausgehändigt bekommen. Sie durfte den Brief nur einmal in Anwesenheit eines Gestapo-Beamten lesen, prägte ihn sich so gut wie möglich ein und schrieb ihn anschließend aus dem Gedächtnis nieder. So erging es auch Probsts Schwester Angelika, der bei dieser Gelegenheit offen erklärt wurde, man händige die Abschiedsbriefe nicht aus, denn »man wolle vermeiden, dass ein Märtyrer aus ihm gemacht werde«. Angelika Probst, Christoph Probst, ... damit Deutschland weiterlebt a. a. O., S. 130.

31 Brief an Lisa Remppis vom 13.4.1941, in: Hans Scholl und Sophie Scholl, Briefe und Aufzeichnungen, a. a. O., S. 175.

32 Susanne Zeller-Hirzel, Interview mit dem Verfasser, 15.4.1989.

33 Diesen Ausspruch berichtet Inge Aicher-Scholl, in: Hermann Vinke, Das kurze Leben der Sophie Scholl, Ravensburg 1980, S. 43.

34 Hans Scholl und Sophie Scholl, Briefe und Aufzeichnungen, a. a. O., S. 130.

35 Hermann Vinke, Das kurze Leben der Sophie Scholl, a. a. O., S. 54.

36 Hermann Vinke, Das kurze Leben der Sophie Scholl, a. a. O.

37 Hermann Vinke, Das kurze Leben der Sophie Scholl, a. a. O., S. 56 f.

38 Brief an Fritz Hartnagel vom 9.4.1940, in: Hans Scholl und Sophie Scholl, Briefe und Aufzeichnungen, a. a. O., S. 140.

39 Interview Elisabeth Hartnagel mit dem Autor, 18.3.2004.

40 Brief an Fritz Hartnagel vom 23.9.1940, in: Hans Scholl und Sophie Scholl, Briefe und Aufzeichnungen, a. a. O., S. 163 / 164.

41 Inge Scholl, Die Weiße Rose, a. a. O., S. 41.

42 Es ist auch keine Aussage eines überlebenden Zeitzeugen aus dem kleinen Kreis der in die Verschwörung Eingeweihten bekannt, der diese Version von Hans oder Sophie erfahren und an Inge Scholl weitergegeben haben könnte.

43 Siehe BA ZC 13267, Bd. 3, Verhör Sophie Scholl: »Ich muss ganz entschieden bestreiten, sowohl mit der Abfassung, der Herstellung oder Verbreitung dieser Schrift auch nur das geringste zu tun zu haben.« – Auffällig ist: Für die Aktionen vom Herbst 1942 bis Februar 1943, deren realen Ablauf sie im Detail genau überblickte, nahm Sophie Scholl, um Freunde zu decken, geschickt und von der Gestapo unbemerkt deren Beteiligung auf sich – zum Beispiel die Autorenschaft des 5. Flugblattes und die Weiterverbreitung in Stuttgart durch Hans Hirzel und seine Helfer Susanne Hirzel und Franz Müller. Es wäre also in der Tendenz ihres Aussageverhaltens gelegen, auch für die ersten vier Flugblätter Verantwortung und Mitarbeit einzuräumen, etwa um Alexander Schmorell zu entlasten bzw. zu decken. Der Schluss liegt nahe, dass Sophie Scholl dies unterlassen hat, weil sie die realen Abläufe im Juni / Juli 1942 tatsächlich nicht kannte und es ihr daher nicht möglich war, präzise, nachprüfbare und dann passende Aussagen über ihre angebliche Beteiligung zu erfinden.

44 Interview Susanne Hirzel mit dem Autor, 15.4.1989.

45 Willi Graf, Briefe und Aufzeichnungen. Hrsg. von Anneliese Knoop-Graf und Inge Jens, Frankfurt 1988, S. 84.

46 Willi Graf, Briefe und Aufzeichnungen. Hrsg. von Anneliese Knoop-Graf und Inge Jens, Frankfurt 1988, S. 89.

47 Interview Heinz Bollinger mit dem Verfasser, 4.5.1989.

48 a. a. O.

49 Willi Graf, Briefe und Aufzeichnungen. Hrsg. von Anneliese Knoop-Graf und Inge Jens, Frankfurt 1988, S. 199 f.

50 Ebenda, S. 88.

51 Hermine Meier, Ein Lehrer vertieften Denkens, in: Clara Huber (Hrsg.), Kurt Huber zum Gedächtnis.»… der Tod war nicht vergebens«, München 1986, S. 94.

52 Mirok Li, Kurt Huber und das Ausland, in: Clara Huber (Hrsg.), Kurt Huber zum Gedächtnis.»… der Tod war nicht vergebens«, München 1986, S. 162 f.

53 Zitiert nach: Claudia Schorcht, Philosophie an den Bayerischen Universitäten 1933–1945, Erlangen 1990, S. 166.

54 NSDAP-Mitgliedsnummer 8282981, aufgenommen am 1.4.1940. Zuvor war Huber seit 1934 nur Mitglied der NSV und des Reichsluftschutzbundes, eine »Minimalvariante nationalsozialistischen Engagements«, siehe dazu: Michael Schneider, Winfried Süß, Keine Volksgenossen, Studentischer Widerstand der Weißen Rose, München 1993, S. 19 ff.

55 Interview Clara Huber mit dem Verfasser, 23.12.1990.

56 Verteidigungsrede Kurt Huber, in: Christian Petry, Studenten aufs Schafott. Die Weiße Rose und ihr Scheitern, München 1968, S. 192 f. Bei Petry ist Hubers Redemanuskript auf den Seiten 184–194 insgesamt abgedruckt.

57 Siehe: Die wendigen Verfolger, S. 182 f.

58 Marie-Luise Jahn hieß nach ihrer Heirat nach dem Krieg Marie-Luise Schultze-Jahn.

59 Interview Marie-Luise Schultze-Jahn mit dem Autor, 18.10.1993.

60 Unter diesen Studenten war auch Hildegard Hamm-Brücher, die bei Heinrich Wieland promovierte. Zu Heinrich Wieland siehe: Gerda Freise, Der Nobelpreisträger Professor Dr. Heinrich Wieland: Zivilcourage in der Zeit des Nationalsozialismus, in: Hochverrat? Die Weiße Rose und ihr Umfeld, Rudolf Lill, Michael Kißner (Hrsg.), Konstanz 1993, S. 135 ff.

61 Interview Marie-Luise Schultze-Jahn mit dem Autor, 18.10.1993.

62 Interview Marie-Luise Schultze-Jahn mit dem Autor, 18.10.1993.

63 Mitteilung von Marie-Luise Schultze-Jahn an den Autor.

64 Interview Marie-Luise Schultze-Jahn mit dem Autor, 18.10.1993.

65 Nach der schriftlichen Mitteilung des Rechtsanwaltes von Marie-Luise Schultze-Jahn dem Autor mitgeteilt.

66 Niederschrift Else Gebel November 1946 »Dem Andenken von Sophie Scholl gewidmet«, München, Fa 215 / Bd. 3. Die Fotografie, die Else Gebel anspricht, stammt aus der von Jürgen Wittenstein aufgenommenen Serie, in der Sophie und Christoph Probst im Sommer 1942 von Hans Scholl, Alexander Schmorell, Willi Graf und den weiteren Freunden aus der Sanitätskompanie vor ihrer Abreise zur Feldfamulatur in der Sowjetunion am Ostbahnhof München Abschied nehmen.

67 Interview Walter Gebel mit dem Verfasser, 16.2.2004.

68 Ebenda.

69 Siehe dazu: Andreas Heusler / Tobias Weger: »Kristallnacht«, Gewalt gegen München Juden im November 1938, München 1998, bes. S. 99, 107, 110.

70 Uhlfelder konnte am 2.7.1939 in die Schweiz emigrieren.

71 Staatsarchiv München, OLG 3499, Urteil I d OJs 185 / 43, Urteil gegen Plötz u. a. darunter Gebel.

72 Niederschrift Else Gebel November 1946 »Dem Andenken von Sophie Scholl gewidmet«, IfZ München, Fa 215 / Bd. 3.

73 Ebenda.

74 Ebenda.

75 Bericht Robert Mohr, in: Inge Scholl, Die Weiße Rose, a. a. O., S. 173.

76 Bericht Robert Mohr, in: Inge Scholl, Die Weiße Rose, a. a. O., S. 178.

77 Bericht Robert Mohr, in: Inge Scholl, Die Weiße Rose, a. a. O., S. 178 / 179.

78 »Laut diktiert und auf nochmalige Nachlesung verzichtet« steht z. B. vor der Unterschrift von Sophie Scholls letztem Verhör am 20.2.1943.

79 Bericht Robert Mohr, in: Inge Scholl, Die Weiße Rose, a. a. O., S. 233.

80 BA ZC 13267, Bd. 3, Verhör Sophie Scholl.

81 Alle Angaben aus Personalakte Robert Mohr, BA BDC.

82 Z. B. Franz Müller, Hans Hirzel, Susann Zeller-Hirzel.

83 Interview Anneliese Graf mit dem Autor, 12.12.2003.

84 Ian Sayer / Douglas Botting, America's secret Army. The untold story of the counterintelligence corps, New York, Toronto 1989, S. 331.

85 United States Army Intelligence and Security Command, Fort George Mead, Maryland, Case #116F-05 Anton Mahler, Exploitation of former Gestapo Personnel, File XII-5157.4, 14.7.1950, Akte im Besitz des Autors.

86 Helmut Ortner, Der Hinrichter. Roland Freisler – Mörder im Dienste Hitlers, Wien 1993, S. 136.

87 A. a. O., S. 49 f.

88 Bundesminister der Justiz (Hrsg.), Justiz und Nationalsozialismus, Köln 1989, S. 152.

89 Hans Hirzel im Interview mit dem Autor, 15.7.1990.

IV. Die Vernehmungsprotokolle von Mitgliedern der *Weißen Rose* und ergänzende Dokumente

von Gerd R. Ueberschär

Anmerkungen zu historischen
Quellenstücken der Gestapo

Einige zeitgeschichtliche Quellen bedürfen besonderer Vorsicht und Sorgfalt bei ihrer Auswertung im Rahmen historischer Forschung und Darstellung. Zu dieser Quellengattung gehören auch Protokolle von Verhören durch die Geheime Staatspolizei (Gestapo) oder den Sicherheitsdienst (SD) des Reichssicherheitshauptamtes der SS in der Zeit des Dritten Reiches von 1933 bis 1945, die im Zusammenhang mit Vernehmungen von Verhafteten und Verdächtigen des deutschen Widerstandes gegen Hitler und sein Regime angefertigt wurden.[1] Denn gerade bei der Heranziehung von Verhörprotokollen als »echte Dokumente« für eine Darstellung oder Inhaltswiedergabe von oppositionellen Handlungen gegen das NS-Regime muss die Eigenart dieser Schriftstücke berücksichtigt werden. Sicher können sie in einigen Fällen Auskünfte und Hinweise auf bestimmte historische Ereignisse geben. Allerdings bieten diese Dokumente allein betrachtet noch kein Abbild der historischen Wahrheit, da sie nicht von den Aussagenden oder Vernommenen, sondern von den vernehmenden und protokollierenden Kriminalbeamten oder deren Mitarbeiterinnen und Mitarbeitern bzw. von SD-Leuten angefertigt wurden.

In der Regel hatte der Beschuldigte keine Möglichkeit, darauf zu bestehen, ihm wichtig erscheinende Erklärungen oder Feststellungen zusätzlich oder gesondert aufnehmen zu lassen. Vielmehr wurden Protokolle der Verhöre in der Sprache der Verfolger bzw. vernehmenden Gestapo-Beamten, d. h. der Täter des NS-Regimes, formuliert und von ihnen dabei entsprechende Deutungen darin festgehalten. Meist diktierte der vernehmende Kriminal- oder Gestapo-Beamte die Verhörniederschrift – quasi als Ergebnisprotokoll – anhand von Notizen, die er sich während eines vorausgegangenen Frage- und Antwort-Gesprächs mit dem Beschuldigten gemacht hatte. Die das Protokoll aufnehmende Mitarbeiterin oder der entsprechende Mitarbeiter des Vernehmenden wurden erst am Schluss des Verhörs hinzugezogen, um den diktierten Text dann mit der Schreibmaschine aufzunehmen. Am Schluss wurden gelegentlich noch einige Fragen und Antworten in der Niederschrift direkt festgehalten. Die Verhörprotokolle sollten vor allem im Sinne der Anklage in einem bevorstehenden Prozess präzise und gesicherte Tatbestände des Hochverrats, der Feindbegünstigung oder der Wehrkraftzersetzung festhalten. Deshalb führen im Falle von Verhörniederschriften erst deren Einordnung in den Entstehungszusammenhang und eine vorsichtige, kritische Bewertung zur Annäherung an die tatsächlichen Begebenheiten und den Ablauf der Ereignisse.

Im besonderen Maße muss dabei das »verständliche taktische Verhalten der Beschuldigten im Verhör, der Versuch sich zu retten oder andere zu schonen«[2], beachtet werden. Nicht unbedeutend ist auch der Hinweis auf möglichen psychologischen Druck, Tortur und übliche Folterungen der Vernommenen, die durch die Gestapo angewandt wurden und dann die Aussagen des Beschuldigten in den Verhören wie auch die Protokollinhalte beeinflussten. Deshalb ist zu prüfen, unter welchen Bedingungen und unter welchen »extremen Zwangssituationen«[3] die Aufzeichnung von Vernehmungen zustande gekommen ist.

Zweifellos gab es ein taktisches Verhalten der Beschuldigten, sich bei den Vernehmungen anders zu zeigen, als sie selbst im zurückliegenden Widerstand agierten, um zuerst einmal sich oder wenigstens andere Gesinnungsfreundinnen und -freunde vor der Gestapo zu schonen bzw. zu verbergen, zumal sie am Beginn der Verhöre nicht abzuschätzen vermochten, wie weit die Kenntnisse der vernehmenden Kriminalpolizisten über das Ausmaß der Widerstandshandlungen reichten.

Darüber hinaus ist auch nicht auszuschließen, dass die ermittelnden Gestapo- und SD-Leute bestimmte Aussagen hervorhoben und andere Äußerungen zurückstellten, um die eigene Rolle bei der Aufdeckung der Widerstandsaktionen gegen die NS-Regierung besonders herauszustellen. Wenn man diese Absicht der vernehmenden Beamten nicht beachtet, besteht die Gefahr der Verzerrung bei der Rekonstruktion bestimmter Ereignisabläufe im Zusammenhang mit der Aufdeckung von Widerstandshandlungen.

Insofern kann der Inhalt von Gestapo-Verhörprotokollen allein genommen nicht als singuläre oder sichere Quelle für eine Beschreibung der Abläufe oder politischen Intentionen beim Kampf im Widerstand gegen Hitler dienen. Ihr Wahrheitsgehalt muss durch ergänzende Studien anhand anderer Quellen überprüft bzw. »herausgefiltert« werden.[4] Berücksichtigt man die grundsätzlichen Besonderheiten von Vernehmungsprotokollen, so ist generell festzustellen, dass es sich bei ihnen nicht um ein Spiegel- oder alleiniges Bild des Widerstandskampfes gegen das NS-Regime handelt; sie geben den Verlauf der Verhöre nur partiell wieder. Andererseits können Verhörprotokolle, »mit kritischer Vorsicht gelesen«[5], eine der wichtigen Quellen zur Rekonstruktion der Ereignisse um den deutschen Widerstand gegen Hitler sein.

Mit dieser generellen Quellenproblematik behaftet sind auch die Protokolle der Vernehmungen der am 18. Februar 1943 in München unmittelbar bei einer antinationalsozialistischen Flugblattaktion verhafteten Geschwister Scholl sowie der in den folgenden Tagen ebenfalls festgenommenen weiteren Mitglieder der Widerstandsgruppe *Weiße Rose*, wie u. a. von Christoph Probst, Alexander Schmorell, Willi Graf und Professor Dr. Kurt Huber. Sie waren Mitglieder der *Weißen Rose*, einer der inzwischen bekanntesten im Widerstand gegen die NS-Herrschaft stehenden Münchener Jugend- und Studentengruppe.[6] Ihre Vernehmungen begannen sogleich am Tag ihrer Festnahme. Die dabei von der Gestapo für das beabsichtigte Gerichtsverfahren angefertigten Aufzeichnungen der

Verhöre gelten – »mit Bedacht und Sorgfalt« gelesen – als »eine wahre Fundgrube an Informationen und Fakten«[7].

Die Verhörprotokolle der Mitglieder der *Weißen Rose* standen allerdings lange Zeit der westdeutschen und internationalen Geschichtsschreibung als Quelle für die Erforschung und Darstellung der Hintergründe, Motive und Ziele sowie für das Denken und Handeln einzelner Mitglieder dieser Widerstandsgruppe nicht zur Verfügung, da sie sich in der DDR befanden.[8]

Stattdessen zog man in der westlichen Widerstandshistoriographie die Aussage des vernehmenden Gestapo-Beamten, Kriminalobersekretär Robert Mohr, von 1951 und weiteres gesammeltes Dokumentenmaterial im Archiv des Instituts für Zeitgeschichte in München als Quellen heran.[9] Mohr bezeugte Hans und Sophie Scholl eine beeindruckende Haltung während ihrer Verhöre und beschrieb, wie sie – nach anfänglicher Verleugnung der Widerstandstat – sehr bald konsequent zu ihrer Widerstandsaktion und Handlungsweise standen.[10] In seiner Niederschrift schilderte Mohr auch, dass es Sophie Scholl im Verhör abgelehnt habe, ihre eigene Rolle in der *Weißen Rose* gering einzustufen, und dadurch gleichsam eine von ihm bei der Vernehmung gemachte »goldene Brücke ausschlug«, durch die sie möglicherweise bei der bevorstehenden Verurteilung ein milderes Urteil erlangt hätte. Allerdings sind Mohrs Angaben mit Vorsicht aufzunehmen, da sie Memoirencharakter haben und auch zu seiner Rechtfertigung dienen sollten.

Die ersten Aktivitäten der Gruppe *Weiße Rose* beunruhigten schon 1942 die NS-Führung. Angesichts der militärischen Krisensituation in Stalingrad, nachdem die 6. Armee ab November 1942 eingekesselt worden war und in der Wolga-Metropole vor der Kapitulation stand, verstärkten die Studenten im Januar 1943 ihre Flugblattaktivitäten und formulierten zwei neue Blätter, die sie nicht nur in München, sondern auch in anderen Städten des Reichsgebiets in die Briefkästen der

Reichspost einwarfen. Ende Januar verteilten sie mehrere Tausend Flugblätter mit dem Titel »Aufruf an alle Deutsche!« im Stadtgebiet von München und verschickten weitere Exemplare per Post nach Augsburg, Salzburg, Frankfurt / Main, Stuttgart, Linz, Wien und München. Anfang und Mitte Februar brachten sie zudem an etwa 30 Stellen des Münchner Stadtgebietes und an Universitätsgebäuden die Parolen »Nieder mit Hitler«, »Massenmörder Hitler« und »Freiheit« sowie mit Farbe durchgestrichene Hakenkreuze an.[11]

Bei der Auslegung und Verteilung des sechsten Flugblattes, das hauptsächlich von Professor Kurt Huber formuliert und in insgesamt 3000 Exemplaren hergestellt worden war, wurden Hans und Sophie Scholl dann allerdings am 18. Februar 1943 von einem Hausmeister der Münchener Universität beobachtet und verhaftet.

Die herbeigerufene Staatspolizei konnte schon sehr bald nach einer Wohnungsdurchsuchung bei den Vernehmungen und Befragungen die Beteiligung der Geschwister Scholl nachweisen, so dass der Gestapo der Kern der Oppositionsgruppe deutlich wurde. Nachdem Hans und Sophie Scholl zuerst eine Verbindung zu den in der Universität verteilten Flugblättern abstritten, bekannten sie sich im Verlauf der weiteren Verhöre zu ihren Widerstandshandlungen. Sie legten das Geständnis ab, sie allein seien für Herstellung und Verteilung der Flugschriften verantwortlich, um den Verdacht von weiteren Mitgliedern der *Weißen Rose* abzuwenden. Namen anderer Mitglieder ihrer Gruppe gaben sie anfangs nicht preis, nannten dann aber offen ihre Motive und auch weitere Beteiligte. Da bei Hans Scholl ein neuer Flugblattentwurf von Christoph Probst gefunden wurde, konnte auch er am 19. Februar 1943 in Innsbruck verhaftet werden. Er wurde nach München gebracht und zusammen mit den Geschwistern Scholl vernommen und angeklagt. Alexander Schmorell wurde am 24. Februar festgenommen, und Willi Graf wurde gemeinsam mit seiner Schwester in ihrer Wohnung in der Mandlstraße verhaftet.

Die NS-Führung in Berlin wurde von den Verhaftungen umgehend unterrichtet, nachdem sie bereits zuvor auf die antinationalsozialistischen Flugblätter und Wandparolen in München mit höchster Aufmerksamkeit und Beunruhigung reagiert hatte.[12] Denn dass diese Äußerungen von Hitlergegnern gerade in der »Stadt der Bewegung« München auftauchten, war für sie – auch angesichts der zur gleichen Zeit erlittenen schweren militärischen Niederlage in Stalingrad – sehr beunruhigend. Eine von Reichsjustizminister Otto Thierack eingesetzte Arbeitsgruppe bemühte sich eiligst um weitere Klarheit über das Ausmaß der Studentenaktion und über mögliche Verbindungen zu den seit Wochen in München beobachteten Wandparolen gegen Hitler oder zu studentischen Unmutsäußerungen gegenüber dem NSDAP-Gauleiter Paul Giesler bei der Festveranstaltung zur 470. Jahresfeier der Universität im Deutschen Museum Mitte Januar 1943.

Auch die Reichskanzlei und Hitler persönlich wurden eingeschaltet. Der »Führer« entschied, die Aburteilung der verhafteten Geschwister Scholl und von Christoph Probst wegen Vorbereitung zum Hochverrat, landesverräterischer Feindbegünstigung und Wehrkraftzersetzung »schnellstens durch den Volksgerichtshof« durchführen zu lassen, wie von NSDAP-Reichsleiter Martin Bormann und NSDAP-Gauleiter Giesler sogleich vorgeschlagen worden war,[13] obwohl die zuerst verdächtigten Hans Scholl und Christoph Probst als Sanitätsfeldwebel und Angehörige der Studentenkompanien der Militärgerichtsbarkeit unterstanden. Die NS-Führung fürchtete bei längerer Verzögerung eine »starke Beunruhigung der Zivilbevölkerung Süddeutschlands«[14]; sie erkannte offensichtlich die große Gefahr für den geforderten Durchhaltewillen bis zum angeblichen Endsieg, die aus dieser grundsätzlichen Auflehnung gegen das NS-Regime hervorging, und verlangte eine möglichst rasche Aufklärung des Falles sowie einen ebenso schnellen Abschluss der Ermittlungen und Verhöre. Generalfeldmarschall Wilhelm Keitel, der Chef des Oberkommandos der Wehrmacht (OKW), war nur zu gerne bereit, diese »München-chener Vorfälle« von einem Zivilgericht ahnden zu lassen, um sie quasi von der Wehrmacht fern zu halten.

Die Reaktion der NS-Staatsführung sollte jedenfalls rasch erfolgen. Die Verhöre im Wittelsbacher Palais, der Gestapo-Zentrale in München, mussten deshalb unter großem Zeit-druck vorgenommen werden. Noch während am 20. Februar, einem Samstag, die Vernehmungen in München von der Gestapo in Tages- und Nachtstunden durchgeführt wurden – nach Aussage des Sophie Scholl vernehmenden Gestapo-Be-amten kamen sowohl die Beschuldigten als auch die verneh-menden Kriminalpolizisten »in diesen Tagen kaum zur Ruhe«[15] –, formulierte die Reichsanwaltschaft die Anklage-schrift und erließ die Haftbefehle.[16]

Bereits am 21. Februar 1943 reiste der Präsident des »Volks-gerichtshofes«, Roland Freisler, mit Landgerichtsdirektor Martin Stier vom ersten Senat von Berlin nach München. Am Montag, dem 22. Februar, begann der Prozess um 10.00 Uhr gegen die Geschwister Hans und Sophie Scholl sowie gegen Christoph Probst. Nach etwa dreieinhalb Stunden war die Ge-richtsverhandlung vorbei, und die Todesurteile wurden wegen landesverräterischer Feindbegünstigung, Vorbereitung zum Hochverrat und Wehrkraftzersetzung verkündet.[17] Schon um 17.00 Uhr vollstreckte man die Urteile mit der Guillotine im Gefängnis in München-Stadelheim an dem 25-jährigen Hans Scholl, seiner 22-jährigen Schwester Sophie sowie an dem 24-jährigen, dreifachen Familienvater Christoph Probst.

Wie die Vernehmungsprotokolle zeigen, erklärten Hans und Sophie Scholl in ihren Verhören, die Flugblätter allein verfasst und hergestellt zu haben. Dennoch gelang es der Gestapo, wei-tere Mitglieder und Sympathisanten der Gruppe aufzudecken; sie wurden in einem zweiten und dritten Prozess angeklagt und verurteilt. Als Alexander Schmorell nach seinem misslun-genem Fluchtversuch am 24. Februar verhaftet und ebenfalls mehreren Verhören unterzogen wurde, waren seine früheren

Gesinnungsfreunde im Kampf gegen den NS-Staat schon tot. Der zweite Prozess gegen 14 weitere Mitglieder der *Weißen Rose*, unter ihnen Professor Kurt Huber, Alexander Schmorell und Willi Graf, sollte eigentlich in Berlin stattfinden, wie der Justizstaatssekretär Curt Rothenberger am 27. Februar angeordnet hatte. Doch erreichte es NSDAP-Gauleiter Giesler, dass auch dieser Prozess des »Volksgerichtshofes« am 19. April 1943 ebenso wie eine dritte Gerichtsverhandlung vor einem Sondergericht am 13. Juli 1943 in München durchgeführt wurde, um dadurch die lokale Stärke der NSDAP in der bayerischen Hauptstadt demonstrieren zu können.

Bei weiteren Verhören stellte sich heraus, dass die nach dem zweiten Prozess noch lebenden Schmorell, Graf und Huber wichtige Zeugen und Aussagende gegen über 50 weitere Verdächtige sein konnten, zumal die NS-Stellen mittlerweile vom Umfang der *Weißen Rose* überrascht waren. Mit ihrer Hilfe wollte die Gestapo durch zusätzliche Vernehmungen Verbindungen zu anderen Hitlergegnern und deren Namen in Erfahrung bringen. Die Vernommenen hielten aber stand und widersetzten sich dem Gestapo-Verlangen, andere Mitwirkende und Beteiligte zu nennen.[18] Zusammen mit der »Kanzlei des Führers« drängte Giesler zudem darauf, dass die zum Tode Verurteilten alsbald hingerichtet wurden. Man wünschte weder besondere »Gnadenerweise« noch zeitliche Verschiebungen bei den Vollstreckungen der Todesurteile. Schließlich wurden Kurt Huber und Alexander Schmorell am 13. Juli und Willi Graf am 12. Oktober 1943 durch das Fallbeil hingerichtet.[19]

In den Verhörprotokollen wird erkennbar, dass die zuerst Beschuldigten versuchten, »die Gefährten zu schützen und zu entlasten«[20]. Erstaunlicherweise finden sich in den Niederschriften der Verhöre von Seiten der vernehmenden Polizeibeamten keine Hinweise auf die Ermittlungen und Verfahren, die Ende 1937 und Anfang 1938 von der Gestapo und vor einem Sondergericht in Mannheim gegen Willi Graf wegen

Mitgliedschaft in der katholischen Gemeinschaft »Grauer Orden« und gegen Hans Scholl wegen »bündischer Umtriebe« eingeleitet worden waren und die nach dem von Hitler erlassenen Amnestiegesetz aufgrund des erfolgreichen Anschlusses von Österreich im März 1938 wieder eingestellt worden waren, so dass Scholl und Graf damals straffrei blieben. Offensichtlich hatten die Gestapo-Beamten in München bei der Eile ihrer Vernehmungen darüber keine Information erhalten. Allerdings führte Sophie Scholl diese Ermittlungen als Grund an, warum sie nichts mehr mit dem Nationalsozialismus zu tun haben wolle.

Scholl und Probst verteidigten in den Verhören nachhaltig ihre politischen Ziele und Widerstandshandlungen.[21] Wie schon in ihrem letzten Flugblatt, in dem sie die deutsche Bevölkerung vor dem Hintergrund der Judenmorde und der erschütternden militärischen Katastrophe an der Wolga zum Sturz Hitlers und zur »Brechung des nationalsozialistischen Terrors« aufriefen, da der »deutsche Name [...] für immer geschändet [bleibe], wenn nicht die deutsche Jugend endlich aufsteht, rächt und sühnt zugleich, ihre Peiniger zerschmettert und ein neues geistiges Europa aufrichtet«[22], hielten sie auch in den Vernehmungen an ihrer Überzeugung fest, dass nur eine neue Regierung einen politischen Wechsel und das rasche Ende des Krieges herbeiführen könne. Dabei prangerten sie auch das sinnlose Morden an den Juden an. Die Protokolle der Vernehmungen von Sophie und Hans Scholl sowie Christoph Probst, Kurt Huber und Alexander Schmorell bezeugen deren mutige Haltung, auch gegenüber den Gestapo-Beamten die Forderung nach Recht und Freiheit sowie nach grundlegender Veränderung der politischen Verhältnisse in Deutschland als vorrangiges Ziel ihrer Widerstandsaktionen zu bezeichnen und konsequent daran festzuhalten.

Die Vernehmungsprotokolle belegen zudem die inzwischen in mehreren Studien – zuletzt insbesondere in der historischen Untersuchung von Detlef Bald – betonte besondere Bedeutung

der militärischen Einsätze der männlichen Mitglieder der Widerstandsgruppe im Kriegsdienst, die sie während ihres Medi-
zinstudiums im Rahmen von »Famulaturen« als Sanitätsfeldwebel in verschiedenen Lazaretten an der Front im Westen und
Osten abzuleisten hatten.[23] Dies gilt insbesondere für die Erlebnisse und Erfahrungen von Hans Scholl, Willi Graf, Alexander Schmorell, Hubert Furtwängler und Jürgen Wittenstein
beim Einsatz in Sanitätskompanien im Osten vom Juli bis November 1942.

Wie Alexander Schmorell in seinem späteren Verhör bezeugt, wurden die Kriegseinsätze zu ihren »härtesten Lehr-
meistern«, und sie hatten besondere Bedeutung für ihre kon-
sequente und zunehmende Widerstandshaltung gegen Hitlers
Herrschaft. Die Eindrücke von der Ostfront 1942 wurden für
den Kern der Mitglieder der *Weißen Rose* zu einem »tiefgrei-
fenden Wendepunkt«[24]. Denn dort sahen sie belastende
Kriegsereignisse, grauenhafte Verbrechen und Kriegsgräuel.
Besonders Alexander Schmorell, der 1917 in Orenburg in
Russland geboren worden war und eine russische Mutter hatte
sowie »eine Liebe zu Russland« empfand, wie er in mehreren
Verhören erklärte, trafen die NS-Verbrechen in den besetzten
sowjetischen Gebieten schwer. Aus »Liebe zum russischen
Volk« wünschte er ein baldiges Ende des deutsch-sowjetischen
Krieges und hoffte, dass Russland nach dem Krieg ein Landverlust erspart bleibe.[25] In den Vernehmungen betonte Schmorell wiederholt, dass er gerade diese »Gedankengänge« durch
die Flugblätter dem deutschen Volk verständlich machen
wollte, um insbesondere gegen Hitlers Vernichtungskrieg um
deutschen »Lebensraum im Osten« zu argumentieren; daraus
erklärte sich auch seine Gegnerschaft zum Nationalsozialismus und die vorrangige Forderung nach Freiheit,[26] für die er
wie Hans und Sophie Scholl sowie Christoph Probst und Willi
Graf mit dem Leben bezahlte.

Anmerkungen

1 Vgl. die Hinweise bei Hans Booms: Bemerkungen zu einer fragwürdigen Quellenedition. Die Veröffentlichung der »Kaltenbrunner-Berichte« vom »Archiv Peter«. In: Der Archivar. Mitteilungsblatt für deutsches Archivwesen 15 (1962), Spalte (Sp.) 105–112, hier Sp. 106.
2 Ebenda, Sp. 107.
3 Anneliese Knoop-Graf: Hochverräter? Willi Graf und die Ausweitung des Widerstands. In: Hochverrat? Die »Weiße Rose« und ihr Umfeld. Hrsg. v. Rudolf Lill. Konstanz 1993, S. 43–88, hier S. 48.
4 Vgl. Hans-Adolf Jacobsens Vorbemerkung zu »Spiegelbild einer Verschwörung«. Die Opposition gegen Hitler und der Staatsstreich vom 20. Juli 1944 in der SD-Berichterstattung. Geheime Dokumente aus dem ehemaligen Reichssicherheitshauptamt. Hrsg. v. Hans-Adolf Jacobsen. 2 Bde. Stuttgart 1984, hier Bd. 1, unpaginierte Vorbemerkung zur Edition.
5 Booms: Bemerkungen zu einer fragwürdigen Quellenedition (wie Anm. 1), Sp. 111.
6 Zur Einordnung als Jugendwiderstand vgl. Wilfried Breyvogel: Die Gruppe »Weiße Rose«. Anmerkungen zur Rezeptionsgeschichte und kritischen Rekonstruktion. In: Piraten, Swings und Junge Garde. Jugendwiderstand im Nationalsozialismus. Hrsg. v. Wilfried Breyvogel. Bonn 1991, S. 159–201, hier S. 160 ff., 198 f.; zur Wirkung nach 1945 s. Barbara Schüler: »Im Geiste der Gemordeten …«. Die »Weiße Rose« und ihre Wirkung in der Nachkriegszeit. Paderborn 2000.
7 Detlef Bald: Die »Weiße Rose«. Von der Front in den Widerstand. Berlin 2003, S. 15.
8 Siehe dazu die Einführung in diesem Band, S. 9 ff.
9 Siehe Christian Petry: Studenten aufs Schafott. Die Weiße Rose und ihr Scheitern. München 1968, S. 124 f., und Inge Scholl: Die Weiße Rose. Frankfurt am Main 3. Auflage, 1952., hier erweiterte Neuausgaben ab 1982 und 1993, S. 212 f. und 178 f.; ferner Archiv des Institut für Zeitgeschichte, München.
10 Vgl. Scholl: Die Weiße Rose, S. 212–225; ferner Michael Verhoeven / Mario Krebs: Die Weiße Rose. Der Widerstand Münchner Studenten gegen Hitler. Informationen zum Film. Frankfurt am Main 1982, S. 172 f.
11 BA Berlin (Hoppegarten), ZC 13267, Bd. 1: Bericht der Gestapo München v. 20.2.1943 und Vermerk v. 19.2.1943; ebenda, Bd. 2: Vernehmungsprotokolle Hans Scholl v. 18. und 20.2.1943; zur Beeinflussung durch die Ereignisse in Stalingrad siehe ebenda, Bd. 4: Vernehmungsprotokoll Christoph Probst v. 20. / 21.2.1943.
12 Bald: Die Weiße Rose (wie Anm. 7), S. 156.
13 BA Berlin (Hoppegarten), ZC 13267, Bd. 1: Fernschreiben v. Giesler an Bormann v. 19.2.1943 und Fernschreiben v. Bormann an Giesler v. 19.2.1943; siehe Abdruck in diesem Band, S. 326; zu den Verhandlungen des »Volksgerichtshofs« siehe: Wi-

derstand als »Hochverrat« 1933 bis 1945. Die Verfahren gegen deutsche Reichsangehörige vor dem Reichsgericht, dem Volksgerichtshof und dem Reichskriegsgericht. Hrsg. v. Institut für Zeitgeschichte München. Mikrofiche-Edition und Erschließungsband. Bearb. v. Jürgen Zarusky und Hartmut Mehringer. München 1997–1998.

14 BA Berlin (Hoppegarten), ZC 13267, Bd. 1.

15 Aussage von Robert Mohr in: Scholl: Die Weiße Rose (wie Anm. 9), S. 220.

16 Siehe BA Berlin (Hoppegarten), ZC 13267, Bd. 1: Anklageschrift v. 21.2.1943; siehe Abdruck in diesem Band, S. 327 f.

17 Siehe BA Berlin (Hoppegarten), ZC 13267, Bd. 1: Urteil v. 22.2.1943; ferner Widerstand als »Hochverrat« 1933–1945 (wie Anm. 13); Abdruck der Urteile in: Scholl: Die Weiße Rose (wie Anm. 9), S. 137 ff.

18 Vgl. BA Berlin (Hoppegarten) u. GDW Berlin Sammlung »Weiße Rose«, ZC 13267, NJ 1704: Vernehmungen von Graf und Huber, ebenso Militärarchiv Moskau, 1361–1–8808: Schmorells Vernehmung v. 1.3.1943.

19 Siehe Widerstand als »Hochverrat« 1933–1945 (wie Anm. 13); Kurt Huber zum Gedächtnis. Bildnis eines Menschen, Denkers und Forschers. (»... der Tod war nicht vergebens«). Hrsg. v. Clara Huber. Regensburg 1947, Neuauflage München 1986, S. 32 ff. (1947), S. 53–55 (1986); Scholl: Die Weiße Rose (wie Anm. 9), S. 143 ff.

20 Bald: Die »Weiße Rose« (wie Anm. 7), S. 158.

21 Vgl. BA Berlin (Hoppegarten): ZC 13267, Bd. 1: Vernehmungsprotokolle von Hans und Sophie Scholl v. 18./19./20.2.1943 sowie Christoph Probst v. 20./21.2.1943.

22 Siehe den Abdruck der Flugblätter in diesem Band, Kap. I, S. 23 ff.

23 Auf die Erfahrungen bei diesen Famulatur-Einsätzen an der Front wiesen u. a. besonders hin: Karl Heinz Jahnke: Weiße Rose contra Hakenkreuz, 1969 (wie Anm. 13); ders.: Antifaschistischer Widerstand an der Münchener Universität. Die Studentengruppe Scholl / Schmorell. In: Zeitschrift für Geschichtswissenschaft 16 (1968), H. 7, S. 874 ff.; Christiane Moll: Die Weiße Rose. In: Widerstand gegen den Nationalsozialismus. Hrsg. v. Peter Steinbach und Johannes Tuchel. Bonn 1994, S. 443–467; ebenso in: Widerstand gegen die nationalsozialistische Diktatur 1933 bis 1945. Hrsg. v. Peter Steinbach und Johannes Tuchel. Bonn 2004, S. 375–395; Gerd R. Ueberschär: Zum »Rußlandbild« in deutschen Widerstandskreisen gegen Hitler. In: Jahrbuch 1997. Dokumentationsarchiv des österreichischen Widerstandes. Redaktion: Siegwald Ganglmair. Wien 1997, S. 69–82, hier S. 77; und besonders Bald: Die »Weiße Rose« (wie Anm. 7).

24 So Bald: Die »Weiße Rose« (wie Anm. 7), S. 14; Jahnke: Jüngste Auseinandersetzungen (wie Anm. 23), S. 33, nennt sie ein »Schlüsselereignis« für die Weiterentwicklung ihres Widerstandes.

25 GDW Berlin Sammlung »Weiße Rose«, und Russisches Staatliches Militärarchiv Moskau, 1361-1-8808: Vernehmungsprotokolle v. 25.2., 26.2., 1.3., 11.3., 13.3. und 18.3.1943, ferner Schmorells politisches Bekenntnis v. 8.3.1943 sowie weitere Verhandlungsunterlagen gegen Alexander Schmorell; siehe auch Abdrucke in diesem Band, S. 341 ff.

26 Ebenda: Schmorells Vernehmung v. 26.2.1943. Für den unermüdlichen Einsatz für die »Sache der Freiheit« wird denn auch Sophie Scholl stellvertretend für *Die Weiße Rose* in der »Hall of Freedom« im Schweizer Jungfrauenjoch weltweit gewürdigt.

Hinweise zum Abdruck
der nachfolgenden Dokumente

Die Formblätter der Vernehmungen wurden nach grafischer Gestaltung und Anordnung der Vorlage wiedergegeben. Die damals noch übliche Frakturschrift wurde einheitlich in Antiquaschrift gesetzt. Es handelt sich bei der Wiedergabe der Formulare jedoch um keinen Faksimile-Abdruck.

Handschriftliche Unterstreichungen in den Vernehmungsprotokollen wurden weggelassen. Maschinenschriftliche Unterstreichungen und gesperrte Hervorhebungen wurden in kursiver Schrift gesetzt. Zeichensetzung und Schreibweise nach der früheren Rechtschreibung wurden nicht verbessert, auch wenn sie nach den damaligen Regeln Fehler enthalten oder nicht einheitlich bei allen Vernehmungen angewandt wurden (wie zum Teil die parallele Schreibweise von daß und dass). Nur in geringem Umfange sind einige Korrekturen und Ergänzungen bei offensichtlichen Schreibfehlern vorgenommen worden; sie sind durch eckige Klammern gekennzeichnet oder unverändert belassen worden, wie z. B. bei den Namen Schmorel[l], Schmid [Schmied], Lafrenz [Lafranz, Laffrenz], Magdalena [Magdalene], Berndl [Werndl] und Falk Harnack [Valk Harnak]. Der früher in der Schreibmaschinenschrift verwendete Großbuchstabe J an Stelle des großen I in der Antiquaschrift wurde am Wortanfang jeweils als I gesetzt. Die handschriftlichen Unterschriften unter den Protokollen sind – soweit lesbar – aufgelöst und in kursiver Schrift gesetzt. Die Flugblätter und -schriften der *Weißen Rose* wurden in den Vernehmungen von den Gestapo-Beamten wiederholt als Propagandabriefe und Propagandaschriften bezeichnet.

Abkürzungsverzeichnis zu den Dokumenten

a.A.	am Ammersee	KOS.	Kriminalobersekretär
Abt.	Abteilung	Krim. Sekr.	Kriminalsekretär
a.d.D.	an der Donau	KS.	Kriminalsekretär
amtl.	amtlich	K. S. O.B.	Kriegssanitäts-
Ar 7	Artillerieregiment		offizierbewerber
	bzw. Artillerie-Kom-	led.	ledig
	mandeur 7	Lt.	Laut
	(in München)	m.	mit
b.	bei	M.	Main
B. Ang.	Büroangestellte	Ma.	Mahler (Name)
bezw.	beziehungsweise	Mchn	München
cand. med.	Student der Medizin	Mitgl.	Mitglied
	im höheren Semester	Mo.	Mohr (Name)
	(candidatus medicinae)	Mot. Feld. Laz.	Motorisiertes Feld-
d. h.	das heißt		lazarett
D.	Donau	Mü.	München
Dez.	Dezember	Nat. Soz.	Nationalsozialismus
DR.	Deutsches Reich	Nov.	November
	(Staatsangehörigkeit)	Nr.	Nummer
DRK	Deutsches Rotes Kreuz	NSDAP	Nationalsozialisti-
Dt.	Deutsche(r)		sche Deutsche
ev.	evangelisch		Arbeiterpartei
Fa.	Firma	Obb.	Oberbayern
Fabr.	Fabrikat	Ostmed.	Ostmedaille
Febr.	Februar	P. Ass.	Polizeiassistent
Feldp. Einh.	Feldposteinheit	Pfg.	Pfennig
Frl.	Fräulein	Pl.	Platz
geb.	geboren(e)	Pol. Präs.	Polizeipräsidium /
Gend.	Gendarmerie		Polizeipräsident
HJ	Hitlerjugend	RAD, R. A. D.	Reichsarbeitsdienst
I.A.	Im Auftrag	Ref.	Referent
i.T.	in Tirol	RM	Reichsmark
kath.	katholisch	San.	Sanitäts
Kav. Regt.	Kavallerieregiment	Schm	Schmauß (Name)
KK., K.K.	Kriminalkommissar	Sdkdo	Sonderkommando
Komp.	Kompanie	s.g.u.	selbst gelesen
Kp.	Kompanie		und ...
Kriegsverd.	Kriegsverdienst	s.g.u.u.	selbst gelesen
			und unterschrieben

Sond.	Sonder	verh.	verheiratet
Sonderk.	Sonderkommission	v.g.u.u.	vorgelesen und
U.	Unterschrift		unterschrieben
VA.	Verwaltungs-	Wilh.	Wilhelm
	angestellte	z. Zt.	zur Zeit

Verzeichnis der Dokumente

Vernehmungen von Sophie Scholl

Sophie Scholl, die im Protokoll auch als Sofia Scholl bezeichnet wird, wurde nach ihrer vorläufigen Festnahme zusammen mit ihrem Bruder am 18. Februar 1943 gegen 11.00 Uhr in der Universität sogleich in der Münchener Staatspolizeileitstelle vernommen.

Anfangs wurden bei Sophie Scholls erster Vernehmung Angaben zur Person und Familie, zum Lebensunterhalt, zum Studium sowie zu Freundinnen und Bekannten erfragt und festgehalten. Sehr früh bekundete die Studentin dabei, dass sie »mit dem Nationalsozialismus nichts zu tun haben will«. Sie erklärte ferner, »nicht das Geringste« mit den in der Universität gefundenen Flugblättern zu tun zu haben. Sie habe sie auch nicht ausgelegt oder verteilt. Vielmehr habe sie die Blätter dort zufällig gesehen und »im Vorbeigehen« den »auf dem Geländer im zweiten Stock aufgeschichteten Flugblättern mit der Hand einen Stoss gegeben, sodass diese in den Lichthof hinunterflatterten«. Sie gab zu, dies sei eine »Dummheit« gewesen. Der bei ihrer Festnahme mitgeführte leere Koffer sei zur Aufnahme von Wäschestücken bei der beabsichtigten Fahrt zu den Eltern nach Ulm gedacht gewesen. Wie ihr Bruder leugnete Sophie Scholl, eine größere Menge an Briefmarken für einen eventuellen Versand von Flugblättern gekauft zu haben. Ihre Darstellung und Aussage schien die Gestapo anfangs zu glauben. Nach kurzer Vernehmungspause und nach Hinweis des Gestapo-Beamten Mohr, ihr Bruder habe bereits gestanden, sagte Sophie Scholl, sie sei bereit, ein Geständnis abzulegen.

Geheime Staatspolizei

Staatspolizeileitstelle München

Fingerabdruck genommen*⁾

Fingerabdrucknahme nicht erforderlich*⁾

Person ist – nicht – festgestellt*⁾

Datum: ....

Name: ....

Amtsbezeichnung: ....

Dienststelle: ....

(Dienststelle des vernehmenden Beamten)   ....München...., am ....18. 2. 1943..........

~~Auf Vorladung~~ – <u>Vorgeführt</u>*⁾ – erscheint

.... Sofia Magdalena Scholl ....

und erklärt, zur Wahrheit ermahnt:

I. Zur Person:

1. a) Familienname, auch Beinamen (bei Frauen auch Geburtsname, ggf. Name des früheren Ehemannes)	a) ......Scholl................
b) Vornamen (Rufname ist zu unterstreichen)	b) ......<u>Sophia</u> Magdalena..........
2. a) Beruf Über das Berufsverhältnis ist anzugeben, – ob Inhaber, Handwerksmeister, Geschäftsleiter oder Gehilfe, Geselle, Lehrling, Fabrikarbeiter, Handwerksgehilfe, Verkäuferin usw. – bei Ehefrauen Beruf des Ehemannes – – bei Minderjährigen ohne Beruf der der Eltern – – bei Beamten und staatl. Angestellten die genaueste Anschrift der Dienststelle – – bei Studierenden die Anschrift der Hochschule und das belegte Lehrfach – – bei Trägern akademischer Würden (Dipl.-Ing., Dr., D. pp.), wann und bei welcher Hochschule der Titel erworben wurde –	a) ....Studentin der Naturwissen-.... ....schaften und Philosophie...........
b) Einkommensverhältnisse	b) 150.– RM pro Monat Unterstützung durch die Eltern
c) Erwerbslos?	c) Ja, seit ...../. ... nein ....
3. Geboren	am ..9.5.21........ in .Forchtenberg................. Verwaltungsbezirk Öringen............... ~~Württemberg~~ Landgerichtsbezirk ...Stuttgart................. Land .... Württemberg............

*⁾ Nichtzutreffendes durchstreichen.

4. Wohnung oder letzter Aufenthalt	in <u>München 23, Franz-Josef-Str.13/0</u> <u>Gartenhaus b.Schmidt</u> Verwaltungsbezirk .... Land .... $\frac{\text{Straße}}{\text{Platz}}$ Nr. .... Fernruf <u>35227</u>...
5. Staatsangehörigkeit Reichsbürger?	...................<u>DR.</u>................... ....<u>ja</u>...................

6. a) Religion (auch frühere)
    1) Angehöriger einer Religionsgemeinschaft
       od. einer Weltanschauungsgemeinschaft,
    2) Gottgläubiger,
    3) Glaubensloser
 	
  b) sind 1. Eltern ⎫ deutschblütig?
        2. Großeltern ⎭
	a) ....<u>ev.</u>...............
	1) ja – welche? ....
	   nein
	2) ja – nein
	3) ja – nein
	
	b) 1. ....<u>ja</u>..........
	   2. ....<u>ja</u>..........

7. a) Familienstand
    (ledig – verheiratet – verwitwet – geschieden –
    lebt getrennt)
 	
  b) Vor- und Familiennamen des Ehegatten
    (bei Frauen auch Geburtsname)
 	
  c) Wohnung des Ehegatten
    (bei verschiedener Wohnung)
 	
  d) Sind oder waren die Eltern – Großeltern –
    des Ehegatten deutschblütig?
	a) ....<u>led.</u>...............
	
	b) ....<u>./.</u>...............
	
	c) ....
	
	d) ....

8. Kinder	ehelich: a) Anzahl: ...<u>./.</u>..................
	         b) Alter: .... Jahre
	unehelich: a) Anzahl: ....
	           b) Alter: .... Jahre

9. a) Des Vaters
    Vor- und Zunamen
    Beruf, Wohnung
 	
  b) der Mutter
    Vor- und Geburtsnamen
    Beruf, Wohnung
    (auch wenn Eltern bereits verstorben)
	a) ....<u>Robert Scholl</u>.......
	
	   <u>Wirtschaftstreuhänder in Ulm</u>
	   <u>Münsterplatz 33.</u>
	
	b) ....<u>Magdalena Sch.,geb.Müller</u>.........
	
	   <u>wie oben.</u>

10. Des Vormunds oder Pflegers
     Vor- und Zunamen
 	
     Beruf, Wohnung
	...................<u>./.</u>...................
	
	.......................<u>.</u>.......................

11. a) Reisepaß ist ausgestellt	a) von Polizeipräs. Ulm...... am Juni 1939......
	Nr. ....
b) Erlaubnis zum Führen eines Kraftfahrzeuges – Kraftfahrrades – ist erteilt	b) von ../.. .... am ....
	Nr. ....
c) Wandergewerbeschein ist ausgestellt	c) von ../.. .... am ....
	Nr. ....
d) Legitimationskarte gemäß § 44a Gewerbeordnung ist ausgestellt	d) von ../.. .... am ....
	Nr. ....
e) Jagdschein ist ausgestellt	e) von ...../.. .... am ....
	Nr. ....
f) Schiffer- oder Lotsenpatent ist ausgestellt	f) von ...../.. .... am ....
	Nr. ....
g) Versorgungsschein (Zivildienstverordnungsschein) ist ausgestellt	g) von ...../.. .... am ....
	Nr. ....
Rentenbescheid?	....
Versorgungsbehörde?	....
h) Sonstige Ausweise?	h) ..../.. ....
12. a) Als Schöffe oder Geschworener für die laufende oder die nächste Wahlperiode gewählt oder ausgelost? Durch welchen Ausschuß (§ 40 GVG.)?	a) ..../.. ....
b) Handels-, Arbeitsrichter, Beisitzer eines sozialen Ehrengerichts?	b) ..../.. ....
c) Werden Vormundschaften oder Pflegschaften geführt? Über wen?	c) ..../.. ....
Bei welchem Vormundschaftsgericht?	........./.. ....
13. Zugehörigkeit zu einer zur Reichskulturkammer gehörigen Kammer (genaue Bezeichnung)	........./.. ....
14. Mitgliedschaft a) bei der NSDAP.	a) seit ...../.. ....
	letzte Ortsgruppe ....
b) bei welchen Gliederungen?	b) seit ...../.. ....
	letzte Formation ....
	oder ähnl. ....

15. Reichsarbeitsdienst Wann und wo gemustert?	März 1941 in Ulm
Entscheid	
Dem Arbeitsdienst angehört	von April 1941 bis März 1942 Abteilung 13/122? Ort Sigmaringen Blumberg
16. Wehrdienstverhältnis a) Für welchen Truppenteil gemustert oder als Freiwilliger angenommen?	a) ./.
b) Als wehrunwürdig ausgeschlossen? Wann und weshalb?	b) ./.
c) Gedient: Truppenteil Standort entlassen als	c) von bis
17. Orden- und Ehrenzeichen? (einzeln aufführen)	./.
18. Vorbestraft? (Kurze Angabe des – der – Beschuldigten. Diese Angaben sind, soweit möglich, auf Grund der amtlichen Unterlagen zu ergänzen)	./.

Zur Person:
Die bereits angegebenen Personalien sind richtig. Ich bin in Forchtenberg, LA. Öhringen / Württemb. geboren, wo mein Vater Berufsbürgermeister der Gemeinde (Stadtgemeinde) Forchtenberg war. Gemeinsam mit 4 Geschwistern (2 Brüdern und 2 Schwestern) wurde ich im Elternhaus erzogen. Eine weitere Schwester von mir ist im Alter von einem Jahr an Lungenentzündung gestorben. Bis zum Jahre 1930 besuchte ich die Volksschule in Forchtenberg bis zur 2. Schulklasse. Im gleichen

Jahr übersiedelten meine Eltern nach Ludwigsburg / Wttbg., da mein Vater nach Ablauf seiner Amtsperiode in Forchtenberg nicht mehr als Bürgermeister gewählt wurde. In Ludwigsburg besuchte ich die Volksschule bis zur 4. Schulklasse. Mein Vater war während unseres Aufenthalts in Ludwigsburg vom Jahre 1930, bis 32 Angestellter einer Treuhandgesellschaft in Stuttgart. Im Jahre 1932 verzogen meine Eltern nach Ulm, wo mein Vater als Mitinhaber in eine Treuhänder-Firma eintrat, welches Geschäft von meinem Vater 1933 als Alleininhaber übernommen wurde. In Ulm besuchte ich die Mädchenoberschule bis zur Prima-Reife (Abitur).

Nach Erreichung der Primareife (März 190) besuchte ich ein Jahr lang das Kindergärtnerinnenseminar (Fröbelseminar) in Ulm. Um für alle Fälle einen Zivilberuf zu haben, habe ich im Frühjahr 1941 mein Staatsexamen als Kindergärtnerin bei dem angegebenen Seminar abgelegt. Als Prüfungsnote erhielt ich gut = 2. Anschliessend meldete ich mich freiwillig in den weiblichen Arbeitsdienst, wurde Anfang April 1941 zum Arbeitsdienstlager 13 / 122 nach Krauchenwies bei Sigmaringen eingezogen, wo ich bis Oktober ds. Jahres die vorgeschriebene Arbeitsdienstzeit ableistete. Gleich anschliessend kam ich bis Ende März 1942 in das Kriegshilfsdienstlager nach Blumberg in Baden, wo ich in einem Kinderhort der NSV Blumberg eingesetzt war.

Inzwischen entschloss ich mich, Naturwissenschaft und Philosophie zu studieren, weshalb ich mich erstmals zum Sommersemester 1942, das Ende April begann, bei der Universität München einschrieb. Im 2. Semester höre ich nunmehr die Vorlesungen der Prof. v. Fritsch, v. Faber, Gerlach, Huber und Buschor.

Zur Bestreitung meines Lebensunterhalts und Studiums erhalte ich von meinem Vater monatlich einen Betrag von 150.-RM. Irgendwelche Stipendien oder Unterstützung von anderer Seite erhalte ich nicht. Das Einkommen meines Vaters dürfte sich auf mehr als 1500.- RM belaufen, weshalb es ihm nicht schwer fallen dürfte mein Studium zu bestreiten. Mein Bruder, der in München nun im 9. Semester Medizin studiert, bedarf keiner weiteren Unterstützung seitens der Eltern, da er seine Löhnung als Sanitätsfeldwebel bezieht, womit er sowohl seinen Lebensunterhalt als auch sein Hörgeld bezahlen kann.

Mein Vater, war meines Wissens parteipolitisch vor der Machtübernahme in keiner Weise gebunden. Soviel weiss ich jedoch, dass er demokratisch eingestellt ist; d. h. die Meinung vertritt, dass die Völker demokratisch regiert werden müssten, sofern sie die notwendige Reife hierzu besässen. Wenn ich über die politischen Gedankengänge meines Vaters richtig unterrichtet bin, schwebt ihm eine demokratische Regierungsform mit gewissen Vollmachten vor. Wohl aus dieser Grundeinstellung heraus ist mein Vater gegen den Nationalsozialismus als solchen, bezw. gegen die heutige Staatsführung eingestellt. Hier möchte ich jedoch besonders erwähnen, dass uns (Kinder) mein Vater bei der Erziehung nie in demokratischen Sinne beeinflusst hat. So hat mein Vater ohne weiteres geduldet, dass wir der Hitlerjugend beitraten und dort Dienst verrichteten. Ich selbst trat im Januar 1934, damals 13-jährig in die Jungmädelschaft der HJ ein und gehörte der HJ bezw. dem BDM bis 1941 an. Etwa im Jahre 1935 wurde ich Jungmädelschaftführerin, 1936 Scharführerin und 1937/38 Gruppenführerin. Wegen Differenzen mit der Obergauführerin des BDM, Obergau 20, Obergauführerin Schönberger, habe ich mein Amt als Gruppenführerin niedergelegt. Bei diesem Zerwürfnis handelte es sich um eine rein innerdienstliche Angelegenheit des BDM ohne jeden politischen Hintergrund. Nach meiner Amtsniederlegung liess ich mich aus der Jungmädelschaft in den BDM übernehmen, wo ich bis kurz vor meinem Staatsexamen als Kindergärtnerin, Dienst verrichtete. Den BDM-Dienst habe ich ziemlich regelmässig besucht. In diesem Zusammenhang gebe ich ganz ehrlich zu, dass ich in den letzten 2 Jahren meiner Zugehörigkeit zum BDM mit dem Herzen nicht mehr bei der Sache war. Die erste Abneigung gegen den BDM war darauf zurückzuführen, dass ich den Dienst langweilig und vom pädagogischen Standpunkt aus unrichtig fand.

Die Gründe meiner weltanschaulichen Entfremdung vom BDM und damit der NSDAP, etwa im Jahre 1938, liegen in erster Linie darin begründet, dass meine Schwester Inge, meine Brüder Hans und Werner im Herbst 1938, wegen sogen. bündiger Umtriebe von Beamten der Geheimen Staatspolizei verhaftet und einige Tage bezw. Wochen in Haft behalten wurden. Ich bin heute noch der Auffassung, dass das Vorgehen gegen uns sowohl als auch anderer Kinder aus Ulm vollkommen ungerechtfertigt war. Mein Bruder Werner gehörte etwa in den Jahren 1932/33, er war damals 10–12 Jahre alt, der bündischen Jugend an, was wohl der Grund war für das spätere Vorgehen gegen uns. Als weiteren und schliesslich als hauptsächlichsten Grund für meine Abneigung gegen die Bewegung möchte ich anführen, dass nach meiner Auffassung die geistige Freiheit des Menschen in einer Weise eingeschränkt wird, die meinerem inneren Wesen widerspricht. Zusammenfassend möchte ich die Erklärung abgeben, dass ich für meine Person mit dem Nationalsozialismus nichts zu tun haben will.

Als ich im Mail 1942 zu Beginn des Semesters nach München kam, wohnte ich zuerst, da ich kein Zimmer fand bei meinen Bruder Hans in München, Lindwurmstr. 13, im Juni zog ich bei der Frau Berrsche ein, Mandelstr. 1, seit 1. Dez. wohne ich in der Franz-Josef-Str. Nr. 13 b. Frau Schmidt in Untermiete, mit meinem Bruder, wir haben 2 Zimmer. Damit kein Irrtum entsteht, solange mein Bruder Lindwurmstr. 13 wohnte, befand ich mich bei Frau Berrsche.

Ich selbst habe in München nur eine Freundin und zwar Frl. Gisela Schertling, Studentin der Germanistik, wohnhaft in München, Lindwurmstrasse 13, bei Wertheimer. Diese lernte ich beim RAD in Krauchenwies kennen und pflege seitdem ständig Umgang mit ihr. Die politische Einstellung der Schertling deckt sich nicht mit der meinen, denn sie ist im allgemeinen nationalsozialistisch eingestellt und ist von Haus aus zweifellos in diesem Sinne erzogen. Mit Frl. Schertling komme ich fast täglich zusammen. Sie kam meistens zu uns in die Wohnung und zwar Nachmittags oder Abends, sofern ich nicht Besuche bei ihr gemacht habe.

Bei meinem Bruder und mir verkehren weiter, die Angehörigen der Studentenkomp. Willi Graf, Feldwebel, ebenfalls Student der Medizin und Alexander Schmorell, Feldwebel, ebenfalls Student der Medizin. In beiden Fällen handelt es sich um Studienfreunde meines Bruders Hans. Schmorell lernte ich etwa vor einem Jahr durch meinen Bruder kennen. Im vorigen Sommer kam ich wöchentlich durchwegs 1 – 2 x in die Wohnung des Schmorell, der bei seinen Eltern in München, Benediktenwandstr. (Nr. unbekannt) wohnte, um gemeinsam mit ihm zu arbeiten. Schmorell modellierte, während ich mich mit zeichnen beschäftigt habe. Schmorell selbst halte ich politisch für ein unbeschriebenes Blatt, ein reiner Gefühlsmensch, der politischen Gedankengängen unzugänglich ist. In kultureller Hinsicht steht er dem Nationalsozialismus ablehnend gegenüber und zwar aus den gleichen Gründen wie ich.

Willi Graf kommt erst seit etwa 8 Wochen ab und zu in den Nachmittags- oder Abendstunden zu meinem Bruder und mir zu Besuch. Unser Zusammentreffen wie auch die Unterhaltung mit Graf war rein geselliger Natur. Soweit vorhanden, haben wir gelegentlich eine Flasche Wein zusammen getrunken, sangen Lieder musizierten oder unterhielten uns in anderer Weise. Wenn ich recht orientiert bin, deckt sich die politische Auffassung des Graf mit der meinen bezw. mit der meines Bruders, ohne dies jedoch bestimmt behaupten zu können.

Sonstige Personen pflegten bei uns keinen ständigen Verkehr. Mein Bruder erhielt ausser von den genannten Personen ab und zu mal kurzen Besuch von Personen, die mir auch vorgestellt wurden, die ich aber heute den Namen nach nicht mehr kenne.

Die in unserer Wohnung befindliche Schreibmaschine ist Eigentum unserer Wohnungsgeberin, Frau Schmidt. Vor etwa

14 Tagen haben wir diese Schreibmaschine im Wohnzimmer der Frau Schmidt in deren Anwesenheit entdeckt. Hier möchte ich erwähnen, dass Frau Schmidt sich nur selten ihrer Wohnung in München aufhält, denn sie befindet sich zumeist Wochenlang bei ihrer verh. Tochter (Name unbekannt) in Steinebach b. Landsberg a. L. Jetzt ist diese Frau seit 10 Tagen schon wieder bei ihrer Tochter. Es mag etwa 14 Tage her sein als wir die Schreibmaschine der Frau Schmidt erstmals benützten. Es handelte sich um die Fertigung eines Aufsatzes über philosophische oder theologische Fragen den mein Bruder, wie er dies auch vorher schon getan hatte, an Freunde und Bekannte an die Front schickte. Zu dem gleichen Zweck hat Schmorell vor einigen Wochen seine Reiseschreibmaschine zur Verfügung gestellt.

Heute Vormittag gegen 9 Uhr sind mein Bruder und ich aufgestanden. Ich habe uns zu Hause einen Tee gekocht worauf wir gegen 10 ½ Uhr unsere Wohnung verliessen. Eigentlich hätte ich schon um 8 Uhr eine Vorlesung des Vertreters von Prof. Gerlach über Physik besuchen sollen, habe davon aber abgesehen, weil ich mich mal richtig ausschlafen wollte. Ich gehe nachts meistens erst um 12 oder 1 Uhr zu Bett, weil ich mich bis dahin mit meiner wissenschaftlichen Arbeit befasse oder Bücher lese und dergl. Mit Gisela Schertling habe ich gestern Abend beim Abendessen im Seehaus (Englischer Garten) vereinbart, dass mich diese heute gegen 12 Uhr in meiner Wohnung abholen solle, um gemeinschaftlich die Mittagsmahlzeit einzunehmen. Diesen Plan habe ich gestern Abend nach einer Aussprache mit meinem Bruder aufgegeben und mich entschlossen, heute um 12 Uhr 48 mit dem Schnellzug nach Ulm zu fahren. Die Gründe für diese plötzliche Reise waren folgende:

Eine Bekannte unserer Familie Namens Kley Heilwig, wohnhaft in Geislingen a. St., Ehefrau des Lehrers Albert Kley, die aus Hamburg stammt, ist im vorigen Sommer mit der Bitte an meine Eltern herangetreten, sie möchten eine Freundin von ihr (Kley) aus Hamburg, die ein Kind erwarte bei sich aufnehmen. Nach Einwilligung meiner Eltern kam diese Freundin der Kley, Ruth Düsenberg, led. Säuglingspflegerin, im Oktober 1942 nach Ulm, von wo sie nach Geburt ihres Kindes (29.11.42) am nächsten Freitag oder Samstag wieder nach Hamburg abreisen will. Weil ich Frl. Düsenberg und ihr Kind nochmals sehen wollte, beabsichtigte ich heute nach Hause zu fahren. Weil mein Geld zur Reise nach Ulm nicht ausgereicht hätte (ich hatte nur noch 7 RM in meinem Besitz und die Fahrt dorthin kostet 7,40 RM), wollte mein Bruder vor meiner Abreise zur Bank gehen, dort Geld abheben und mir aushändigen. Bei welcher Kasse oder Bank mein Bruder ein Konto hat, weiss ich nicht, bekannt ist mir lediglich, das sich die betreffende Bank oder Spaarkasse gegenüber vom Holzkirchnerbahnhof befindet.

Schon vor dem Verlassen unserer Wohnung hab ich meinem Bruder gesagt, wir würden auf dem Weg zur Kasse, bezw. zum Bahnhof an der Universität vorbeigehen, wo ich meine Freundin Gisela davon verständigen wolle, dass ich meinen ursprünglichen Plan geändert, nach Hause fahren werde, weshalb sie mich nicht zum Mittagessen abholen könne. Es war mir bekannt, dass Gisela Schertling die Vorlesung das Prof. Huber über Einführung in die Philosophie die in einem Hörsaal über eine Stiege im rechten Seitenbau (Hörsaal Nr. nicht bekannt) besuchen wird, und dass diese Vorlesung bis gegen 11 Uhr dauere. Beim Betreten des Universitätsgebäudes sind meinem Bruder mir auf der Treppe zum 1. Stock verschiedene Studenten und Studentinnen begegnet, die gerade aus der Vorlesung des Prof. Huber kamen. Bei diesen Studenten habe ich die mir bekannte Studentin Traute Laffrenz aus Hamburg gesehen, die hier im 7. oder 8. Semester Medizin studiert. Die Laffrenz, die ich durch meinen Bruder seit etwa einem Jahr kenne, habe ich im Vorbeigehen gegrüsst und hat diese meinen Gruss erwidert, sie muss mich also gesehen haben. Als wir an den Hörsaal des Prof. Huber kamen, war die Vorlesung noch nicht beendet, weshalb ich mit meinem Bruder noch eine Treppe höher ging um ihm das Psychologische Institut zu zeigen, wor ich öfters Vorlesungen besuche. Als wir im 2. Stock angelangt waren, bemerkte ich, dass auf dem Marmorgeländer, das den 2. Stock vom Lichthof abgrenzt, ein Stoss Flugblätter lag, der eine Höhe von ungefähr 5–6 cm hatte. Schon zuvor hat mein Bruder und ich auf dem Flur des 1. Stocks solche Flugblätter gefunden, die auf dem Boden ausgestreut oder in unregelmässigen Haufen umherlagen. Jedes von uns hat sich hier eines der Blätter aufgehoben, flüchtig gelesen, worauf wir die Flugblätter behielten. Mein Bruder, der über die Flugblätter lachte, steckte seines in die Tasche, während ich meines in meine Mappe oder meine Manteltasche eingesteckt habe. Später hatte ich es jedenfalls in der Mantaltasche stecken. Als ich die Flugblätter oben im 2. Stock. auf dem Geländer aufgeschichtet liegen sah, wusste ich sofort, dass es sich hier um die gleichen Flugblätter handeln müsse, wie sie zuvor von mir und meinem Bruder auf der Treppe und im Flur im 1. Stock gefunden wurden. Im Vorbeigehen habe ich den auf dem Geländer aufgeschichteten Flugblättern mit der Hand einen Stoss gegeben, sodass diese in den Lichthof hinunterflatterten.

Mein Bruder wurde auf diese Flugblätter erst aufmerksam, als sie bereits im Lichthof in der Luft flatterten. Ich sehe nun ein, dass ich durch mein Verhalten eine Dummheit gemacht habe die ich bereue, aber nicht mehr ändern kann.

Wie bereits eingangs erwähnt, habe ich mit meinem Bruder etwa 10 Min. vor 11 Uhr das Universitätsgebäude betreten. Die ersten Flugblätter lagen auf der Treppe zum 1. Stock, und zwar ziemlich auf dem oberen Teil der Treppe. Auf dem ersten Teil der Treppe, also ganz unten und schon im Gang zu ebener Erde begegneten uns die bereits erwähnten Studenten, darunter die Studentin Traute Laffrenz, die aus der Vorlesung des Prof. Huber kamen. Von dem Zeitpunkt ab, als wir die ersten Flugblätter im oberen Teil der Treppe im 1. Stock liegen sahen, bis zu dem Augenblick, als ich die Flugblätter von dem Geländer im

2. Stock in den Lichthof hinunterwarf, mögen ungefähr 4 Minuten vergangen sein. Mein Bruder und ich gingen im gemächlichen und langsamen Schritt die Treppen hinauf, haben unterwegs, wie bereits angegeben, Flugblätter aufgehoben und im Weitergehen, flüchtig gelesen, wodurch sich unsere Gangart noch etwas verlangsamte. Als wir gerade im Begriffe waren, vom 2. in den 1. Stock herunter zu gehen, kam uns ein Mann entgegengestürmt, der meinen Bruder am Arm packte, indem er sagte, »ich verhafte Sie!«. Mein Bruder und ich, gingen widerspruchslos mit diesem Mann (Hausschlosser der Universität Jakob Schmied) in die Amtsräume des Syndikuses der Universität, Dr. Häfner.

Frage: Als Sie von dem Hausschlosser der Universität heute Vormittag gegen 11 Uhr im Universitätsgebäude betroffen wurden, war ihr Koffer vollkommen leer, was auffallen muss, zumal Sie sich angeblich auf dem Wege zum Bahnhof befanden um nach Hause zu fahren. Was haben Sie dazu anzugeben.

Antwort: Vom 6. – Sonntag, den 14.2.43 hielt ich mich bei meinen Eltern in Ulm auf, habe auf der Rückfahrt von dort die Wäsche für meinen Bruder und mich mitgebracht und die schmutzige Wäsche von uns beiden am 6.2. mit nach Ulm genommen. Inzwischen hat es bei uns keine schmutzige Wäsche gegeben und auch etwas anderes hatte ich nicht zum Mitnehmen.

Frage: Wenn Sie erst vom 6. – 14.2.43 in Ulm waren, also erst vor einigen Tagen nach München zurückkehrten, dann ist es vollkommen unverständlich, dass Sie nun nach wenigen Tagen einen Betrag von nahezu 15.– RM ausgeben, um angeblich nochmals Frl. Düsenberg mit ihrem Kind zu sehen, mit denen Sie doch erst vor Tagen zusammen waren.

Antwort: Mit meinen Eltern hatte ich bereits verabredet, am kommenden Freitag zu ihnen nach Ulm zu kommen, weil ich das Wochenende zu Hause verbringen wollte. Ich habe daher die Reise nach Ulm um einen Tag vorverlegt, um Fr. Düsenberg nochmals zu sehen. Ausserdem besuchte uns gestern

Nachmittag gegen 16 ½ Uhr der Freund oder Verehrer meiner Schwester Inge, Otto Aicher, aus Ulm, der mir mitteilte, er wolle heute ebenfalls nach Ulm fahren, um den Rest seines Urlaubes dort-selbst zu verbringen. Es war mir ferner bekannt, dass Aicher um 11 ½ Uhr mit dem Personenzug von Solln hier eintreffen wird, weshalb ich ihn am Holzkirchnerbahnhof abholen wollte.

Frage: Sie haben im Laufe Ihrer Vernehmungen angeben, auf dem Wege zur Universität keine Ihnen bekannten Personen gesehen zu haben, auf der Treppe zum 1. Stock in der Universität dagegen sei Ihnen die Medizinstudentin Traute Laffranz begegnet. Haben Sie innerhalb der Universität nicht doch noch andere Ihnen bekannte Personen gesehen?

Antwort: Auf der Treppe zum 1. Stock ist mir ausser der Lafrenz eine weitere Studentin aus Ulm gesehen, deren Name mir jedoch augenblicklich nicht mehr in Erinnerung ist. Ich habe dieses Frl. erstmals im Universitätsgebäude hier gesehen, weiss aber nicht welche Vorlesungen sie besucht.

Frage: Können Sie sich nicht erinnern, innerhalb der Universität auch den Studenten Willi Graf gesehen zu haben:?

Antwort: Einige Medizinstudenten in Uniform sind auf der Treppe zum 1. Stock an uns vorbeigegangen. Möglicherweise war Graf dabei ohne, dass ich ihn bemerkt habe. Soviel weiss ich bestimmt, dass Lafrenz und die andere Studentin aus Ulm, die uns auf der Treppe begegneten, sich bei jener Gruppe von Studenten und Studentinnen befanden, von denen einzelne bereits Flugblätter der hier infrage stehender Art in der Hand hatten. Nachdem diese Studenten aus der Vorlesung des Prof. Huber kamen, dessen Hörsaal sich im 1. Stock befindet, muss ich annehmen, dass die Flugblätter bereits im 1. Stock verbreitet waren, bevor mein Bruder und ich die Treppe hinaufkamen.

Frage: Unterhalten Ihr Bruder und Sie regen Briefwechsel mit Freunden und Bekannten?

Antwort: Nein. Mein Bruder und auch ich bekommen verhältnismässig wenig Post. Vielleicht alle 2 oder 3 Tage, manchmal auch in kürzeren oder längeren Zeitabständen erhält das eine oder andere von uns Post.

Frage: Wann kommt in der Regel die Früh- oder Nachmittagspost? Wo befindet sich Euer Briefkasten? Von Wem wird der in der Regel entleert? Haben Sie heute Vormittag Post erhalten? Gegebenenfalls wer hat sie aus dem Briefkasten geholt?

Antwort: Die Frühpost kommt in der Regel um 9 ½ Uhr, die Nachmittagpost kurz nach 17 Uhr. Ein gemeinsamer Briefkasten für das Anwesen Franz-Josef-Str. 13 Gartenhaus, befindet sich an der Innenseite unserer Haustüre im Gartenhause selbst. In diesen Briefkasten wird die Post für die Familie Langenlois, Familie Pichler, die Frau Schmidt und meinem Bruder und mich von der Aussenseite aus eingeschoben. Im allgemeinen wird der Briefkasten von der Frau Pichler entleert und die Post an die übrigen Hausgenossen verteilt. Da Frau Pichler seit etwa 8 Tagen, beruflich uasserhalb des Hauses tätig ist, haben wir seitdem den Briefkastenschlüssel, den Frau Pichler zuvor in Besitz hatte. Heute Vormittag gegen ½ 10 Uhr habe ich im Briefkasten nach evtl. eingelaufener Post nachgesehen und festgestellt, das für uns nichts eingetroffen war. Lediglich für Frau Pichler war ein Brief und eine Postkarte eingegangen, die ich aus dem Briefkasten nahm und im Hausflur auf unseren Garderobenständer legte (richtig, diese Post lag bei der Suchung auf dem Garderobenständer). Nach Entleerung des Briefkastens habe ich meinem Bruder mitgeteilt, dass für uns keine Post angekommen sei. Ob mein Bruder für heute Post erwartet hat, weiss ich nicht.

Als mein Bruder und ich heute Vormittag etwa um 10 Uhr 30 unsere Wohnung verliessen; war der Hausbriefkasten bestimmt leer, denn ich hatte ja denselben etwa eine Stunde vorher entleert. Nach Entleerung des Briefkastens habe ich denselben wieder verschlossen und den Schlüssel innerhalb unseres Glasabschlusses zwischen den Garderobenständer und dem Glasabschluss zu noch anderen Schlüsseln, an einen Nagel gehängt. Beim Verlassen des Hauses um 10 ½ Uhr verliessen mein Bruder und ich zusammen die Wohnung. Während mein Bruder die Wohnungstüre verschloss, habe ich entweder im Hausflur oder an der Haustüre auf ihn gewartet.

Unser Hausbriefkasten hat an der Rückseite ein kleines Glasfenster. Wenn sich also Post im Kasten befindet, kann man diese von aussen ohne weiteres sehen. Als ich gemeinsam mit meinem Bruder um die angegebene Zeit das Haus verliess, war der Briefkasten bestimmt leer, weil mir das im anderen Falle aufgefallen wäre.

Frage: Wer hat den Koffer vom Verlassen der Wohnung bis zu Ihrer Festnahme getragen?

Antwort: Vom Verlassen der Wohnung bis vor das Universitätsgebäude, hat meines Wissens mein Bruder den Koffer getragen. Innerhalb des Gebäudes haben wir den Koffer abwechselnd getragen, genau weiss ich das nicht mehr.

Frage: Haben Sie in letzter Zeit Briefmarken gekauft, wenn ja welche Sorten, welche Mengen und bei welchem Postamt?

Antwort: Vor etwa 10 oder 12 Tagen habe ich beim Postamt 23 in der Leopoldstrasse etwa 10 12er, vielleicht 5 6er, 4 4er und 4 8er Briefmarken gekauft, die ich inzwischen zusammen mit meinem Bruder vermutlich bis auf einen kleinen Rest, der sich in meinen Geldbeutel befinden muss, verbraucht habe.

Frage: Den Umständen nach, unter denen Sie im Universitätsgebäude angetroffen wurden, sind Sie dringend verdächtig, gemeinsam mit Ihren Bruder die in Frage stehenden Flugblätter in ihrem Koffer in das Universitätsgebäude gebracht und dort verbreitet zu haben. Es liegen eine Reihe von Tatsachen vor, die diesen Verdacht rechtfertigen. Ich gebe Ihnen den dringenden Rat, speziell auf diese Frage uneingeschränkt und ohne Rücksicht auf etwaige Nebenumstände, die Wahrheit zu sagen.

Antwort: Trotz ernster Vorhaltungen und Ermahnungen muss ich nach wie vor bestreiten, sowohl mit der Herstellung als auch mit der Verbreitung der infrage stehenden Flugblätter auch nur das Geringste zu tun zu haben. Ich sehe selber ein, dass eine Reihe von Verdachtsmomente gegen meinen Bruder und mich sprechen und dass dann, wenn die richtigen Täter nicht gefunden werden sollten, dieser Verdacht unter Umständen an uns haften bleiben wird.

Frage: Es kann also keinem Zweifel unterliegen, dass Sie heute Vormittag beim Verlassen Ihrer Wohnung an der Haustüre DES Gartenhauses auf Ihren Bruder warteten, der inzwischen die Wohnungs-Abschlusstüre zugeschlossen hat. Sie hätten es demnach doch sehen müssen, wenn noch weitere Post im Hausbriefkasten gewesen wäre, bezw. wenn Ihr Bruder zu diesem Zeitpunkt etwas aus dem Briefkasten herausholte.

Antwort: Ich kann nur wiederholen, dass ich nicht gesehen habe, dass sich noch Post im Briefkasten befand. Wenn mein Bruder zu diesem Zeitpunkt etwas aus dem Briefkasten herausgenommen hätte, wäre mir das bestimmt aufgefallen, zumal er ja zuerst den Schlüssel hinter der Abschlusstüre im Wohnungsflur hätte holen und den Briefkasten aufschliessen müssen. Ausserdem hätte ich mich gegebenenfalls für diese Post evtl. interessiert, die ja auch an mich selbst hätte adressiert sein können. Beim gemeinsamen Weggehen vom Gartenhaus aus hat mein Bruder bestimmt keinen Brief geöffnet oder gar gelesen soweit ich mich entsinnen kann. Wenn dies der Fall gewesen wäre, müsste ich dies gesehen haben.

Aufgenommen: s.g.u.u.
  Mohr   *Sophie Scholl*
  KOS.

                    Anwesend:
                    [Unterschrift]
                    Verw.Ang.

Geheime Staatspolizei
Staatspolizeileitstelle München

Fortsetzung der Vernehmung der Beschuldigten
Sophie Scholl

Nachdem mir eröffnet wurde, dass mein Bruder Hans Scholl
sich entschlossen hat, der Wahrheit die Ehre zu geben und von
den Beweggründen unserer Handlungsweise ausgehend die
reine Wahrheit zu sagen, will auch ich nicht länger an mich
halten all das was ich von dieser Sache weiss zum Protokoll zu
geben. Nochmals eingehend zur Wahrheit ermahnt habe ich
das folgende Geständnis abzulegen:
»Es war unsere Überzeugung, dass der Krieg für Deutschland verloren ist, und dass jedes Menschenleben das für diesen
verlorenen Krieg geopfert wird, umsonst ist. Besonders die
Opfer die Stalingrad forderte bewogen uns, etwas gegen dieses
unserer Ansicht nach sinnlose Blutvergiessen zu unternehmen.
   Die ersten Gespräche die sich mit diesem Problem befassten,
fanden im Sommer 1942 zwischen meinem Bruder und mir
statt. Eine Möglichkeit diesem Lauf der Dinge entgegenwirken
zu können, fanden wir vorläufig nur in einer Auseinandersetzung mit unseren ernst-zunehmenden Bekannten über das,
was uns am tiefsten bewegte. Sehr bald mussten mein Bruder
und ich einsehen, dass durch dieses Vorgehen unsererseits
eigentlich nichts getan sei, das geeignet sein könnte den Krieg
auch nur um einen Tag abzukürzen. Bei der gegenseitigen
Aussprache mit meinem Bruder kamen wir schliesslich im Juli
vorigen Jahres überein, Mittel und Wege zu finden auf die
breite Volksmasse in unserem Sinne einzuwirken. Es tauchte
damals auch der Gedanke auf Flugblätter zu verfassen, herzustellen und zu verbreiten, ohne die Verwirklichung dieses Pla-
nes schon ins Auge zu fassen. Ob der Gedanke der Flugblattherstellung von meinem Bruder oder mir ausging, weiss ich

heute nicht mehr genau. Etwa im Juni 1942 haben wir Alexander Schmorell, mit dem wir schon seit längerem befreundet sind und den wir gesinnungsmässig für zugänglich hielten, ins Vertrauen gezogen. Hier möchte ich erwähnen, dass der Vater des Schmorell Deutsch-Russe und seine Mutter Russin ist (letztere ist bereits gestorben). Vor Ausbruch des Krieges gegen Sowjetrussland war Schmorell politisch vollkommen uninteressiert. Erst später d. h. nach Beginn der Feindseligkeiten mit Russland begann er sich für den Verlauf des Krieges zu interessieren, besonders für die militärischen Ereignisse. Schmorell hängt mit grosser Liebe an Russland, obwohl seine Eltern seinerzeit aus Russland flüchten mussten, nach Deutschland emigrierten, hier die deutsche Staatsangehörigkeit erwarben, die auch der Sohn Schmorell heute besitzt. Wenn er auch innerlich ein absoluter Gegner des Bolschewismuses ist, hegt er dennoch Gefühle für sein Vaterland, das ihn in politischer Hinsicht unsicher macht. Bei den ersten Besprechungen mit Schmorell, hat dieser verschiedene Einwände gegen unsere Pläne erhoben indem er darauf hinwies, das gäbe sich alles von selbst und bedürfe keines Zutuns. Wenn Schmorell sich schliesslich bereit erklärte mit uns der Verwirklichung unserer Pläne näher zu treten, dann in erster Linie deshalb, weil er politisch nicht nüchtern genug denkt und sehr begeisterungsfähig ist.

Nach vielen und langen Unterredungen über dieses Thema zwischen meinem Bruder und mir, reifte im Dezember 1942 bei uns der Entschluss, ein Flugblatt zu verfassen in grösserer Zahl herzustellen und zu verbreiten. Schmorell hat wohl um diese Zeit von unserem feststehenden Plan gewusst, trat jedoch aktiv nicht in Erscheinung, sondern war vielmehr zuerst Mitwisser und Zuhörer.

Das erste Flugblatt mit der Überschrift »Flugblätter der Widerstandsbewegung in Deutschland. Aufruf an alle Deutsche!« und dem Schlussatz »Unterstützt die Widerstandsbewegung, verbreitet die Flugblätter!«, hat mein Bruder zusammen mit mir verfasst und zwar kurz nach Neujahr 1943. Der Text des Flugblattes in Form eines Probeentwurfs auf der Schreibmaschine haben wir »Alex« gezeigt, der den Inhalt hinnahm ohne irgendwelche Ergänzungs- oder Abänderungsvorschläge zu machen. Nachdem die Sache soweit gediehen war, bestand die nächstliegende Aufgabe darin das nötige Abzugspapier, Briefumschläge und Matritzen beizuschaffen. Mein Bruder und ich machten uns auf den Weg und kauften in den hiesigen Papierwarengeschäften zusammen etwa 10 000 Blatt Abzugspapier, ferner zusammen etwa rund 2000 Briefumschläge. Weiter hat mein Bruder bei einem hiesigen Fachgeschäft einen neuen Verfielfältigungsapparat (Marke unbekannt), zum Preise von RM 200.– gekauft. Auch die Matritzen, etwa 20 Stück hat mein Bruder gekauft.

Die Matritzen zu den einzelnen Flugblättern hat mein Bruder auf der Schreibmaschine, die uns »Alex« zur Verfügung stellte, in meinem Beisein geschrieben. Die Abzüge haben wir dann gemeinsam auf unserem Verfielfältigungsapparat hergestellt. Die Adressen wurden nur und zwar ausschl.[ießlich] von meinem Bruder und mir geschrieben. Ich benützte meistens die Schreibmaschine der Frau Schmidt und schrieb jene Adressen, bei denen Anrede, Name und Wohnort nicht untereinander, sondern auf dem Briefumschlag nach rechts abgestuft, niedergeschrieben sind. Mein Bruder dagegen benützte die Schreibmaschine des »Alex« und schrieb auf den Umschlägen Anrede, Name und Ort genau untereinander. Die notwendigen Adressen von Wien, Salzburg, Linz, Augsburg, Stuttgart und Frankfurt haben in der Hauptsache mein Bruder und ich im Deutschen Museum aus dem dort aufliegenden Adressbüchern der Städte, Jahrgänge 39–41 herausgeschrieben. Einmal hat auch »Alex« solche Adressen mit herausgeschrieben. Die Briefe mit Flugblättern zur Verbreitung in den Städten ausserhalb Münchens, haben wir in einem Zeitraum von etwa 14 Tagen postversandtfertig gemacht und erst dann die Briefe an den einzelnen Orten aufgegeben. Am 25. Januar 1943 fuhr ich nachmittags um 15 Uhr mit dem Schnellzug nach Augsburg, wo ich eine Stunde später ankam. In einer Aktentasche führte ich rund 250 Briefe an in Augsburg wohnende Adressaten mit. Da etwa 100 dieser Briefe nicht frankiert waren kaufte ich mir beim Bahnpostamt in Augsburg 100 Briefmarken à 8 Pfennig und habe die unfrankierten Briefe mit Marken versehen und bei der Bahnpost eingeworfen. Ungefähr die Hälfte der Briefe habe ich in den Schalterbriefkasten geworfen und die andere Hälfte in den Hausbriefkasten vor dem Postgebäude. Darnach fuhr ich am gleichen Abend um 20 Uhr 15 von Augsburg zurück nach München wo ich mit dem um 21 Uhr 6 ankommenden Schnellzug eintraf. Am nächsten Vormittag. (26.1.43) etwa um 6 Uhr fuhr Schmorell mit dem Schnellzug über Salzburg, Linz nach Wien und hat auf der Strecke in Salzburg und Linz die Briefe für diese Städte aufgegeben und schliesslich in Wien jene für Wien und Frankfurt. Für Salzburg waren 200, für Linz 200, für Wien 1000, für Frankfurt 300 hergerichtet. Nur die für Frankfurt bestimmten Briefe mussten noch frankiert werden. Ursprünglich beabsichtigten wir, auch die Frankfurter Briefe aus Portoersparnisgründen in Frankfurt selbst aufzugeben. Von diesem Plan kamen wir schliesslich ab, weil wir errechneten, dass das Fahrgeld nach Frankfurt mehr ausmachte als wir an Porto hätten sparen können, wenn jemand nach Frankfurt gefahren wäre. Aus diesem Grunde wurden die für Frankfurt bestimmten Briefe voll frankiert und von »Alex« in Wien aufgegeben.

Die für Stuttgart bestimmten Briefe zwischen 600 und 700 Stück, habe ich nach Stuttgart gebracht und dort aufgegeben. Ich fuhr am Mittwoch, den 27.1.43 um 16 Uhr 30 mit dem Schnellzug hier ab und traf um 19.55 Uhr in Stuttgart-Hauptbahnhof ein. Von den in einem kleinen Koffer mitgeführten Briefen, alle frankiert für den Ortsverkehr, habe ich noch am Abend des 27.1.43, alsbald nach meiner Ankunft, nicht ganz die Hälfte zum Teil am Bahnhof und in Stuttgart Süd, in Briefkästen eingeworfen. Den Rest habe ich am 28.1.43 im Laufe des

Tages in den Vororten von Stuttgart in Briefkästen geworfen. In der Nacht vom 27./28. hielt ich mich im Wartesaal 2. oder 3. Klasse auf. Übernachtet habe ich jedenfalls nicht. Die Rückreise nach München trat ich am 28.1.43 um 23 Uhr 25 an und kam in München am 29.1.43 um 3 Uhr 5 an. Weil um diese Zeit noch keine Strassenbahn ging, musste ich den Weg zu meiner Wohnung zu Fuss zurücklegen.

Wenn ich zuerst, wenn auch nur bei der Unterhaltung, angegeben habe, bei der Flugblattaktion in München in der Nacht von 28./29. gemeinsam mit meinen Bruder, die hier zur Verbreitung gelangten, etwa 2000 Flugblätter, ausgestreut zu haben, so muss ich nun zugeben, dass dies nicht richtig ist, denn in der Nacht v. 28./29. befand ich mich, während hier in München die Flugblätter ausgestreut wurden, auf dem Wege von Stuttgart nach München. Die Verbreitung bezw. Ausstreuung der Flugblätter in München wurde von meinen Bruder und Schmorell durchgeführt. Wie man mir mitteilte, haben beide abends am 28.1.43 um 11 Uhr mit der Verbreitung begonnen und bis kurz vor 4 Uhr etwa 2000 Flugblätter ausgestreut. Mein Bruder hat angeblich vom Bahnhof aus in nördlicher Richtung die Flugblätter verteilt, während Schmorell den südlichen Teil der Stadt bearbeitete.

Nach der mir bekanntgegebenen Beschreibung eines Mannes, etwa 30 bis 35 Jahre alt, etwa 1,70 m gross, schlank, usw., der am Vormittag des 4.2.43 zwischen 7 und 8 Uhr im Hauptpostamt München in der Vorhalle, Flugblätter der Widerstandsbewegung in Deutschland in dort ausliegende Telefonverzeichnisse gelegt haben soll, kann ich nur angeben, dass ich mir nicht denken kann, wer dies gewesen sein könnte, sofern nicht mein Bruder in Betracht kommt. Mein Bruder ist allerdings grösser als 1,70 m, besitzt keinen grauen Gummimantel mit breitem Kragen und trug noch nie ein sogen. Lippen- oder Menjou-Bärtchen. Auch aus meinen übrigen Bekanntenkreis ist mir niemand bekannt, auf den diese Beschreibung auch nur annähernd passen könnte.

Ich gebe auch zu, bei meinen Besorgungen in der Stadt, in der Zeit vom 30.1.–6.2.43 etwa, in 4 oder 6 Fällen Flugblätter »der Widerstandsbewegung« in Telefonkabinen, parkenden Autos etc. abgelegt zu haben. Wo dies im einzelnen war, weiss ich heute nicht mehr. Jedenfalls führte ich zu dem angegebenen Zweck, bei meinen Gängen durch die Stadt, jeweils einige Flugblätter in meiner Handtasche bei mir, um gegebenenfalls bei günstigen Gelegenheiten davon Gebrauch machen zu können.

Der Student Willi Graf, wohnhaft in München, Mandelstr. 1, war an der Herstellung und Verbreitung der Flugblätter in keiner Weise beteiligt. Ich nehme an, dass er von unserer Flugblattaktion Kenntnis hatte, muss jedoch erwähnen, dass er von mir nicht unterrichtet war. Aus Bemerkungen von ihm bei gelegentlichen Gesprächen, habe ich geschlossen, dass er wissen musste und den Umständen nach angenommen hat, dass wir uns mit der Herstellung und Verbreitung von Flugblättern befassen. An einzelne Bemerkungen solcher Art, kann ich mich heute nicht mehr erinnern.

In München haben wir neuerdings etwa 1200 Flugblätter mit der Überschrift »Kommilitoninnen! Kommilitonen!« in der Zeit vom 6.–15.2. verfielfältigt, die Briefumschläge bezw. Wurfsendungen mit Anschriften versehen und versandfertig gemacht. Bei dieser Arbeit hat neben meinem Bruder und mir Schmorell lediglich beim zukleben der Briefe mitgewirkt. Den braunen Klebestreifen zum Verschliessen der Wurfsendungen hat er zur Verfügung gestellt und die Wurfsendungen zugeklebt.

Auch bezüglich des Vorganges heute Vormittag in der Universität München möchte ich nun die Wahrheit sagen, wobei ich bekennen muss, dass diese Flugblätter durch meinen Bruder und mich in dem, bei meiner Festnahme sichergestellten Koffer, in die Universität gebracht und dort ausgestreut wurden. Es handelte sich meiner Schätzung nach um 1500–1800 Flugblätter mit der Überschrift »Kommilitoninnen! Kommilitonen!« und etwa 50 Stück mit der Überschrift »Aufruf an alle

Deutsche!«. Diese Flugblätter transportierten wir zum grösstenteil in dem erwähnten Koffer, aber auch die Aktentasche meines Bruders war mit solchen Flugblättern angefüllt. Innerhalb des Universitätsgebäudes trug mein Bruder den Koffer, während ich die Flugblätter an den verschiedensten Orten ablegte, oder ausstreute. In meinem Übermut oder meiner Dummheit habe ich den Fehler begangen, etwa 80 bis 100 solcher Flugblätter vom 2. Stockwerk der Universität in den Lichthof herunterzuwerfen, wodurch mein Bruder und ich entdeckt wurden.

Ich war mir ohne weiteres im Klaren darüber, dass unser Vorgehen darauf abgestellt war, die heutige Staatsform zu beseitigen und dieses Ziel durch geeignete Propaganda in breiten Schichten der Bevölkerung zu erreichen. Unsere Absicht war ferner, in geeigneter Weise weiter zu arbeiten. Wenigstens vorerst und auch für später hatten wir nicht die Absicht, noch weitere Personen ins Vertrauen zu ziehen und zur aktiven Mitarbeit zu gewinnen. Dies schon deshalb nicht, weil uns dies zu gefährlich schien. Gerade diese Frage habe ich vor einiger Zeit mit meinem Bruder besprochen, kam jedoch nach Abwägung von Vor- und Nachteilen zu der Überzeugung, dass dies zu gefährlich sei.

Wenn die Frage an mich gerichtet wird, ob ich auch jetzt noch der Meinung sei, richtig gehandelt zu haben, so muss ich hierauf mit ja antworten, und zwar aus den Eingangs angegebenen Gründen. Ich bestreite ganz entschieden, von dritter Seite gemeinsam mit meinem Bruder zu unserem Vorgehen veranlasst, aufgefordert oder finanziell unterstützt worden zu sein. Mein Bruder und ich haben vollkommen aus idiellen Gründen gehandelt und alle entstandenen Unkosten, die sich meiner Schätzung nach auf ungefähr 800–1000 RM belaufen haben dürften, aus eigener Tasche bestritten. Schmorell hat uns zur Durchführung der Flugblattaktion einen Betrag von 150.– bis 200 RM geliehen, den wir im Laufe der nächsten Monate zurückerstatten wollten.

Den Vervielfältigungsapparat, welcher von meinem Bruder eigens zum Zwecke der Herstellung von Flugblättern gekauft wurde, haben wir vor 14 Tagen oder 3 Wochen in dem Atelier des Kunstmalers Eyckemeir, Leopoldstr. 38, Rckg., hinterstellt. Eyckemeir befindet sich z. Zt. als Architekt in Krakau und hat seit einiger Zeit das Atelier an den Kunstmaler Wilh. Geyer aus Ulm, Syrlinstr. Nr.?, vermietet. Geyer übergab uns den Schlüssel zu diesem Atelier um dadurch in die Lage versetzt zu sein, unseren Freunden und Bekannten einige Bilder vorzuzeigen die Geyer in diesen Räumen aufgehängt hat. Geyer hat keine Ahnung davon, dass wir unseren Vervielfältigungsapparat im Keller des erwähnten Atelier's hinterstellt haben. Hierzu kommt, dass sich Geyer nur einige Tage in der Woche zur Arbeit in München aufhält und die andere Zeit in Ulm tätig, ist.

Zum Schlusse möchte ich noch erwähnen, dass unsere Mietgeberin, Frau Schmidt, gut nationalsozialistisch eingestellt ist und von unserem Tun und Treiben keinerlei Ahnung hat. Soweit notwendig, bitte ich, der Frau Schmidt und deren Tochter das Vorgefallene schonend beizubringen, zumal die Tochter Schmidt sich in gesegneten Umständen befindet und demnächst der Niederkunft entgegensieht. Ich möchte daher jede Aufregung bei diesen Leuten vermeiden.

Aufgenommen: selbst gelesen u. unterschrieb.:

Mohr   *Sophie Scholl*

KOS.

Anwesend:

[ohne Unterschrift]

Verw.Ang.

Fortsetzung der Vernehmung Sophie Scholl

Frage: Seit wann kennen Sie den San. Feldw. Willi Graf, in welchem Verhältnis standen Sie zu ihm und in welcher Weise war dieser an der Flugblattaktion beteiligt? Sie haben sich zu dieser Frage bei Ihrer früheren Vernehmung schon einmal kurz geäussert, es ist jedoch der dringende Verdacht gegeben, dass Sie gerade in diesem Punkte, aus welchen Gründen sei dahingestellt, noch nicht die volle Wahrheit gesagt haben.

Antwort: Feldwebel Graf habe ich erstmals gesehen und vielleicht auch kurz gesprochen, als mein Bruder Hans Scholl Mitte Juli 1942 zusammen mit der Studentenkomp. nach Russland abgestellt wurde. Zur Verabschiedung von meinen Bruder begab ich mich zum Ostbahnhof, wo mir Graf durch meinen Bruder vorgestellt wurde. Ob ich mich bei dieser Gelegenheit mit Graf unterhielt weiss ich heute nicht mehr.

Graf hab ich dann erst wiedergesehen, nachdem er Mitte November 1942, wie auch die übrigen Angehörigen der Studentenkomp., aus Russland zurückgekommen war und sich wieder in München aufhielt. Die zweite Begegnung mit ihm erfolgte meines Wissens Anfang Dezember 1942, gelegentlich eines Konzert's, wo weiss ich nicht mehr.

Bis Ende Juli 1942 wohnte ich in München, Mandelstr. 1/I b. Berrsche. Ich habe diese Wohnung aufgegeben, weil mir das zur Verfügung stehende Zimmer zu klein war. Andere Gründe die mich zu einem Wohnungswechsel veranlasst hätten, waren nicht gegeben, schliesslich nur noch, dass ich nach einer Gelegenheit suchte, mit meinem Bruder in ein und derselben Wohnung unterzukommen. Ich erwähne ausdrücklich, dass um die damalige Zeit von einer etwaigen Propaganda gegen den heutigen Staat zwischen meinen Bruder und mir in keiner Weise die Rede war. Um wieder auf mein früheres Zimmer im Hause Mandelstr. 1 zurückzukommen, muss ich noch hinzufügen, dass Graf nach seiner Rückkunft aus Russland ein Zimmer suchte und ihn mein Bruder auf mein früheres Zimmer Mandelstr. 1, aufmerksam machte, das um diese Zeit noch frei war, weil die Vermieterin eine weitere Vermietung gar nicht mehr beabsichtigte. Graf hat dieses Zimmer dann auch bekommen, wo er bis zum Schluss wohnte. Auch die Schwester des Graf, die Studentin Anneliese Graf, kam Anfang Januar bei der Familie Berrsche in Untermiete.

Willi Graf kam in der Zeit von Anfang Dez. 42 bis zuletzt ungefähr 10−12 x zu einen kürzeren oder längeren Besuch zu meinem Bruder und mir nach Franz-Josef-Str. 13. Es handelte sich meistens um kürzere Besuche und nur 4 oder 5 x hielt er sich in den Abendstunden länger als eine Stunde, höchstens bis 2 ½ Stunden auf. Ich erkläre ausdrücklich, dass Graf an der von meinem Bruder und mir, unter Mitbeteiligung des Schmorell, durchgeführten Propagandatätigkeit (Abfassung, Herstellung und Verbreitung von Flugblätter) in keiner Weise aktiv tätig war. Auch haben mein Bruder und ich es gemieden, andere Personen in diese Angelegenheit einzuweihen, dies schon aus Sicherheitsgründen, nicht zuletzt aber um andere Menschen bezw. Freunde und Bekannte nicht auch mit zu belasten. Ich versichere wiederholt, dass Willi Graf und dessen Schwester Anneliese weder durch mich, noch in meinem Beisein von meinem Bruder Hans, nicht einmal andeutungsweise, von unserer Propaganda-Tätigkeit unterrichtet wurde. Richtig ist dagegen, dass wir (mein Bruder und ich) mit Graf offen und frei Tagesfragen oder die politische bezw. militärische Lage besprachen. Graf hat unsere Meinung, dass wir den Krieg nicht gewinnen könnten und sich dadurch die heutige Regierungsform nach einem Zusammenbruch automatisch ändern müsse und auch ändern werde, weitgehendst geteilt. Oft haben wir uns auch über allgemeine Fragen unterhalten, zwischendurch jedoch auch über Politik, philosophische oder theologischen Fragen. Einmal erinnere ich mich, haben wir uns eingehend mit der Frage befasst, ob die christliche und nationalsozialistische Weltanschauung miteinander in

Einklang gebracht werden könnten. Nach einer längeren Debatte waren wir schliesslich der übereinstimmenden Meinung, dass der christliche Mensch Gott mehr als dem Staat verantwortlich sei. Ein andermal wurde zwischen uns (mein Bruder, Graf und mir) ausgehend von den heutigen Kriegsereignissen, die Frage erörtert, ob der Mensch, besonders aber der christliche Mensch, der an die Gebote Gottes gebunden ist, töten dürfe, wie dies von den Soldaten an der Front verlangt wird. Hier kamen wir zu dem Ergebnis, dass auch der christliche Mensch im Kampf gegen den Feind töten dürfe, weil der Kämpfer nicht als Einzelperson für sein Tun verantwortlich sei, denn er handle ja als unselbstständiges Glied einer übergeordneten Macht. Solche und ähnliche Themen wurden gemeinsam mit Graf des öfteren besprochen, wobei ich feststellen konnte, dass im allgemeinen unsere Meinung übereinstimmte.

Nach dem Umfang und der verhältnismässig grossen Zahl von Flugblättern die fast gleichzeitig an verschiedenen Orten Süddeutschlands auftauchten, konnte man als Uneingeweihter zweifellos der Meinung sein, es handle sich um eine grössere Organisation, die diese Propaganda planmässig betreibe. Wenn wir die Flugblätter z. B. in Wien, Salzburg, Linz, Augsburg und Stuttgart an dort wohnende Adressaten an Ort und Stelle bei der Post aufgaben, dann geschah dies nicht nur aus Ersparnisgründen, sondern wir wollten dadurch den Eindruck erwecken, als befände sich an Ort und Stelle eine Organisation, die sich in ihrer Propaganda gegen den heutigen Staat wendet. Der Gedanke durch dieses Vorgehen von München, d. h. den Ort unserer Tätigkeit, abzulenken, lag uns dabei vollkommen fern.

Mit meinem Bruder hab ich auch einmal darüber gesprochen, dieses Thema wurde sogar öfters behandelt, dass die Gestapo nach dem Auftauchen der Flugblätter, insbesondere fast gleichzeitig an verschiedenen Orten und der verhältnismässig grossen Zahl, der Meinung sein wird, dass hier eine grössere

Organisation am Werk sein wird. Wir haben uns über diese Irreführung sogar öfters lustig gemacht, und zwar hauptsächlich dann, wenn mein Bruder und ich zu später Nachtstunde einmal etwa 6000 Flugblätter herstellten. Die gesamten, von uns zur Verbreitung gebrachten Flugblätter, wurden einzig und allein durch meinen Bruder und mich in 2 verschiedenen Nächten hergestellt. Im ersteren Falle handelte es sich um etwa 6000 Flugblätter mit der Überschrift: »Flugblätter der Widerstandsbewegung in Deutschland« und der Überschrift »Aufruf an alle Deutsche!«, die entweder in der Nacht vom 21./22. oder 22./23.1.43 hergestellt wurden. Auf einem Teil dieser Flugblätter, die textlich alle gleich sind, fehlt lediglich die Überschrift »Flugblätter der Widerstandsbewegung in Deutschland«; dies kam daher, dass die Matrize während unserer Arbeit oben abriss und an der Abrisstelle verklebt werden musste, wodurch die Überschrift nicht mehr auf den Abzügen erschien, weil sie verklebt war.

Wenn mir vorgehalten wird, dass zur Herstellung dieser Flugblätter mindestens 3 verschiedene Matrizen verwendet wurden, so muss ich dies zugeben, denn beim Herstellen der Abzüge ist uns die Matrize immer wieder zerrissen, musste verklebt und schliesslich wegen Unbrauchbarkeit neu geschrieben werden.

Von der zweiten Art von Flugblättern wurden insgesamt rund 3000 hergestellt. Diese tragen die Überschriften »Kommilitoninnen! Kommilitonen!« und »Deutsche Studentin! Deutscher Student!«. Auch diese Flugblätter sind textlich vollkommen gleich, nur die Überschrift wurde einmal geändert. Diese Änderung ist darauf zurückzuführen, dass die Matrize nach der Herstellung von schätzungsweise etwas mehr als die Hälfte der Flugblätter vollkommen unbrauchbar war, von meinem Bruder neu geschrieben werden musste, welche Gelegenheit er dazu benützte die Überschrift zu ändern. Diese Herstellung erfolgte ebenfalls wieder durch meinen Bruder und mich, etwa in der Nacht von 4./5.2.43. Im ersteren Falle begannen wir etwa um 20 Uhr und waren um 3 oder 4 Uhr fertig und im zweiten Falle, arbeiteten wir ungefähr von 21 Uhr bis 1 Uhr.

Ich erwähnte dies alles so ausführlich um zu zeigen, dass die beim Herstellen der Flugblätter zu bewältigende Arbeit bei der uns zur Verfügung stehenden Einrichtung von meinem Bruder und mir ohne weiteres bewältigt werden konnte. Mehr Arbeit und Zeitaufwand war notwendig, all die vielen Briefumschläge zu besorgen und zu adressieren. Lediglich beim Zukleben der Wurfsendungen war uns Schmorell am letzten Sonntag (14.2.43) in soweit behilflich, als er die zusammengefalzten und mit einer Adresse versehenen Flugblätter auf der Rückseite mit braunem Klebestreifen verschloss. Eine andere Person als Schmorell hat bei dieser Arbeit nicht mitgewirkt, besonders auch Graf hatte damit nichts zu tun.

Ich erwähnte schon einmal, dass ich der Meinung bin, dass Graf den Umständen nach wissen oder vermuten musste, dass wir als Hersteller und Verbreiter dieser Flugblätter in Betracht kommen. Es ist dies allerdings nur eine Annahme von mir, denn sicher bin ich mir in diesem Punkte nicht. Mit aller Bestimmtheit kann ich jedoch sagen, dass er durch mich über unsere Tätigkeit in keiner Weise, nicht einmal andeutungsweise orientiert wurde.

Frage: In welchem Verhältnis stehen sie zu der Schwester des Willi Graf, Anneliese Graf, bezw. in welcher Weise steht sie im Zusammenhang mit Ihrer Propagandatätigkeit?

Antwort: Anneliese Graf habe ich erstmals gesehen, als ich im Dezember 1942 (es war zu Anfang des Monats) einen Koffer bei meiner früheren Wirtin, Frau Berrsche, abholte. Bei dieser Gelegenheit wurde mir die Graf von ihrem Bruder vorgestellt. Ich hab mich auch kurz mit ihr unterhalten, jedoch nur über Fragen ihres Studiums. Insgesamt bin ich 8–10 x mit der Anneliese Graf in Berührung gekommen. Unsere Unterhaltung bezog sich durchwegs auf literarische, musikalische oder andere Gebiete der Wissenschaft, niemals jedoch auf Politik. Die Graf halte ich, ohne mir ein abschliessendes Urteil erlauben zu wollen, für vollkommen unpolitisch. Ich bleibe nach wie vor darauf bestehen, dass die Anneliese Graf mit unserer propagandistischen Tätigkeit, dem Herstellen der Flugblätter, dem Besorgen oder Schreiben der Briefumschläge nicht das Geringste zu tun hat. Ich bin sogar der festen Meinung, dass sie davon nicht einmal eine Ahnung hatte.

Frage: Bei Durchsuchung der Räume des Ateliers Eickemeyer, bezw. der Kellerräume desselben wurde u. a. eine Schablone zur Fertigung der Schrift »Nieder mit Hitler!« gefunden. Dabei befanden sich 1 Paar Handschuhe, Farbe und Pinsel etc. Was ist Ihnen über die Beschaffung der Schablone und des Zubehörs und über deren Verwendung bekannt?

Antwort: Die mir vorgezeigte Schablone sehe ich jetzt zum ersten Mal, von deren Vorhandensein war mir bisher nicht das Geringste bekannt. Im Zusammenhang mit dieser Frage erinnere ich mich nun, vor etwa drei Wochen auf dem Schreibtisch meines Bruders kleine etwa 6 bis 8 mm breite Blechstreifen vorgefunden zu haben, über deren Herkunft ich mir damals keine Vorstellung machen konnte. Weil ich mir weiter nichts dabei dachte, habe ich meinen Bruder nicht darüber befragt, wo diese Blechstreifen hergekommen seien. Nachdem ich aber nun diese Schablone gesehen habe, bin ich der Meinung, dass es sich bei diesen Blechstreifen um die Buchstabenausschnitte der in Frage stehenden Schablone waren. Auch bei diesen Blechstreifen handelte es sich um Weissblech von der Art, der mir vorgezeigten Schablone.

Im Laufe unserer propagandistischen Tätigkeit haben wir vornehmlich in der letzten Zeit den Gedanken erwogen, uns mit Flugblättern an die Studenten zu wenden, weil wir die Auffassung vertraten, dass die meisten der Studenten revolutionär und begeisterungsfähig sind, sich vor allem aber etwas zu unternehmen getrauen. Wenn ich in diesem Zusammenhang von revolutionären spreche, dann ist das nicht so aufzufassen, als seien die Studenten in Revolutionsstimmung gegen den heutigen Staat, was ja keinesfalls zutrifft. Jedenfalls habe ich meinem Bruder bei Erwägung dieser Gedanken den Vorschlag gemacht, man solle an der Universität und deren Umgebung Farbaufschriften anbringen, welche Aufschriften zeigen sollten, dass noch Kräfte vorhanden seien, die gegen den heutigen Staat arbeiten. Bestimmte Vorschläge textlicher Art habe ich meinem Bruder nicht gemacht. Mein Bruder gab mir auf meinen Vorschlag hin zur Antwort, wir wollten uns vorerst einmal an die Verbreitung von Flugblättern halten, die Wirkung abwarten und sehen, was man weiter unternehme. Nebenbei erwähnte mein Bruder, wenn man Aufschriften anbringen wolle, müsse man zuerst Farbe herbeischaffen, was jedenfalls einige Schwierigkeit bereiten würde, da heute Farbe schwer zu bekommen ist.

Als ich am Donnerstag, den 4.2.43 gegen 10 Uhr zur Universität kam, um dort bei Professor Huber die Vorlesung zu besuchen, sah ich, dass an der rechten Seite des Einganges zur Universität zweimal in grosser Schrift das Wort »Freiheit« angeschrieben war. Ferner sah ich, dass verschiedene Stellen an Häusern in der Ludwigstrasse mit weissem Papier überklebt waren. An einer Stelle haben Strassenpassanten ein solches Papier weggerissen, worauf ich mich davon überzeugen konnte, dass jedenfalls mittels Schablone die Aufschrift »Nieder mit Hitler« und ein mit zwei Strichen durchkreuztes Hakenkreuz aufgemalt war.

Als ich nach der Vorlesung nach Hause kam, gab ich meinem Bruder von meinen Wahrnehmungen Kenntnis. Mein Bruder war über meine Mitteilung nicht überrascht, hat sie als interessante Neuigkeit hingenommen und sogleich die Frage an mich gerichtet, ob die Aufschrift schon weggemacht sei oder nicht und wie diese Aufschrift von den Studenten aufgenommen worden sei. Ich erzählte meinem Bruder, dass zahlreiche Putzfrauen damit beschäftigt seien die Aufschrift abzuwaschen, was aber einige Schwierigkeiten verursachte. Bezüglich der Studenten sagte ich, einige hätten die Aufschrift als eine

»Schweinerei« bezeichnet, während andere darüber gelacht hätten.

Am Abend vor diesem Vorfall hat mein Bruder bereits beim Abendessen etwa um 7 Uhr (19 Uhr) gesagt, er müsse noch zur Frauenklinik zu einer Entbindung. Nach dem Abendessen begaben sich mein Bruder, meine Schwester Elisabeth, die sich damals vorübergehend bei uns aufhielt und ich zum Bayerischen Hof, wo wir einem Konzert beiwohnten. Nach dem Konzert begleitete uns unser Bruder nach Hause und ging nach ½ Stunde, etwa um 11 (23 Uhr) in seiner alltäglichen Kleidung von zu Hause weg. Ob er eine Aktenmappe oder ein anderes Beförderungsmittel mitgenommen hat, weiss ich nicht. Auch kann ich nicht angeben, wann mein Bruder in jener Nacht (3./4.2.43) nach Hause kam. Ich habe ihn erst wieder gesehen, als ich am nächsten Vormittag aus dem Bett aufstand. Ob wir a[m] Vortage Herrenbesuch hatten, weiss ich nicht mehr genau, glaube dies aber nicht.

Frage: In ihrer Wohnung wurde ein Notizbuch (Notenheft) gefunden, in welchem sich eine grössere Anzahl von Adressen und anderer Aufzeichnungen befinden. Was haben Sie dazu anzugeben?

Antwort: Die Zeichen und Zahlen auf der ersten Seite dieses Notizbuches enthalten Ausgaben (geldlicher Art) die ich für persönliche Dinge und die Beschaffung von Papier, Briefumschläge, Briefmarken etc. zur Herstellung der Flugblätter und deren Versand aufgewendet habe. Die nunmehr rot unterstrichenen Zeichen und Zahlen beziehen sich auf Ausgaben für Zwecke der Propaganda. Die Gesamtsumme beläuft sich auf RM 385.–, soweit es meine Aufstellung betrifft, bzw. soweit überhaupt von mir etwas aufgeschrieben wurde. Hier möchte ich erwähnen, dass in dem soeben festgestellten Betrag nur ein Teil unserer Gesamtausgaben für Zwecke der politischen Propaganda enthalten sind. Unsere Gesamtausgaben dürften sich nach meiner Schätzung auf etwa RM 800.– bis 1000.– belaufen, einschliesslich der Bahnfahrten.

Dieses Notizbuch enthält ferner 272 Adressen von Personen in Augsburg und 14 Adressen von Personen in München. Diese Adressen habe ich selbst aus Adressbüchern, (Jahrgang ist mir nicht bekannt) die im Deutschen Museum aufliegen, herausgeschrieben. – Die Adressaten von Augsburg erhielten bis auf etwa 12 Propagandabriefe der sogenannten »Widerstandsbewegung in Deutschland«. Nur Personen, deren Anschrift ich beim Schreiben der Adresse nicht mehr gut lesen konnte, habe ich ausgelassen, dies waren ungefähr 12. Die Münchner Adressaten, die in diesem Buch verzeichnet sind, erhielten überhaupt keine Briefe.

Frage: In Ihrer Wohnung wurde auch ein Verzeichnis der Studenten der Universität München für das Wintersemester 1941 / 42 vorgefunden. Wie kamen Sie zu diesem Verzeichnis und in welcher Weise haben Sie davon Gebrauch gemacht?

Antwort: Dieses Verzeichnis hat mein Bruder am letzten Sonntag (14.2.43) bei Vorbereitung von Propagandabriefen mit der Überschrift »Kommilitoninnen! Kommilitonen!« oder »Deutsche Studenten! Deutsche Studentin!« beigebracht. Ob mein Bruder dieses Verzeichnis schon früher im Besitz hatte, weiss ich nicht. Jedenfalls haben wir aus diesem Verzeichnis und zwar wahllos etwa 1500 Adressen von Studenten herausgeschrieben, die auf dem Postwege mit den erwähnten Propagandaschriften versorgt wurden.

Frage: U.a. wurden auch Angehörige von Studentenkompanien mit Propagandabriefen ihrer Art versorgt. Woher hatten Sie diese Adressen und wer hat sie geschrieben?

Antwort: Mir ist nur bekannt, dass verschiedene Angehörige der in der Bergmannschule untergebrachten Studentenkompanie Propagandabriefe von uns erhielten. Die Adressen hat mein Bruder, der dieser Kompanie angehört, geschrieben. Wieviel Briefe an Angehörige der Studentenkompanie hinausgingen, weiss ich nicht. Auch vermag ich nicht anzugeben, ob auch Angehörige anderer Studentenkompanien mit solchen Briefen bedacht wurden. An die Front wurden meines Wis-

246

sens, ich kann das sogar bestimmt sagen, keine Briefe mit Flugblättern geschickt.

Frage: Nach den Sachverständigenfeststellungen ist anzu-
nehmen, dass bei der Beschriftung der Briefe bezw. beim
Schreiben der Anschriften mehr als zwei verschiedene
Schreibmaschinen benützt wurden. Ferner möchte ich von
Ihnen wissen, wie Sie zu der Remington-Schreibmaschine ge-
kommen sind.

Antwort: Hier kann ich nur wiederholten, dass zum Schreiben der Anschriften bei den zahlreichen Briefen (zwischen
drei- und viertausend) nur zwei verschiedene Schreibmaschinen und zwar jene der Frau Schmitt (kleine Erica) und die
Schreibmaschine, die Schmorell besorgt hat, benützt wurden.

Auch zu der Frage, wo Schmorell die Remington-Schreibmaschine hergebracht hat, kann ich mich nur auf meine früheren Angaben berufen. Es war Mitte Januar 1943, als Schmorell
eines Tages während meiner Abwesenheit die in Frage kommende Remington-Schreibmaschine gebracht hat. Ich habe
Schmorell nicht aufgefordert eine Schreibmaschine zu besorgen und nehme daher an, dass die Anregung dazu von meinem
Bruder ausging. Wem diese Schreibmaschine gehört, weiss ich
nicht. Ich nehme jedoch an, dass sie Schmorell bei einem
Freund oder Bekannten geliehen hat. Genau weiss ich dies allerdings nicht.

Frage: Wann und durch wen erhielten Sie Kenntnis von dem
Flugblatt »Die Weisse Rose«? Was hatten Sie selbst mit dieser
Sache zu tun?

Antwort: Im vorigen Sommer etwa Mitte Juli hat mir Frl.
Traute Lafrenz, Studentin der Medizin, (Wohnung in München unbekannt) mit der ich gut bekannt bin, während einer
Vorlesungspause in der Universität ein Flugblatt mit der Überschrift »Flugblätter der Weissen Rose« zum Lesen gegeben.
Meines Wissens war dieses Flugblatt am Kopf mit der Zahl IV
(römische Zahlen) versehen. Ich glaube mich auch erinnern zu
können, dass mir die Lafrenz bei der Übergabe dieser Druck-

schrift mitteilte, sie habe diese am gleichen Tage oder einige Tage vorher erhalten. Die Schrift wurde ihr in einem Briefumschlag durch die Post zugesandt. Als ich diese Flugschrift durchgelesen habe, standen mein Bruder und meines Wissens auch der Student Hubert Furtwängler (ein Neffe des bekannten Dirigenten) aus dem Schwarzwald, nähere Anschrift unbekannt, neben mir und haben die Schrift über meine Schulter hinweg mitgelesen. Mein Bruder hat weder durch Minen, Gebärden oder Bemerkungen erkennen lassen, dass er mit dieser Schrift, d. h. mit der Herstellung und Verbreitung irgendetwas zu tun hatte. Noch während des Lesens habe ich an die umstehenden Personen die Frage gerichtet, was wohl die Überschrift »Die Weisse Rose« zu bedeuten habe. Meines Wissens gab mein Bruder zur Antwort, dass seiner Erinnerung nach während der franz. Revolution die verbannten Adeligen eine weisse Rose als Symbol auf ihren Fahnen geführt hätten. Wenige Tage später habe ich mich mit meinem Bruder nochmals über dieses Flugblatt unterhalten, wobei er auf meine Frage, wer wohl als Verfasser dieses Flugblattes in Frage komme zur Antwort gab, es sei nicht gut nach dem Verfasser zu fragen, weil man diesen dadurch nur gefährde.

In sonstiger Weise habe ich von dem Flugblatt »Die Weisse Rose« nichts gesehen und nichts gehört. Ich muss ganz entschieden bestreiten, sowohl mit der Abfassung der Herstellung oder Verbreitung dieser Schrift auch nur das Geringste zu tun zu haben. Noch im Juli 1942 ging unter den Studenten das Gerücht, wer mir das damals gesagt hat, weiss ich nicht mehr, die Verbreiter der »Weissen Rose« habe man gefasst, d. h. verhaftet, abgeurteilt und hingerichtet.

Frage: Den Umständen nach ist anzunehmen, dass Sie zur Bestreitung der Ihnen zur Durchführung der Flugblattpropaganda entstehenden Kosten von dritter Seite finanzielle Zuwendungen erhielten.

Antwort: Ich habe schon einmal angegeben, dass dies nicht der Fall ist. Sämtliche entstandenen Unkosten zur Beschaffung des nötigen Materials, des Verfielfältigungsapparates, der Briefmarken, Reisekosten usw., wurden einzig und allein von meinem Bruder und mir bestritten. Richtig ist allerdings, dass die uns zur Verfügung stehenden Geldbeträge zur Bestreitung unseres Lebensunterhaltes, Bezahlung der Vorlesungsgebühren, Beschaffung des zur Herstellung der Flugschriften notwendigen Materials etc. nicht ausreichte, weshalb ich gezwungen war, bei verschiedenen Freunden und Bekannten Geld zu leihen. So habe ich mir von Schmorell kurz vor Weihnachten 1942 einen Betrag von RM 200.– und vor etwa 4 Wochen nochmals RM 45.– geliehen. Schmorell habe ich nicht gesagt, dass diese Geldbeträge zur Bestreitung der durch die Herstellung der Flugblätter notwendigen Auslagen seien, doch konnte oder musste er dies den Umständen nach annehmen. Ich bin seit 1 Jahr mit Schmorell bekannt, mein Bruder etwa seit 2 Jahren. Zu früheren Zeiten habe ich von Schmorell nie Geld geliehen.

Seit 8 oder 9 Jahren bin ich mit Fritz Hartnagel, 26 Jahre alt, aus Ulm, bekannt. Genannter ist aktiver Offizier der Luftwaffe (Hauptmann), befand sich bei der 6. Armee in Stalingrad, hat starke Erfrierungen erlitten und wurde dieserhalb noch vor Beendigung der Kämpfe mit dem Flugzeug abtransportiert und befindet sich nunmehr in einem Lazarett in Lemberg. Mit Hartnagel verbindet mich seit 1937 ein Liebesverhältnis und hatten wir auch die Absicht, uns später einmal zu heiraten. Im Mai 1942 hat mir Hartnagel während eines kurzen Urlaubs einen Betrag von RM 200.– für meine Zwecke zur Verfügung gestellt. Später und zwar im Juli erhielt ich nochmals 100.– RM. Von diesem Betrag von insgesamt RM 300.– habe ich für Hartnagel ungefähr 40.– RM zum Ankauf von Büchern für ihn ausgegeben. Den Restbetrag von RM 260.– habe ich seit Beginn unserer Flugblattaktion verbraucht.

Zur Berichtigung obiger Angaben möchte ich nachtragen, dass die Vorlesungsgebühren für mich und meinen Bruder von meinem Vater bezahlt werden.

Frage: Seit wann sind Sie mit dem Student der Medizin Christof Probst aus Lermoos bei Garmisch bekannt und in welchem Verhältnis standen Sie zu ihm? Was hatte er mit der Flugblattaktion zu tun, bezw. in welcher Weise war er beteiligt?

Antwort: Im Mai 1942 wurde mir Probst bei einem Konzert durch Schmorell oder meinen Bruder vorgestellt. In der Folgezeit kam ich und zwar bis Beendigung des Sommersemesters wöchentlich etwa 2 bis 3 mal bei Konzerten oder in seiner bezw. unserer Wohnung mit ihm zusammen und habe mich mit ihm unterhalten. Verschiedentlich war mein Bruder zugegen, oft aber auch nicht. Die politische Einstellung des Probst deckt sich im Wesentlichen mit der meines Bruders und der meinen. Auch er vertrat die Meinung, dass wir diesen Krieg nicht mehr gewinnen könnten. In seinen Äusserungen gegenüber den heutigen Staat hat er sich uns gegenüber zurückgehalten, wohl mit Rücksicht auf seine zahlreiche Familie. Seine Frau wurde erst unlängst von dem dritten Kind entbunden und hat jetzt noch Wochenbettfieber. Mit der Abfassung der Flugblätter, deren Herstellung und Verbreitung hat er meines Wissens nicht das Geringste zu tun.

Wenn mir vorgehalten wird, dass Probst erst unlängst einen Entwurf zu einem neuen Flugblatt geliefert habe, so muss ich der Wahrheit gemäss angeben, davon bis jetzt nichts gewusst zu haben.

Mit Probst und dessen Frau bin ich eng befreundet. Bei der Frau des Probst habe ich im Laufe des letzten Jahres etwa viermal einen Wochenendbesuch gemacht. Bei Probst handelt es sich nach meiner Meinung charakterlich und geistig um einen über dem Durchschnitt gefestigten bezw. begabten Menschen, der verantwortungsbewusster zu sein scheint, als Schmorell. Die Frau des Probst lebt ganz ihrer Familie und geht vollkommen in der Sorge um ihre Kinder auf. Meines Erachtens ist diese Frau vollkommen unpolitisch.

Frage: Nennen Sie der Reihe nach Ihre gut Bekannten und befreundeten Personen.

Antwort: Ausser den bereits besprochenen Freunden und Bekannten etc. wären hier noch folgende nachzutragen:

Muth Karl, Professor, wohnt München-Solln, Dittlerstr. 10, durch Otto Aicher vor 1 Jahr kennengelernt, komme selten zu ihm zur Erkundigung seines Wohlergehens. Sehr religiöser Mann, politische Gespräche wurden bisher nicht geführt. 77 Jahre alt, körperlich sehr schwach.

Aicher Otto, Wehrmachtangehöriger, z. Zt. wegen Krankheit Genesungsurlaub, Truppenteil unbekannt. Aicher ist aus Ulm, wo seine Eltern Glockengasse 10 wohnen.

Ist der Geliebte der Schwester Inge, hat 8 Klassen Realschule, jedoch nicht das Abitur, weil er nicht der HJ angehört hat. Er ist sehr religiös und nicht nationalsozialistisch eingestellt, sonst aber unpolitisch, da er ganz andere (philosophische und künstlerische) Interessen verfolgt.

Reiff Erika, Ulm, Weinsteige 8.

Abiturientin, im 7. oder 8. Semester als Medizinstudentin an der Universität München seit Dezember 1942. Hier einmal im Konzert getroffen, sonst keinen Umgang mit ihr. Politisch gut nationalsozialistisch eingestellt.

Remppis Lisa, wohnt Leonberg b[ei] Stuttgart Adolf Hitlerstrasse 16.

Jugendfreundin, 19 Jahre alt, Schülerin des Fröbelseminars in Stuttgart. Regen Schriftwechsel, persönlicher Natur. Selbst unpolitisch, ihr Verlobter, ehem. Offizier, (Kriegsbeschädigter) positiv für den heutigen Staat eingestellt.

Andere Freundschaften unterhalte ich nicht.

Frage: Im Laufe der Verhandlung habe ich Ihnen zwischendurch einen Schal vorgezeigt und die Frage an Sie gerichtet, ob er Ihnen oder Ihrem Bruder gehöre oder ob Sie sonst wüssten, wer der Eigentümer desselben sei.

Antwort: Dieser Schal gehört weder meinem Bruder noch mir, ferner ist mir nicht bekannt, wessen Eigentum er sonst sein könnte. Ich kann mit bestem Gewissen zu dieser Frage keine positiveren Angaben machen.

Wenn mir vorgehalten wird, dass in diesen Schal Flugblätter eingewickelt waren, die kurz nach unserer Festnahme im Universitätsgebäude gefunden wurden, so kann ich mir die Zusammenhänge nicht erklären.

Frage: Was wissen Sie von einem Flugblatt mit der Überschrift: »10 Jahre Nationalsozialismus!«?

Antwort: Ein Flugblatt mit diesem Titel war mir bis jetzt vollkommen fremd. Nachdem mir dieses Flugblatt im Original vorgezeigt wurde, kann ich mit Sicherheit sagen, dass dieses Flugblatt weder von meinem Bruder noch von mir stammt. Über den Hersteller oder Verbreiter vermag ich keinerlei Angaben zu machen.

Frage: Wann ist Schmorell zur Besorgung der Propagandapost nach Salzburg, Linz und Wien gefahren, wann kam er zurück und wo hat er gegebenenfalls übernachtet?

Antwort: Schmorell ist am 26.1.43 (an einem Dienstag) vormittags um 6 Uhr mit dem Schnellzug von München nach Salzburg, Linz und Wien gefahren und kam am 28.1.43 vormittags um 4 Uhr wieder nach München zurück. Ob er in einer dieser Städte übernachtete, weiss ich nicht, nehme es aber nicht an, da Schmorell sehr wenig Geld bei sich hatte, weshalb er vielleicht gar nicht übernachten konnte, selbst wenn er dies gewollt hätte.

Frage: Ich habe schon einmal die Frage an Sie gerichtet, was die benützte Vervielfältigungsmaschine gekostet hat. Sie sagten 200.– RM, ist das richtig?

Antwort: Mein Bruder hat den Vervielfältigungsapparat gekauft und ich weiss nicht genau, was er gekostet hat, ich glaube aber etwa RM 200.– vielleicht auch etwas mehr.

Frage: Zum Schlusse Ihrer nun umfangreichen Vernehmung habe ich die Frage an Sie zu richten, ob Sie nicht aus eigenem Entschluss etwas anzugeben haben, was zur Klärung der Sache beitragen kann oder noch nicht aufgeklärt ist.

Antwort: Auf diese Frage möchte ich noch angeben, dass ich am 5. oder 6. Februar 1943, nachdem ich am 4.2. an der Universität die Aufschrift »Freiheit« gesehen hatte, meinen Bruder unter vier Augen mit den Worten zur Rede stellte: »Das stammt wohl von Dir?« ich meinte damit, das Anschreiben des Wortes »Freiheit«, worauf ich von ihm lachend die Bestätigung erhielt. Ich weiss nicht mehr ob er nur mit [dem] Kopf nickte, oder meine Frage mit »ja« beantwortete. Ich habe meinem Bruder in diesem Zusammenhang den Rat gegeben, mich bei ähnlichen Schmierereien mitzunehmen, um ihn vor evtl. Überraschungen zu schützen. Ich erwähnte noch, dass wir gegebenenfalls im Falle einer Überraschung Arm in Arm weitergehen könnten und wir dann nicht auffallen würden. Mein Vorschlag leuchtete ihm wohl ein, er hat sich jedoch nicht einverstanden erklärt, weil er die Meinung vertrat, solche Arbeiten seien für ein Mädchen nicht geeignet.

Auch in einem anderen Punkt habe ich nicht die Wahrheit gesagt, was ich vor Abschluss meiner Vernehmung berichtigen möchte. Die auf Seite 1 des bei mir vorgefundenen Notizbuches vorgetragenen Geldbeträge wurden restlos und ausschliesslich für Zwecke der politischen Propaganda (Herstellung von Flugblättern) verwendet. Auf der linken Seite oben befindet sich der Buchstabe E, soll heissen Einnahmen und auf der rechten Seite der Buchstabe A, soll heissen Ausgaben. Der Gesamtbetrag von E (Einnahmen) beläuft sich auf RM 1103,50 und jener der Ausgaben auf RM 690,50. Ich muss hier betonen, dass ich nicht alle Auslagen notiert habe. Ausserdem glaube ich, dass ich unter der Rubrik Einnahmen den einen oder anderen Betrag entweder doppelt aufgeschrieben habe, oder dass Einzelbeträge in anderen grösseren Summen bereits enthalten waren, also doppelt verbucht wurden. Die Einnahmen und Ausgaben müssen sich ungefähr auf gleicher Höhe bewegen, denn andere Beträge als angegeben, standen mir nicht zur Verfügung und unsere Kasse ist bis auf einen Restbetrag von rund RM 40.– aufgebraucht.

Zum Schlusse meiner Angaben möchte ich noch anführen, dass ich nun alles angegeben habe, was mir von dem Ermittlungsgegenstand überhaupt bekannt ist. Ich habe mit Wissen nichts verschwiegen oder etwas hinzugesetzt, das nicht der Wahrheit entspricht. Sollte mir noch nachträglich etwas einfallen, was mit der Sache in Zusammenhang steht und noch nicht eingehend geklärt und besprochen ist, so werde ich mich freiwillig zur weiteren Vernehmung melden.

Schlussfrage: Während der Gesamtvernehmung, die sich über zwei volle Tage erstreckte, haben wir zwischendurch, wenn auch nur streiflichtartig, verschiedene politische und weltanschauliche Fragen besprochen. Sind Sie nach diesen Aussprachen nun nicht doch zu der Auffassung gekommen, dass man Ihrer Handlungsweise und das Vorgehen gemeinsam mit Ihrem Bruder und anderen Personen gerade in der jetzigen Phase des Krieges als ein Verbrechen gegenüber der Gemeinschaft insbesondere aber unserer im Osten schwer und hart kämpfenden Truppen anzusehen ist, das die schärfste Verurteilung finden muss.

Antwort: Von meinem Standpunkt muss ich dies Frage verneinen. Ich bin nach wie vor der Meinung, das Beste getan zu haben, was ich gerade jetzt für mein Volk tun konnte. Ich bereue deshalb meine Handlungsweise nicht und will die Folgen, die mir aus meiner Handlungsweise erwachsen, auf mich nehmen.«

Aufgenommen: Laut diktiert und auf noch-
Mohr   malige Nachlesung und Über-
KOS.   prüfung verzichtet:
                           Sophie Scholl

Anwesend:
[unleserliche Unterschrift]
VA.

Quelle: Bundesarchiv Berlin, ZC 13267, Bd. 3

Vernehmungen von Hans Scholl

Nachdem Hans Scholl zusammen mit seiner Schwester Sophie am 18. Februar 1943 gegen 11.00 Uhr in der Universität vorläufig festgenommen worden war, fand alsbald die erste Vernehmung in der Staatspolizeileitstelle München statt.

Anfangs wurden Angaben zur Person und Familie, zum Lebensunterhalt, Studium, Kriegseinsatz sowie zum Kameraden- und Freundeskreis erfragt und festgehalten. Hans Scholl leugnete, die Flugblätter hergestellt und in der Universität ausgelegt oder verteilt zu haben; vielmehr habe er die ausgestreuten Blätter zufällig gesehen. Den an ihm bei der Festnahme gefundenen und von ihm rasch zerrissenen Flugblattentwurf von Christoph Probst »Stalingrad! 200 000 deutsche Brüder wurden geopfert« wollte Hans Scholl in seinem Briefkasten beim Verlassen der Wohnung am Morgen gefunden haben. Erst als ihm das Ergebnis der inzwischen von der Gestapo durchgeführten Wohnungsdurchsuchung und Aussagen seiner Schwester Sophie vorgehalten wurden, gestand Scholl seine Widerstandstat in weiteren Verlauf des Verhörs.

Geheime Staatspolizei
Staatspolizeileitstelle München

Fingerabdruck genommen*⁾ → Fingerabdruck genommen*)
Fingerabdrucknahme nicht erforderlich*)
Person ist – nicht – festgestellt*)

Datum: ....

Name: ....

Amtsbezeichnung: ....

Dienststelle: ....

(Dienststelle des vernehmenden Beamten)   ..München......., am ....18..Febr..1943....
Auf Vorladung – Vorgeführt*⁾ – erscheint

....Hans.Fritz.Scholl,..

und erklärt, zur Wahrheit ermahnt:

I. Zur Person:

1. a) Familienname, auch Beinamen (bei Frauen auch Geburtsname, ggf. Name des früheren Ehemannes)	a) .....Scholl....................................
b) Vornamen (Rufname ist zu unterstreichen)	b) ......Hans.Fritz..........................
2. a) Beruf Über das Berufsverhältnis ist anzugeben, – ob Inhaber, Handwerksmeister, Geschäfts- leiter oder Gehilfe, Geselle, Lehrling, Fabrik- arbeiter, Handwerksgehilfe, Verkäuferin usw. – bei Ehefrauen Beruf des Ehemannes – – bei Minderjährigen ohne Beruf der der Eltern – – bei Beamten und staatl. Angestellten die ge- naueste Anschrift der Dienststelle – – bei Studierenden die Anschrift der Hoch- schule und das belegte Lehrfach – – bei Trägern akademischer Würden (Dipl.- Ing., Dr., D. pp.), wann und bei welcher Hoch- schule der Titel erworben wurde –	a) .....cand.med..an.der.Universität........... ......München.................................
b) Einkommensverhältnisse	b) ....
c) Erwerbslos?	c) Ja, seit .... nein ....
3. Geboren	am ....22.9.18... in ...Ingersheim................ Verwaltungsbezirk ..Crailsheim...................... Landgerichtsbezirk .Stuttgart................ Land ....Württemberg................

*) Nichtzutreffendes durchstreichen.

4. Wohnung oder letzter Aufenthalt	in ...München,........................
	Verwaltungsbezirk ...München............
	Land ...Bayern................
	..Franz.Josef-............ Straße / Platz Nr. ..13..bei.......
	Fernruf .... Dr. Schmidt.
5. Staatsangehörigkeit	..D.R............
Reichsbürger?	....
6. a) Religion (auch frühere)	a) ...evangelisch................
1) Angehöriger einer Religionsgemeinschaft	1) ja – welche? ....
od. einer Weltanschauungsgemeinschaft,	nein
2) Gottgläubiger,	2) ja – nein
3) Glaubensloser	3) ja – nein
b) sind 1. Eltern ⎫ deutschblütig?	b) 1. ....ja........
2. Großeltern ⎭	2. ....ja........
7. a) Familienstand	a) ....ledig........
(ledig – verheiratet – verwitwet – geschieden – lebt getrennt)	
b) Vor- und Familiennamen des Ehegatten	b) ....
(bei Frauen auch Geburtsname)	
c) Wohnung des Ehegatten	c) ....
(bei verschiedener Wohnung)	
d) Sind oder waren die Eltern – Großeltern – des Ehegatten deutschblütig?	d) ....
8. Kinder	ehelich: a) Anzahl: ...−
	b) Alter: .... Jahre
	unehelich: a) Anzahl: ...−
	b) Alter: .... Jahre
9. a) Des Vaters	a) .Robert.Scholl............
Vor- und Zunamen	.Wirtschaftstreuhänder.i..Ulm............
Beruf, Wohnung	Münster-Pl. 33
b) der Mutter	b) .Magdalene.Scholl,.geb..Müller...........
Vor- und Geburtsnamen	.Ulm,.Münster-Pl..33........
Beruf, Wohnung	
(auch wenn Eltern bereits verstorben)	
10. Des Vormunds oder Pflegers	
Vor- und Zunamen	..−
Beruf, Wohnung	....

11. a) Reisepaß ist ausgestellt	a) von Pol.Dir.Ulm am 4.8.1936
	Nr. 723
b) Erlaubnis zum Führen eines Kraftfahrzeuges – Kraftfahrrades – ist erteilt	b) von Mot.Feld.Laz.615 am 15.8.40 Liste 1940/30 Nr.
c) Wandergewerbeschein ist ausgestellt	c) von — am
	Nr.
d) Legitimationskarte gemäß § 44a Gewerbeordnung ist ausgestellt	d) von — am
	Nr.
e) Jagdschein ist ausgestellt	e) von — am
	Nr.
f) Schiffer- oder Lotsenpatent ist ausgestellt	f) von — am
	Nr.
g) Versorgungsschein (Zivildienstverordnungsschein) ist ausgestellt	g) von — am
	Nr.
Rentenbescheid?	—
Versorgungsbehörde?	
h) Sonstige Ausweise?	h) – Mitgl.Karte d. Dt. Alpenvereins – Zweigverein Mü. Nr. 20 045.
12. a) Als Schöffe oder Geschworener für die laufende oder die nächste Wahlperiode gewählt oder ausgelost? Durch welchen Ausschuß (§ 40 GVG.)?	a) —
b) Handels-, Arbeitsrichter, Beisitzer eines sozialen Ehrengerichts?	b) nein
c) Werden Vormundschaften oder Pflegschaften geführt? Über wen?	c) nein
Bei welchem Vormundschaftsgericht?	./.
13. Zugehörigkeit zu einer zur Reichskulturkammer gehörigen Kammer (genaue Bezeichnung)	
14. Mitgliedschaft a) bei der NSDAP.	a) seit nicht Mitglied der NSDAP
	letzte Ortsgruppe
b) bei welchen Gliederungen?	b) seit Mitglied des Jungvolkes und. von 1935 oder 1936 an Fähn- letzte Formation leinsführer im Jung- volk, Jetzt ist er nicht Mitglied oder ähnl. eines NS-Verbandes. War von März 1933 bis März 1937

15. Reichsarbeitsdienst Wann und wo gemustert?	....
Entscheid	....
Dem Arbeitsdienst angehört	von .März..1937...... bis .September..1937.. Abteilung 3/.265......... Ort Göppingen.............
16. Wehrdienstverhältnis a) Für welchen Truppenteil gemustert oder als Freiwilliger angenommen?	a) ....Kavallerie,.am..1..11..1937........... freiwillig zum Kav.Regt.18 in ....Cannstadt··eingerückt..........
b) Als wehrunwürdig ausgeschlossen?	b) .....nein..
Wann und weshalb?	......./..
c) Gedient:	c) von November 1937 bis März 1937 Mai··April··40 heute
Truppenteil	zuletzt.Feldp.Einh...33..194..............
Standort	....
entlassen als	z.Zt...Feldwebel.und.K.S.O.B.................
17. Orden- und Ehrenzeichen? (einzeln aufführen)	Westwallabzeichen............... ....
18. Vorbestraft? (Kurze Angabe des – der – Beschuldigten. Diese Angaben sind, soweit möglich, auf Grund der amtlichen Unterlagen zu ergänzen)	angeblich.nicht.vorbestraft........ ....

II. Zur Sache:

Vermerk:
Scholl wurde am 18.2.1943 gegen 11 Uhr in der Universität in München
wegen Verdachts der Verbreitung der Flugblätter
"Kommilitoninnen! Kommolitonen!"
vorläufig festgenommen und anschließend in das Hausgefängnis der Staatspolizeileitstelle München eingeliefert.

[handschriftl. Unterschrift]
SS-Hauptsturmführer, u.K.K.

B. Nr. II A/Sond./Mah.   München, den 18. Febr.1943.

Aus der Haft vorgeführt, erscheint der Student cand.med.

Hans, Fritz Scholl

geboren 22.9.1918 in Ingersheim, wohnhaft in München
Franz-Josef-Str. 13 bei Frau Dr. Schmidt, und macht nach ein-
dringlicher Ermahnung zur Wahrheit folgende Angaben:
»Mein Vater Robert, Scholl ist Wirtschaftstreuhänder in
Ulm a. d. Donau. Ich habe noch vier Geschwister und zwar:
Inge Scholl, geb. 11.7.17 in Ingersheim, wohnt Ulm / Donau,
Münsterpl. 33;
Elisabeth Scholl, geb. 27.2.20 in Forchtenberg, wohnt in
Ulm, Münsterplatz 33 bei den Eltern;
Sofie Scholl, geb. 9.5.21 in Forchtenberg, wohnt in Mün-
chen, Franz-Josef-Str.13;
Werner Scholl, geb. 13.11.22 in Forchtenberg, z.Zt. bei
Wehrmacht, Feldpostnummer unbekannt.
In Forchtenberg besuchte ich vier Jahre die Grundschule, dann
zwei Jahre die Realschule in Künzensau, im Jahre 1932 die Ober-
realschule in Ludwigsburg. Von Ende 1932 bis Frühjahr 1937
besuchte ich die Oberrealschule in Ulm / Donau. Dort legte ich
die Reifeprüfung ab. Im Frühjahr 1937 wurde ich zum Arbeitsdienst einberufen. Ich hatte mich freiwillig gemeldet. Anschliessend war ich 7 Monate der RAD-Abteilung 3 / 265 in
Göppingen. Im November 1937 rückte ich freiwillig zum Kav.
Regt.18 in Bad Cannstadt ein, wo ich ein Jahr diente. Ich wurde
als Res.Off.Anwärter entlassen, d. h. ich wurde auf sechs Monate in die Sanitätsschule in Tübingen abkommandiert. Dort
habe ich die Sanitätsprüfung abgelegt und wurde im März 1939
zum Studium entlassen. Ich habe dann an der Universität München zunächst ein Semester und dann zwei verkürzte Drimester
Medizin studiert. Während der Sommerferien 1939 befand ich

mich in Ostpreussen im Ernteeinsatz. Im April 1940 wurde ich wieder zur Wehrmacht einberufen und kam zur San.Ers.Abtl. 7 in München. Nach dem Frankreichfeldzug, den ich beim Feldlazarett 615 mitgemacht habe, wurde ich zur Fortsetzung meines Studiums nach München beurlaubt. Im Januar 1941 habe ich meine ärztliche Vorprüfung abgelegt. Im April 1941 wurde ich zu der Studentenkompagnie in München eingezogen, der ich heute noch im Range eines Feldwebels angehöre.

Vermögen habe ich keines. Ich beziehe täglich einen Wehrsold von 1.80 RM und erhalte täglich 2.10 RM Verpflegungsgeld ausbezahlt. Ausserdem erhalte ich monatlich 135 RM Kriegslöhnung. Sonstiges Einkommen habe ich nicht. Meine Auslagen für Studienkosten werden von meinem Vater bezahlt.

Ich habe von Frau Schmidt zwei Zimmer gemietet, wofür ich monatlich 120 RM zu bezahlen habe. Nebenbei muss ich für ein benütztes Bad 1 RM und für Telefongebühren die anfallenden Kosten bezahlen. Meine Mahlzeiten nehme ich fast regelmässig in öffentlichen Gastlokalen, darunter einigen Stammlokalen ein und bezahle in der Regel für ein Essen etwa 1.50 RM. Das Frühstück und Abendessen kochen wir uns meist selbst. Ich dürfte im Tag etwa 2.50 RM zum Leben brauchen.

Vorbestraft bin ich nicht, auch ist gegen mich kein Strafverfahren anhängig. Militärstrafen habe ich jedenfalls nicht. Militärische Auszeichnungen habe ich nicht. Ich besitze lediglich das Westwallabzeichen.

Im März 1933 trat ich in Ulm dem Deutschen Jungvolk bei und wurde dem Fähnlein Nord zugeteilt. Von 1935 oder 1936 an war ich Fähnleinsführer. In dieser Eigenschaft wurde ich nicht in die allgemeine HJ. überführt. Mit meinem Eintritt zum RAD im März 1937 schied ich automatisch aus dem Jungvolk aus. Vorher habe ich keiner politischen Organisation oder konfessionellen Verbänden angehört. Soweit ich unterrichtet bin, war mein Vater früher nicht politisch tätig und ist jetzt Mitglied des NS-Rechtswahrerbundes. Meine Geschwister waren ebenfalls Angehörige der HJ. bezw. des BDM. Wenn an mich die Frage gerichtet wird, wie ich zum heutigen Staat eingestellt bin, so erkläre ich hierzu, dass ich Soldat bin, mich als solcher fühle und auch meine Pflicht erfülle.

Heute früh bin ich gegen 8.30 Uhr aufgestanden, habe anschliessend gefrühstückt, dann gelesen und habe gegen 10.30 Uhr erstmals meine Wohnung verlassen. Ich führte einen Koffer bei mir, der leer war. Meine leere Ledermappe trug meine Schwester. Von meiner Wohnung Franz-Josef-Str. 13 bis zur Universität wurde ich von meiner Schwester Sofie Scholl begleitet. Wir gingen auf der rechten Seite der Ludwigstrasse zur Universität und kamen dort ungefähr um 10.45 Uhr an. Die Zeit, um die wir dort ankamen, kann ich nicht genau angeben irgendwelche Vorlesungen wollte ich heute an der Universität nicht besuchen, weil ich mich gegenwärtig zum Staatsexamen vorbereite.

Frage: Was hatten Sie in der Universität zu suchen, nachdem Sie dort keine Vorlesungen besuchen?

Antwort: Ich wollte dort eine Freundin treffen. Es handelt sich hierbei um Fräulein Gisela Schertling, wohnhaft in München, Lindwurmstrasse 13/3 bei Wertheimer. Diese ist eine Freundin meiner Schwester Sofie Scholl. Beide waren zusammen im Arbeitsdienst. Mit Gisela Schertling unterhalte ich ein Freundschaftsverhältnis seit etwa 3 Wochen. Ich treffe sie seitdem fast täglich an ganz verschiedenen Stellen. Sie kommt öfters, aber völlig willkürlich in meine Wohnung, ebenso komme ich öfters in ihre Wohnung, in der ich früher schon gewohnt habe. Bei Schertling habe ich bisher etwa dreimal genächtigt und letztmals in der Nacht vom 16. auf 17.2.1943. Umgekehrt hat Schertling schon oft im Zimmer von mir und meiner Schwester genächtigt.

Frage: Wie ist Gisela Schertling in politischer Hinsicht eingestellt?

Antwort: Schertling stammt aus einer mir zu nationalsozialistischen Familie und ihr Vater ist Schriftleiter einer mir nicht bekannten nationalsozialistischen Zeitung. Es handelt sich glaublich um die »Pössnecker Zeitung«. Schertling selbst ist ein Produkt ihrer Familie und ebenfalls nationalsozialistisch gesinnt.

Frage: Haben Sie sich der Schertling gegenüber in politischer Hinsicht geäussert, eventl. in welcher Form?

Antwort: Mit Schertling habe ich mich rein sachlich über die politischen Tagesneuigkeiten unterhalten. Keineswegs habe ich mich ihr gegenüber abträglich über den heutigen Staat und den Nationalsozialismus geäußert.

Frage: Schertling hat speziell zu diesem Punkt anderslautende Angaben gemacht. Wollen Sie nicht lieber die Wahrheit sagen?

Antwort: Ich kann nichts anderes sagen.

Frage: Welche Personen haben sonst noch bei ihnen verkehrt, bezw. mit welchen Personen trafen Sie sich?

Antwort: Ich verkehre sehr viel mit Kameraden von der Studentenkompanie. Oft besucht werde ich von dem Studenten und Angehörigen der Studentenkomp.

Alexander Schmorell,

wohnhaft in München, Benediktenwandstraße 12 b.d. Eltern. Diesen kenne ich schon seit Jahren und wir waren zusammen in einer Kompanie in Rußland. Früher war Schmorell glaublich Angehöriger des »Stahlhelms«. Er ist 1923 aus dem bolschewistischen Rußland nach Deutschland emigriert und hat dann die Deutsche Staatsangehörigkeit erworben. Schmorell ist eigentlich mein einziger Freund. Er besuchte mich fast täglich.

Frage: Bei ihnen verkehrt doch ein Mann mit Vornamen »Willy« Um wen handelt es sich hierbei?

Antwort: Hierbei handelt es sich um den Studenten und Angehörigen der Studentenkompanie

Wilhelm Graf,

wohnhaft in München, Mandlstraße 1 bei Dr. Berrsche. Dieser kommt aber ganz selten zu mir. Letztmals habe ich ihn vor zwei oder drei Tagen zufällig in der Ludwigstraße getroffen.

Frage: Pflegen Sie irgendwelchen privaten Umgang mit Lehrkräften der Universität?

Antwort: Nein. Dagegen will ich nicht verschweigen, dass ich für morgen Mittag zu Professor Alfred von Martin, wohnhaft in München, Heimstättenstraße Nr.? zum Tee eingeladen bin. V.Martin habe ich vor einigen Jahren durch eine mir augenblicklich nicht erinnerliche Person kennen gelernt. Seitdem lädt er mich im Jahre einigemale zum Tee ein. Bei solchen Zusammenkünften werden aber nur philosophische Fragen besprochen und ich habe ihm von Rußland aus einen Brief geschrieben, worauf die für morgen vorgesehene Einladung erfolgte.

Frage: Mit welchen Personen treffen Sie sich sonst noch?

Antwort: Regelmäßig mit niemand, doch habe ich eine ganze Menge Bekannter.

Frage: Was enthielt der Koffer, den Sie heute bei sich führten?

Antwort: Nichts. Der Koffer war leer.

Frage: Warum schleppen Sie einen leeren Koffer in der Universität umher?

Antwort: Meine Schwester Sophie Scholl wollte mit dem in München-Hauptbahnhof um 12,28 oder 16,30 Uhr abgehenden Schnellzug nach Ulm zu den Eltern wegfahren.

Frage: Warum war die Abfahrtszeit nicht genau festgelegt?

Antwort: Meine Schwester und ich sollten um 12,30 Uhr auf dem Holzkirchner Bahnhof den Genesungsurlauber
Otto Aicher,
nähere Wohnung und Truppenteil unbekannt, treffen. Aicher ist ein Schulkamerad von mir und seine Eltern wohnen in Ulm, Glockengasse 10. Aicher hat sich seit letzten Sonntag in München aufgehalten. Während dieser Zeit traf meine Schwester öfters mit ihm zusammen, während ich ihn nur gestern in meiner Wohnung etwa 1 Stunde lang sprach.

Frage: Wie kommt es, dass ihre Schwester mit einem leeren Koffer verreisen will. Dies ist doch nicht üblich?

Antwort: Diese Frage zu beantworten, ist Sache meiner Schwester, denn diese wollte ja verreisen.

Vermerk: Scholl wird auf die Unsachlichkeit dieser Antwort hingewiesen und nochmals aufgefordert hierüber eine andere Erklärung abzugeben. Darauf brachte er vor: Meine Schwester hatte die Absicht wahrscheinlich Marmelade, saubere Handtücher und Wäsche, eventl. einen halben Liter Schnaps zu holen.

Frage: Was machen Sie und ihre Schwester mit der schmutzigen Wäsche?

Antwort: Kleinere Sachen, wie Taschentücher, eventl. auch Hemden wäscht meine Schwester selbst, grössere Sachen, wie Bettwäsche wird nach Hause gebracht, damit sie dort gereinigt werden. Diese Wäsche wird meist durch meine Schwester persönlich nach Ulm gebracht.

Frage: Wie oft fährt Ihre Schwester heim und wann war sie letztmals in Ulm?

Antwort. Sie fährt unregelmässig, im allgemeinen mindestens alle vier Wochen. Letztmals hat sich meine Schwester die ganze vergangene Woche in Ulm aufgehalten, weil meine Mutter schwer krank ist. Sie ist am Freitag, den 5.2.1943 mit dem Frühzug um 7 oder 8 Uhr von München abgefahren und kam nach 12 Tagen, und zwar am Sonntag, den 14.2.1943 um 21.06 Uhr in München wieder an. Sie wurde von mir und Gisela Schertling am Bahnhof erwartet und in die Wohnung verbracht.

Frage: Warum hat Ihre Schwester diesmal keine Wäsche mitnehmen wollen?

Antwort: Weil Sie am 5.2.1943 zusammen mit meiner Schwester Elisabeth Scholl, die sich bis dahin acht Tage lang in München aufgehalten hatte, sämtliche schmutzige Wäsche nach Ulm verbracht, nicht aber vollzählig zurückgebracht hat.

Frage: Was enthielt Ihre Aktenmappe? War sie wohl ebenfalls leer, als Sie von zu Hause weggingen?

Antwort: Auch die Aktenmappe war leer. Ich hatte vor, einiges einzukaufen, vor allem wollte ich bei Diehl Tonpfeifen kaufen.

Frage: Um welche Zeit sind Sie in der Universität angekommen?

Antwort: Genau kann ich es nicht sagen, es dürfte aber gegen 10.45 h gewesen sein.

Frage: Ist Ihnen auf dem Wege von Ihrer Wohnung zur Universität ein Bekannter begegnet?

Antwort: Auf dem Wege traf ich keinen Bekannten, doch traf ich unmittelbar am Eingang der Universität von der Ludwigstrasse aus mit dem Studenten der Medizin Willi Graf, wohnt Mandlstr. 1 bei Berrsche und die Medizinstudentin Traude Lafrenz, Wohnung unbekannt. Beide haben zusammen die Universität verlassen und wollten in die Psychiatrische Klinik. Sonstige Bekannte habe ich in der Universität nicht gesehen.

Frage: Waren Sie innerhalb der Universität ständig in Begleitung Ihrer Schwester?

Antwort: Ja. Sie hatte in der Universität ebensowenig zu tun wie ich.

Frage: Welchen Weg haben Sie innerhalb der Universität genommen?

Antwort: In der Universität bin ich mit meiner Schwester in den Laufgängen links und rechts umhergelaufen bezw. gegangen. Wir kamen dabei auch in den zweiten Stock.

Frage: Kennen Sie die Lage des romanischen Instituts der Universität?

Antwort: Nein; ich weiss nur, dass auf der rechten Seite der Universität im zweiten Stock der Hörsaal des psychologischen Instituts sich befindet.

Frage: Haben Sie sich längere Zeit im zweiten Stock in Höhe des hinteren Treppenaufganges aufgehalten?

Antwort: Ich kenne keinen hinteren Aufgang in der Universität, sondern nur einen und zwar den vorderen.

Frage: Wo befanden Sie sich, als Sie von einem Angestellten der Universität angehalten wurden?

Antwort: Ich befand mich zu dieser Zeit im zweiten Stock und zwar im linken Gang vom Eingang Ludwigstrasse aus gesehen, also im südwestlichen Teil der Universität. Ob sich in der Nähe meines Standortes das romanische Institut befindet, weiss ich nicht.

Frage: Haben Sie in der Universität Flugblätter gesehen, gegebenenfalls wann und wo?

Antwort: Wann kann ich nicht sagen, ging ich mit meiner Schwester die Treppe hoch, die vom Eingang Amalienstrasse zum 1. Stockwerk führt. Ich sah dabei, wie Putzfrauen auf dieser Treppe Flugblätter zusammensuchten. Um Wieviele Flugblätter es sich hierbei gehandelt hat, weiss ich nicht.

Frage: Haben Sie irgendeine Beobachtung gemacht, von wem die Flugblätter ausgestreut wurden?

Antwort: Nein. Ich sah nur, die Flugblätter auf der Treppe liegen und wie dieselben von den Putzfrauen aufgelesen wurden. Von diesen Flugblättern habe ich auch eines aufgehoben und in die innere Rocktasche gesteckt, ohne es zu lesen. Erst später, und zwar solange ich nach meiner Festnahme beim Syndikus warten musste, habe ich dieses Flugblatt gelesen.

Frage: Wie denken Sie über den Inhalt dieses Flugblattes?

Antwort: Ich denke, wie ich als Soldat zu denken habe.

Frage: Wollen Sie sich nicht näher erklären?

Antwort: Ich schätze das Verhalten dieser Agitation im Innern ähnlich ein, wie das Verhalten der Revolutionäre im Jahre 1918.

Frage: Es besteht Grund zu der Annahme, dass Sie selbst zu diesem eben von Ihnen geschilderten Kreis zählen. Was haben Sie dazu zu sagen?

Antwort: Die Annahme ist unbegründet.

Vorhalt: Es ist bekannt, dass Sie sich in letzter Zeit verschiedenen Personen gegenüber in dem Sinne geäussert haben, dass der Nationalsozialismus durch eine christliche Demokratie ersetzt werden müsse. Stimmt das?

Antwort: Ob das im tiefsten Grunde meine Ansicht ist, darüber spreche ich überhaupt nicht, weil solche Diskussionen gegenwärtig nicht aktuell sind.

Vermerk: Die Angaben des Scholl, wonach er die Flugblätter erstmals auf der Treppe zum ersten Stock gesehen haben will, sind durch die Angaben des Jakob Schmied, widerlegt, da derselbe den Scholl und dessen Schwester unmittelbar nach dem Abwurf der Flugblätter in 2. Stock angetroffen hat. Diese Tatsache wurde Scholl nochmals vorgehalten. Er erklärte hierzu:

Antwort: Nachdem ich auf der Treppe vom Eingang Amalienstrasse zum 1. Stock die Flugblätter gesehen habe, ging ich mit meiner Schwester in der Universität umher und schlenderte aus Langeweile in den 2. Stock. Von dem Zeitpunkt, als ich erstmals die Flugblätter gesehen habe und bis ich von Schmied angehalten wurde, sind etwa 10 Minuten verstrichen gewesen. Ich habe die ganze Zeit über gewartet bis die Vorlesung im philosophischen Hörsaal, vermutlich Saal 201 zu Ende war, weil ich auf Fräulein Schertling gewartet habe.

Frage: Wie kamen Sie zu dem bei ihnen vorgefundenen, jedoch bereits zerrissenen Brief, der mit: »Stalingrad! 200 000 deutsche Brüder wurden geopfert« beginnt?

Antwort: Als ich heute früh gegen 10.30 Uhr meine Wohnung verliess, fand ich im Briefkasten einen Brief vor. Der Umschlag war weiss und enthielt die handschriftlich gefertigte Anschrift: Herrn Hans Scholl, München. Franz-Josefstrasse 13., Ghs. Den Brief habe ich im Wohnungsgang kurz überflogen und dann zerrissen. Die einzelnen Fetzen habe ich in die Manteltasche gesteckt. Es ist nicht richtig, dass ich im Zimmer des Syndikus versucht habe, mich der Papierfetzen zu entledigen. Ich habe nach Aufforderung durch den Polizeibeamten meine Taschen ausgeleert und dabei sind mir einige Papierfetzen von diesem Brief zu Boden gefallen, die ich aber selbst wieder aufhob.

Frage: Von wem haben Sie diesen Brief erhalten?

Antwort: Ich weiss es nicht.

Frage und Vorhalt: Es ist höchstunwahrscheinlich, dass Ihnen ein unbekannter Mann einen Brief mit einem derartigen Inhalt in den Briefkasten einwirft. Wollen Sie nicht endlich sagen, von wem und auf welche Weise Sie in den Besitz dieses Briefes gekommen sind?

Antwort: Ich kann auch hierauf nichts anderes angeben. Ich weiss nicht von wem der Brief stammt

Frage: Wurde der Brief durch die Post zugestellt?

Antwort: Nein. Der Brief trug weder Briefmarke noch Poststempel und muss durch eine andere Person, also nicht durch Postboten in den Briefkasten gesteckt worden sein.

Frage: Haben Sie heute noch andere Postsachen zugestellt erhalten?

Antwort: Nein auch meine Schwester erhielt heute keine Post. Obwohl sie täglich etwa 2 Briefe bekommt, erhielt sie heute nichts.

Frage: Wo befindet sich Ihr Briefkasten?

Antwort: Derselbe ist an der Innenseite der Haustüre angebracht und die Post wird durch einen Schlitz in der Türe in diesen eingeworfen.

Frage: Wer hat gesehen, wie Sie diesen Brief aus dem Briefkasten entnommen haben, wo befand sich zu diesem Zeitpunkt ihre Schwester?

Antwort: Wahrscheinlich hat dies niemand beobachtet, denn meine Schwester ist vorausgegangen. Möglicherweise hat sie gefragt, ob auch für sie Post dabei ist. Im allgemeinen kommt aber die Frühpost bereits um 9 Uhr und es ist üblich, dass ich nachsehe, ob Post eingegangen ist. Ob dies auch heute früh der Fall war, kann ich jetzt nicht mehr genau sagen, wahrscheinlich war es aber der Fall. Meine Schwester hat den fraglichen Brief bestimmt nicht gesehen. Der Brief kam völlig überraschend in meine Hände.

Frage: Beim Durchlesen der Schrift »Kommilitoninnen! Kommilitonen!« und des Briefes, den Sie angeblich heute früh erhalten haben wird Ihnen wohl auch eine gewisse Ähnlichkeit aufgefallen sein. Wie kommt es, dass ausgerechnet Sie diesen Brief im Besitz haben?

Antwort: Ich kann prinzipiell zwischen dem Brief und dem

Flugblatt, sowohl in sprachlich stilistischer als auch inhaltlicher Hinsicht keine Ähnlichkeit feststellen. Die beiden Verfasser müssen meiner Ansicht nach sehr verschiedener politischer Meinung sein.

Frage: Haben Sie heute in der Universität noch an anderen Stellen Flugblätter gesehen?

Antwort: Ja. Nämlich auf der Ballestrade im 2. Stock, in der Nähe des Pfeilers an der Treppe habe ich im Vorbeigehen einen Stoss von 15 cm Höhe bemerkt. Als ich etwa 5 m weitergegangen war, hörte ich auf einmal einen Klatsch, der offensichtlich von dem Herunterfallen und Aufprallen der Flugblätter in den Lichthof herrührte. Meiner Ansicht nach, muss um die gleiche Zeit der Stoss Flugblätter von einer Person über die Ballestrade hinabgestossen worden sein. Ich habe dies nicht getan. Ich weiss auch nicht, ob dieser Stoss Flugblätter meine Schwester hinabgestossen hat, jedenfalls habe ich dies nicht beobachtet. Wenn sie es getan hat, so kann ich es durchaus verstehen, denn derartige Scherze liegen in ihrer Natur. Ich hatte keine Gelegenheit meine Schwester darüber zu befragen, denn unmittelbar darauf kam der Hausschlosser Jakob Schmied und kündigte mir die Festnahme an. Dies hat er allerdings erst nach einem vorausgegangenen Wortwechsel getan die von mir dabei gebrauchten Äusserungen dürfte Schmied richtig wiedergegeben haben, möglicherweise habe ich auch mehr gesagt. Zur gleichen Zeit befanden sich gegenüber meinem Standplatz, wie ich flüchtig bemerkte, zwei Mädchen, die mir aber völlig unbekannt sind. Sehr wahrscheinlich handelt es sich dabei um zwei Studentinnen. Welche Vorlesungen sie besuchen, weiss ich nicht.

Frage und Vorhalt: Es besteht Grund zu der Annahme, dass Sie in ihrem Koffer die Flugschriften in die Universität brachten und letztere dann vom 2. Stock aus in den Lichthof geworfen haben. Wollen Sie nicht bald wahrheitsgemässe Angaben machen?

Antwort: Es stimmt nicht, dass ich die Flugblätter in meinem Koffer zur Universität gebracht und dort vom zweiten Stock aus in den Lichthof geworfen habe. Hierbei möchte ich ausdrücklich erwähnen, dass ich diesen Koffer von meiner Wohnung bis zur Festhaltung durch Schmied ständig selbst getragen habe.

Frage: Haben Sie in letzter Zeit grössere Mengen Briefmarken eingekauft. Wo und welche Sorten haben Sie zutreffendenfalls erworben?

Antwort: Ich habe nie grössere Mengen Briefmarken gekauft. Nur vor etwa 4 oder 5 Tagen habe ich auf dem Postamt inder Leopoldstrasse bei der Danziger Freiheit 10 Briefmarken a 12 gekauft. Mit diesen Briefmarken habe ich folgende Briefe frankiert:

1.) an Rosé Nägele, wohnhaft in Stuttgart, Pliningen, Neuhau-
serstrasse Nr.?,

2.) Ute Borchers, wohnhaft in Aachen, Eberburgweg 47,

3.) meiner Mutter.

Die restlichen Briefmarken wurden entweder von meiner Schwester verbraucht, oder sie liegen noch in meiner Wohnung.

Die Nägele ist ihrer Abstammung nach Elsässerin und studiert an der landwirtschaftlichen Hochschule in Stuttgart. Ihre Eltern wohnen in Moorhart bei Stuttgart. Der Vater ist z.Zt. Stabsarzt und Chefarzt eines Kriegslazaretts. Meine Angehörigen und ich sind schon seit Jahren mit der Familie Nägele befreundet.

Die Borchers ist die Tochter des Chefarztes des Luisenspitals in Aachen und ich bin mit ihr seit etwa drei Jahren befreundet. In politischer Hinsicht habe ich mit Nägele und Borchers absolut nichts zu tun.

Frage: Können Sie Schreibmaschine schreiben?

Antwort: Ja, etwas. Ich schreibe nur mit beiden Zeigefingern, in sehr mässigem Tempo. Mein Vater besass schon immer Schreibmaschinen, auf denen ich seit 10 Jahren ab und zu geschrieben habe. Gegenwärtig steht mir die meiner Hausfrau gehörige Schreibmaschine, Marke Erika, zur Verfügung. Auf dieser Maschine schreibe ich sehr selten und da nur unpersönliche Briefe oder Adressen. Die vorerwähnten Briefe an Nägele, Borchers und meine Mutter, auch die Anschriften habe ich mit der Hand geschrieben. Bei Schmidt wohne ich seit 15. Nov. 1942 und seitdem steht mir ihre Maschine zur Benützung bereit. Seit wann ich diese Maschine in Benützung genommen habe, weiss ich nicht mehr genau. Ich kann darüber keine bestimmten Angaben mehr machen.

Frage: Welche Personen haben Ihres Wissens auf dieser Schreibmaschine geschrieben, was haben sie dabei geschrieben?

Antwort: So viel mir in Erinnerung ist, hat Alexander Schmorell vor etwa vier Wochen auf dieser Maschine geschrieben, doch weiss ich nicht, was er dabei geschrieben hat. Mir ist nicht bekannt, dass eine andere Person, auch nicht meine Schwester in meiner Gegenwart diese Schreibmaschine benützte.

Frage: Besitzen oder besassen Sie grössere Mengen Schreibpapier?

Antwort: Nein. Das von mir benötigte Schreibpapier, meist nur Briefpapier erhalte ich von meinen Eltern zugeschickt. Ich besass noch nie grössere Mengen Schreibpapier und habe solches auch ausserhalb meiner Wohnung nicht gesehen.

Frage: Haben Sie in den letzten Jahren grössere Mengen Briefumschläge gekauft oder sich besorgen lassen?

Antwort: Nein. Auch die Briefumschläge bekomme ich von zu Hause. Mein Vater hat Beziehungen zu einem Papierwarengeschäft in Ulm, von dem er noch gutes Briefpapier erhalten konnte. Hiervon hat mir mein Vater zu Weihnachten eine Mappe geschenkt.

Frage: Besitzen Sie einen Vervielfältigungsapparat, können Sie einen solchen benützen oder haben Sie an irgendeiner Stelle Auftrag zum Anfertigen von Abzügen gegeben?

Antwort: Nein, ich habe keinen Vervielfältigungsapparat

und ich wüsste niemand, der mir eventl. solche Abdrücke herstellen könnte. Ich habe noch nie irgendwelche Vervielfältigungen durchgeführt oder in Auftrag gegeben.

Frage: Haben Sie heute nach Ihrer Festnahme noch mit Bekannten gesprochen, gegebenenfalls was?

Antwort: Ja. Beim Abführen aus der Universität traf ich noch innerhalb des Gebäudes mit Gisela Schertling zusammen, die ebenso wie die übrigen Studenten im Vorraum wartete, bis die Universität wieder geöffnet wurde. Ich habe ihr wörtlich gesagt:»Geh' nach Hause und sag' Alex, wenn er da ist, er solle nicht auf mich warten.« Dass ich festgenommen war, hat Schertling ja ohnedies gesehen. Bei dem Alex handelt es sich um den bereits erwähnten Schmorell, von dem ich annahm, dass er in meiner Wohnung auf meine Rückkehr wartete. Mit ihm hatte ich mich zwar nicht zusammenbestellt, doch kommt er fast jeden Mittag zu mir. Einen besonderen Zweck haben diese Zusammenkünfte aber nicht.

Frage: Besitzt Alexander Schmorell eine Schreibmaschine oder hat er eine solche schon in Ihre Wohnung gebracht?

Antwort: Meines Wissens besitzt Schmorell keine Schreibmaschine. Mir ist auch kein Fall bekannt, wonach dieser eine Schreibmaschine in meine Wohnung brachte.

Frage: Haben Sie in letzter Zeit mittels Schreibmaschine irgendwelche Berichte oder wissenschaftliche Abhandlungen, oder auch Briefe geschrieben und solche Sachen an Soldaten abgeschickt?

Antwort: Nein. Mir ist kein solcher Fall bekannt.

Frage: Ihre Schwester hat zu diesem Punkt anders lautende Aussagen gemacht. Welches von Ihnen beiden lügt nun?

Antwort: Solange mir meine Schwester hierüber nicht selbst etwas anderes sagt, glaube ich nicht, dass sie solche Angaben gemacht hat.

Frage und Vorhalt: Sie glauben wohl, dass Ihnen hier Sachen vorgehalten werden, die nicht durch Aussagen ihrer Schwester feststehen?

Antwort: Ich kann mir nicht vorstellen, dass meine Schwester Aussagen macht, die nicht den Tatsachen entsprechen.

Nachdem nun mir die in meinem Schreibtisch vorgefundenen Briefe usw. vorgelegt wurden, unter denen sich ein Briefumschlag mit 140 8 Pfg. Briefmarken befanden und ich wiederholt und eingehend zur Wahrheitsangabe ermahnt wurde, bin ich nun bereit, die volle Wahrheit zu sagen. Meine bisherigen Angaben stimmen nur teilweise und ich will nun eine zusammenhängende Darstellung meiner Tätigkeit geben. Im einzelnen möchte ich folgendes angeben:

»Ich erkläre ausdrücklich, dass Frl. Gisela Schärtling mit der ganzen Sache nichts zu tun hat. Nachdem ich geglaubt hatte, dass die militärische Lage nach der Niederlage an der Ostfront und dem ungeheuren Anwachsen der militärischen Macht Englands und Amerikas eine siegreiche Beendigung des Krieges unsererseits unmöglich sei, gelangte ich nach vielen qualvollen Überlegungen zu der Ansicht, dass es nur noch ein Mittel zur Erhaltung der europäischen Idee gebe, nämlich die Verkürzung des Krieges. Andererseits war mir die Behandlung der von uns besetzten Gebiete und Völker ein Greuel. Ich konnte mir nicht vorstellen, dass nach diesen Methoden der Herrschaft eine friedliche Aufbauarbeit in Europa möglich sein wird. Aus solchen Erwägungen heraus, wuchs in mir die Skepsis gegen diesen Staat und weil ich bestrebt sein wollte, als Staatsbürger dem Schicksal meines Staates nicht gleichgültig gegenüber zu stehen, entschloss ich mich, nicht nur in Gedanken, sondern auch in der Tat meine Gesinnung zu zeigen. So kam ich auf die Idee Flugblätter zu verfassen und zu verfertigen.

Das erste Flugblatt war das mit der Überschrift »Aufruf an alle Deutsche!« das zweite war das mit dem Aufruf an die Studenten. Der Text stammt von mir. Den Text verfaßte ich allein zuhause in meinem Zimmer. Den Entwurf habe ich mit der Hand geschrieben und anschließend vernichtet. Ich hatte zunächst mir eine Schreibmaschine geliehen, die mir Alexander

Schmorell beschaffte. Von wem Schmorell diese Maschine hatte, weiß ich nicht. Es war eine Remington-Reiseschreibmaschine mit versenkbarem Typenkorb. Die Matrizen habe ich im Schreibwarengeschäft Kauth und Bullinger, Dienerstraße, gekauft. Es war ein voller Karton mit glaublich 10 Stück. Bei der Fa. Beyerle, Sendlingerstraße habe ich mir einen Vervielfältigungsapparat, Marke unbekannt, für 240.– RM gekauft. Dieser Apparat befindet sich jetzt im Keller meines Freundes

Eickemayr Manfred

in München, Leopoldstraße 38/Atelieurgebäude. Letzterer befindet sich seit Weihnachten 1942 in Krakau als Architekt bei der Gouvernementsregierung. Der jetzige Wohnungsinhaber ist der Maler

Wilhelm Geyer,

aus Ulm, welcher z.Zt. hier bei der Fa. Mayer Glasfenster malt. Geyer weiß von der ganzen Sache absolut nichts. Er fährt jeden Sonntag mit Dienstag nach Hause und überläßt mir für diese Zeit seine Wohnungs- und Kellerschlüssel. Den Vervielfältigungsapparat habe ich vor etwa 5 Tagen in diesen Keller verbracht. Der Apparat ist dort leicht zu finden. Die Vervielfältigung habe ich in meiner Wohnung allein gemacht. Alles, was zur Vervielfältigung dient, habe ich selbst besorgt, auch das Saugpapier, nur die Briefumschläge habe ich mir durch andere Personen besorgen lassen. Meine Schwester Sophie, dann die Gisela, Alex Schmorell und Willi Graf haben mir die Briefumschläge besorgt. Alle zur Vervielfältigung nötigen Dinge hatte ich solange in der Wohnung, als ich sie benötigte. Ich hatte sie nicht in andere Wohnungen verteilt. Das Saugpapier hatte ich in verschiedenen Geschäften eingekauft, und zwar in kleineren Mengen. Ich bekam sie ohne weiters, vielleicht weil ich meist in Uniform gegangen bin. Zum Beispiel bei Kaut und Bullinger bekam ich auf einmal 2000 Stück Saugpapier, bei Baierle bekam ich etwa 3000, am Odeonsplatz, gegenüber dem Heller, bekam ich 1000 Stück. Von dem Flugblatt »Aufruf an alle Deutschen« habe ich etwa 5000 Stück hergestellt; von dem »Kommilitonen«

2000 Stück. In einer mir augenblicklich nicht genau erinnerlichen Nacht Ende Januar 1943 habe ich im Stadtkern von München etwa 5000 Flugblätter »Aufruf an alle Deutschen« verteilt. Auch hierbei hat mir niemand geholfen. Ich habe diese Flugblätter in dem heute von mir mitgeführten Koffer und in meiner Aktenmappe verwahrt. Mit dem Auslegen der Flugblätter begann ich in Schwabing, die Strasse kann ich nicht angeben, und zwar kurz nach 23 Uhr. Ich bin auf Umwegen über die Schelling- und Theresienstrasse in Richtung Maximiliansplatz und dann weiter Ritter-von Epp-Pl., Kaufingerstrasse, Stachus, Bahnhof, dann Kaufingerstr. wieder zurück, Marienplatz, die Gegend zum Sendlingertorpl., die vom Sendlingertorplatz ausgehenden Seitenstrassen, runter zur Kanalstrasse und allmählich wieder über Ludwigstrasse, Kaulbachstrasse zurück nach Schwabing. Meine Schwester hat von dieser nächtlichen Zettelverteilung kein Wissen gehabt, weil ich ihr vormachte, in der Frauenklinik Nachtdienst verrichten zu müssen. Ich habe bei dieser Zettelherstellung und Verteilung vollständig allein gehandelt in der Annahme, dass ich so am sichersten sei.

Als etwa um den 10. Febr. herum unsere Rückschläge im Osten bekannt wurden und sich infolgedessen die Stimmung innerhalb der Studentenschaft sehr verschlechterte, kam ich auf den Gedanken, dieser Situation gerecht zu werden und ein neues Flugblatt herauszugeben. Ich machte einen Entwurf mit der Überschrift »Studentinnen! Studenten!« und zog davon etwa 200 Stück ab. Dieses habe ich mit dem gleichen Vervielfältigungsapparat in meiner Wohnung getan. Ich konnte das ohne Wissen meiner Schwester erledigen, weil diese in dieser Woche verreist war.

Als ich von diesem ersten Flugblatt »Studentinnen! Studenten!« etwa 200 Stück abgezogen hatte, ist mir die Matrize abgerissen. Ich habe mich, um an der weiteren Herstellung von Flugblättern nicht behindert zu sein, entschlossen, den ganzen Text nochmal zu schreiben mit der Abweichung, dass ich als Überschrift »Kommilitoninnen! Kommilitonen!« gewählt habe. Von diesem neuen Text habe ich etwa 2000 vervielfältigt. Als ich mit dieser Arbeit fertig war, habe ich etwa 800 Flugblätter (in weisse und andere Farben) in Briefumschläge gesteckt und diese an Hand eines Studentenverzeichnisses des Wintersemesters 1941 / 42 adressiert. Ich ging dann zum Postamt München 23, an der Leopoldstrasse und kaufte dort auf einmal 1200 8 Pfg. Marken, die mir ein Postbeamter, der das Parteiabzeichen und einen Schnurrbart getragen hat, verabfolgt hat. Mit diesen Marken habe ich die mit Adressen versehenen Flugblätter beklebt und zur Post getragen. Aufgegeben habe ich diese Briefe beim Postamt an der Veterinärstr., an der Hauptpost, am Postamt in der Kaufingerstrasse und beim Telegrafenamt am Hauptbahnhof. Geteilt habe ich die Postsendungen deshalb aufgegeben, weil ich damit an einem einzigen Postamt einerseits nicht auffallen und verhindern wollte, dass diese etwa nicht befördert werden sollten. Ich bleibe unter allen Umständen darauf bestehen, dass mir auch bei der Herstellung und Versendung dieser Flugblätter niemand behilflich war. Ich bin auch in diesem Falle von dem Gedanken ausgegangen, dass es am sichersten sei, wenn dritte Personen nicht ins Vertrauen gezogen würden. Die beiden Matrizen habe ich, nachdem ich mit dem Abziehen fertig war, verbrannt.

Nachdem ich mit der Versendung fertig war und mich davon überzeugen konnte, dass ich mit meinem Vorhaben keinen Erfolg hatte (ich habe mir selbst geschrieben und würde zumindestens von Schmorell und Graf verständigt worden sein) kam ich auf den Gedanken, die noch übrigen Flugblätter selbst innerhalb der Studentenschaft bezw. Universität zu verteilen. Als meine Schwester am Sonntag, den 14.2.43 nach München zurückkam, habe ich ihr die von mir hergestellten Flugblätter gezeigt und festgestellt, dass sie mit dem Inhalt einverstanden war. Ich liess die noch übrigen Flugblätter bis zum Donnerstag, den 18. 2. 1943 in meinem Schreibtische liegen. An diesem Tage habe ich in den Morgenstunden die Verteilung der Flugblätter in der Universität besprochen, habe die Blätter in einen

Koffer und die Aktenmappe verpackt und sind damit um ½ 11 Uhr gemeinschaftlich zur Universität gegangen. Dort angekommen wollte ich zunächst meine Schwester unten am Eingang warten lassen. Schliesslich habe ich es aber doch für zweckmässig gehalten mit meiner Schwester gemeinsam in das Universitätsgebäude hineinzugehen und dort die Verteilung der mitgebrachten Flugblätter vorzunehmen. Wir gingen rechts den Gang entlang, die Treppe hoch und haben dann vor dem Hörsaal 201 80–100 Stück zerstreut abgelegt. Wir gingen dann den Gang herum. Unterwegs habe ich mich nach vorheriger Vergewisserung, ob ich nicht beobachtet werde, jeweils eine ähnliche Menge zerstreut abgelegt. Nachher gingen wir in Richtung Ausgang zur Amalienstrasse, wo ich auf der Treppe, kurz vor der Ausgangstüre, einen grösseren Posten Flugblätter abgelegt habe. Ich kehrte mit meiner Schwester an dieser Stelle um und gingen wieder zum 1. Stock, wo ich ebenfalls stossweise Flugblätter ablegte. Wir gingen von da weg zum 2. Stock (linke Seite) wo ich über die Brüstung weg, den Rest meiner Flugblätter in den Lichthof geschüttet habe.

Ich war damit noch kaum fertig, als ich die Beobachtung machte, dass der Hausmeister uns zum zweiten Stock folgen würde. Tatsächlich war ich mit meiner Schwester nur wenige Meter von der Abwurfstelle entfernt, als dieser Mann auf uns zu kam, uns die Festnahme ankündigte und uns auf den Kopf zusagte, dass wir soeben Flugblätter in den Lichthof geworfen hätten.

Der von mir heute morgen nach meiner Festnahme zerissene Zettel stammt von
Christof Probst,
wohnhaft in Innsbruck, Studen[ten]kompanie der Luftwaffe. Mit Probst unterhalte ich schon seit einigen Jahren ein freundschaftliches Verhältnis. Ich habe ihm eines Tages den Vorschlag gemacht, er solle mir seine Gedanken zu den Tagesereignissen schriftlich formulieren. Es war dies nach Neujahr 1942 / 43, wo mich Probst in München besucht hat und wir dabei über diese

Angelegenheit gesprochen haben, und zwar in meiner Wohnung. Schmorel[l], ich und Probst bilden schon seit Jahren einen Freundeskreis. Schmorel[l] war bei dieser letzten Zusammenkunft nicht dabei. Er weiß von dieser ganzen Sache nichts. Probst stand in politischer Hinsicht unter meinem Einfluß und wäre zweifellos ohne diesen nicht zu diesem Entschluß gekommen. Ich habe mit diesem Eingeständnis deswegen solange zurückgehalten, weil die Ehefrau des Probst z. Zt. nach der Geburt des dritten Kindes mit Kindbettfieber darniederliegt. Dies hat er mir selbst gesagt, und zwar bei der letzten Zusammenkunft. Ich muss mich nun berichtigen, dass ich Probst den Auftrag mir seine Gedankengänge schriftlich aufzuzeichnen, schon früher gegeben habe und dass er den von mir heute zerrissenen Zettel bei der letzten Zusammenkunft (anfangs Januar 1943) übergeben hat. Ich muss dazu ausdrücklich bemerken, dass ich zu Probst nichts davon gesagt habe, dass ich seine schriftlichen Aufzeichnungen zur Herstellung von Flugblättern verwenden werde. Darüber habe ich auch mit ihm nicht gesprochen. Demnach nehme ich auch an, dass Probst über die von mir begangene Handlungsweise absolut im Unklaren war. Probst ist ein Jahr jünger wie ich und hat bis zum Jahre 1942 in München Medizin studiert. Er hat hier, Kaiserplatz 2 bei Kaminsky gewohnt.

Ich erkläre noch einmal, dass mir bei der Herstellung und Verbreitung der fraglichen Flugblätter niemand behilflich war. Ich muss auch nach Vorhalt der Angaben meiner Schwester Sophie darauf bestehen bleiben, dass sie lediglich am 18.2.43 gesehen hat, wie ich die Flugblätter in der Universität abgelegt habe. Alle weiteren Personen außer Probst sind nach meiner Meinung unschuldig. Die Briefumschlagbesorger haben den Zweck nicht gewußt.

Ich will abschließend aber auch noch angeben, dass ich meine Flugblätter nicht nur in München, sondern auch in anderen Städten des Reiches verbreitet habe. So bin ich Ende Januar 1943 von München aus mit etwa 1500 Flugblättern

»Flugblätter der Widerstandsbewegung in Deutschland«, die ich vorher im einzelnen vorher adressiert hatte, nach Salzburg gefahren und habe beim Bahnpostamt in Salzburg 100 bis 150 Briefsendungen mit den Flugblättern aufgegeben. Die Adressen habe ich hier im Deutschen Museum aus den auswärtigen Adressbüchern herausgeschrieben. Ich bin dabei wahllos vorgegangen. Was ich hinsichtlich dieser Reise nach Salzburg angegeben habe, entspricht nicht den Tatsachen. Ich habe diese unwahren Angaben gemacht, um den mit mir befreundeten Schmorell und meine Schwester Sophie Scholl zu decken. Nachdem mir nun aber vorgehalten wurde, dass diese Personen an der Verbreitung meiner Flugblätter beteiligt waren, will ich wahrheitsgetreue Angaben machen. Die Adressen hat außer mir auch noch Schmorell geschrieben. Beim Herausschreiben der auswärtigen Adressen im Deutschen Museum waren mir Schmorell und meine Schwester behilflich. Schmorell ist Ende Januar 1943 in meinem Auftrage mit etwa 1500 Flugblättern der »Widerstandsbewegung in Deutschland« nach Salzburg, Linz und Wien gefahren und hat in diesen 3 Städten jeweils in der Nähe des Bahnhofes die Briefsendungen aufgegeben. In Linz wurden etwa 100 Personen, in Salzburg 100 bis 150 Personen und in Wien etwa 1000 Personen angeschrieben. Die restlichen etwa 250 Briefe hatten wir schon in München für Frankfurt / Main vorbereitet, die Schmorell in Wien zur Post gegeben hat. Die Fahrtkosten nach Wien haben wir gemeinschaftlich bestritten, ebenso die übrigen Auslagen für Porto, Papier, Abziehapparat usw. Ich stelle auf Befragen ausdrücklich fest, dass andere Personen an der Finanzierung nicht beteiligt waren. Als Schmorell glaublich schon wieder von Wien zurück war, ist meine Schwester Sophie Scholl in meinem Auftrag mit etwa 1000 Flugblättern, die wir ebenfalls schon in München adressiert und frankiert hatten, nach Augsburg und Stuttgart gefahren. Für Augsburg waren etwa 200 Briefe und für Stuttgart etwa 800 Briefe vorbereitet, die meine Schwester in diesen Städten zur Post gegeben hat.

Als ich mich zur Herstellung und Verbreitung von Flugblättern entschlossen habe, war ich mir darüber im Klaren, dass eine solche Handlungsweise gegen den heutigen Staat gerichtet ist. Ich war der Überzeugung, dass ich aus innerem Antrieb handeln musste und war der Meinung, dass diese innere Verpflichtung höher stand, als der Treueid, den ich als Soldat geleistet habe. Was ich damit auf mich nahm, wußte ich, ich habe auch damit gerechnet, dadurch mein Leben zu verlieren.«

Aufgenommen	selbst gelesen und unterschrieben:
Mahler	*Hans Scholl*
Krim. Sekr.	

Anwesend:
Schmauß
Krim. Sekr.

II A / So / Schm.   München, den 20. Febr. 1943.

Fortsetzung der Vernehmung.

Aus der Haft vorgeführt, machte Hans Scholl nach Ermahnung zur Wahrheitsangabe, folgende Angaben:
»Wenn ich heute darüber befragt werde, inwieweit die angeführten Personen, darunter meine Schwester Sophie Scholl, Gisela Schertling, Alexander Schmorell und Willy Graf, an der von mir begangenen Straftat beteiligt waren, so gebe ich folgendes an:
Meine Schwester hat mir zwar Briefumschläge und Briefpapier besorgt, wußte aber nicht was ich damit vorgehabt habe. Das zu den Flugblättern verwendete Saugpapier habe ich in verschiedenen Geschäften gekauft. Das von meiner Schwester besorgte Papier war dazu gar nicht geeignet.
Ebenso verhält sich die Sache bei Gisela Schertling, die mir im Februar 1943 etwa 10 Briefumschläge besorgt hat. Ich habe

der Schertling kein Wort davon gesagt, dass ich diese Briefumschläge zur Versendung von staatsfeindlichen Flugblättern verwenden werde. Die Gründe, warum ich mich in dieser Beziehung ausgeschwiegen habe, habe ich bei meiner ersten Vernehmung schon angegeben. Ich bestreite nicht, zur Schertling gesagt zu haben, sie solle mir Briefumschläge besorgen. Den Zweck habe ich dabei nicht genannt. Auf diese Weise konnte und musste sie annehmen, dass ich diese Briefumschläge zu privaten Zwecken verwenden werde. Da ich die Schertling erst einige Wochen näher gekannt habe, konnte ich sie ja gar nicht in meine Pläne einweihen. Die Schertling ist vollkommen unschuldig.

Über die Mitbeteiligung des Willy Graf kann ich ebenfalls nur angeben, dass er an meiner Straftat nicht beteiligt ist. Ich habe ihn zwar Ende Dezember 1942 oder im Januar 1943 darum angegangen, er möchte mir Briefumschläge und Papier besorgen, doch habe ich ihm gegenüber nichts von meinen Absichten erwähnt, weil ich, wie schon gesagt, allein arbeiten wollte, um nicht gefährdet zu werden. Graf hat mir im Januar 1943 auch etwa 50 Briefumschläge besorgt, um die ich ihn angegangen habe. Ob er mir auch Briefpapier übergeben hat, weiß ich nicht mehr genau. Wenn ich erfahre, dass gegenwärtig fast immer nur Briefumschläge und ebenso viel Briefpapier in den Geschäften abgegeben werden, so wird wohl auch Graf neben den Briefumschlägen Briefpapier mitgekauft haben. Ich habe ihm alles bezahlt. Graf ist vollkommen unschuldig, denn ich habe ihm von meinem Tun und Treiben nichts gesagt, weil ich allein mit mir fertig werden wollte.

Ebenso verhält sich die Sache auch mit der Anneliese Graf, die in letzter Zeit einige Male mit ihrem Bruder in meine Wohnung gekommen ist. Ich kann mich, was diese beiden Personen anbelangt, sehr kurz fassen, wenn ich die Erklärung abgebe, dass beide unschuldig sind.

Anders verhält sich die Sache mit Alexander Schmorell. Dieser ist schon seit vielen Jahren sozusagen mein Freund.

282

Trotzdem habe ich ihm aber erst Ende Januar 1943 in meinen Plan eingeweiht. Zunächst habe ich ihn nur um Geld angegangen, ohne ihm zu sagen, zu welchem Zweck ich solches nötig habe. Schmorell hat mir Ende Januar und in der ersten Hälfte des Februar 1943 auf 3mal insgesamt etwa 500 RM. übergeben. Eine Quittung habe ich dafür nicht geleistet. Ich habe es aber auch gemieden, Schmorell bei der Anfertigung meiner Flugblätter mithelfen zu lassen.

Ende Januar 1943 habe ich dann zu Schmorell gesagt, dass ich Flugblätter gedruckt habe und ich diese in mehreren Städten innerhalb des Reiches versenden möchte. Immerhin habe ich dem Schmorell dann auch nur den Inhalt meines Flugblattes angedeutet, d. h. ich habe es ihm nicht lesen lassen. Auf sein Begehren, ihm ein solches Flugblatt lesen zu lassen, habe ich ihm gesagt, dass ich die Sache gerne für mich behalten möchte. Damit gab er sich auch zufrieden. Wir gingen schliesslich gemeinschaftlich in das Deutsche Museum und schrieben dort Adressen von auswärtigen Städten wie Salzburg, Linz / D., Wien, Frankfurt / M., Augsburg und Stuttgart heraus. Diese Adressen haben wir dann auf Briefumschläge geschrieben. Das geschah alles in meiner Wohnung, wo wir 2 allein waren. Als wir mit dieser Arbeit fertig waren (1500–2000 Exemplare), ist Schmorell auf seine eigenen Kosten über Salzburg nach Wien gefahren, um unterwegs und auch in Wien die versandbereiten Flugblätter der Post zu übergeben. Schmorell verpackte diese Briefsendungen in seinem Koffer.

Glaublich einen Tag später ist dann meine Schwester Sophie Scholl mit etwa 2000 versandbereiten Flugblättern über Augsburg nach Stuttgart gefahren, um dort die Flugblätter der Post zu übergeben.«

Aufgenommen: Lt. U.
Schmauß, ks.   *Hans Scholl*

II A/Sond. / Ma.   München, den 20. Febr. 1943.

Weiter vernommen macht der ledige Student cand.med.
Hans Fritz Scholl,
geb. 22.9.1918 in Ingersheim, folgende Angaben:
  Meine zuletzt gemachten Angaben entsprechen im wesentlichen der Wahrheit ich bin bereit hierüber nähere Einzelheiten anzugeben, soweit sie mir einfallen.
  Mit dem Prof. Karl Muth, wohnhaft in München-Solln,
Dittlerstrasse 10 bin ich seit Ende Oktober 1941 bekannt. Ich
wurde ihm von meiner Schwester Inge Scholl empfohlen. Er
hat mich in seinem Brief vom 24.10.1941 gebeten, seine Pri-
vatbibliothek zu katalogisieren. Prof. Muth ist jetzt 76 Jahre
alt. Er war Chefredakteur und Herausgeber der Monatszeit-
schrift »Hochland« erschienen in München im Verlag Kösel
und Bustek. Über politische Fragen habe ich mich mit Prof.
Muth nie unterhalten. Unsere gemeinschaftlichen Interessen
waren literarischer Art. Mit ihm habe ich auch nie über die
Kriegslage gesprochen. In der Zeit von Ende Oktober 1941 bis
Juni 1942 bin ich mit einigen längeren Unterbrechungen (Neu-
jahrs- und Osterferien) wöchentlich 2–4 mal in seinem Hause
verkehrt. Dabei habe ich jeweils in seiner Bibliothek gearbeitet. Seit ich von Russland zurück bin (12.11.1942) habe ich die
Arbeit nicht wieder aufgenommen, weil die Bibliothek infolge
Luftbedrohung teilweise umgelagert worden ist. Ich habe aber
Herrn Prof. Muth dennoch eingemale getroffen, zuletzt vor 14
Tagen. Während der Zeit (als ich in seiner Bibliothek arbeitete)
habe ich von Prof. Muth zum Einkauf von Büchern für mich
insgesamt etwa 300 RM bekommen. Es war dies keine Entschä-
digung für meine Arbeit, sondern ein Geschenk, da ich die Arbeit aus reinem Interesse selbstverständliche unentgeltlich

durchzuführen versprach. Seit Juni 1942 habe ich von Prof. Muth keine Zuwendungen mehr erhalten.

Von anderer Seite habe ich keinerlei geldliche Zuwendungen erhalten. Hier möchte ich noch einflechten, dass ich im Winter 1939/1940 einige Wochen bei der Münchener Strassenbahn als Werkstudent gearbeitet habe. Hierbei habe ich in der Stunde 70 Pfg. verdient.

Seit November 1942 besuchte ich die Vorlesungen des Herrn Prof. Huber, Kurt, wohnhaft in Gräfelfing, die dieser in der Universität München, philosophischer Fakultät hält. Im Anschluss an eine Vorlesung war ich mir über einen Punkt den er bei Leibnitz angeschnitten hatte, nicht ganz im klaren und habe ihn gebeten, mit eine umfassendere Erklärung zu geben, als er dies in der Vorlesung getan hatte. Es handelte sich um die Theodizee Leibnitzens und zwar war mir nicht klar, die Erklärung des Ursprungs des Bösen bezw. der Erbsünde bei Leibnitz. Die Antwort, die mir Prof. Huber daraufgegeben hat, habe ich nicht ganz verstanden; da Herr Prof. Huber sehr engen Kontakt mit seinen Schülern hat und diese von Zeit zu Zeit zu sich in seine Wohnung einläd, hat er auch mich einmal kurz vor Weihnachten zu sich gebeten. Ich wurde in seiner Wohnung mit seiner Frau und mit seinen beiden Kindern bekannt gemacht und wir verbrachten bei einer Tasse Tee eine recht fröhliche Stunde. Die Unterhaltung wurde geführt in einem leichten leichten Plauderton, wobei uns die Kinder herzhaft unterstützten. Die Frau Gemahlin erkundigte sich bei mir nach Ratschlägen für diese und jene Kinderkrankheit und ich erteilte sie Ihr bereitwilligst. Der kleinste hatte damals Keuchhusten. Über die politische Einstellung von Prof. Huber kann ich etwa folgendes sagen: Er ist ein grosser Nationalist. Dem Bolschewismus betrachtet er als den Zerstörer der europäischen Kultur. Er ist stark antisemitisch eingestellt. Ich bin später noch einigemale mit Prof. Huber zusammengewesen. Was uns in unseren Unterhaltungen hauptsächlich beschäftigt hat, war folgendes Thema: Wie kann aus dem Chaos des Spezialistentums unter den Wissenschaften eine neue Universitas entstehen? Die materialistische Naturwissenschaft der vergangenen hundert Jahre genügt uns heute nicht mehr. Es erhebt sich hinter allem Materialismus, der zweifellos gerade innerhalb der Naturwissenschaften seine Berechtigung hat, das Verlangen nach dem wahren Grund der Dinge. Es erhebt sich also die Forderung nach einer Metaphysik. Ich selbst sehe in der Medizin den gegebenen Weg diesen so dringenden Fragen näher zu kommen, weil sich hier in einem Gegenstande, nämlich im Menschen selbst Geist und Materie treffen. Prof. Huber ist ebenfalls der Ansicht, dass eine Wiedervereinigung von Philosophie und Naturwissenschaft herbeigeführt werden muss. Über die konfessionelle Einstellung des Herrn Prof. Huber konnte ich nur dieses feststellen: Er kritisiert sehr scharf die politische Handlungsweise der katholischen Kirche und vertritt den Standpunkt, dass Staat und Kirche sehr scharf voneinander getrennt sein müssen. Ich habe von Prof. Huber keinerlei finanzielle Unterstützung bekommen. Von meiner politischen Einstellung und Betätigung wusste Herr Prof. Huber bestimmt nichts.

Einen Mann namens Paul Voreck, wohnhaft in München, Nymphenburgerstr. 139/3, RG. kenne ich nicht und ich hatte mit diesem nie etwas zu tun.

Nach meiner ersten Flugblattaktion, die in der Nacht vom 28./29.1.1943 in München durch mich und Schmorell durchgeführt wurde, konnte ich keine besondere Wirkung dieser Flugblätter feststellen. Ich habe von keiner Seite zu dieser Aktion einen Widerhall gefunden. Ich habe mir damals noch Gedanken gemacht, darüber, welche Möglichkeiten der Propaganda mir noch gegeben sind. So kam ich auf die Idee, Anschriften an Hauswänden anzubringen. In den ersten Februartagen 1943 sagte ich zu Schmorell, dass wir nun durch Anbringen von Anschriften Propaganda machen würden. Ich gab ihm den Auftrag eine Schablone anzufertigen, die den Text »Nieder mit Hitler« trägt und gleichzeitig ein durchgestrichenes Hakenkreuz zeigt. Die Schablone wurde durch Schmorell in seiner Wohnung angefertigt. Ich selbst war nicht dabei. Dies weiss ich deswegen, weil er es mir gesagt hat. Ebenso hat Schmorell Farbe und Pinsel besorgt. Ich weiss nicht, in welchen Geschäften er diese Sachen gekauft hat. Danach habe ich ihn nicht gefragt. Wenn nun die Ansicht besteht, dass die fragliche Schablone durch einen Fachmann angefertigt worden ist, so ist diese nicht richtig. Schmorell hat sehr gute handwerkliche Fähigkeiten und er hat diese Schablone bestimmt selbst angefertigt. Vorläufig hatten wir nicht die Absicht noch andere Schablonen mit ähnlichen Texten anzufertigen. Entsprechend einer Vereinbarung trafen sich Schmorell und ich am Abend des 3.2.1943 in meiner Wohnung. Dabei hat Schmorell die Schablone, Farbe und Pinsel mitgebracht. Kurz nach Mitternacht verliessen wir mit diesen Dingen meine Wohnung in der Absicht an jeder geeigneten Stelle einen Abdruck unserer Schablone anzubringen. In dieser Nacht benützten wir schwarze Teerfarbe. Welchen Weg wir gegangen sind, weiss ich nicht mehr. Wir hatten keinen festen Plan an welchen Häusern bezw. welchen Stellen wir die Schrift anbringen wollten. Wir haben nur den Verputz jeweils abgetastet, ob er zur Anbringung einer Schrift geeignet ist. Es war ursprünglich nicht einmal geplant, an der Universität eine Hetzschrift anzubringen. Auf diesem Gedanken sind wir erst auf dem Rückweg gekommen und zwar zu einem Zeitpunkt, als unsere Aktion als abgeschlossen betrachtet wurde. Dort haben wir dann allerdings zahlreiche Anschriften angebracht. An allen mir eben genannten Gebäuden haben Schmorell und ich die Anschriften angebracht, doch ist es nicht richtig, dass wir auch am Braunen Haus die Schmiererei anbrachten. Es handelt sich hierbei um ein Haus der Reichsleitung, die Strasse weiss ich nicht, jedenfalls sind wir von der Kaufingerstrasse nach links abgebogen. Ich entsinne mich genau, dass wir die Anschrift auf einem Schild anbrachten, auf dem wir »Reichsleitung« gelesen hatten. Wie oft wir diese Anschrift insgesamt angebracht haben, weiss ich nicht mehr. Am nächsten Tage konnte ich feststellen, dass die Schrift an einem Absperrbalken Ecke Ludwig- von der Tannstrasse noch vorhanden war. Auch in der Ludwigstrasse habe ich gesehen, dass verschiedene Anschriften überklebt worden waren. Zu dem Anbringen der Schriften haben wir von 0.30–3.30 Uhr gebraucht. In dieser Nacht ist der Mond um 3.30 Uhr aufgegangen, anfangs hat es etwas geregnet und ich kann nicht sagen, dass es in dieser Nacht besonders hell war. Schmorell hat nach der Aktion in meiner Wohnung geschlafen. Meine Schwester Sofie Scholl hatte bestimmt keine Kenntnis von dieser Aktion. Sie war bereits im Bett als wir die Wohnung verliessen. Ich hatte ihr gesagt, dass ich zur Geburtenhilfe in die Frauenklinik an der Maistrasse gehen werde. Während der Aktion trugen Schmorell und ich Zivilkleidung. Ich möchte ausdrücklich erklären, dass meine Schwester auch die Schablone, die Farben und die Pinsel nicht gesehen hat, da Schmorell diese Sachen verpackt mitgebracht hat. In dieser Nacht habe ich auch rechts und links des Einganges zur Universität mit der gleichen schwarzen Teerfarbe, aber ohne Verwendung einer Schablone mit ziemlich grossen Buchstaben viermal das Wort »Freiheit« angebracht. Schmorell ist dabei neben mir gestanden und hat dabei nicht mitgeholfen. Während Schmorell und ich die Anschriften angebracht haben, hat niemand Schmiere gestanden, weil ich dies für völlig überflüssig gehalten habe. Vorweg nehmen möchte ich gleich, dass ich nur mit schwarzer Teerfarbe, mit grüner Lackfarbe gearbeitet habe. Mit weisser Kreide oder sonstigen Farbstiften haben wir nicht gearbeitet. Auch haben wir nur die Texte »Freiheit« und »Nieder mit Hitler« verwendet. Falls andere Schmierereien in letzter Zeit in München angebracht wurden, stammten sie nicht von Schmorell und mir. Ich würde dies heute ohne weiteres zugeben.

Am 8.2.1943 verlies ich mit Schmorell um 23.30 Uhr meine Wohnung. Wir hatten vor, an der Universität neuerlich eine Anschrift anzubringen. Wir haben dann unter Verwendung von grüner Lackfarbe an der Universität mehrere Abdrücke gemacht, und zwar von der bereits bekannten Schablone. Ausserdem habe ich das Wort »Freiheit« fünfmal an der Wand und auf der Freitreppe angebracht. Auch hierbei habe ich keine Schablone verwendet. Schmorell hat mir dabei zugesehen. An anderen Stellen haben wir in dieser Nacht keinerlei Anschriften angebracht. Auch von dieser Aktion hatte meine Schwester Sofie Scholl keine Kenntnis, da wir sie mit dieser Sache nicht vertraut gemacht haben. Ich wollte sie mit dieser Sache nicht belasten. Bei dem mir eben vorgezeigten Papier mit dem Aufdruck »Nieder mit Hitler« usw. handelt es sich um einen Probedruck, den ich angefertigt und in der Nacht vom 3./4.2.1943 in der Ludwigstrasse angefertigt habe. Die in der Nacht vom 3./4.2.1943 am Haus der Dresdner Bank mit roter Schrift angebrachten Worte »Nieder mit Hitler« stammen nicht von Schmorell und mir. Die am 8.2.1943 entdeckte Aufschrift »Nieder mit Hitler« am Anwesen Herzog-Spital-Str. 15 wurde wohl von Schmorell und mir angebracht, doch bestimmt aber schon in der Nacht vom 3./4.2.1943. Ich kann mich genau entsinnen, dass wir in dieser Nacht in der Herzog-Spital-Strasse waren, nicht aber in der Nacht vom 7./8.2.1943. In der Nacht vom 7./8.2.1943 war es sehr mondhell, sodass uns der am gegenüberliegenden Gebäude befindliche Posten, falls dort nachts überhaupt einer steht, hätte beobachten können.

In der Nacht vom 15./16.2.1943 haben wir auf dem Rückweg am Telegrafenamt, wo wir den letzten Rest unserer Flugblätter in den Briefschalter geworfen hatten, einige Anschriften mittels Schablone »Nieder mit Hitler« angebracht. Wir verwendeten schwarze Teerfarbe. Es handelt sich hierbei um die gleiche Farbe, wie wir sie bei der ersten Aktion verwendeten. Die Aufdrücke haben wir in den [von] mir eben genannten Strassen bzw. Häusern (siehe Vermerk vom 16.2.1943) angebracht. Bei der Firma Hugendubel haben wir an der Wand zwischen zwei Schaufenstern ohne Schablone die beiden Anschriften angebracht »Nieder mit Hitler« und »Massenmörder Hitler«. Schmorell hat die erste und ich die zweite Anschrift angebracht. Auch in dieser Nacht war es sehr hell. Posten hatten wir auch hierbei nicht aufgestellt. Auch in diesem Falle war meine Schwester zuhause und sie wusste nur, dass wir beide die Flugschriften zur Post brachten.

Bei dem Anbringen der Aufschriften und beim Verteilen der Flugschriften haben Schmorell und ich nie eine Schusswaffe oder eine sonstige Verteidigungswaffe bei uns geführt. Wir hatten vereinbart, dass wir sofort davonlaufen würden, falls wir durch die Polizei oder eine andere Person angehalten werden sollten. Wir waren der Ansicht, dass dies jedenfalls besser sei als eine Knallerei zu veranstalten.

Vermutlich am 24.1.1943, eventl. auch ein oder zwei Tage vorher habe ich beim Postamt 23, 2000 8 Pfg. und auf dem Hauptpostamt 2000 8 Pfg. und 300 12 Pfg. Briefmarken gekauft. Diese Briefmarken waren für die nach Salzburg, Linz, Wien, Augsburg, Stuttgart und Frankfurt / Main zu versendenden Flugblätter bestimmt. Die Flugblätter nach Frankfurt / Main haben wir deswegen nicht in München zur Post gegeben, um die Polizei dadurch irre zu führen. Wir hatten uns errechnet, dass eine Frankierung mit 12 Pfg. billiger kommt, als wenn eines von uns mit der Bahn dorthin gefahren wäre, weshalb sie durch Schmorell in Wien zur Post gegeben wurden. Wie bereits angegeben, habe ich am 16.2.1943 beim Postamt 23 an der Leopoldstrasse weitere 1200 8 Pfg. Briefmarken gekauft, die zur Frankierung der Schrift »Kommilitoninnen! Kommiltonen!« verwendet wurden.

Die zum Schreiben der Flugschriften verwendete Remingtonmaschine bekam ich Anfang Januar 1943 von Schmorell; den ich ersucht hatte, mir eine Maschine zu besorgen. Zum Besorgen der Maschine benötigte er höchstens eine Woche. Ich kann mich nicht erinnern, dass er mir gesagt hätte, von wem oder woher er die Maschine habe; und ich habe ihn auch gar nicht danach gefragt. Ich glaube nicht, dass er eine Maschine in

Besitz hatte, da er, soweit ich mich erinnere, sagte, er glaube er werde mir eine besorgen können.

Von der Flugschrift »Weisse Rose« habe ich zum erstenmal durch den Dichter Dr. Schwarz in Solln erfahren. Dieser hat es anonym durch die Post zugeschickt bekommen und hat es, nachdem er es erhalten hatte, bei der Geheimen Staatspolizei abgeliefert. An den Inhalt des Flugblatts kann ich mich im einzelnen nicht mehr erinnern. Es handelt sich jedenfalls um das erste Flugblatt, falls er ein zweites zugestellt erhalten hat. Ich wusste bisher nicht, dass er auch ein zweites bekommen haben soll. Von einem Kollegen Jörgen Wittenstein, z. Zt. Studentenkompagnie, Bergmannschule, habe ich von der Verbreitung dieses Flugblatts gehört. Soviel ich weiss, hat mein Kollege Hubert Furtwängler, z. Zt. Studentenkompagnie Bergmannschule, auch von diesem Blatt gehört. Wenn mir nun vorgehalten wird, dass mir durch die Studentin Traude Lafrans, Steinsdorfstr. 7, in München wohnhaft ein solches Flugblatt in der Universität gezeigt wurde, so mag das wohl richtig sein, doch kann ich mich augenblicklich nicht daran erinnern. Es mag auch sein, dass ich dieses Flugblatt zusammen mit anderen Personen auf einem Gang der Universität gelesen habe; doch weiss ich auch das heute nicht mehr.

Auf dem Vorhalt, dass die Flugblätter »Die weisse Rose« und die Flugblätter der Widerstandsbewegung »Aufruf an alle Deutsche« und »Kommilitoninnen! Kommilitonen« auf denselben Verfasser schliessen lassen, weil einmal die beiden Flugblätter auf ein und derselben Schreibmaschine geschrieben worden sind, zum andern, weil die politische Konzeption aller Flugblätter übereinstimmt und sich daraus zwingend der Schluss ergibt, dass der Beschuldigte auch das Flugblatt der »Weissen Rose« verfasst hat, erklärt er sich bereit, zu diesem Punkt ein offenes und umfassendes Geständnis abzulegen.

Ich bin der Ansicht, dass in Deutschland in der Zeit von 1918–1933 und vor allem 1933 nicht zu sehr die Masse des Deutschen Volkes politisch versagt hat, sondern gerade diejenige Schicht, eines Staates, der ein Volk politisch führen sollte, die Intelligenz. Obgleich sich in Deutschland ein Gelehrten- und Spezialistentum auf allen Gebieten des geistigen Lebens zu voller Blüte entwickelte, waren gerade diese Menschen nicht in der Lage, die einfachsten politischen Fragen richtig zu beantworten. Nur aus diesem Grunde ist es erklärlich, dass Massenbewegungen mit ihren einfachen Parolen jede tiefere Gedankenarbeit übertönen konnten. Ich empfand, dass es höchste Zeit war, diesen Teil des Bürgertums auf seine staatspolitischen Pflichten aufs Ernsteste hinzuweisen. Hätte die aussenpolitische Entwicklung zunächst noch friedlichere Bahnen verfolgt, so wäre ich sicher nicht vor die Alternative gestellt worden: Soll ich Hochverrat begehen oder nicht? Sondern ich hätte versucht, innerhalb dieses Staates die positiven Kräfte derart zu mobilisieren, dass sie im Laufe der Zeit alles Negative überflügelt hätten und zu einem Staatswesen übergeleitet hätten, welches erstrebenswert geworden wäre.

Den Vervielfältigungsapparat besorgte ich mir kurz vor der Herausgabe des ersten Blattes und zwar bei der Firma Beierle. Es war ein Greif-Vervielfältiger mit Handabzug für 32 RM. Papier und Matrizen habe ich mir – soweit ich mich erinnern kann – bei der Fa. Kaut und Bullinger besorgt. Die Schreibmaschine hat mir Alexander Schmorell verschafft, ohne dass er aber von meinem Vorhaben etwas gewusst hatte. Wo er die Schreibmaschine herhatte, weiss ich nicht. Ich kann zu diesem Punkt auch auf nochmaligen Vorhalt keine anderen Angaben machen.

Der Entwurf des Flugblattes – wie auch seine Ausführung und Verschickung – stammt von mir. Ich habe diese Arbeit in meinem damaligen Zimmerchen am Athenerpl. 4 ausgeführt. Ich habe damals allein gewohnt, d. h. meine Schwester studierte noch nicht in München. Ich habe von jedem Flugblatt der »Weissen Rose« etwa 100 Stück hergestellt, in Briefumschläge verschlossen und an ganz bestimmte – aus dem Telefonbuch Münchens – ausgewählte Adressen versandt. Im ganzen erschienen vier verschiedene, nummerierte (I–IV) Auflagen. Der Gesichtspunkt nach welchem ich die Adressen auswählte, erklärt sich aus dem Motiv meiner Handlung. Ich wollte die intelligentere Schicht aufrufen und wandte mich daher hauptsächlich an Akademiker usw. Auch an einige Münchener Wirte habe ich diese Blätter adressiert. Ich wollte dadurch erreichen, dass sie populär werden, denn ich hoffte, dass die Wirte es an ihre Gäste weitererzählen würden. Das benutzte Telefonbuch habe ich mir zu diesem Zwecke neu besorgt. Ich habe es beim Umzug vernichtet. Ich habe mir die Namen – wie es auch in einem der Flugblätter angegeben ist – nicht notiert und daher kommt es auch, dass nicht alle Abonennten gleichmässig beliefert wurden, obwohl dies ursprünglich in meiner Absicht gelegen war. Ich habe bei der Versendung der späteren Ausgabe die Leute nicht mehr so genau im Gedächtnis gehabt. Die Leute, die ich angeschrieben habe, sind mir größtenteils unbekannt. Darunter befinden sich jedoch einige wenige Professoren, die ich von den Vorlesungen her kenne und zwei oder drei persönliche Bekannte. Von den Bekannten fallen mir jetzt nur zwei ein, nämlich der Gastwirt Josef Poschenrieder in Tölz, den ich aber nur als Wirt kenne und der Dichter Hermann Claudius mit dessen Tochter Ursula ich längere Zeit befreundet war. Claudius wollte ich mit diesem Blatt ärgern, weil er nationalsozialistisch gesinnt ist. Mir ist bekannt, dass er vor längerer Zeit in München im Rahmen der Kdf-Veranstaltungen aus eigenen Werken gelesen hat, doch weiß ich nichts davon, dass er vor Studenten ebenfalls aus eigenen Werken lesen sollte. Jedenfalls habe ich ihn dazu nicht aufgefordert. Über den Gesundheitszustand des Claudius bin ich unterrichtet. Mit dem Dichter Benno v. Mechow, wohnhaft in Brannenburg hatte ich kurz nach dem Frankreichfeldzug einen kurzen Briefwechsel über eine Novelle von ihm, die um diese Zeit in der Frankfurter Zeitung veröffentlicht wurde. Den Titel kann ich augenblicklich nicht angeben.

Eben fällt er mir ein, er lautet: Novelle auf Sizilien. Weiter habe ich in Tölz den Dr. med. vet. Josef Schneider, dort Bahnhofstraße 13 wohnhaft kurz kennen gelernt und sandte ihm ein Flugblatt der Ausgabe I, II und III zu. An das Polizeipräsidium München habe ich keine solchen Flugblätter geschickt. Wenn mir gesagt wird, die Postsendung wäre unter »Einschreiben« gelaufen, so kann ich nur sagen, dass ich es ganz bestimmt nicht gemacht habe. Ich vermute, dass sich ein von mir Angeschriebener auf diese Weise der Schriften entledigt hat. Auf den Namen Franz Monheim in Aachen bin ich gekommen, weil ich seinen Sohn in einem Lazarett kennen gelernt hatte. Ich habe auch nach Zell bei Ruhpolding einigemale Schriften geschickt. Die Empfänger sind entweder Besitzer von Cafes oder Krämereien, die ich während meiner dortigen Aufenthalte kennen lernte.

Durch meine Abberufung nach Rußland am 20.7.1942 wurde ich an der Herausgabe weiterer solcher Schriften gehindert. Ob ich andernfalls weiterhin solche Schriften hergestellt und verbreitet hätte weiß ich nicht mehr, weil ich damals schon im Zweifel war, ob dies der rechte Weg sei.

Den zum Herstellen dieser Schriften benützten Abzie[h]apparat habe ich an die Fa. Bayerle wieder verkauft. Glaublich habe ich dafür 15 oder 20.– RM bekommen. Die Schreibmaschine habe ich an Alexander Schmorell zurückgegeben. Auf Befragen betone ich nochmals, dass Schmorell mit der Herstellung und Verbreitung dieser Schriften nichts zu tun hatte und davon auch nichts wußte. Er hat zwar von diesen Flugblättern später erfahren, nicht aber durch mich, sondern von anderen Studenten. Ich habe mich wohlweislich gehütet, anderen Studenten zu sagen, dass ich der Hersteller und Verbreiter dieser Flugblätter bin und ich habe auch anderen Studenten oder Außenstehenden diese Flugblätter nicht gezeigt. Meine Schwestern, übrigens alle Familienangehörigen wußten von dieser meiner Tätigkeit gar nichts.

Mit der mir eben vorgezeigten Schrift »Sieg um jeden Preis«

habe ich nichts zu tun. Ich will damit sagen, dass ich von deren Herstellung und Verbreitung nie etwas gehört habe. Ich würde es nun jedenfalls zugeben, wenn ich auch diese Schrift hergestellt und verbreitet hätte.

Ebenso verhält es sich mit der mir eben vorgezeigten Schrift »30.1.1933 – 10 Jahre Nationalsozialismus! – 30.1.1943« von deren Existenz ich bisher nichts gewußt habe. Zu den Bayerischen Motoren-Werken in München habe ich keinerlei Beziehungen, war noch nie in diesem Betrieb und kenne von dort keinen Arbeiter oder Angestellten.

Ich habe bei irgendeiner Unterhaltung erfahren, dass die Predigten des Bischofs von Münster, Graf von Galen, vervielfältigt und verbreitet worden sind. Ich weiß heute bestimmt nicht mehr, bei welcher Gelegenheit und wann ich davon hörte. Ein Exemplar dieser Schrift ist mir aber nie zu Gesicht gekommen.

Auf Befragen erkläre ich ausdrücklich, dass ich außer den von mir jetzt zugegeben Schmier- oder Propagandaaktionen weitere nicht ausgeführt habe. Ich habe nie Plakate oder dergleichen mit irgendwelchen Vermerken versehen.

Von einer angeblich in München stattgefundenen V-Propaganda habe ich nichts gehört und stehe damit auch in keinerlei Zusammenhang.

Zurückkommend auf meine Schrift »Die weiße Rose« möchte ich auf Befragen, warum ich diesem Flugblatt gerade diese Überschrift gegeben habe, folgendes erklären: Der Name »die Weise Rose« ist willkürlich gewählt. Ich ging von der Voraussetzung aus, dass in einer schlagkräftigen Propaganda gewisse feste Begriffe da sein müssen, die an und für sich nichts besagen, einen guten Klang haben, hinter denen aber ein Programm steht. Es kann sein, dass ich gefühlsmäßig diesen Namen gewählt habe, weil ich damals unmittelbar unter dem Eindruck der spanischen Romanzen von Brentano »Die Rosa Blanca« gestanden habe. Zu der »Weissen Rose« der englischen Geschichte bestehen keine Beziehungen. Dass früher einmal eine Mädchenorganisation unter diesem Namen bestanden hat, wußte ich gar nicht. Die Flugblätter, welche mit Maschine geschrieben und inhaltlich mit der »Weissen Rose« identisch sind, stammen nicht von mir.

Von dem Gedanken, eine schlagkräftige Organisation zu schaffen, bin ich bald wieder abgekommen, weil ein solches Unternehmen nicht zeitgegeben ist. Ich hatte diesen Gedanken im Anfang des Januar 1943 nur ganz flüchtig gefaßt. Ich habe darüber mit niemanden gesprochen und es ist nicht der geringste Versuch zur Bildung einer solchen Organisation unternommen worden.

Bei dem Vervielfältigungsapparat den ich bei der Aktion im Januar und Februar 1943 im Dezember 1942 bei der Fa. Bayerle gekauft habe, handelt es sich um einen gebrauchten »Roto Preziosa-Apparat«, Fabr. Nr. 13101. Er kostetete 240.– RM. Er wurde zusammen von Schmorell und mir bezahlt, da mir Schmorell etwa 500.– RM zur Verfügung stellte. Beim Einkauf desselben befand ich mich in Uniform (Feldwebel) und auf die Frage des Geschäftsinhabers, zu welchem Zweck ich diesen benötige, erklärte ich kurz für studentische Zwecke.

Beim Anbringen der Schriften »Nieder mit Hitler« haben Schmorell und ich abgewechselt. Es hat also Schmorell eine Zeitlang den Farbkübel getragen und ich habe den Pinsel gehabt und umgekehrt.

An Soldaten, die sich an der Front befinden, habe ich keine von mir hergestellten Schriften geschickt. Aus grundsätzlichen Erwägungen habe ich davon Abstand genommen, weil ich die psychologische Verfassung eines Frontsoldaten durch eigene Erfahrung kenne und der Überzeugung bin, daß man an der Front nicht mit solchen Dingen kommen darf.

Bei den literarischen Briefen, die ich geschrieben habe, handelt es sich um einen Rundbrief mit dem Titel: »Das Windlicht«. Diese Briefe wurden an einen ehemaligen Ulmer Freundeskreis, der jetzt durch den Krieg auseinandergerissen worden ist, versandt, um auf diese Weise eine geistige Brücke zu schlagen. Er war unpolitischer Art und steht mit den Flugblättern in keinem Zusammenhang. Der Rundbrief enthielt in einem Heft mehrere Aufsätze von meiner Schwester Inge Scholl, Otto Aicher und mir verfaßt. Von den Empfängern sind mir augenblicklich folgende Namen in Gedächtnis:

Oberfeldwebel Ernst Reden, gefallen,

Hauptmann Fritz Hartnagel (Stalingrad)

Gefreiter Werner Scholl (Bruder) und

Gefreiter Wilhelm Habermann.

Glaublich wurden diese Rundbriefe nur an 8 Mann versandt.

Diese Briefe sind im Frühjahr 1942 in Ulm von meiner Schwester Inge Scholl geschrieben worden.

An den Studentenkundgebung im Deutschen Museum in München, in deren Anschluß es zu einer Demonstration gekommen ist, habe ich entgegen einem Befehl meines Truppenteils (Studentenkomp.) nicht teilgenommen, weil mich die Rede des Gauleiters nicht interessierte. Ich war auch nicht Teilnehmer der erwähnten Demonstration und habe davon erst am folgenden Tage durch verschiedene Studenten erfahren.

Im Hauptpostamt habe ich nie Flugblätter ausgelegt, insbesondere hatte ich dabei nie einen Zusammenstoß mit einem Wehrmachtangehörigen. Ich kenne auch niemand, der nach der Beschreibung in Frage kommen könnte.

Die in meiner Wohnung vorgefundene 08-Pistole habe ich nie bei meinen nächtlichen Aktionen mitgeführt. Diese habe ich mir in Rußland organisiert.

Aufgenommen: selbst gelesen und unterschrieben:
Mahler   *Hans Scholl*
Krim. Sekr.

Geheime Staatspolizei   München, den 21. Febr. 1943.
Staatspolizeileitstelle München
   II A Sondk. / Ma

Weiter vernommen macht der led. Student cand. med.
              Hans Fritz Scholl,
geb. 22.9.1918 in Ingersheim, folgende Angaben:

»Ich bin Mitglied des Deutschen Alpenvereins, Sektion München, denn ich bin begeisterter Bergsteiger und Schifahrer. Sehr viel habe ich mich im Landhaus des Herrn Professors Eduard Borchers in Tölz, Haus Rosswies, dann im Haus des Herr Obermed.Rats Professor Hartert in Tölz, am Kalvarienberg Nr. 1, ferner in Zell b / Ruhpolding, bei Frau Dr. Probst, aufgehalten. Hauptsächlich habe ich die Alpenvereinshütten Bayernhütte b / Lengries, dann Tutzinger Hütte b / Benediktbeuren, dann die Ehrwalder Alm b. Ehrwald, dann die Koburger Hütte b / Ehrwald besucht. In früheren Jahren bin ich meist allein ins Gebirge gefahren, traf mich dort allerdings mit den Kindern des Professor Borchers und Hellmuth Hartert. Vergangenen Winter (1942 / 43) ist meine Schwester Sofie Scholl und meine Freundin Gisela Schertling einmal mit mir nach Ehrwald gefahren, wobei wir mit der Drahtseilbahn auf die Zugspitze gefahren sind. Pfingsten 1942 war ich mit meiner Schwester Inge Scholl in Vorderrieß und glaublich ein Jahr früher mit Rose Nägele ebenfalls in Vorderrieß. Zusammen mit Schmorell war ich nie im Gebirge. Mir ist bekannt, dass er öfters zu unseren gemeinsamen Bekannten Christoph Probst nach Zell bei Ruhpolding gefahren ist. Ob er sich auch an anderen Gebirgsorten aufgehalten hat, weiss ich nicht. In München hat Schmorell hauptsächlich mit Christl Probst und mir verkehrt, doch weiss ich, dass er auch einige russische Emigranten, welche bei ihm zu Hause verkehren, kennt. Diese sind mir nur unter den Vornamen bekannt und ich weiss, dass einer Andrej, ein Mädchen Natja, sowie ein Herr mit dem Zunamen Nalbandoff heisst. Letzterer wohnt Mauerkicherstraße, Nr.

unbekannt. Dieser ist mir ebenfalls näher bekannt, weil er mir russischen Sprachunterricht erteilt hat. Sonstige Bekannte des Schmorell kann ich nicht benennen. Über das Verhalten dieser russischen Emigranten kann ich keine näheren Angaben machen, da ich sie kaum kenne. Ich habe sie wohl ab und zu in der Wohnung des Schmorell gesehen und mich fast nicht mit ihnen unterhalten.

Nach Vorzeigung des an mich von Professor *Karl Muth*, wohnt in München-Solln, gerichteten Briefes vom 19.10.42 erkläre ich auf Befragen folgendes: Dieser Brief ist durch Muth unter dem Eindruck des Fliegerangriffes auf München geschrieben worden. Ich selbst befand mich damals an der Ostfront. Inwieweit seine Ausführungen über die Folgen des Fliegerangriffes auf München den Tatsachen entsprachen weiss ich nicht, denn ich habe diese Angaben nicht nachgeprüft, aber ich weiss, dass ein Fliegerangriff immer schlimmer aussieht, als er ist. Ich kann mir deshalb gut vorstellen, dass Herr Professor Muth nicht die Absicht hatte, zu übertreiben. Dies stünde auch im Gegensatz zu seinem ganzen Wesen. Professor Muth stammt aus Worms und er wird sein Wissen über die Folgen der Fliegerangriffe auf die Städte Köln, Düsseldorf, Mainz usw. aus Briefen von Bekannten und Verwandten dieser Gegend und aus Tageszeitungen geschöpft haben. Ich weiss, dass Prof. Muth niemals übertreibt. Wenn er in seinem Brief anführt, dass das Haus eines B. nicht mehr bewohnbar sei, so meint er damit den Schriftsteller Werner Bergengrün. Auf die Frage, was Professor Muth mit seinen Ausführungen: Das innere Leben wird immer wärmer und tiefer, meint, möchte ich folgendes angeben: Unter dem inneren Leben versteht man im allgemeinen, im Gegensatz zum äusserlichen, das Leben der Seele. Professor Muth ist ein durch und durch religiöser Charakter und seine Gedanken richten sich in seinem hohen Alter nicht mehr so sehr auf das Irdische als auf das Übernatürliche. Ich bin von Herrn Professor Muth zu meiner Tätigkeit in keiner Weise beeinflusst, angespornt oder aufgefordert worden. Er weiss von meiner Tätigkeit absolut nichts.

Auf Aufforderung, mich zu dem Brief des San.Feldwebels *Raimund Sammüller, z.Zt.* an der Ostfront, Anschrift unbekannt, zu äußern, erkläre ich folgendes: Sammüller steht wahrscheinlich unter dem unmittelbaren Eindruck des polnischen Barock. Aus eigener Erfahrung kennt er den österreichen Barock, den er von jeher sehr geliebt hat. Wir sind beide große Verehrer dieser Kunstepoche, die nur aus dem Geiste der Gegenreformation heraus entstanden ist und vielleicht die letzte grosse Kultureinheit in Europa dargestellt hat. Wenn wir Rembrandt als reflektierenden Menschen in gewisser Hinsicht in Gegensatz zu Rubens bringen, so aus einem in der Kunstgeschichte allgemein anerkannten Grunde. Rubens ist der Vertreter des Katholischen, insofern, als er die Schöpfung, wie sie ist, zunächst in ihrer ganzen Herrlichkeit und Mannigfaltigkeit über alle Maßen liebt. Deshalb ist er katholisch im wörtlichen, nicht im kirchlichen Sinne, d. h. allesumfassend.

Zu dem mir eben vorgezeigten Briefumschlag, adressiert an mich, Postaufgabestempel Bonn: 7.4.1942, auf dessen Rückseite das ABC, darunter verschiedene Zahlen angeführt sind, handelt es sich um einen dummen und oberflächlichen Witz, der in der Weltgeschichte schon mehrere Male aufgetreten ist. Bekanntlich ist in der Apokalypse von der Zahl 666 die Rede und harmlose Geister haben immer wieder versucht, diese Zahl auf bestimmte Persönlichkeiten anzuwenden. So ist bekannt, dass sie mit dem Namen des Kaisers Nero und mit den Namen verschiedener Päpste in Verbindung gebracht worden ist. Neuerdings wird versucht, sie auch auf den Namen Hitler anzuwenden und zwar in folgender Weise: Man schreibt unter die einzelnen Buchstaben des Alphabets in richtiger Reihenfolge die Zahlenreihe, angefangen bei A mit 100. I und J müssen getrennt angeführt werden, weil die Sache sonst nicht stimmt. Wenn man auf diese Weise die verschiedenen Buchstaben des Wortes Hitler addiert, erhält man die Summe 666.

Ich halte diesen Witz für albern und dumm. Dieses Zahlenspiel hat mir irgend ein Kollege erzählt. Irgendwelche Propaganda habe ich damit nicht gemacht. Auch weiss ich nicht, wer dies sonst getan haben könnte..

Nach Vorhalt des letzten Absatzes im Briefe der Traude Lafrenz, nun wohnhaft in München, Steinsdorfstr. 7, b / Gmeling, erkläre ich folgendes: Ich weiss nicht, was sie mit F.s., meint. Damit ist bestimmt nicht eine Organisation oder dgl. zu verstehen. Lafrenz ist mir völlig gleichgültig. Mich hat nicht interessiert, wen sie unter »dummen Leuten« und »wirklich klugen« meint. Darüber wird sie wohl selbst am besten Aufschluss geben können.

Die wie mir eben vorgezeigte, mit Schreibmaschine vervielfältigte Schrift »Flugblätter der Widerstandsbewegung in Deutschland«, die zweifellos einen Auszug der von mir verbreiteten gleichnamigen Schrift darstellt, stammt nicht von mir und wurden von mir auf diese Weise hergestellten Schriften nie weiter verbreitet.

Als wir spät in der Nacht nach einer langen Reise aus Russland hier anlangten, waren wir dreckig, verlaust und verwanzt, weil ich nicht wusste, wohin, hat mich Alexander Schmorell zum Bade und zum Nachtlager in seinem Hause aufgefordert. Gesagt, getan. Bei der Gelegenheit habe ich meine Briefe, die sich bei meiner schmutzigen Wäsche befanden, im Hause Schmorell liegen gelassen. So kommt es, dass sie nun dort aufgefunden wurden. Sonst habe ich nichts anzugeben.

Aufgenommen:　Selbst gel. u. unterschrieben:　Anwesend:
Mahler　　　　　*Hans Scholl*　　　　　　　*Berger*
Krim.Sekr.　　　　　　　　　　　　　　　　　Verw.Ang.

Geheime Staatspolizei   München, den 21. Febr. 1943.
Staatspolizeileitstelle München
II A Sondk. / Ma

Weiter vernommen macht der led. Student cand. med.

             Hans Fritz Scholl,

geb. 22.9.1918 in Ingersheim, folgende Angaben:

Nach Vorzeigung des Abschnittes eines Posteinlieferungs-scheines wonach am 30.6.42 an die Fa. Franz Baier in München, Sendlingerstr. 49, ein Betrag von RM 36.– einbezahlt und ich neuerdings zur Wahrheitsangabe ermahnt wurde, will ich nun auch hinsichtlich der Herstellung und Verbreitung der Flugblätter »Die Weisse Rose« die volle Wahrheit sagen.

Bei meiner letzten Vernehmung habe ich erklärt, dass ich diese Schriften allein hergestellt und verbreitet habe. Dies ist nicht richtig, denn auch dabei war mir Schmorell behilflich. Ich will nun die Sache zusammenhängend schildern:

Den Entwurf haben wir in gemeinschaftlicher Arbeit gefertigt. Die erste Anregung hierzu ging von mir aus. Schmorell hat sich sofort zur Mitarbeit bereit erklärt. Das erste Blatt habe ich entworfen. Das zweite Blatt stammt zur Hälfte von mir, den zweiten Teil von »Nicht über die Judenfrage ...« an, hat Schmorell verfasst. Vom dritten Blatt habe ich den ersten Teil bis »höher und immer höher ...«, Schmorell den Rest verfasst. Der vierte Teil stammt ganz von mir. Wir haben zu unseren Ausführungen keine Quellen gebraucht. Den Abziehapparat Marke Greif, habe ich bei der Fa. Baier gekauft. Er kostete nicht RM 32.–, sondern 36.– RM. Dieser Apparat wurde in die Wohnung von Schmorell verbracht; ob wir beide ihn dorthin beförderten weiss ich heute nicht mehr. Auch kann ich nicht sagen, ob wir oder ich allein diesen zunächst in mein Zimmer verbrachte. Jedenfalls wurden die Flugblätter »Die Weisse Rose«, und zwar Teil I bis IV jeweils im Zimmer des Schmorell von beiden gemeinschaftlich angefertigt. Die Schreibmaschine,

Marke Remington, hat Schmorell von einem seiner Bekannten geliehen, von wem weiss ich nicht mehr genau, aber ich glaube, er hat einmal den Namen eines mit ihm befreundeten Chemikers (Michl mit Vorname) welcher in seiner unmittelbaren Nachbarschaft wohnt, genannt.

Von »Michl« weiss ich nur, aber auch nicht genau, dass er ein Klassenkamerad von Schmorell war. Ich habe ihn einmal nur ganz flüchtig bei Schmorells gesehen und ich will ihn heute nicht wieder erkennen.

Das zum anfertigen der insgesamt etwa 400 Stück Flugblätter benötigte Papier, sowie die Briefumschläge und Briefmarken hat Schmorell besorgt. Die Abzüge haben wir gemeinsam hergestellt, ebenso wurden die Anschriften abwechslungsweise auf der fraglichen Remington-Maschine gemacht. Die Adressen haben wir jeweils aus dem Telefonbuch des Schmorell (Vater) entnommen. Meines Erinnerns war dieses Telefonbuch aus dem Jahre 1942. Dies nehme ich an, weil Schmorell sicher die neueste Ausgabe besass. Die Flugschriften haben wir jeweils bei verschiedenen Postämtern eingeworfen. Die Angehörigen des Alexander Schmorell haben von dem Unternehmen nichts bemerkt. Es ist nie einer seiner Angehörigen in das Zimmer gekommen, wenn wir dort gearbeitet haben.

Wenn mir vorgehalten wird, dass ich mit den Herstellern und Verbreitern der Schrift »Grundsätzlicher Befehl« vom 11.1.1940, herausgegeben vom »Der Generalbevollmächtigte des Führers im geheimen Auftrag in Obersalzberg« am 24.2.42 in irgend einer Beziehung stehe, so habe ich dazu zu erklären: Ich kenne diese Sache nicht und habe noch nie von ihr gehört. Ich kann mir nicht denken, von wem sie ausgegangen ist.

Aufgenommen:　　　S. g. u. unterschrieben:　　　Anwesend:
Mahler　　　　　　*Hans Scholl*　　　　　　　　*Grünhofer* [?]
KS.　　　　　　　　　　　　　　　　　　　　　　　P.Ass.

Amtsgericht München, München,
Abteilung Strafgericht.
(Ermittlungsrichter.)

Beschuldigten-Vernehmung

in der Untersuchung gegen Scholl Hans Fritz

wegen Hochverrats und Feindbegünstigung.

Gegenwärtig:
Der Amtsrichter
Dr. Zeller, L. G. R.

Der Urkundsbeamte
Nestler

München, den 21.II.43.

Der vorgeführte
Beschuldigte wurde gemäß § 136 StPO vernommen, wie folgt:

Zur Person:

Scholl Hans Fritz, übriges wie im Akt.

Zur Sache:
Ich bin in mehreren eingehenden polizeilichen Vernehmungen
zu dem ganzen Sachverhalt gehört worden. Meine Angaben
sind in den Niederschriften vom 18. – 21.II.43 niedergelegt
(Sonderband I Bl. 2–25 R.) Diese Angaben, die mir ohnehin
gegenwärtig sind, sind mir nochmals in einer ausführlichen
Besprechung vorgelesen worden. Ich mache sie zum Gegenstand der gerichtlichen Aussage. Ich habe natürlich am Anfang
alles geleugnet und erst nach und nach wahheitsgemässe Angaben gemacht.
    Ich habe auch unmittelbar vor dieser gerichtlichen Verneh-
mung nochmals gegenüber der Polizei Angaben berichtigen
müssen, weil sie in der vorherigen Form nicht der Wahrheit

entsprochen haben. Es handelt sich um die Flugblätter der »Weissen Rose.«

Ich habe dabei ausgeführt und wiederhole jetzt kurz, dass ich diese 4 verschiedenen Flugblätter zu je 100 Stueck zusammen mit Schmorell verfasst, hergestellt und verbreitet habe. Ich nehme im einzelnen auf meine vorher gemachten polizeilichen Angaben Bezug, die ich ausdrücklich zum Gegenstand meiner Aussage auch vor Gericht mache.

Ich habe auch jetzt in dieser Vernehmung noch berichtigt:

Von der ersten Anstreichaktion hatte meine Schwester vorher keine Kenntnis. Ich habe ihr nachher davon erzählt. Sie erbot sich, bei den nächsten Aktionen dieser Art mitzumachen. Ich habe das aber abgelehnt. Sie hat allerdings bei der 2. und 3. Anstreichaktion schon vorher jeweils gewusst, was Schmorel[l] und ich vorhatten.

Ich habe nichts mehr zu berichtigen und zu ergänzen.

Es wurde hierauf verkündet:

Es ergeht

Haftbefehl

gegen den Beschuldigten Scholl Hans Fritz.

Der Beschuldigte ist der gemeinschaftlichen Vorbereitung eines hochverräterische Unternehmens, der gemeinschaftlichen Feindbegünstigung und der gemeinschaftlichen Wehrkraftzersetzung, begangen durch dieselbe Handlung, dringend verdächtig.

Die Haft wird angeord[ne]t, weil bei der Schwere der Straftat Fluchtgefahr besteht.

Vorgelesen, genehmigt und unterschrieben:

Hans Scholl

Amtsgericht München,
Ermittlungsrichter 2:

Dr. Zeller   *(Name*
                                                nicht lesbar)
Landgerichtsrat.   O. Skr.

Quelle: Bundesarchiv Berlin, ZC 13267, Bd. 2

Vernehmungen von Christoph Probst

*Nachdem Christoph Probst aufgrund des bei Hans Scholl auf-
gefundenen und von ihm verfassten Entwurfs für ein weiteres
Flugblatt nach der Niederlage in Stalingrad als Luftwaffen-
Sanitätsfeldwebel bei der Luftgau-Sanitätsabteilung 7 in Innsbruck verhaftet und nach München gebracht worden war,
wurde er ab 20. Februar in der dortigen Staatspolizeileitstelle
verhört.*

Geheime Staatspolizei
Staatspolizeileitstelle München

Fingerabdruck genommen*⁾
Fingerabdrucknahme nicht erforderlich*⁾
Person ist – nicht – festgestellt*⁾

Datum: München, den 20.2.43
Name: Hermannsdörfer
Amtsbezeichnung: KS.
Dienststelle: II A (Sdkdo)

(Dienststelle des vernehmenden Beamten)
A̶u̶f̶ ̶V̶o̶r̶l̶a̶d̶u̶n̶g̶ – Vorgeführt*⁾ – erscheint

München, am 20. 2. 1943.

der Nachgenannte

und erklärt, zur Wahrheit ermahnt:

I. Zur Person:

1. a) Familienname, auch Beinamen (bei Frauen auch Geburtsname, ggf. Name des früheren Ehemannes)	a) Probst
b) Vornamen (Rufname ist zu unterstreichen)	b) Christoph Hermann
2. a) Beruf Über das Berufsverhältnis ist anzugeben, – ob Inhaber, Handwerksmeister, Geschäftsleiter oder Gehilfe, Geselle, Lehrling, Fabrikarbeiter, Handwerksgehilfe, Verkäuferin usw. – bei Ehefrauen Beruf des Ehemannes – – bei Minderjährigen ohne Beruf der der Eltern – – bei Beamten und staatl. Angestellten die genaueste Anschrift der Dienststelle – – bei Studierenden die Anschrift der Hochschule und das belegte Lehrfach – – bei Trägern akademischer Würden (Dipl.-Ing., Dr., D. pp.), wann und bei welcher Hochschule der Titel erworben wurde –	a) Student der Medizin z.Zt. Sanitätsfeldwebel bei der Luftwaffe in Innsbruck
b) Einkommensverhältnisse	b) 255.-RM netto monatlich 54.- " Wehrsold
c) Erwerbslos?	c) Ja, seit 90.- " Verpflegsgeld nein
3. Geboren	am 6.11.19 in Murnau Verwaltungsbezirk Weilheim Landgerichtsbezirk München II Land Bayern

*⁾ Nichtzutreffendes durchstreichen.

4. Wohnung oder letzter Aufenthalt	in .... Aldrans bei Innsbruck .... Verwaltungsbezirk ... Innsbruck .... Land ....Tirol............... .... $\frac{\text{Straße}}{\text{Platz}}$ Nr. .... Fernruf ....
5. Staatsangehörigkeit Reichsbürger?	................................D.R. ....

6. a) Religion (auch frühere)
   1) Angehöriger einer Religionsgemeinschaft
   od. einer Weltanschauungsgemeinschaft,
   2) Gottgläubiger,
   3) Glaubensloser
 	
b) sind 1. Eltern }
       2. Großeltern } deutschblütig?
	a) .... gottgläubig ....
	   1) ja – welche? ....
	   nein
	   2) ja – nein
	   3) ja – nein
	
	b) 1. ....ja...............
	   2. ....ja...............

7. a) Familienstand
   (ledig – verheiratet – verwitwet – geschieden –
   lebt getrennt)
 	
b) Vor- und Familiennamen des Ehegatten
   (bei Frauen auch Geburtsname)
 	
c) Wohnung des Ehegatten
   (bei verschiedener Wohnung)
 	
d) Sind oder waren die Eltern – Großeltern –
   des Ehegatten deutschblütig?
	a) .... verh. ....
	
	b) .Herta Probst,geb.Dohrn ....
	
	c) .Leermoos i.T.,Untergarten 10 ....
	
	d) .....ja.............................

8. Kinder	ehelich: a) Anzahl: ...3............
	         b) Alter: 2 1/2, 1 1/4 .... Jahre
	                 u.4 Wochen
	unehelich: a) Anzahl: ....
	         b) Alter: .... Jahre

9. a) Des Vaters
   Vor- und Zunamen
   Beruf, Wohnung
 	
b) der Mutter
   Vor- und Geburtsnamen
   Beruf, Wohnung
   (auch wenn Eltern bereits verstorben)
	a) .† Dr.Hermann Probst ....
	   .Privatgelehrter in Ruhpolding ....
	
	b) .Dr.Karin Kleeblatt, ...
	   .Tegernsee-Süd Nr.187 1/4 ....

10. Des Vormunds oder Pflegers
   Vor- und Zunamen
 	
   Beruf, Wohnung
	................/.....................
	
	....

11. a) Reisepaß ist ausgestellt   a) von ..nein.............................. am ....

Nr. ....

b) Erlaubnis zum Führen eines Kraftfahrzeuges   b) von .... am ....
   – Kraftfahrrades – ist erteilt

Nr. ....

c) Wandergewerbeschein ist ausgestellt   c) von .... am ....

Nr. ....

d) Legitimationskarte gemäß § 44a Gewerbe-   d) von .... am ....
   ordnung ist ausgestellt

Nr. ....

e) Jagdschein ist ausgestellt   e) von .... am ....

Nr. ....

f) Schiffer- oder Lotsenpatent ist ausgestellt   f) von .... am ....

Nr. ....

g) Versorgungsschein (Zivildienstverordnungs-   g) von ....:/:.............. am ....
   schein) ist ausgestellt

Nr. ....

Rentenbescheid?   ....

Versorgungsbehörde?   ....

h) Sonstige Ausweise?   h) ....:/:.....

12. a) Als Schöffe oder Geschworener für die lau-   a) ....:/:.....
   fende oder die nächste Wahlperiode gewählt
   oder ausgelost? Durch welchen Ausschuß
   (§ 40 GVG.)?

b) Handels-, Arbeitsrichter, Beisitzer eines so-   b) ....:/:.....
   zialen Ehrengerichts?

c) Werden Vormundschaften oder Pflegschaf-   c) ....
   ten geführt?
   Über wen?

Bei welchem Vormundschaftsgericht?   ....

13. Zugehörigkeit zu einer zur Reichskulturkam-   ....nein...............
   mer gehörigen Kammer (genaue Bezeichnung)

14. Mitgliedschaft   Angehöriger der HJ.
   a) bei der NSDAP.   a) seit .vom.Dez.34.-.März.37...............

letzte Ortsgruppe ...Unterschondorf.a.A....

   b) bei welchen Gliederungen?   b) seit ....

letzte Formation ....

oder ähnl. ....

15. Reichsarbeitsdienst Wann und wo gemustert?	....
Entscheid	....
Dem Arbeitsdienst angehört	von .März..1937........ bis ..Novbr.37............ Abteilung .Arbing...... Ort .b.Osterhofen...........
16. Wehrdienstverhältnis a) Für welchen Truppenteil gemustert oder als Freiwilliger angenommen? b) Als wehrunwürdig ausgeschlossen? Wann und weshalb?	a) .... bei.der.Flak.München-Freimann........... b) in November 1937 ....
c) Gedient: Truppenteil Standort entlassen als	c) von .Nov.1937............. bis .heute................. .z.Zt.Schülerkp.3/.7.in.Innsbruck........... .Luftgau.Sanitätsabt..7........................ ....
17. Orden- und Ehrenzeichen? (einzeln aufführen)	....nein............
18. Vorbestraft? (Kurze Angabe des – der – Beschuldigten. Diese Angaben sind, soweit möglich, auf Grund der amtlichen Unterlagen zu ergänzen)	....nein............ ....

II. Zur Sache:

Zur Person:
Ich habe keine Volksschule besucht, sondern wurde bis zu meinem 10. Lebensjahre von meiner Mutter, die das Lehrerinnen-
examen gemacht hatte, unterrichtet. Anschliessend besuchte
ich 3 Jahre lang das humanistische Gymnasium in Nürnberg.
Von 1932 bis 1936 befand ich mich im Landerziehungsheim in
Marquartstein. Von Ostern 1936 bis 1937 besuchte ich den Un-

terricht im Landerziehungsheim in Unterschondorf, wo ich auch absolvierte. Nach Beendigung meiner Schulzeit meldete ich mich freiwillig zum Reichsarbeitsdienst. Vom Frühjahr bis Herbst 1937 befand ich mich beim RAD im Lager Arbing bei Osterhofen. Nach Ableistung meiner Arbeitsdienstpflicht meldete ich mich freiwillig zur Wehrmacht und zwar zur Luftwaffe. Im November 1937 wurde ich dann zu Flak nach München-Freimann eingezogen. Dort leistete ich 1 Jahr aktiven Wehrdienst und kam dann als Sanitätsgefreiter zum Fliegerhorst Schleissheim. Dort blieb ich bis zum März 1939, wo ich nach meiner Ausbildung zum Sanitätsdienst entlassen wurde. Nach meiner Entlassung begann ich mit meinem Studium als Mediziner an der Universität München. Im Oktober 1939 wurde ich als Unteroffizier zur Luftgausanitätsabteilung eingezogen und wurde zum nebendienstlichen Studium abkommandiert. Zwischen den Semestern befand ich mich mehrmals bei der Truppe im Reichsgebiet. Im Winter 1941 / 42 wurde ich zum Studium nach Strassburg versetzt. Das Sommersemester 1942 besuchte ich an der hiesigen Universität. Nach viermonatigen Truppendienst in den Semesterferien wurde ich Ende November 42 zur Schülerkomp. Innsbruck versetzt, wo ich z. Zt. in meinem 8. Semester steh.

Am 19.8.41 schloss ich mit der led. kaufm. Angestellten Herta Dohrn in Ruhpolding meine Ehe. Aus dieser sind bisher 3 Kinder im Alter von 4 Wochen bis 2 ½ Jahren hervorgegangen.

Politisch:

Im Dezember 1934 wurde ich in Marquartstein in die HJ aufgenommen und habe dieser bis zum Jahre 1937 angehört. Mit Abschluss meiner Schulausbildung im Jahre 1937 in Unterschondorf war auch meine Zugehörigkeit zur HJ abgeschlossen. Bei der HJ habe ich keinen führenden Posten eingenommen. Der NSDAP oder einer sonstigen Gliederung ausser der HJ habe ich nicht angehört. Mitarbeiter der Partei oder einer ihrer Gliederungen war ich nicht. Meine freie Zeit habe ich nur dem Studium und meiner Familie gewidmet. Ich bin eigentlich in politischer Hinsicht uninteressiert, erkenne jedoch die Notwendigkeit der heutigen Regierungsform an.

Zur Sache:
Frage: Waren sie in politischer Hinsicht immer für die nationalsozialistische Regierung eingestellt oder waren sie schon gegen sie eingestellt oder hiezu von irgend einer Seite in dieser Beziehung beeinflusst?

Antwort: Ich lebe innerlich vollkommen für meine Familie. Ich hatte eine Zeit in der ich in der Angst lebte, daß Deutschland den Krieg verlieren könnte und dadurch insbesondere meinen Kindern ein Leid geschehe.

Frage: In welcher Weise hat sich diese Depression bei ihnen in politischer Hinsicht und in ihrer Einstellung ausgewirkt.

Anwort: Ich habe das Vertrauen zur deutschen Führung vorübergehend verloren, als die militärische Lage in Stalingrad sich für un[s] ungünstig gestaltete. Mein innerer Zusammenbruch wurde noch durch die damalige schwere Erkrankung meiner Frau gefördert. Über meinen Depressionszustand habe ich mich äußerlich dadurch aktiv bemerkbar gemacht, dass ich mich nach dieser Richtung mit Freunden ausgesprochen habe. Eigentlich habe ich über die mißliche Lage nur mit meinem Freund Hans Scholl gesprochen. Am 31.1.43 bin ich von Tegernsee über München nach Innsbruck zurückgefahren. In München kam ich etwa um 20 Uhr an. Ich hatte die Absicht, unmittelbar die Rückfahrt nach Innsbruck fortzusetzen, rief vom Hauptbahnhof aus Hans Scholl in seiner Wohnung an, um ihn lediglich kurz zu grüßen. Scholl drang in mich ein, ihn unbedingt am gleichen Abend in seiner Wohnung zu besuchen, um gemeinschaftlich die Geburt meiner Tochter zu feiern. Ich glaubte durch den Besuch bei Scholl eine kleine Aufmunterung zu gewinnen. Etwa

1 Stunde waren ich und Scholl allein in seiner Wohnung. Während dieser Stunde habe ich Scholl gegenüber meine Depression zum Ausdruck gebracht. Wir sprachen insbesondere über die kritische Lage in Stalingrad. Ich habe bei dieser Aussprache mit Scholl insbesondere meiner Meinung dahingehend Ausdruck verliehen, dass ich an der absoluten richtigen militärischen Führung in diesem Falle zweifle. Scholl erzählte mir dann, er hätte einen Luftpostbrief aus Stalingrad erhalten, in der die Aussichtslosigkeit in kras[s]ester Weise geschildert war. Den Feldpostbrief habe ich selbst nicht gesehen und weiß auch nicht, von wem er stammen soll. Scholl hat mir nur gesagt, dass er ihn von einem Bekannten erhalten hat. Weiter unterhielten wir uns noch über Philosophie und andere belanglose Dinge. Nach etwa 1 Stunde kam die Schwester Sofie Scholl mit einer Freundin, deren Namen ich nicht weiß. Weiter war auch noch eine weitere Schwester der Sofie Scholl mit dabei. In der Folgezeit unterhielten wir uns nurmehr über die Geburt meiner Tochter und Erkrankung meiner Frau. Politisch wurde überhaupt im Beisein der Mädchen nichts gesprochen. In der gleichen Nacht blieb ich bei Scholl, schlief in dessen Bett und verließ die Wohnung am folgenden Tag um 4 Uhr. Um 4.50 Uhr fuhr ich dann nach Innsbruck zurück.

Frage: Wie oft waren Sie schon in der Wohnung des Scholl?

Antwort: Scholl suchte ich in seiner Wohnung in der Franz-Joseph-Str. im Ganzen etwa 3 mal auf.

Frage: Waren es immer nur vorübergehende Besuche?

Antwort: Ich besuchte Scholl immer nur, wenn ich auf der Durchreise war.

Frage: Welche Personen haben sie bei diesen gelegentlichen Besuchen bei Scholl angetroffen?

Antwort: In der Wohnung des Scholl traf ich seine Schwester Sofie, eine Freundin von ihr, sowie auch meinen Freund Alex Schmorell an. An weitere Personen kann ich mich nicht entsinnen.

Frage: Wurden politische Gespräche, insbesondere in Anwesenheit des Schmorell geführt?

Antwort: Es wurde im Beisein des Schmorell überwiegend nur von anderen Dingen gesprochen wie z. B. Philosophie, Wissenschaft u. Kunst. In politischer Hinsicht wurden nur die augenblicklichen militärischen Lagen besprochen.

Frage: Welche Personen gehören zu ihrem engeren Freundschaftskreis?

Antwort: Zu meinem engeren Freundschaftskreis zählen Alex Schmorell, Hans Scholl, Sofie Scholl. Einen weiteren engeren Freundschaftskreis habe ich eigentlich nicht mehr.

Frage: Unterhalten sie mit Scholl auch Briefverkehr?

Antwort: Ich habe Hans Scholl einen einzigen Brief nach Rußland geschrieben. Weiterhin verkehrte ich mit Scholl bis heute brieflich überhaupt nicht.

Frage: Haben sie Post von Scholl erhalten und wie oft?

Antwort: Ich habe von Scholl während er in Rußland war einen Brief bekommen. Weitere Post habe ich weder in Lermoos noch in Innsbruck von ihm bekommen.

Frage und Vorhalt: Ihre gemachten Angaben hinsichtlich des Briefverkehrs mit Scholl sind unrichtig. Sie haben erst in jüngster Zeit an Scholl einen Brief gesandt. Welchen Inhalts war der Brief?

Antwort: Den Vorhalt habe ich richtig verstanden und kann darauf nur antworten, dass mir von einem Brief aus jüngster Zeit an Scholl nichts bekannt ist.

Frage: Erkennen sie das Ihnen vorgezeigte Manuskript als ihr eigenes Werk an?

Antwort: Das mir vorgezeigte Manuskript in Original erkenne ich als mein Werk an. Es ist eigenhändig von mir geschrieben.

Frage: Sind sie bereit, über das Zustandekommen dieses Manuskripts genaue und wahrheitsgetreue Angaben zu machen?

Antwort: Ich bin bereit, über das Zustandekommen dieses Manuskripts ausführliche und unumstößliche Angaben darzulegen. Dieses Manuskript ist von mir verfaßt. Ich habe es allein in einer verzweifelten Nacht in Tegernsee in der Wohnung meiner Mutter abgefaßt. Verfaßt habe ich das Manuskript am 28. oder 29. Januar 1943. Ich hatte vom 23.1. bis 31.1. Sonderurlaub wegen Erkrankung meiner Frau. Den Urlaub verbrachte ich ausschließlich in Tegernsee. Wahrend dieser Zeit wohnte ich in Tegernsee bei meiner Mutter. Ich bewohnte bei meiner Mutter während dieser Zeit das sog. Gastzimmer. Bei der Abfassung des Manuskripts war ich allein und ich versichere, dass mir bei der Abfassung selbst niemand behilflich war. Etwa Mitte November 1942, als Hans Scholl aus Rußland zurückkehrte, trat er an mich heran ihm etwas zu verfassen um damit Propaganda zu treiben. Ich war mir nicht im Unklaren darüber, dass es sich hier nur um illegale Propaganda handeln kann. Seinerzeit war niemand mehr dabei. Die Aussprache fand in der Wohnung des Scholl statt. Scholl ersuchte mich um ein Manuskript, dessen Inhalt geeignet ist, dem deutschen Volk dahingehend die Augen zu öffnen, dass uns von dem Verlust des Krieges nur eine Annäherung an die angloamerikanischen Staaten und England retten kann. Es war mir völlig klar, dass Scholl gegen die derzeitige Regierungsform eingestellt ist. Was mit dem Manuskript geschehen sollte und wie es von ihm später ausgewertet oder verwertet werden sollte, darüber hat sich Scholl mir gegenüber in keiner Weise ausgesprochen. Wie und auf welche Weise er das Manuskript verwerten will, hat mir Scholl nicht gesagt. Er gab mir lediglich zu verstehen, dass es mich weiter nichts angehe, was er mit dem Manuskript mache. Bei dem Besuch am 31. 1. 1943 übergab ich Scholl in seiner Wohnung das Manuskript. In meinem Beisein hat Scholl das Manuskript durchgelesen. Scholl hat etwa gesagt: »Mal sehen.« In Bezug auf das Manuskript habe ich von Scholl nichts mehr gehört. Ich habe ihn auch seit dieser Zeit nicht mehr gesehen. Daß Scholl sich mit Abfassung bezw. Verfertigung von Hetzschriften in Form von Flugblättern befaßt, war mir nicht bekannt. Ich habe für Scholl und überhaupt nur das einzige Manuskript abgefertigt. Es ist auch weder Scholl noch eine andere Person noch nie an mich herangetreten, Manuskripte politischer Tendenz abzufassen. Flugblätter unter dem Motto: »Aufruf an alle Deutschen«, »Kommilitonninnen! Kommilitonnen!« sind mir völlig unbekannt. Ich habe auch bis heute noch nie etwas davon gehört, dass solche Flugschriften existieren. Wie ich bereits eingangs ausgeführt habe, bin ich politisch uninteressiert und ich kann mir heute selbst nicht mehr erklären, wie ich überhaupt mich veranlassen konnte, ein derartiges Manuskript herzustellen. Über die Herstellung von Flugblättern nach der technischen Seite hat Scholl mit mir nie gesprochen. Schmorell kenne ich seit 1935. Er ist mein bester Freund. Soweit ich Schmorell kenne, ist er politisch völlig desinteressiert. Über Sofie Scholl kann ich in politischer Hinsicht nichts sagen. Ich habe mit Scholl in dessen Wohnung wohl in Gegenwart von Sofie Scholl über Politik gesprochen, jedoch hat sich Sofie Scholl nie an diesen Gesprächen beteiligt. Im Grunde habe ich es vermieden in Gegenwart von Mädchen über Politik zu sprechen. Die gleiche Einstellung hatte auch Hans Scholl.

Daß Scholl auch einen Freund in der Leopoldstraße hat, ist mir bekannt. Ich weiß allerdings dessen Namen nicht und kann auch nicht genau sagen, wo dieser wohnt. Ich war wohl selbst schon mit Scholl und dessen Schwester Sofie bei diesem Freund zum Tee eingeladen. Bei diesen Einladungen waren auch gleichzeitig noch mehrere Freunde oder Bekannte des Gastgebers anwesend. Ich kenne auch von diesen niemand mit dem Namen. Gelegentlich dieser Einladungen wurde ausschließlich über Kunst, Literatur und Philosophie gesprochen. Der Gastgeber ist meiner Erinnerung nach Kunstmaler und Architekt. Die Einladungen fanden auch in seinem Atelier statt.

Was meinen Freund Schmorell anbetrifft, so muß ich noch anfügen, daß ich diesen letztmals am 31.1.1943 in der Wohnung des Scholl ganz kurz gesehen habe. Seit dieser Zeit habe

ich von Schmorell in keiner Weise etwas gehört. Es ist mir bekannt, daß Schmorell bei Studentenkompagnie-Heer in München ist. Wenn ich gefragt werde, ob und inwieweit ich die Geschwister Scholl finanziell unterstützen musste, so kann ich
hierauf nur antworten, daß ich ihnen ein einziges mal einen
Geldbetrag von 5 bis 20 RM. für ihren augenblicklichen Bedarf
geliehen habe. Soviel ich mich noch entsinnen kann war es im
Anfang Januar 1943. Ich vermute, daß ich etwa 5 RM. und
wenn Hans Scholl überhaupt, höchstens einen Betrag von
10−15 RM. gegeben habe. Ich bin jedenfalls der felsenfesten
Überzeugung, daß das Geld nur zum Lebensunterhalt ausgeliehen wurde. Von Sofie Scholl habe ich das geborgte Geld
glaublich beim letzten Zusammensein am 31.1.43 wieder zurückerhalten. Von Hans Scholl habe ich meiner Erinnerung
nach nichts zurückerhalten und ich konnte und kann ihn
schließlich gar nicht fordern, weil ich mir nicht bestimmt darüber bewußt bin, ob ich ihm überhaupt welches gegeben habe.
Soviel ich erwägen kann, leben die Geschwister in einer durch-
schnittsfinanziellen Situation. Daß sie anderweitig Geld zu
ihrem Lebensunterhalt schon ausleihen mussten, ist mir nichts
bekannt. Ich muss auf alle Fälle auf das Entschiedenste bestreiten, daß ich Hans Scholl zur Bestreitung von Materialien zur
Herstellung von Flugschriften oder zur Beschaffung sonstigen
Propagandamaterials zu seiner illegalen Tätigkeit finanziell
unterstützt habe. Woher Hans Scholl nun Geld sich zur Beschaffung der Materialien beschafft hat, ist mir nicht erklärlich. Ich kann mir jedenfalls darüber kein klares Bild machen.
Mir gegenüber hat Scholl auch nie etwas darüber verlauten
lassen, daß er irgendwoher Geld haben könne. Die Eltern des
Schmorell sind finanziell gut situiert. Ich weiß aber bestimmt,
daß Schmorell seine Eltern sehr ungern um Geld bat. Ich
glaube daher nicht, daß Schmorell für die Finanzierung der
Anschaffungen des illegalen Propagandamaterials in Frage
kommen kann. Ich wurde von meinen Freunden noch nie aufgefordert Materialien irgendwelcher Art, die zur Herstellung

oder zum Versand von Propagandamaterial benötigt sind, zu besorgen und ihnen auf irgend eine Weise zukommen zu lassen. Wenn an mich ein derartiges Ansinnen gestellt worden wäre, so hätte ich Scholl gebeten, mir derartige Aufträge nicht zu erteilen. Wenn ich vor die Frage gestellt werde, was ich getan hätte um meinen Freund von seinem Vorhaben abzuhalten, so hätte ich erwidert, daß er das tun müsse was er für richtig hält.

Hinsichtlich des Personenkreises mit dem Scholl in Verbindung steht, ist mir in der Zwischenzeit der Architekt Eikemaier, München, Leopoldstraße, der Kunstmaler Geyer, Wilhelm Graf, ein Frl. Gisela, eingefallen. Nur vom Hörensagen durch Hans Scholl weiß ich von seiner Bekanntschaft mit einem Prof. von Martin. Diesen Mann habe ich selbst nie gesehen. Ich weiß, daß sich Scholl für das Thema Humanismus, das Prof. Martin bearbeitet, interessiert. In politischer Hinsicht ist er mir vollkommen unbekannt. Im Kreise Eikemaier wurden wohl politisch-militärische Tagesfragen besprochen, aber ich kann über die politische Einstellung des Eikemaier und Geyer keinen Aufschluß erteilen. Ich glaube nicht, dass Eikemaier unter einem politischen Einfluß von seiten Scholls steht. In der mir erst hier bekanntgewordenen Unterstellung von Gerätschaften im Atelier Eikemaier, das z. Zt. von Geyer bewohnt wird, vermute ich keinen politischen Akt von seiten des Geyer. Es kam zu keinem persönlichen Gespräch zwischen Geyer und mir. Mit Herrn Graf, den ich im Sommer 1942 kennenlernte, war ich immer nur in größeren Kreisen zusammen. Mit dem Begriff größeren Kreis wollte ich zum Ausdruck bringen, dass es sich hier auch wieder nur um die bereits benannten Personen handelt.

Frage: Was haben sie sich bei der Abfassung und der Weitergabe des Entwurfs an Hans Scholl gedacht?

Antwort: Ich befand mich in der Nacht, als ich den Entwurf schrieb, in einer furchtbaren seelischen Depression, die ihren allgemeinen Ursprung in den Ereignissen an der Ostfront, im besonderen aber in der schweren Erkrankung meiner Frau hatte. Mein Nervensystem war derartig angespannt, daß ich in der Nacht meine Nerven irgendwie abreagieren musste. Ich schrieb deshalb ohne tief darüber nachzudenken meine Gedanken nieder. Dabei handelt es sich nicht um einen allgemeinen politischen Gedanken, wie auch mein ganzes Inneres meiner Frau zugewandt war, sondern um die ausschließlich stimmungsmäßig bedingte Auslösung der über mich hereingebrochenen politischen und persönlichen Skepsis. Ich hatte zu diesem Zeitpunkt nicht den Vorsatz, mich mit diesem primitiven Entwurf an die Öffentlichkeit zu wenden. Ich trug das Blatt einige Tage unbewußt mit mir herum und gab es, als ich mit Scholl zusammentraf diesem mit den Worten: »Da schau das mal an.« Scholl gab darauf eine allgemein belanglose Antwort. Ich hatte auch jetzt nicht die Absicht, dass Hans Scholl den Entwurf zu einem Flugblatt verwerte. Diesen Gedanken konnte ich schon deswegen nicht haben, weil ich bei einem ernsthaften derartigen Vorsatz nicht ein derartiges in einer Augenblicksstimmung niedergeschmiertes Produkt meinem Freunde weitergegeben hätte. Ich habe auch nicht damit gerechnet, dass Hans Scholl diesen Entwurf verwertet, da er ein sehr selbständiger Denker ist. Wenn Hans Scholl mir gesagt hätte, er wolle den Entwurf zu einem Flugblatt verwerten, hätte ich ihm bestimmt abgeraten, weil das nichts war womit der mich peinigenden Situation abgeholfen werden könnte.

Ich konnte mit meiner Frau über die sich bewegenden politischen Dinge nicht sprechen, weil es ihr Zustand verbot, sie seelisch zu erregen. Meine Niederschrift hatte deshalb vorwiegend den Zweck, mir etwas von der Leber wegzureden, was mich bedrückte. Es ist deshalb meiner Erachtens nun natürlich, daß ich mein Mitteilungsbedürfnis an einen meiner nächsten Freunde richtete. Ich erkläre nocheinmal ausdrücklich, daß ich keinesfalls die Absicht hatte, meinem Freunde Hans Scholl ein Schriftstück in die Hand zu geben, dessen Inhalt dieser in Form eines Flugblattes in die Öffentlichkeit bringen sollte. Daß Hans Scholl Flugblätter verfertigt und verbreitet hat, habe ich bis zum heutigen Tage nicht gewußt und habe auch bisher keines gesehen. Wohl aber ahnte ich, daß irgend etwas im Gange war, weil mich Hans Scholl schon anfangs Dezember einmal gebeten hatte, ihm einmal meine eigenen Gedanken zu unterbreiten. Ich bin dieser Forderung nicht nachgekommen bis zum Zusammentreffen der oben geschilderten Umstände ich zu der – übrigens nach meiner Auffassung inhaltlich und stilistisch ausgesprochen primitiven – Niederschrift mich veranlaßt sah. Auch die Weitergabe der Niederschrift an Hans Scholl erfolgte unter demselben Eindruck und ich möchte fast sagen in derselben psychologischen Situation, wie das Niederschreiben, ohne Überlegung.

Abschließend erkläre ich, dass mein Verhalten keineswegs meiner Wesensart entspricht, die nicht zum Aktivismus neigt. Ich bin im allgemeinen ein unpolitischer Mensch, und habe deshalb seit Kriegsausbruch unter den Kriegserscheinungen seelisch gelitten.

Geschlossen: V.g.u.u.
[ohne Unterschrift]   [ohne Unterschrift]

Geheime Staatspolizei   München, den 21. Febr. 1943.
Staatspolizeileitstelle München
B.Nr. 13226 / 43 II A/Sondk.

Probst Christoph aus der Pol.Haft vorgeführt und zum Text seines Manuskripts befragt, erklärt folgendes:
    Auf Grund der mir vorgelegten Unterlagen – Maschinenschriftübersetzung – und Photokopie des Originals, bin ich in der Lage die Lücken wie folgt zu ergänzen:

Stalingrad!
200 000 deutsche Brüder wurden geopfert für das Prestige eines militärischen Hochstaplers. Die menschlichen Kapitulationsbedingungen der Russen wurden den geopferten Soldaten verheimlicht. General Paulus erhielt für diesen Massenmord das Eichenlaub. Hohe Offiziere haben sich im Flugzeug aus der Schlacht von Stalingrad gerettet. Hitler verbot den Eingekesselten sich zu den rückwärtigen Truppen zurückzuziehen. Nun klagt das Blut von 200 000 dem Tod geweihten Soldaten den Mörder Hitler an. Tripolis! Es ergab sich bedingungslos der 8. englischen Armee. Und was taten die Engländer, sie liessen das Leben der Bürger in den gewohnten Geleisen weiter laufen. Belassen sogar Polizei und Beamte in ihren Stellen.

Nur eines machten sie gründlich, sie säuberten die grösste italienische Kolonialstadt von allen falschen Rädelsführern und Untermenschen. Mit tödlicher Sicherheit kommt die vernichtende, erdrückende Übermacht von allen Seiten herein. Viel weniger als Paulus kapitulierte, wird Hitler kapitulieren. Gäbe es doch für ihn dann kein Entkommen mehr. Und wollt ihr Euch genau so belügen lassen wie hie 200 000 Mann, die Stalingrad auf verlorenem Posten verteidigten? dass ihr maserkriert, sterilisiert oder Eurer Kinder beraubt werdet? Roosevelt, der mächtigste Mann der Welt, sagt am 26. Januar 1943 in Casablanca: Unser Vernichtungskampf richtet sich nicht gegen die Völker, sondern gegen die politischen Systeme. Wir kämpfen bis zur bedingungslosen Kapitulation. Bedarf es da noch eines Nachdenkens um die Entscheidung zu fällen. (Folgenden Satz kann ich nur noch dem Sinne nach feststellen:). Es handelt sich nunmehr um Millionen Menschenleben. Soll Deutschland das Schicksal von Tripolis erfahren.?

Der Text folgt jetzt nieder einwandfrei im Original weiter:
Heute ist ganz Deutschland eingekesselt wie es Stalingrad war. Soll dem Sendboten des Hasses und des Vernichtungswillens alle Deutschen geopfert werden! Ihm der die Juden zu Tode marterte, die Hälfte der Polen ausrottete, Russland ver-

nichten wollte, ihm der Euch Freiheit, Frieden, Familienglück, Hoffnung und Frohsinn nahm und dafür Inflationsgeld gab. Das soll, das darf nicht sein! Hitler und sein Regime muss fallen, damit Deutschland weiter lebt. Entscheidet Euch, Stalingrad und der Untergang, oder Tripolis und die hoffnungsvolle Zukunft. Und wenn Ihr Euch entschieden habt, dann handelt.

Ich habe mich bemüht, den Text in seinem Ursprung so lükkenlos als möglich wiederzugeben eine weitere Erklärung will ich dazu nicht mehr anführen.

Aufgenommen:
Geith   *Christoph Probst*
Krim.Sekr.

Geheime Staatspolizei   München, den 21.Febr.43
Staatspolizeileitstelle München
B. Nr. 13226 / 43 II A/Sond.

Probst Christoph aus der Pol.Haft vorgeführt erklärte auf Vorhalt:

Meine anfänglichen Angaben, dass ich die Zitate von Roosevelt von einem Unbekannten erhalten habe, muss ich als unwahr bezeichnen. Ich will in dieser Hinsicht wahrheitsgemässe Angaben machen, nachdem ich die Zwecklosigkeit weiteren Leugnens eingesehen habe. Die Zitate von Roosevelt und die im Manuskript dargelegten Vorgänge von Casablanka und von Tripolis habe ich vom Abhören englischer Sendungen in deutscher Sprache.

Frage: Welche ausländischen Sender haben Sie bisher überhaupt abgehört und seit wann befassen Sie sich mit solchen Dingen?

Antwort: Ich habe erstmalig allein und heimlich während meines Urlaubes in der Woche zwischen 24. und 30.1.43 in der Wohnung meiner Mutter in Tegernsees-Süd, Hs. Nr. 187 ¼ die

Sendung eines englischen Senders in deutscher Sprache abgehört. An einem Tag in der fraglichen Woche so etwa gegen 14^{00} Uhr befand ich mich im Wohnzimmer in der Wohnung meiner Mutter um mich etwas auszuruhen. Bei dieser Gelegenheit suchte ich auch Entspannung durch den Radio. Den Apparat zu bedienen kenne ich genau. Was ich im ersten Augenblick für eine Sendung oder Sender eingeschaltet hatte, kann ich im Augenblick nicht angeben. Ich habe jedenfalls im Laufe der Zeit auch auf Kurzwelle eingeschaltet und beim Spielen auf der Skala entdeckte ich einen englischen Sender. Es wurde das Thema »Zusammentreffen Roosevelt und Churchill in Casablanca« besprochen. Ich erfuhr, dass sich Roosevelt und Churchill zusammen mit ihren Generalstäben in Casablanca getroffen hatten und über ihre militärischen Ziele beraten hatten. Ich erfuhr hierbei ausserdem, dass das Ziel dieser Mächte in der bedingungslosen Kapitulation Deutschlands, Italiens und Japans liegen, und dass sich ihr Kampf nicht gegen die Völker, sondern gegen ihre Systeme richte. Ausserdem erfuhr ich über Stalingrad ähnliches, als wie es in der deutschen Presse stand. Die Sendung dauerte etwa 10 bis 15 Minuten. Nachdem die Sendung beendet war, habe ich, soviel ich mich noch erinnern kann, wieder auf Mittelwelle umgeschaltet und deutsche Darbietungen weitergehört. Ich betone ausdrücklich nochmals, dass ich die Sendung allein abgehört habe. In der Wohnung war zu der gleichen Zeit meine Mutter, die ihren Mittagsschlaf hielt, eine Ukrainerin, die bei meiner Frau bedienstet ist und sich z.Zt. bei meiner Mutter aufhält und mein 1 ¼ jähriger Sohn. Der Radio steht in dem besagten Wohnzimmer so in der Ecke, dass rückwärts parallel der Gang verläuft. Eine zweite Person könnte unmöglich, selbst wenn sie sich in den angrenzenden Zimmern oder am Gang aufhielt, durchhören.

Wenn ich gefragt werde, ob ich mit Scholl oder Schmorell über das Abhören ausländischer Sender jemals gesprochen habe, so muss ich dies verneinen. Ich weiss auch von Scholl und Schmorell nicht, dass sie ausländische Sender abhören.

In der gleichen Woche hörte ich den englischen Sender noch etwa 2 bis 3 mal, d. h. im Ganzen mit dem 1. mal etwa 2 bis 3 mal. Ich erfuhr auch in den weiteren Sendungen über den Vormarsch der 8.Armee in Tripols, über die Fortentwicklung des Kampfes in Stalingrad, die englische und deutsche Lufttätigkeit. Die militärischen Ereignisse entsprachen grossen Teils dem was ich in den deutschen Zeitungen gelesen habe. Sonstige ausländischen Sender, insbesondere den Moskauer-Sender, habe ich noch nie abgehört.

Als ich mich dazu entschloss, mich durch Anfertigung eines Manuskripts innerlich zu entlasten, verwertete ich auch das Material, das mir in diesen englischen Sendungen zur Kenntnis gekommen war.

Die Frage, ob ich die englischen Sendungen nicht absichtlich zu dem Zwecke abhörte, um geeignetes Material für die Fertigung des Manuskripts zu finden, muss ich verneinen. Mein Antrieb war reine Neugierde.

Aufgenommen: gel.u.unterschrieben:
Geith   *Christoph Probst*
Krim.Sekr.

Quelle: Bundesarchiv Berlin, ZC 13267, Bd. 4

Fernschreiben von NSDAP-Reichsleiter Bormann vom 19. Februar 1943

Abschrift
Fernschreiben.

Führerhauptquartier, 19.2.43   16.20 Uhr

Reichsleiter M. Bormann

An Gauleiter Paul Giesler, München

                              Eilt sehr!
                              Sofort auf den Tisch!

Feldmarschall Keitel hat auf meine Veranlassung hin der Wehr-
machts-Rechts-Abteilung (Ministerialdirektor Lehmann)
fernmündliche Weisung erteilt, die verhafteten Studenten sofort aus der Wehrmacht zu entlassen, damit das Verfahren, wie
von mir und Ihnen beantragt, schnellstens durch den Volksgerichtshof durchgeführt werden kann.

Ministerialdirektor Lehmann erhielt Auftrag, sich deswegen
sofort auch mit dem Justizminister in Verbindung zu setzen.

Sollten sich irgendwelche Schwierigkeiten ergeben, bitte ich
Sie, sofort mich bzw. Ministerialdirektor Klemm oder seinen
Vertreter zu benachrichtigen.

                              Heil Hitler!

                              gez. M. Bormann

durchgegeben: Fugger
angenommen: für Gauleiter Giesler: 1625 / Schindlbeck.

326

Die Anklageschrift des Oberreichsanwaltes beim VGH vom 21. Februar 1943

Der Oberreichsanwalt beim   Berlin, den 21. Februar 1943.
   Volksgerichtshof

   H = Hauptband
   S = Sonderband

Anklageschrift

S 2 1. Den Hans Fritz *Scholl* aus München, geboren den 22. September 1918 in Ingersheim, ledig, nicht bestraft,
am 18. Februar 1943 vorläufig festgenommen,

S 1 2. die *Sophia* Magdalena *Scholl* aus München, geboren am 9. Mai 1921 in Forchtenberg, ledig, nicht bestraft,
am 18. Februar 1943 vorläufig festgenommen,

S 1 3. den *Christoph* Hermann *Probst* aus Aldrans bei Innsbruck, geboren am 6. November 1919 in Murnau,
verheiratet,
nicht bestraft,
am 20. Februar 1943 vorläufig festgenommen,
sämtlich im Hausgefängnis der Staatspolizeistelle München,
alle bisher ohne Verteidiger
klage ich an,
1942 und 1943 in München, Augsburg, Salzburg, Wien, Stuttgart und Linz
durch dieselbe Handlung gemeinschaftlich

I. das hochverräterische Unternehmen, mit Gewalt die Verfassung des Reichs zu ändern, vorbereitet zu haben, wobei die Tat

1. darauf gerichtet war, zur Vorbereitung des Hochverrats einen organisatorischen Zusammenhalt herzustellen.

2. darauf gerichtet war, die Wehrmacht zur Erfüllung ihrer Pflicht untauglich zu machen, das Deutsche Reich gegen Angriffe auf seinen äusseren und inneren Bestand zu schützen,

3. auf Beeinflussung der Massen durch Herstellung und Verbreitung von Schriften gerichtet war,

II. im Inland es unternommen zu haben, während des Krieges gegen das Reich der feindlichen Macht Vorschub zu leisten und der Kriegsmacht des Reichs einen Nachteil zuzufügen,

III. öffentlich den Willen des deutschen Volkes zur wehrhaften Selbstbehauptung zu lähmen und zu zersetzen gesucht zu haben,

Verbrechen nach § 80 Abs. 2, § 83 Abs. 2 und 3, Nr. 1,2,3, §§ 91 b, 47, 73 StGB., § 5 der Kriegssonderstrafrechtsverordnung.

Der Angeklagte Hans Scholl hat im Sommer 1942 und im Januar und Februar 1943 Flugblätter, die die Aufforderung zur Abrechnung mit dem Nationalsozialismus, zur Trennung von dem nationalsozialistischen »Untermenschentum«, zum passiven Widerstand und zur Sabotage enthalten, hergestellt und verbreitet. Ausserdem hat er in München Schmierparolen: »Nieder mit Hitler« und mit durchstrichenen Hakenkreuzen angebracht. Die Angeklagte Sophie Scholl hat bei der Verfassung, Herstellung und Verbreitung der Hetzschriften mitgewirkt. Der Angeklagte Probst hat den Entwurf für ein Flugblatt verfasst.

Wesentliches Ergebnis der Ermittlungen.

I.

1. Der Vater des Angeschuldigten Scholl war bis 1930 Bürgermeister in Forchtenberg. Später wurde er Wirtschaftstreuhänder in Ulm / Donau. Die Angeschuldigten Scholl haben noch drei Geschwister, und zwar zwei Schwestern und einen Bruder, der sich jetzt bei der Wehrmacht befindet. Gegen den Angeschuldigten Scholl sowie gegen seinen Bruder Werner und seine Schwester Inge war bei der Staatspolizeistelle Stuttgart ein Verfahren wegen bündischer Umtriebe anhängig, das zur vorübergehenden Verhaftung der Vorgenannten führte. Hans Scholl besuchte die Oberrealschule und rückte 1937 freiwillig zur Wehrmacht ein. 1939 begann er das Medizinstudium, das er auch während seiner im April 1941 erfolgten Einberufung zur Wehrmacht fortsetzte. Er gehörte zuletzt im Range eines Feldwebels der Studentenkompanie in München an. Sein Studium bezahlte er von der Kriegslöhnung und Zuschüssen seines Vaters. 1933 trat Scholl dem Jungvolk bei und wurde später in die HJ überführt.

2. Die Angeschuldigte Sophia Scholl betätigte sich zunächst als Kindergärtnerin und studierte seit Sommer 1942 Naturwissenschaften und Philosophie an der Universität in München. Sie gehörte bis 1941 dem BdM., zuletzt als Gruppenführerin an.

3. Der Angeschuldigte Probst besuchte das Gymnasium in Nürnberg und meldete sich dann nach Ableitung des Arbeitsdienstes freiwillig zur Wehrmacht. Später wurde er Mediziner und gehörte zuletzt als Sanitätsfeldwebel der Studentenkompanie in Innsbruck an.

II.

Im Sommer 1942 wurden in München durch die Post sogenannte »Flugblätter der Weissen Rose« verbreitet. Die Hetzschriften enthalten Angriffe gegen den Nationalsozialismus, insbesondere gegen seine kulturpolitischen Bestrebungen, sie enthalten ferner Berichte über die angeblichen Greueltaten des Nationalsozialismus, nämlich die angebliche Ermordung der Juden und die angebliche Verschleppung der Polen. Ferner enthalten die Flugblätter die Aufforderung, durch passiven Widerstand »das Weiterlaufen der atheistischen Kriegsmaschine zu verhindern«, ehe es zu spät sei und ehe die letzten Städte gleich Köln ein Trümmerhaufen seien und die Jugend des Volkes irgendwo für die »Hybris eines Untermenschen« verblutet sei. Es müsse, so heisst es in dem Flugblatt Nr. II, eine Welle des Aufruhrs durch das Land gehen. Wenn es »in der Luft liege«, wenn viele mitmachten, dann könne in einer letzten gewaltigen Anstrengung dieses System abgeschüttelt werden. Ein Ende mit Schrecken sei immer noch besser, als ein Schrecken ohne Ende. Im Flugblatt Nr. III wird ausgeführt, es sei der Sinn und das Ziel des passiven Widerstandes, den Nationalsozialismus zu Fall zu bringen. In diesem Kampf sei vor keinem Weg, vor keiner Tat zurückzuschrecken. An allen Stellen müsse der Nationalsozialismus angegriffen werden, an denen er nur angreifbar sei. Nicht der militärische Sieg dürfe die erste Sorge für jeden Deutschen sein, sondern die Niederlage der Nationalsozialisten. Jeder entschiedene Gegner des Nationalsozialismus müsse sich daher die Frage vorlegen, wie er den gegenwärtigen »Staat« am wirksamsten bekämpfen und ihm die empfindlichsten Schläge beibringen könne. Dazu sei Sabotage in Rüstungs- und kriegswichtigen Betrieben, Verhinderung des reibungslosen Ablaufs der Kriegsmaschine und Sabotage aller nationalsozialistischen Veranstaltungen, sowie auf allen wissenschaftlichen und geistigen Gebieten erforderlich.

Insgesamt wurden in München 4 verschiedene Flugblätter dieser Art verbreitet.

Im Januar und Februar 1943 wurden durch Streuaktionen und durch Postsendungen zwei verschiedene Hetzblätter verbreitet, von denen das eine die Überschrift: »Flugblätter der

Widerstandsbewegung in Deutschland« und das andere die Überschrift: »Komilitoninnen! Komilitonen!« oder »Deutsche Studentin! Deutscher Student« trägt. In dem ersten Flugblatt wird ausgeführt, dass der Krieg seinem sicheren Ende entgegengehe. Die deutsche Regierung versuche zwar, alle Aufmerksamkeit auf die wachsende U-Bootgefahr zu lenken. Indes strömten aber im Osten die Armeen unaufhörlich zurück, werde im Westen die Invasion erwartet und übertreffe die Rüstung Amerikas alles in der Geschichte seither Dagewesene. Hitler könne den Krieg nicht gewinnen, sondern nur noch verlängern. Das deutsche Volk, das blindlings seinen Verführern ins Verderben gefolgt sei, müsse sich jetzt von dem nationalsozialistischem Untermenschentum trennen und durch die Tat beweisen, dass es anders denke. Der nationalsozialistischen Propaganda, die dem Volke den Bolschewistenschreck in die Glieder gejagt habe, dürfe man nicht glauben, und nicht glauben, dass Deutschland mit dem Sieg des Nationalsozialismus auf Gedeih und Verderb verbunden sei.

Das zweite Flugblatt führt in Bezug auf den Kampf der 6. Armee in Stalingrad aus, es gäre im deutschen Volke, ob es weiter einem Dilettanten das Schicksal unserer Armeen anvertrauen wolle. Von den Studentinnen und Studenten, auf die das deutsche Volk sehe, werde die Brechung des nationalsozialistischen Terrors aus der Macht des Geistes erwartet.

III.

1. Der Angeschuldigte Hans *Scholl* hatte sich bereits seit langem Gedanken über die politische Lage gemacht. Er war dabei zu der Überzeugung gekommen, dass ebenso wie 1918 auch nach der Machtübernahme durch den Nationalsozialismus nicht so sehr die Masse des deutschen Volkes, sondern gerade die Intelligenz politisch versagt habe. Nur aus diesem Grunde, so meinte er, hätten die Massenbewegungen mit ihren einfachen Parolen jede tiefere Gedankenarbeit übertönen können.

Er empfand es daher als seine Pflicht, die Intelligenz des Bürgertums auf ihre staatspolitischen Pflichten hinzuweisen, worunter er den Kampf gegen den Nationalsozialismus verstand. Er entschloss sich daher zur Herstellung und Verbreitung von Flugblättern, die seine Gedanken unter die breite Massen tragen sollten. Er kaufte sich einen Vervielfältigungsapparat und verschaffte sich mit Hilfe eines Freundes Alexander *Schmorell*, mit dem er sich oft über seine politischen Gedanken unterhalten hatte, eine Schreibmaschine. Er entwarf dann das erste Flugblatt der »Weissen Rose«, stellte davon angeblich allein etwa 100 Abdrucke her und versandte sie an Anschriften, die er aus dem Münchener Telefonbuch ausgewählt hatte. Dabei hatte er insbesondere Akademiker, aber auch Münchener Gastwirte herausgegriffen, von denen er hoffte, dass sie den Inhalt weitererzählen würden. In der Folgezeit stellte er noch drei weitere ebenfalls selbst verfasste Flugblätter der »Weissen Rose« mit den unter II der Anklageschrift wiedergegebenen Inhalt her und versandte sie wiederum durch die Post.

Durch seinen Einsatz an der Ostfront im Juli 1942 wurde er an der Herausgabe weiterer Schriften verhindert. Die zur Herstellung der Schriften erforderlichen Geldmittel will er teils selbst aufgebracht haben, teils sollen sie ihm von seinem Freund Schmorell zur Verfügung gestellt worden sein.

Der Name »Weisse Rose« ist nach Angaben des Angeschuldigten Hans Scholl willkürlich gewählt und geht auf die Lektüre eines spanischen Romans mit dieser Überschrift zurück. An die Bildung einer Organisation will der Angeschuldigte Hans Scholl anfangs noch nicht gedacht haben, erst später, nämlich Anfang 1943, fasste er den Plan zur Errichtung einer Organisation, die seine Gedanken verbreiten sollte. Er will jedoch noch keinen Versuch zur Sammlung Gleichgesinnter gemacht haben.

Anfang 1943 kam der Angeschuldigte Hans Scholl, der inzwischen von seinem Truppenteil zwecks Studiums an der Universität in München beurlaubt worden war, nach seiner Darstellung zu der Überzeugung, dass es nur noch ein Mittel zur Erhaltung Europas gäbe, nämlich die Verkürzung des Krieges. Er entschloss sich, diese seine Überzeugung zu propagieren und entwarf daher wiederum zwei Flugblätter mit den zu II der Anklageschrift bereits erwähnten Überschriften in Auflagen von zusammen etwa 7000 Stück. Davon verstreute er im Stadtkern von München etwa 5000 Schriften, ferner versandte er zahlreiche weitere Schriften durch die Post. Ende Januar fuhr er nach Salzburg und gab dort beim Bahnpostamt etwa 100 bis 150 Briefe mit den von ihm hergestellten Flugblättern auf. Ferner wurden in Linz und Wien durch Schmorell, der sich im Einverständnis des Scholl dorthin begeben hatte, etwa 150 Hetzschriften durch Aufgabe zur Post verbreitet. Zu den Fahrtkosten nach Wien und Linz leistete Scholl einen Beitrag. Schliesslich liess Scholl durch seine Schwester Sophia auch etwa 1000 Briefe mit Hetzblättern nach Augsburg und Stuttgart bringen, wo diese sie zur Post gab. Nach dem Bekanntwerden der Rückschläge im Osten stellte Hans Scholl wiederum Flugblätter her, wobei er den bereits verwandten Entwurf seines Studentenflugblattes mit einer neuen Überschrift versah. Von diesem Flugblatt versandte er mehrere hundert Stück durch die Post. Die Anschriften entnahm er einem Studentenverzeichnis der Universität München. Am 18. Februar 1943 verstreute er ferner in der Universität zusammen mit seiner Schwester weitere Hetzschriften. Bei dieser Gelegenheit wurde er von dem Zeugen Schmied beobachtet und festgenommen.

Anfang 1943 forderte der Angeschuldigte Hans Scholl seinen Freund, den Angeschuldigten Probst, mit dem er sich seit längerem in politischer Hinsicht ausgesprochen hatte, auf, seine Gedanken zu den Tagesereignissen schriftlich niederzulegen. Probst übersandte ihm dann einen Entwurf, der zweifellos vervielfältigt und verbreitet werden sollte, wozu es allerdings nicht gekommen ist. Dieser Entwurf wurde bei der Festnahme des Scholl in seiner Kleidertasche vorgefunden.

Ende Januar 1943 fasste der Angeschuldigte Hans Scholl auf

Veranlassung von Schmorell den Entschluss, auch durch Anbringung von Schmierparolen an Häusern Propaganda zu machen. Schmorell fertigte ihm eine Schablone mit dem Text
»Nieder mit Hitler« und einem durchgestrichenem Hakenkreuz an und besorgte Farbe und Pinsel. Anfang Februar 1943
brachte Hans Scholl zusammen mit Schmorell mit schwarzer
Teerfarbe an mehreren Häusern in München, darunter an den
Säulen vor der Universität, am Nationaltheater, am Wirt-
schaftsministerium und am Schauspielhaus solche Schmierparolen an.

2. Die Angeschuldigte Sophia *Scholl* nahm bereits im Sommer 1942 an politischen Unterhaltungen teil, bei denen sie zusammen mit ihrem Bruder Hans Scholl zu der Überzeugung
kam, dass der Krieg für Deutschland verloren sei. Sie teilte
hierbei die Ansicht ihres Bruders, dass durch Herstellung von
Flugschriften Propaganda gegen den Krieg gemacht werden
müsse. Ob der Gedanke der Flugblattherstellung von ihr oder
ihrem Bruder ausging, will sie allerdings nicht mehr genau
wissen. An der Herstellung und Verbreitung der Schriften mit
der Überschrift »Die Weisse Rose« will sie aber nicht beteiligt
gewesen sein und davon erst erfahren haben, als eine Freundin
ihr ein Flugblatt zeigte. Dagegen war sie an der Herstellung
und Verbreitung der Flugblätter im Jahre 1943 geständlich beteiligt. Zusammen mit ihrem Bruder verfasste sie den Text
der Hetzschrift: »Flugblätter der Widerstandsbewegung in
Deutschland«. Ferner beteiligte sie sich am Einkauf von Abzugspapier, Briefumschlägen und Matrizen und stellte zusammen mit ihrem Bruder die Abzüge dieser Schrift her. Auch unterstützte sie ihren Bruder beim Schreiben der Anschriften der
Postsendungen. Ferner fuhr sie im Auftrage ihres Bruders mit
dem Schnellzuge nach Augsburg und Stuttgart und warf dort
die bereits vorbereiteten Briefe in verschiedene Briefkästen
ein. Ausserdem beteiligte sie sich an der Verbreitung der
Schriften im München, indem sie die Flugblätter in Telefonzel-
len und parkenden Autos ablegte.

334

Auch an der Herstellung und Verbreitung der Studenten-flugblätter war die Angeschuldigte Sophia Scholl beteiligt. Sie begleitete ihren Bruder auch in die Universität, wurde dort beim Verstreuen der Flugblätter beobachtet und zusammen mit ihm festgenommen.

An den Schmieraktionen war die Angeschuldigte Sophie Scholl nicht beteiligt, sie hatte sich allerdings, nachdem sie davon erfahren hatte, für künftige Fälle zur Verfügung gestellt. Ihrem Bruder gegenüber hatte sie sogar die Ansicht vertreten, es wäre zur Tarnung der Sache erwünscht, wenn eine Frau teilnähme.

Die Angeschuldigte Sophia Scholl wusste, dass ihr Bruder erhebliche Geldbeträge für die Herstellung der Hetzschriften verwandte. Sie führte ihrem Bruder, der sich um Geldangelegenheiten wenig kümmerte, sogar die Kasse, führte darüber Buch und gab ihm das für diese Zwecke benötigte Geld heraus.

3. Der Angeschuldigte Probst, der mit den Geschwistern Scholl häufig zusammen war und gesinnungsmäßig mit ihnen übereinstimmte, verfasste auf Veranlassung des Angeschuldigten Hans Scholl den bereits erwähnten Entwurf seiner Stellungnahme zu den politischen Tagesereignissen. Er will allerdings nicht gewusst haben, dass Scholl den Entwurf für Flugblätter verwenden wollte, hat aber zugegeben, er sei sich nicht im unklaren gewesen, dass es sich um illegale Propaganda handeln könne.

IV.

Die Angeklagten sind im wesentlichen geständig gewesen.

Beweismittel.

I. Die Einlassungen der Angeschuldigten in den Sonderbänden I–III;

II. Der Sachverständige des Polizeipräsidiums in München: H 9 / R;

III. Die Zeugen:
   1.) Hausschlosser Jakob Schmied, München, Türkenstr. 33 / I,
   2.) und
   3.) die noch zu benennenden Polizeibeamten;

IV. Die Beweisgegenstände:
   1.) Die beschlagnahmten Schreibmaschinen, der Vervielfältigungsapparat, die Schablone, Farben und Pinsel;
   2.) die Flugblätter und Lichtbildaufnahmen im Anlageband.
   Das Verfahren ist gemäss Vereinbarung des Chefs des Oberkommandos der Wehrmacht und des Reichsministers der Justiz dem Volksgerichtshof zur Verhandlung und Entscheidung überwiesen worden.

Ich beantrage,
   die Hauptverhandlung vor dem Volksgerichtshof anzuordnen, die Fortdauer der Untersuchungshaft zu beschliessen und den Angeschuldigten Verteidiger zu bestellen.

In Vertretung:
(Unterschrift)

Quelle: Bundesarchiv Berlin, ZC 13268, Bd. 1

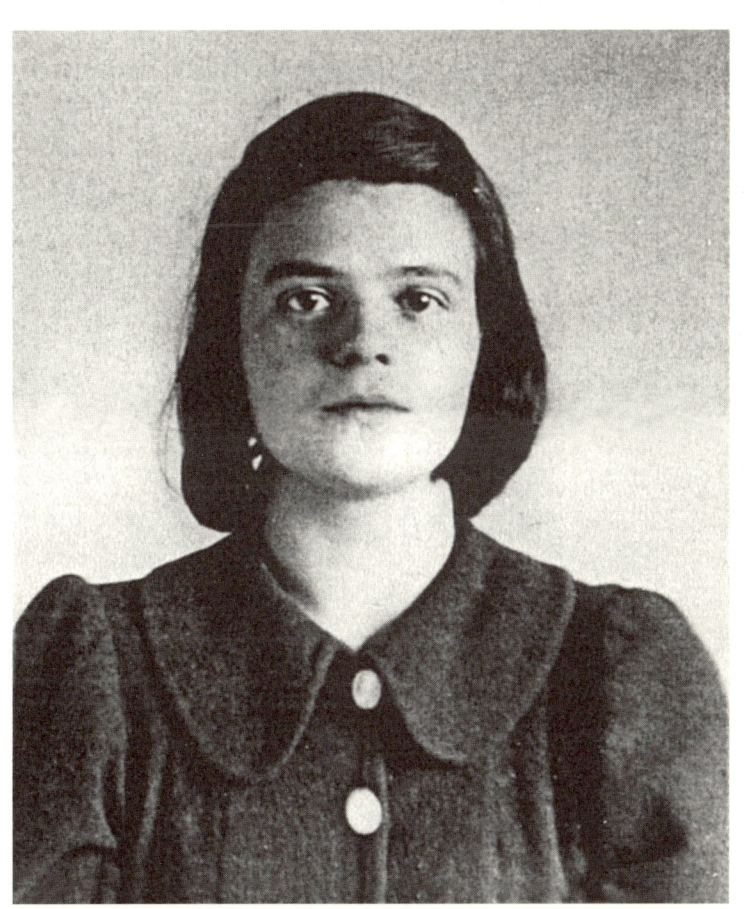

Erkennungsdienstliches Foto der Gestapo-Leitstelle München.
Die Aufnahme vom 20. Februar 1943 ist wahrscheinlich
die letzte Aufnahme von Sophie Scholl.

Erkennungsdienstliches Foto der Gestapo-Leitstelle München.
Die Aufnahme vom 20. Februar 1943 ist wahrscheinlich
die letzte Aufnahme von Hans Scholl.

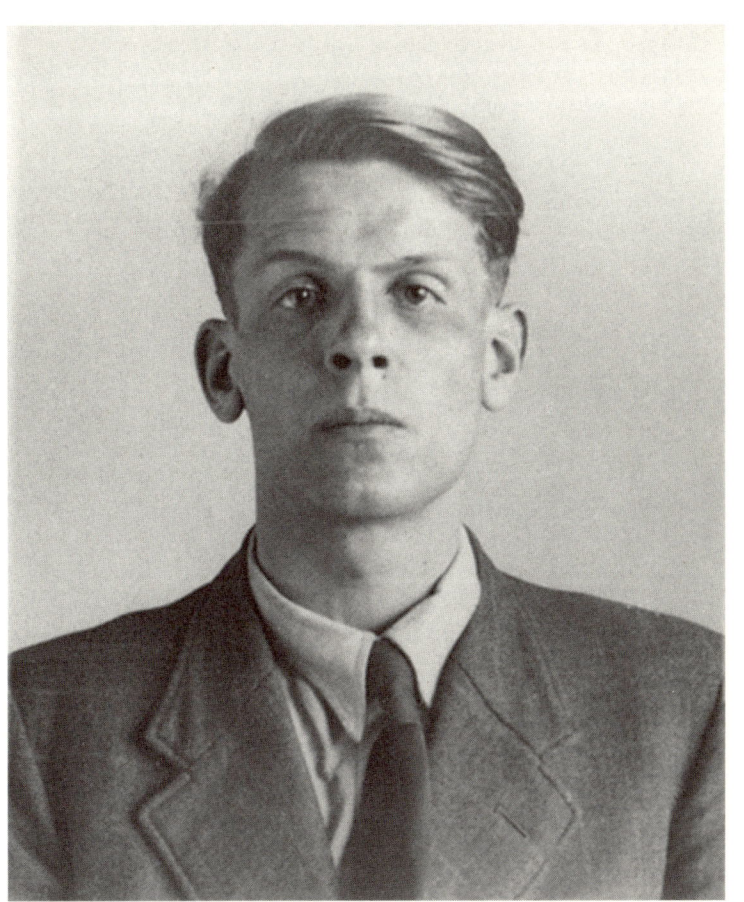

Erkennungsdienstliches Foto der Gestapo-Leitstelle in München.
Die Aufnahme vom 20. Februar 1943 ist wahrscheinlich
die letzte Aufnahme von Christoph Probst.

Gräber der Geschwister Scholl auf dem Friedhof Perlacher Forst Stadelheim

Vernehmungen von Alexander Schmorell

Nachdem bei Alexander Schmorell am 19. Februar 1943 eine Durchsuchung seines Zimmers in der elterlichen Wohnung in München vorgenommen und er nach seinem vorübergehenden Untertauchen am 24. Februar gegen 23.30 Uhr in der Nähe des Schönererplatzes in München festgenommen worden war, wurde er ab 25. Februar in der Staatspolizeileitstelle mehrfach vernommen. Bei der Wohnungsdurchsuchung wurden gemäß »Suchungsbericht« der Gestapo vom 19. Februar mehrere Matrizen, verschiedene Papiermengen und -arten für die Flugblätter sowie zahlreiche Briefmarken für deren Versand sichergestellt.

Geheime Staatspolizei

Staatspolizeileitstelle München

Fingerabdruck genommen*⁾
Fingerabdrucknahme nicht erforderlich*⁾
Person ist – nicht – festgestellt*⁾

Datum: ....25.2.43..............

Name: ....Schmauß,......................

Amtsbezeichnung: ....Krim.Sekr........................

Dienststelle: ....

II A-So.

(Dienststelle des vernehmenden Beamten)   .München......., am ....25.Febr. 1943.........
~~Auf Vorladung~~ – Vorgeführt*⁾ – erscheint

....der Nachgenannte..

und erklärt, zur Wahrheit ermahnt:

I. Zur Person:

1. a) Familienname, auch Beinamen (bei Frauen auch Geburtsname, ggf. Name des früheren Ehemannes)	a) ...Schmorell...............
b) Vornamen (Rufname ist zu unterstreichen)	b) ....Alexander............
2. a) Beruf Über das Berufsverhältnis ist anzugeben, – ob Inhaber, Handwerksmeister, Geschäftsleiter oder Gehilfe, Geselle, Lehrling, Fabrikarbeiter, Handwerksgehilfe, Verkäuferin usw. – bei Ehefrauen Beruf des Ehemannes – – bei Minderjährigen ohne Beruf der der Eltern – – bei Beamten und staatl. Angestellten die genaueste Anschrift der Dienststelle – – bei Studierenden die Anschrift der Hochschule und das belegte Lehrfach – – bei Trägern akademischer Würden (Dipl.-Ing., Dr., D. pp.), wann und bei welcher Hochschule der Titel erworben wurde –	a) ...cand.med.............
b) Einkommensverhältnisse	b) ....etwa 200.-RM.
c) Erwerbslos?	c) Ja, seit .... nein ....
3. Geboren	am ...16.9.17... in ...Orenburg............ Verwaltungsbezirk ...." Landgerichtsbezirk ...." Land ....Russland..............

*⁾ Nichtzutreffendes durchstreichen.

4. Wohnung oder letzter Aufenthalt	in ....München...
	Verwaltungsbezirk ....
	Land ....
	....Benediktenwand- $\frac{\text{Straße}}{\text{Platz}}$ Nr. 12................
	Fernruf ..492531...
5. Staatsangehörigkeit	DR..
Reichsbürger?	....

6. a) Religion (auch frühere)
   1) Angehöriger einer Religionsgemeinschaft
   od. einer Weltanschauungsgemeinschaft,
   2) Gottgläubiger,
   3) Glaubensloser
	a) griech-orth,..
	   1) ja – welche? ....
	   nein
	   2) ja – nein
	   3) ja – nein

b) sind 1. Eltern ⎫
          ⎬ deutschblütig?
   2. Großeltern ⎭
	b) 1. Vater deutschblütig / Mutter stammt aus Russland
	   2. wie bei 1.

7. a) Familienstand
   (ledig – verheiratet – verwitwet – geschieden –
   lebt getrennt)
	a) ledig..

b) Vor- und Familiennamen des Ehegatten (bei Frauen auch Geburtsname)	b) ....
c) Wohnung des Ehegatten (bei verschiedener Wohnung)	c) ....
d) Sind oder waren die Eltern – Großeltern – des Ehegatten deutschblütig?	d) ....

8. Kinder	ehelich: a) Anzahl: ....
	   b) Alter: .... Jahre
	   unehelich: a) Anzahl: keine.........................
	   b) Alter: .... Jahre

9. a) Des Vaters
   Vor- und Zunamen
   Beruf, Wohnung
	a) Dr. Hugo Schmorell, Arzt in München
	   Bendiktenwandstr. 12................

b) der Mutter
   Vor- und Geburtsnamen
   Beruf, Wohnung
   (auch wenn Eltern bereits verstorben)
	b) verst. Natalie, geb. Wedenskaja...........
	   ....

10. Des Vormunds oder Pflegers
   Vor- und Zunamen
   Beruf, Wohnung
	....
	   ....

11. a) Reisepaß ist ausgestellt

a) von .... am ....

Nr. ....

b) Erlaubnis zum Führen eines Kraftfahrzeuges – Kraftfahrrades – ist erteilt

b) von .Kl. 1... am ....

Nr. ....

c) Wandergewerbeschein ist ausgestellt

c) von .... am ....

Nr. ....

d) Legitimationskarte gemäß § 44a Gewerbe-ordnung ist ausgestellt

d) von .... am ....

Nr. ....

e) Jagdschein ist ausgestellt

e) von .... am ....

Nr. ....

f) Schiffer- oder Lotsenpatent ist ausgestellt

f) von .... am ....

Nr. ....

g) Versorgungsschein (Zivildienstverordnungs-schein) ist ausgestellt

g) von .... am ....

Nr. ....

Rentenbescheid?

....

Versorgungsbehörde?

....

h) Sonstige Ausweise?

h) ....

12. a) Als Schöffe oder Geschworener für die lau-fende oder die nächste Wahlperiode gewählt oder ausgelost? Durch welchen Ausschuß (§ 40 GVG.)?

a) ....

....

....

b) Handels-, Arbeitsrichter, Beisitzer eines so-zialen Ehrengerichts?

b) ....

....

c) Werden Vormundschaften oder Pflegschaf-ten geführt?
Über wen?

c) ....

....

Bei welchem Vormundschaftsgericht?

....

13. Zugehörigkeit zu einer zur Reichskulturkam-mer gehörigen Kammer (genaue Bezeichnung)

....

....

14. Mitgliedschaft
a) bei der NSDAP.

a) seit ...nein...

letzte Ortsgruppe ....

b) bei welchen Gliederungen?

b) seit .....nein...

letzte Formation ....

oder ähnl..

15. Reichsarbeitsdienst Wann und wo gemustert?	....
Entscheid	....
Dem Arbeitsdienst angehört	von .Frühjahr.37.... bis ...Herbst.37............ Abteilung ....—............ Ort .Wangen....................
16. Wehrdienstverhältnis a) Für welchen Truppenteil gemustert oder als Freiwilliger angenommen?	a) ....
b) Als wehrunwürdig ausgeschlossen? Wann und weshalb?	b) ....
c) Gedient: Truppenteil Standort entlassen als	c) xxn seit.Herbst............ b̶i̶s̶ 1937...................... .2..Studenten-Kompanie.......................... ....München.................... .ist.San.-Feldwebel..........................
17. Orden- und Ehrenzeichen? (einzeln aufführen)	keine
18. Vorbestraft? (Kurze Angabe des – der – Beschuldigten. Diese Angaben sind, soweit möglich, auf Grund der amtlichen Unterlagen zu ergänzen)	keine

1.) Vermerk:

Alexander Schmorell wurde am 24. Februar 1943 gegen 23,30 Uhr im Kellerraum des Anwesens Schönererplatz 2 auf Grund der öffentlichen Ausschrei-
bung erkannt, seine Festnahme veranlasst und über das zuständige Pol.Re-
vier zur Stapoleitstelle München verbracht.

I.A.
[Unterschrift]
SS-Hauptsturmführer u.KK.

II. Persönliche Verhältnisse:

Ich bin am 16. September 1917 zu Orenburg / Russland geboren. Soweit als Geburtstag auch der 3.9.17 genannt wird, hängt das mit dem Russischen Kalender zusammen. Mein Vater hat sich zur Zeit meiner Geburt in Russland als Arzt aufgehalten. Wann meine Eltern geheiratet haben, weiß ich nicht. Als ich 2 Jahre alt war, ist meine Mutter Natalie, geb. Wedenskaja, an Typhus gestorben. Weitere Geschwister habe ich nicht. Glaublich im Jahre 1920 hat sich mein Vater mit der Brauereibesitzerstochter Elisabeth Hoffmann (deutsche Abstammung) wiederverehelicht. Es war dies in Orenburg. Aus dieser Ehe sind 2 Kinder hervorgegangen. Diese sind in Deutschland geboren, weil meine Eltern im Jahre 1921 nach München übersiedelten. Mein Stiefbruder Erich Schmorell ist im Jahre 1921 in München geboren. Er befindet sich z. Zt. als Medizinstudent in Freiburg. Meine Schwester Natalie Schm. ist im Jahre 1925 geboren, wohnt bei den Eltern und ist z. Zt. im Josefinum tätig. Meine Eltern sind Eigentümer des Anwesens Benediktenwandstr. 12 in München. Mein Vater hat in der Weinstrasse 11 seine Praxis.

Von 1924 bis 1928 habe ich in München die Privatschule Engelsperger, (Geiselgasteig) besucht. Von 1928 bis 1937 besuchte ich in München das Gymnasium. Die zweite Klasse musste ich wegen mangelhaften Kenntnissen in Latein wiederholen. Das Abitur legte ich 1937 in München ab. Im Frühjahr 1937 kam ich zum Arbeitsdienst nach Wangen. Ich bin freiwillig eingerückt. Im Nov. 1937 rückte ich zum Ar. 7 in München, ein. Ich wurde 1 Jahr als Kanonier ausgebildet und kam dann auf ½ Jahr zur Sanitätsschule. Im März 1939 wurde ich als Unteroffizier entlassen, weil ich mich gemeldet hatte, Arzt zu werden. Zu Ostern 1939 nahm ich mein Studium in Hamburg auf. Nachdem ich dort 1 Semester studiert hatte, kam ich wieder nach München um hier mein Studium fortzusetzen. Im Frühjahr 1940 wurde ich zur Sanitätsabteilung München eingezogen und nach Frankreich abgestellt. An der Westfront habe ich als Sanitätsunteroffizier gedient. Im Herbst 1940 wurde ich von der Sanitätsabteilung aus beurlaubt um mein Studium fortsetzen zu können. Während der Ferien 1942 war ich 3 Monate als Sanitätsfeldwebel an der Ostfront. Im November 1942 kam ich wieder nach München zurück und stehe jetzt im 9. Semester. Im Sommer ds. Jhrs. hätte ich mein Studium als Arzt beendet.

Zu diesem Studium wurde ich der 2. Studentenkompagnie zugeteilt und habe bis jetzt einen monatlichen Kriegssold von RM 135.–, einen Wehrsold von monatlich RM 54.– und ein monatliches Verpflegungsgeld von RM 64.–, = 253.– RM, erhalten. Das Studium selbst bezahlte mein Vater, bei dem ich bis jetzt auch gewohnt habe.

Während ich anfänglich allen Ernstes bestrebt war, einmal Arzt zu werden, kam ich in letzter Zeit mehr auf den Gedanken, mich mit Bildhauerei zu befassen.

Ausserhalb der Zeit, die ich meinem Studium widmete, unterhielt ich einen kleineren Freundeskreis. Dazu zählt insbesondere Hans Scholl und Christoph Probst, die ebenfalls Medizin studierten.

Auf die Frage, welcher politischen Richtung ich angehöre bezw., wie ich zum Nationalsozialismus stehe, gebe ich ohne weiteres zu, dass ich mich nicht als Nationalsozialist bekennen kann, weil ich mehr für Russland interessiert bin. Meine Liebe zu Russland gestehe ich ohne weiteres zu. Dagegen stehe ich dem Bolschewismus ablehnend gegenüber. Meine Mutter war Russin, ich bin dort geboren und kann nicht umhin für dieses Land zu sympathisieren. Ich bekenne mich ganz offen als Monarchist. Dieses Bekenntnis will ich nicht auf Deutschland, sondern auf Russland beziehen. Wenn ich von Russland spreche, so will ich damit nicht den Bolschewismus verherrlichen oder mich als Anhänger bezeichnen, sondern ich habe dabei nur das russische Volk und Russland als solches im Auge. Aus diesem Grunde bereitet mir der Krieg zwischen Deutschland

und Russland die grössten Sorgen. Ich würde es also gerne sehen, wenn dieser Kampf in irgend einer Weise möglichst rasch
zu Ende geführt werden würde. Ich will es auch gar nicht verschweigen, dass es mir leid tun würde, wenn Russland durch
diesen Krieg etwa viel Land einbüssen würde. Diese Einstellung mag ja etwas sonderbar klingen, ich bitte aber zu berück-
sichtigen, dass meine Mutter Russin war und ich anscheinend
ziemlich viel Erbgut von ihr habe.

Als ich im Jahre 1937 zum deutschen Heer eingezogen
wurde (ich rückte freiwillig ein), habe ich den Treueid auf den
Führer geleistet. Ich gestehe ganz offen, dass ich schon damals
innerliche Hemmungen hatte, diese aber auf das ungewohnte
Militärleben zurückführte und hoffte in der Folgezeit eine andere Gesinnung zu bekommen. In dieser Hoffnung habe ich
mich bestimmt getäuscht, denn ich geriet schon nach der kür-
zesten Zeit in Gewissenskonflikte, wenn ich überlegte, dass ich
einerseits den Rock des deutschen Soldaten trage und andererseits für Russland sympathisierte. An den Kriegsfall mit Russland habe ich damals nicht geglaubt. Um meinen Gewissens-
konflikten ein Ende zu bereiten, habe ich mich zu einer Zeit,
wo ich etwa 4 Wochen deutscher Soldat war, an meinen Abtei-
lungskommandeur, Oberstleutnant v. Lancelle gewendet und
ihm gemeldet was mein Herz bewegte. Diese Aussprache fand
in der Artilleriekaserne VII im Beisein des Batterieführers
Hauptmann Mayer, Leutnant Scheller und Hauptfeldwebel
(Name ist mir entfallen), statt. Mit der Bekanntgabe meiner
politischen Gesinnung und meiner Bitte um Entlassung aus
dem Heeresdienst, hatte ich keinen Erfolg. Man führte meine
Bitte auf die Entwicklungsjahre oder auch auf eine Nerven-
krise zurück. Um eine Klärung zu schaffen, hat mein damali-
ger militärischer Vorgesetzter auch meinen Vater zur Bera-
tung beigezogen. Soviel mir dieser zu verstehen gegeben hat,
fühlt sich mein Vater durch meine Einstellung zu Russland als
Deutscher beleidigt. Mein Vater hat mir das gerade in letzter
Zeit sehr deutlich zu verstehen gegeben, sodass es zwischen

uns beiden sogar schon zu kleinen Auseinandersetzungen gekommen ist. Nachdem ich mit meiner Bitte um Entlassung im
Jahre 1937 keinen Erfolg hatte, habe ich sozusagen widerwillig
den Rock des Deutschen Soldaten weitergetragen. Ich habe es
aber unterlassen gegenüber meinen Kameraden für Russland
Propaganda zu machen. Ich habe mich in der Zwischenzeit viel
mit russischer Literatur befasst und muss sagen, dass ich da
sehr vieles vom russischen Volk erfahren habe, was mir in meiner Liebe zu diesem Volk nur angenehm erscheinen konnte.
Diese Liebe zum russischen Volk wurde durch meinen Osteinsatz im Sommer 1942 noch sehr gesteigert, weil ich mit
eigenen Augen gesehen habe, dass die Grundzüge und der
Charakter des russischen Volkes vom Bolschewismus nicht viel
verändert wurden. Unter diesen Umständen wird es wohl be-
greiflich erscheinen, wenn mich der Kriegszustand zwischen
dem russischen und deutschen Volk schmerzlich berührte und
bei mir der Wunsch hervorgetreten ist, Russland möge mit ge-
ringen Verlusten aus diesem Krieg hervorgehen. In eine Situation, wo sich meine Einstellung zu Russland etwa nachteilig
für Deutschlands Interessen hätten auswirken können, bin ich
während meines Osteinsatzes im Sommer 1942 nicht gekommen. Wenn ich als Soldat mit der Waffe in der Hand gegen die
Bolsch[e]wisten kämpfen hätte müssen, dann hätte ich vor
Ausführung dieses Befehls meinen Militärischen Vorgesetzten
darauf aufmerksam gemacht, dass ich das nicht kann. In meiner Stellung als Sanitätsfeldwebel ist mir eine solche Meldung
erspart geblieben. Wenn ich gelegentlich der deutschen Propaganda über das russische Untermenschentum dies und jenes
gehört habe, so habe ich mich davon niemals ganz überzeugen
können, sondern habe mir vorgestellt, dass es, wie überall,
auch beim russischen Soldaten Ausnahmen geben würde. Ich
habe mich am Verbandsplatz »Blankenhorn« verschiedentlich
mit einem russ. Offizier unterhalten und von diesem gesagt
bekommen, dass die deutschen Erfolge hauptsächlich auf den
Verrat russ. Generäle zurückzuführen seien. Diese Meinung

habe ich auch aus dem Munde von gefangenen Bolschewisten gehört. Obwohl ich gelegentlich meines Fronteinsatzes in meiner Liebe zu Russland bestärkt worden bin, habe ich keineswegs den Gedanken verfolgt, bei meiner Rückkehr nach Deutschland in den Fortbestand oder zum Ausgang dieses Krieges etwas beizutragen.

III. Zur Sache:

Von der Ostfront zurückgekehrt, habe ich in München mein Studium als cand. med. fortgesetzt. Eine besondere Freundschaft unterhalte ich seit etwa 2 Jahren mit Hans Scholl, der zuletzt in München, Franz-Josef-Str. Nr. unbekannt, gewohnt hat. Seit etwa einem Jahr ist mir auch seine Schwester Sophie Scholl bekannt. In die Wohnung des Scholl kam in letzter Zeit auch der Student Christoph Probst, Willi Graf und seine Schwester. Christoph Probst hat seinen Wohnsitz in Innsbruck. Er ist vor etwa 14 Tagen oder 3 Wochen das letzte Mal in der Wohnung des Scholl gewesen. Von Scholl weiss ich, dass er ein Gegner des Nationalsozialismus ist. Seit seiner Rückkehr vom Fronteinsatz hat er meines Wissens auch gegen den Nationalsozialismus gehandelt. Dazu war ich ihm behilflich. Ausser mir hat auch Willi Graf in technischer Hinsicht mitgearbeitet. Was Sophie Scholl anbelangt, kann ich nur angeben, dass sie keinen besonderen Beitrag geleistet haben dürfte. Ich werde im Einzelnen schildern wie sich unsere staatsfeindlichen Handlungen abgespielt haben.

Erstmals im Sommer 1942 kamen Hans Scholl und ich überein, eine Schrift gegen den Nationalsozialismus herauszugeben. Jeder von uns beiden machte sich daran einen Entwurf anzufertigen, den wir später gegenseitig verglichen und schliesslich als Ergebnis dieser Gedankengänge das Flugblatt »Weisse Rose« herauszugeben. Da wir zur Herstellung eines solchen Flugblattes keine Schreibmaschine hatten, habe ich mir eine solche von meinem Schulkameraden Michael Pötzel,

Harthauserstr. 109 wohnhaft, ausgeliehen. Ich hebe hervor, dass ich dem Pötzel vorgemacht habe, die Maschine zu Studienarbeiten zu benötigen. Pötzel hat also kein Wissen davon, was ich in Wirklichkeit bei der Herausgabe dieser Maschine verfolgt habe. Nachdem wir dieses Flugblatt geschrieben hatten, habe ich die Maschine, Marke Remington, wieder an Pötzel zurückgegeben. In der Folgezeit habe ich mir die gleiche Maschine noch einigemale ausgeliehen. Wenn am 18.2. in der Wohnung des Scholl diese Maschine sichergestellt worden ist, dann ist eben die Zurückgabe an Pötzel unterblieben. Um das Flugblatt »Weisse Rose« massenhaft herstellen zu können, hab ich im Sommer 1942 in der Sendlingerstr. (glaublich Fa. Baierl) einen Vervielfältigungsapparat gekauft. Diesen verbrachte ich in meine Wohnung, wo wir – also Scholl und ich – gemeinschaftlich etwa 100 Abzüge hergestellt haben. Aus Telefon- und Adreßbüchern haben wir dann ziemlich wahllos Adressen herausgeschrieben und so per Post unser Flugblatt vertrieben. Ich kann heute das Postamt nicht mehr nennen, wo wir die Flügblätter als Massensendung aufgegeben haben. So viel ich mich erinnern kann, haben wir beide von Bekannten erfahren, dass sie teils dafür und teils gegen unser Flugblatt waren.

Auch bei der Herstellung und Verbreitung des Flugblattes »Weisse Rose«, Ausgabe 2 und 3, haben wir in der gleichen Weise verfahren. Ich bezeichne also auch diese beiden Ausgaben als mein und Scholl's geistiges Eigentum, weil wir alles gemeinschaftlich getan haben. Wir haben uns in der Wohnung meiner Eltern, wo ich ein eigenes Zimmer im 2. Stock habe, so verhalten, dass meine Eltern unmöglich etwas davon gemerkt haben konnten.

Die Kosten zur Herstellung des Flugblattes haben wir gemeinschaftlich getragen. Das Papier usw. haben wir ebenfalls zusammen gekauft, wo wir gerade etwas bekommen konnten. Was die Stückzahl anbelangt, so erinnere ich mich, dass wir von jeder Serie ungefähr 100 Abzüge gefertigt haben. Ich muss noch nachtragen, dass wir nicht 3, sondern 4 Serien hergestellt haben. Bei der Auswahl der Adressen sind wir davon ausgegangen, unsere Flugblätter einem Personenkreis zugehen zu lassen, der allem Anschein nach für unsere Sache sympathisieren würde. Ein Namensverzeichnis haben wir nicht aufgestellt, sondern wir haben bei der Serie 2 usw. jene Personen wieder angeschrieben, die uns aus dem Gedächtnis und an Hand des Telephonverzeichnisses von der Serie I her noch in Erinnerung waren. Auf diese Weise haben weitaus die meisten Personen die vier Serien zugeschickt bekommen. Wir waren insbesondere bestrebt es zu vermeiden, dass wir in unserem Bekanntenkreis als Herausgeber dieser Flugblätter erkannt würden. Um eine Kontrolle zu haben, ob unsere Flugblätter durch die Post auch zugestellt werden, haben wir uns selbst angeschrieben und festgestellt, dass unser Verfahren funktionierte. Zwischen den einzelnen Serien liegt eine verhältnismässig kurze Zeit, ich glaube mich erinnern zu können, dass wir die 4 Schriften von innerhalb 14 Tagen verfasst und verbreitet haben. Welche Gründe Scholl und ich um diese Zeit hatten, in besonders gehässiger Form unseren Führer herabzusetzen, vermag ich heute nicht mehr anzugeben. Ich kann nur zum Ausdruck bringen, dass dieses Vorgehen mit unserer politischen Einstellung vereinbart werden kann. Wir sahen um diese Zeit im sogen. passiven Widerstand und in der Verübung von Sabotageakten die einzige Möglichkeit den Krieg zu verkürzen.

Nach dem wir (Scholl und ich) Ende 1942 wieder in München waren, sind wir hier öfters zusammengekommen und haben neben wissenschaftlichen Angelegenheiten auch politische Dinge erörtert. Wir kamen etwa Mitte Januar auf den Gedanken neuerdings ein Flugblatt herauszugeben. Zu diesem Zwecke machten wir uns beide zunächst einen sogenannten Entwurf, den wir schliesslich gemeinsam durchgesprochen und schliesslich das Flugblatt »Aufruf an alle Deutsche!« hergestellt haben. Im Gegensatz zum Flugblatt »Weisse Rose« haben wir das Flugblatt »Aufruf an alle Deutsche« in der Wohnung des Scholl verfasst, vervielfältigt und vertrieben. Bei der Abfassung dieses Flugblattes handelt es sich lediglich um eine Fortsetzung unserer politischen Umsturzbewegungen, die sich naturgemäss gegen den Führer richteten.

In der Wohnung des Scholl haben wir gemeinsam auf der besagten Schreibmaschine, Marke Remington, den Text des Flugblattes »Aufruf an alle Deutsche« niedergeschrieben. Ausser mir und Scholl war bei der Niederschrift niemand zugegen. Im Zimmer des Scholl haben wir diesen Flugblattext mit einem Vervielfältigungsapparat massenhaft hergestellt. Diese massenhafte Herstellung haben wir jedoch nicht mit jenem Vervielfältigungsapparat vorgenommen, der uns zum Flugblatt »Weisse Rose« zur Verfügung stand, sondern ich habe im gleichen Geschäft in der Sendlingerstrasse einen neuen Apparat um etwa RM 200.– gekauft. Wo der alte Apparat hingekommen ist, weiss ich nicht. Wenn dieser nicht mehr da ist, wird ihn wohl Scholl verkauft oder hergegeben haben. Beim Abziehen des Flugblattes »Aufruf an alle Deutschen!« hat uns weiter niemand geholfen. Die Adressen für den Stadtbezirk München haben wir gemeinsam dem Münchener Adressbuch entnommen. Die Adressen auf die Briefumschläge haben Scholl und ich geschrieben. Von dieser Schrift dürften wir einige Tausend (ca. 2 – 3000) hergestellt haben. Die Marken zur Frankierung der Postsendungen haben wir grösstenteils beim Postamt 23 an der Leopoldstrasse gekauft. Die Kosten für Papier usw. haben wir gemeinsam getragen. Wer von uns beiden finanziell am stärksten beteiligt ist, vermag ich nicht anzugeben. Um mit dem Flugblatt »Aufruf an alle Deutsche!« auch auswärts in Tätigkeit treten zu können, sind Scholl und ich in das Deutsche Museum gegangen und haben uns dort von den dort au[s]fliegenden auswärtigen Adressbüchern für die Städte Salzburg, Linz, Wien die Adressen herausgeschrieben. Um diese auswärtigen Sendungen nicht mit 12 Pfg.-Marken versehen zu müssen, haben wir uns entschlossen, diese in Briefform gefalteten und teilweise in Umschläge gesteckten Flugblätter auf dem Kurierwege in den betreffenden Städten zu verbreiten. Zu diesem Zwecke fuhr ich Ende Januar (die Versendung erfolgte in Salzburg am 26.1.43) 1943 mit einigen hundert Stück mit dem Schnellzug von München nach Salzburg; dort kam ich im Laufe des Vormittags am Bahnhof an. Ich ging durch die Bahnsteigsperre in Richtung zur Stadt und habe die für Salzburg bestimmten Sendungen in zwei verschiedene Briefkästen nächst des Bahnhofes eingeworfen. Wenn mir gesagt wird, dass in Salzburg am 26.1.57 solche Flugblätter abgesetzt wurden, so bekenne ich mich, dass ich es war, der das getan hat.

Ich fuhr am gleichen Tage mit dem nächsten Zug nach Linz a. d. D. weiter, wo ich ungefähr eine gleiche Menge und unter den gleichen Umständen unsere Flugblätter zur Post gegeben habe.

Ich bin am gleichen Tage in den späten Abendstunden mit dem Schnellzug nach Wien gefahren, um dort den Rest der Flugblätter abzusetzen. Ich mietete mich in Wien in einem mir namentlich nicht mehr bekannten Hotel ein und machte mich am nächsten Tage daran, meine Briefsendungen in verschiedene Postkästen einzustecken. Es werden wohl 100–200 solche Sendungen in Frage kommen. In Wien habe ich aber auch etwa 50 bis 100 Flugblätter »Aufruf an alle Deutsche!« in Briefform zur Post gegeben, die von uns für die Stadt Frankfurt a. M. vorbereitet waren. Soviel ich mich erinnern kann, hat Scholl zur Bestreitung dieser Fahrt nach Wien auch einen Teil beigetragen. Näheres weiss ich darüber nicht mehr. Über die Wirkung der von uns verfassten Flugblätter bin ich nicht unterrichtet, denn wir hatten keine Gelegenheit uns mit jemanden zu unterhalten und deren Urteil zu hören. Die Briefumschläge zur Versendung dieses Flugblattes haben Scholl, ich und Willi Graf nach und nach zusammengekauft. Auf meiner Fahrt von München nach Wien habe ich einen Koffer bei mir gehabt. In diesem Koffer hatte ich meine Flugblätter verwahrt. Es handelt sich um jenen Koffer, der nach der Festnahme des Scholl in der

Wohnung meiner Eltern vorgefunden und sichergestellt wurde. Bei meiner Übernachtung in Wien habe ich mich unter meinem richtigen Namen eingetragen. Den Namen dieses Hotels kann ich augenblicklich nicht nennen.

Durch die Ereignisse in Stalingrad sahen Scholl und ich eine neue Veranlassung ein Flugblatt herauszugeben. Während Scholl über die Ereignisse in Stalingrad sehr bedrückt war, habe ich mich als für Russland sympathisierend über die nun für die Russen geschaffene Kriegslage förmlich gefreut. Wir gingen nun beide daran das neue Flugblatt »Studentinnen, Studenten« zu entwerfen und zu verbreiten. Ich habe in der Wohnung des Scholl das Flugblatt »Studentinnen, Studenten!« auf der dort vorhandenen Remington-Schreibmaschine geschrieben. Den Text dazu haben Scholl und ich gemeinsam verfasst, unsere Entwürfe ausgeglichen und den Inhalt für unsere Sache als passend befunden. Als wir von diesem Flugblatt etwa 50 Stück vervielfältigt hatten, ergaben sich technische Schwierigkeiten beim Abziehen. Die Matrizze war für das uns zur Verfügung stehende Saugpapier etwas zu lang. Um ein leichteres Arbeiten zu haben, habe ich den Text dieses Flugblattes auf eine neue Matrizze geschrieben und dabei die Überschrift: »Kommilitoninnen! Kommilitonen!« gewählt. Diese Änderung hat keine besondere Bedeutung, sie wurde eben von mir und Scholl für passender gefunden. Das Abziehen dieses Flugblattes wurde von Scholl, von Willi Graf und mir vorgenommen. Bevor wir den Willi Graf dazu angehalten haben, liessen wir ihn den Text dieses Flugblattes lesen und fragten ihn schliesslich, ob er uns bei der Vervielfältigung behilflich sein wolle. Ich erwähne ausdrücklich, dass Graf mit der Abfassung dieses Flugblattes nichts zu tun, also in keiner Weise mitgewirkt hat. Eine besondere Einladung ist an Graf nicht ergangen. Er kam m. W. zufällig, wie an den übrigen Tagen auch, in die Wohnung des Scholl um sich mit uns zu unterhalten. Ich kann mich nicht erinnern, dass Graf beim Durchlesen des von uns verfertigten Flugblattes etwa Einwände gemacht hätte. Er ist vielmehr unserem Ansinnen beim Abziehen dieser Flugblätter mitzuhelfen, nachgekommen. Ich glaube mit ruhigem Gewissen angeben zu können, dass wir von diesem Flugblatt etwa 3000 Stück hergestellt haben. Mit der Vervielfältigung dieser Flugblätter haben wir einige Tage vor dem 16.2.43 schon im Laufe des Nachmittags begonnen. Mit dieser Arbeit wurden wir gegen Abend fertig. Solange ich bei der Vervielfältigung dabei war, waren ausser mir im Zimmer des Scholl Willi Graf und Scholl selbst zugegen. Ob dabei auch Sofie Scholl mitgeholfen hat, kann ich nicht sagen, weil ich gegen Abend weggegangen bin. Um diese Zeit haben Hans Scholl und Willi Graf noch gearbeitet. Es wäre möglich, dass sich die Sofie Scholl nach meinem Weggehen daran beteiligt hat. Die Schwester des Willi Graf habe ich an diesem Nachmittag in der Wohnung der Geschwister Scholl nicht zu sehen bekommen. Die Studentin Graf hat mit der Herstellung und Verbreitung unserer Flugblätter bestimmt nichts zu tun. Auch die Geliebte des Scholl, namens Gisela Schertling, hat mit unserer Sache nichts zu tun.

Am nächsten oder übernächsten Tage machten sich Hans Scholl und ich daran unsere Flugblätter zur Versendung zu bringen. Wir nahmen dazu ein älteres Studentenverzeichnis her (ich glaube Scholl besass ein solches) und schrieben daraus die Adressen der in München wohnhaften Studenten wahllos ab. Solange wir Briefumschläge zur Verfügung hatten, nahmen wir diese her. Als diese nicht mehr ausreichten, falteten wir die Flugblätter zusammen und schrieben auf der Aussenseite die Adressen darauf. Zum Beschriften dieser Flugblätter verwendeten wir in der Wohnung des Scholl zwei Schreibmaschinen und zwar die Remington-Maschine und eine Erika-Reisemaschine, die m. W. der Hauswirtin des Scholl gehört. Diese Frau Schmidt weiss nichts davon, dass wir in ihrer Wohnung staatsfeindliche Flugblätter hergestellt und verbreitet haben. Wahrscheinlich weiss Frau Schmidt gar nicht, dass Scholl die Maschine benutzte. Beim Zusammenfalten bezw.

Verkleben der Flugblätter hat uns Willi Graf geholfen. Auch einen Teil der Marken hat Willi Graf aufgeklebt. Hans Scholl, Willi Graf und ich haben die von uns verfertigten Flugblätter gemeinsam zu verschiedenen Postämtern getragen und dort am 15.2.43 in den späten Abendstunden aufgegeben. Es mag ungefähr 22^{00} Uhr gewesen sein. Wir gingen zunächst von Scholl's Wohnung weg zum Postamt in der Vetrinärstrasse, wo einer von uns seine Flugblätter in den Kasten warf. Wer das als erster war, weiss ich nicht mehr. Wir gingen von der Vetrinärstrasse aus durch die Kaulbachstrasse zur Hauptpost an der Residenzstrasse, wo der zweite von uns seine Sendung in den Kasten warf. Von der Residenzstrasse aus gingen wir durch die Maffeistrasse zur Neuhauser-Post, wo der Dritte seine Post absetzte. Einer von uns hatte dann noch einen kleinen Rest in seiner Aktenmappe. Um auch diese Flugschriften los zu werden, gingen wir zum Telegraphenamt am Hauptbahnhof, wo wir den Rest in den Kasten warfen.

Bei diesen Sendungen haben wir uns (Scholl Hans, Graf und ich) zur Kontrolle selbst angeschrieben. Ob Hans Scholl bezw. Willi Graf das sich selbst zugeschickte Flugblatt erhalten haben oder nicht, kann ich nicht sagen. Ich kann mich jedenfalls nicht erinnern, vor meiner Flucht diese Sendung erhalten zu haben.

Nach der Versendung der Flugblätter durch die Post blieb uns noch ein Rest davon übrig. Es können dieses 15–1800 Blätter gewesen sein. Um auch diese los zu werden verabredeten Scholl und ich, dass wir den Rest dieser Flugblätter in der Universität kurz vor Beendigung der Vorlesungen vor die Türen der Hörsäle legen werden. Dieser Gedanke ging entweder von mir oder von Scholl aus. Jedenfalls waren wir uns über dieses Vorhaben vorläufig einig. Bei dieser Unterredung war weder die Sofie Scholl noch Graf anwesend. Ich kann nicht angeben, ob Willi Graf etwa nachträglich von Hans Scholl von unserem Plan erfahren hat.

Als wir mit dem Abziehen unserer Flugblätter fertig waren

haben wir den Vervielfältigungsapparat aus reinen Sicherheitsgründen in das Anwesen Leopoldstr. 38, Ateliergebäude,
in den Keller verbracht. Es wurde dies von mir u. Hans Scholl
vorgenommen. Wir waren uns dabei einig, die Herstellung
von Flugblättern nur vorübergehend einzustellen und das bei
passender Gelegenheit zu wiederholen.

In diesem Kellerraum haben wir ausserdem auch noch die
Remington-Schreibmaschine und das Schmiermaterial verwahrt.

Ende Januar kamen Hans Scholl und ich auf den Gedanken
eine staatsfeindliche Propaganda auch noch durch Anschmieren mit »Nieder mit Hitler!« und »Freiheit!« zu verstärken.
Zu diesem Zwecke fertigte ich eine Schablone »Nieder mit Hitler!« in meiner Wohnung an und verbrachte diese zu Scholl,
um diese in den darauffolgenden Nächten zu verwenden. In
der Nähe vom Hofbräuhaus kaufte ich in einem Fachgeschäft
(glaublich Finster und Meissner) eine Dose Teerfarbe. Die
grüne Frage entnahmen wir dem Atelier des Eickemair, der
von der ganzen Geschichte nichts weiss. Auch die Pinsel konnten wir diesem Atelier entnehmen. Eines Nachts, es war ungefähr Mitte Februar, sind wir (Scholl Hans und ich) von der
Franz-Josefstr. weg zum Universitätsgebäude gegangen, wo
ich an mehreren Stellen etwa in Brusthöhe die Aufschrift
»Nieder mit Hitler« anbrachte, während Hans Scholl den Auf-
passer spielte. Wir gingen von dort aus auf Umwegen zur Innenstadt und kamen dabei bis zum Viktualienmarkt. Unterweg
habe ich an verschiedenen Stellen wahllos geschmiert. Auch in
diesen Fällen hat Hans Scholl aufgepasst. Wegen Übermüdung
und weil es auch allmählich hell wurde, haben wir dort unsere
Schmieraktion abgebrochen und sind in die Wohnung des
Scholl zurückgekehrt. Unterwegs kamen wir nochmals am
Universitätsgebäude vorbei und konnten es nicht unterlassen,
dort auch noch zusätzlich die Aufschrift »Freiheit« (ohne
Schablone) anzubringen.

Einige Tage später war ich wiederum in der Wohnung des

Scholl. Als ich gegen Abend wegging, hat mir Hans Scholl gesagt, dass er in der folgenden Nacht wiederum Schmieren gehen werde. Die Tags vorher von uns angebrachten Schmiereien waren um diese Zeit längst weggemacht. Bei diesen Andeutungen sagte mir Hans Scholl, dass er in der folgenden Nacht seinen Freund Willi Graf mitnehmen werde. Ich habe am nächsten Tag tatsächlich die Wahrnehmung gemacht bezw. von Scholl selbst erfahren, dass er in der vergangenen Nacht mit Willi Graf seinen Plan in die Tat umgesetzt hat. Dabei wurde mit grüner Farbe geschmiert. Ich hebe das besonders hervor, weil ich damit nichts zu tun habe. Ein drittes Mal haben Hans Scholl, Willi Graf und ich in der Nacht vom 15./16.2.43 geschmiert, als wir vom Telegraphenamt weg in die Wohnung des Scholl gegangen sind. Ich habe noch gut in Erinnerung, dass wir damals am Gebäude der Buchhandlung Hugendubel die Aufschrift »Nieder mit Hitler!« und »Massenmörder Hitler!« angebracht haben. In diesem Falle haben Hans Scholl und ich geschrieben, während Graf nur aufgepasst hat, um uns vor Überraschungen zu schützen. Mit diesen Schmiereien wollten wir uns mit unserer Propaganda hauptsächlich an die Masse des Volkes wenden, was uns bei der Verbreitung von Druckschriften nicht in diesem Masse möglich war.

In der Nacht vom 27./28.1.43 begaben sich Hans Scholl, Graf und ich von der Wohnung des Scholl aus in verschiedene Stadtteile, um dort innerhalb der Stadt das Flugblatt »An alle Deutschen!« zu verstreuen. Wir hatten insgesamt etwa 1500 solcher Flugblätter bei uns, die wir gleichmässig verteilt haben. Ich z. B. ging mit meiner Mappe, worin ich die Flugzettel verwahrt hatte, durch die Kaulbachstrasse, Tal, Kanalstrasse und Amalienstrasse, wo ich unterwegs meine Flugblätter niedergelegt habe. In der Kaulbachstrasse bin ich auch einige Male in Hofräume hineingegangen, um meine Flugblätter abzulegen. In das Gebäude der Hauptpost (Residenzstrasse) bin ich dabei nicht hineingekommen.

Soviel ich weiß, sollte Willy Graf zum Sendlingertorplatz und Umgebung gehen, während sich Scholl in Richtung zum Hauptbahnhof begab, um dort seine Flugblätter abzulegen. Diese Streuaktion nahmen wir in der Zeit von 23–1 Uhr vor. Kurz nach 1,30 Uhr sind wir am Hause des Scholl zusammengetroffen. Willy Graf kam von seiner Tour eine halbe Stunde später zu uns. Er ging dann in seine Wohnung, während ich bei Scholl geschlafen habe. Bei dieser Streuaktion hat es sich um die gleiche Art der Propaganda gehandelt, zu der wir hauptsächlich deshalb gezwungen waren, weil wir um diese Zeit keine Briefumschläge bekommen konnten. An weiteren Tagen haben wir keine Flugblätter mehr ausgestreut.

Wenn ich über die Beteiligung der Sofie Scholl an unserer staatsfeindlichen Propaganda befragt werde, so gebe ich wahrheitsgetreu an, dass diese um die gleiche Zeit wie ich nach Augsburg gefahren ist, um dort das Flugblatt »Aufruf an alle Deutsche!« zu verbreiten. Ich weiss nichts davon, dass sie von Augsburg aus auch noch andere Städte bereisen sollte. Ich war nämlich bei der Adressierung unseres Flugblattes zugegen bezw. habe die Adressen für die Bewohner in Augsburg gesehen. Wer diese Adressen an die Bewohner in Augsburg geschrieben hat, weiss ich nicht. Ich war jedenfalls nicht zugegen als diese geschrieben wurden. Wenn über diesen Rahmen hinaus in anderen Städten z. B. in Stuttgart von 3. Personen unser Flugblatt »An alle Deutschen« verbreitet worden ist, dann kann das nur von den Geschwistern Scholl ohne mein Wissen veranlasst worden sein.

Hinsichtlich des Christoph Probst habe ich folgendes anzugeben: Probst ist mit Hans Scholl und mir schon seit längerer Zeit befreundet. Ich selbst kenne ihn schon aus der Schulzeit her. Er kam gelegentlich seiner Durchreise vor etwa 3 Wochen zufällig über München, wo er die Geschwister Scholl in ihrer Wohnung besuchte. Bei dieser Gelegenheit habe ich Probst nur ganz kurz gesprochen. Um Weihnachten 1942 habe ich Probst in München getroffen und mich mit ihm unterhalten. Da ich

Probst als einen Mann kenne, der ebenfalls dem Nat. Soz. ablehnend gegenüber steht und ich mit ihm gut befreundet bin, habe ich ihm es gesagt, dass als Hersteller der Flugschrift »Weisse Rose« Hans Scholl und ich in Frage kommen. Ich konnte dabei die Wahrnehmung machen, dass Probst dies längst vermutet hatte und ich ihm also keine Neuigkeit sagen konnte. Probst wusste aber auch, dass wir uns mit der Herstellung des Flugblattes »Weisse Rose« nicht begnügten, sondern uns (Hans Scholl und ich) mit der Herstellung weiterer Flugblätter befassen würden. Ich selbst habe keine Anhaltspunkte dafür, dass Hans Scholl bei der Abfassung des letzten Flugblattes etwa von Christoph Probst unterstützt worden wäre. Von Hans Scholl habe ich kürzlich erfahren, dass ihm Christoph Probst wohl einmal zur Herstellung eines Flugblattes behilflich sein wollte und irgendwelche Unterlagen geliefert habe. Näheres hat mir in dieser Beziehung Hans Scholl nicht mitgeteilt.

Wenn ich befragt werde, welcher Personenkreis von der Handlungsweise der Geschwister Scholl Kenntnis gehabt hat, so glaube ich Professor Huber, den ich in der Universität München kennen gelernt habe, nennen zu können. Vor etwa 4 Wochen hat Prof. Huber den Geschwistern Scholl in ihrer Wohnung einen Besuch abgestattet. Bei dieser Gelegenheit haben wir (Hans Scholl und ich) Prof. Huber, den wir ebenfalls für einen Mann halten, der dem Nat. Soz. feindlich gegenüber steht, in unsere Pläne eingeweiht. Wir haben Prof. Huber gesagt, dass wir die Hersteller der Flugblätter »Weisse Rose« und »Aufruf an alle Deutsche!« sind und diese Flugblätter auch verbreiten. Prof. Huber hat uns gewarnt, auf die Gefährlichkeit unserer Handlungsweise hingewiesen, im übrigen jedoch zu erkennen gegeben, dass er uns nicht verraten wird. Ich nehme auch an, dass Prof. Huber uns bis jetzt nicht verraten hat.

Scholl ist in der letzten Zeit auch öfters mit einem gewissen Furtmeier zusammengekommen. Die Zusammenkünfte dienten mehr wissenschaftlichen Zwecken, denn Furtmeier ist ein belesener Mann, an dem Hans Scholl schon aus diesem Grunde ein besonderes Interesse hatte. Ich halte es für ausgeschlossen, dass Hans Scholl gerade den Furtmeier in unseren gemeinsamen Plan eingeweiht hat.

Eine Studentin Lafrenz, die aus Hamburg stammt und gegenwärtig in München studiert, kenne ich flüchtig von Hamburg her. Ich habe die Lafrenz mit den Geschwistern Scholl zusammengebracht. Sie ist in der Wohnung der Geschwister Scholl öfters verkehrt, glaube aber nicht, dass sie von den Geschwistern Scholl Kenntnis von unserer staatsfeindlichen Propaganda erhalten hat. Ich kenne die Lafrenz nur flüchtig und würde mich hüten, ihr derartiges anzuvertrauen.

Mit der Herstellung und Verbreitung unserer Flugblätter wollten Hans Scholl und ich einen Umsturz herbeiführen. Wir waren uns darüber im Klaren, dass unsere Handlungsweise gegen den heutigen Staat gerichtet ist und wir im Ermittlungsfalle mit den schwersten Strafen rechnen müssen. Wir haben uns aber trotzdem nicht davon abhalten lassen in der Weise gegen den heutigen Staat vorzugehen, weil wir beide der Ansicht waren, damit den Krieg verkürzen zu können.«

Aufgenommen:	Anwesend:	gel. u. unterschrib.:
Schmauß	*Brugger*	*Schmorell*
Krim.Sekr.	B.Ang.	

Geheime Staatspolizei   München, den 26. Febr. 1943.
Staatspolizeileitstelle München
   II A / Sond.

Weiterverhandelt:

Aus der Haft vorgeführt, gab Alexander *Schmorell* folgendes an:

»Wenn mir vorgeworfen wird, dass ich durch die Herstellung und Verbreitung meiner Druckschriften mit Gewalt die

Verfassung des Reiches ändern wollte, so gebe ich dazu folgendes an:

Vorweg will ich wieder unterstreichen, dass ich meinem Denken und Fühlen nach mehr Russe als Deutscher bin. Ich bitte aber zu beachten, dass ich deshalb Russland nicht mit dem Begriff Bolschewismus gleichsetze, im Gegenteil ein offener Feind des Bolschewismus bin. Durch den gegenwärtigen Krieg mit Russland geriet ich in eine sehr verwickelte Lage, denn es lag mir daran, wie die Vernichtung des Bolschewismus möglich und die Verhinderung von Landverlust für Russland möglich wäre. Nachdem die Deutschen soweit in das russische Land hinein vorgedrungen sind, sah ich für Russland eine sehr gefährliche Situation. Ich fasste deshalb den Gedanken, wie ich dieser Gefahr für Russland begegnen könnte. Schliesslich habe ich auch einen Teil deutschen Blutes in mir, das im gegenwärtigen Krieg massenhaft zugrunde gerichtet wird. Es waren also zwei Momente, die mich veranlassten etwas zu unternehmen um einerseits das deutsche Volk vor den Gefahren einer grösseren Landeroberung und Erwachsung von weiteren Konflikten zu schützen und Russland den grossen Landverlust zu ersparen. Meine Gedankengänge oder besser gesagt meine Idee wollte ich durch die später hergestellten Flugblätter der Masse des deutschen Volkes verständlich machen. Dabei war ich mir von Anfang an klar darüber, dass sich das deutsche Volk, solange es von Adolf Hitler geführt wird, meiner Idee nicht restlos anschliessen kann. So erklärt sich auch meine Gegnerschaft zum Nationalsozialismus. In der gegenwärtigen Zeit konnte ich mich also nicht damit begnügen nur ein stiller Gegner des Nationalsozialismus zu sein, sondern ich sah mich in der Sorge um das Schicksal zweier Völker verpflichtet, meinen Teil zur Veränderung der Verfassung des Reiches beizutragen. In der Person des *Scholl* erblickte ich einen Mann, der sich rückhaltslos meiner Idee angeschlossen hatte. Wir zwei versuchten deshalb durch die Herstellung und Verbreitung unserer Druckschriften das deutsche Volk auf die Möglichkeit einer Kriegsverkürzung hinzuweisen. Wenn wir in unseren Flugblättern zur Sabotage aufforderten, so gingen wir von dem Gedanken aus, dadurch den deutschen Soldaten zum Zurückgehen zu zwingen. Wir haben darin die günstigste Lösung für beide Teile (für Deutschland und Russland) gesehen und überhaupt nicht daran gedacht, dass wir der feindlichen Macht jetzt im Kriege Vorschub leisten und der Kriegsmacht des Reiches einen besonderen Nachteil zufügen würden. Wir waren uns jedoch darüber klar, dass die Herstellung von staatsfeindlichen Druckschriften eine Handlung gegen die nationalsozialistische Regierung darstellt, die im Ermittlungsfalle zu schwersten Bestrafungen führen würde. Was ich damit getan habe, habe ich nicht unbewusst getan, sondern ich habe sogar damit gerechnet, dass ich im Ermittlungsfalle mein Leben verlieren könnte. Über das alles habe ich mich einfach hinweggesetzt, weil mir meine innere Verpflichtung zum Handeln gegen den nationalsozialistischen Staat höher gestanden ist.

Ich will nun auf den 18.2.43 zurückkommen, wo Hans Scholl in der Universität wegen Verdachts der Verbreitung von staatsfeindlichen Flugblättern festgenommen wurde. Wie ich schon angegeben, haben Scholl und ich einen oder zwei Tage vorher darüber gesprochen, dass man die restlichen Flugblätter – etwa in der Universität in München ablegen könnte. Etwas Näheres, insbesondere wann das geschehen und von wem das durchgeführt werden soll, ist zwischen uns beiden nicht vereinbart worden. Ich war also sehr erstaunt, als ich am 18.2.43 mittags gegen 12 Uhr mit der Strassenbahn zur Universität gekommen bin und zufällig von dem Medizinstudenten *Eichhorn* erfahren habe, dass soeben in der Universität zwei Studenten wegen Verbreitung von staatsfeindlichen Druckschriften verhaftet worden seien. Den Namen der festgenommenen Studenten konnte mir Eichhorn nicht nennen. Ich habe aber trotzdem sofort an Hans Scholl gedacht und versuchte von einer Telefonzelle aus mit ihm zu sprechen. Ich konnte aber keine Verbindung bekommen. Auch meine weiteren Versuche Scholl zu erreichen, blieben ohne Erfolg. Als ich etwa um 15 Uhr nochmals bei Scholl angerufen habe, meldete sich dort ein unbekannter Mann, der mir angab, dass Scholl nicht zuhause sei. Es war mir dies eine Bestätigung, dass mit ihm etwas passiert sein müsse. Es gab für mich nun keine andere Möglichkeit mehr, als München zu verlassen. Ich trieb mich an diesem Donnerstag noch planlos in München herum und getraute mich nicht mehr nach Hause zu gehen. Schliesslich verbrachte ich die Nachtzeit im Engl. Garten. Bei einem Anruf in der elterlichen Wohnung meldete sich am Donnerstag das Dienstmädchen, namens Maria Kiermeier. Auf meine Frage, ob jemand nach mir gefragt habe, erhielt ich eine verneinende Antwort. Am 19.2.43 habe ich nochmals zuhause angerufen und dabei meine Mutter erreichen können. Meine Mutter hat mir telefonisch gesagt, dass die Polizei da sei und es gut wäre, wenn ich mich freiwillig melden würde. Ich habe meiner Mutter zwar eine zusagende Antwort gegeben, aber in Wirklichkeit nicht daran denken können, es zu tun. An diesem Tage habe ich, weil ich eben nicht wusste wohin, den bulgarischen Studenten Nikolai *Nikolaeff*, der in München, Isabellastr. 26, wohnt, zweimal aufgesucht.

Bei meinem zweiten Besuch liess mich Nikolaeff kurze Zeit in seinem Zimmer warten. Diese Gelegenheit benützte ich dazu, mir den Pass des Nikolaeff anzueignen, um auf meiner Flucht eine andere Legitimation zu haben. Auf den Gedanken, mir diesen Pass anzueignen, bin ich übrigens deshalb gekommen, weil an einem Schrank im Zimmer des Nikolaeff eine Schublade etwas offen stand und ich dort den Pass liegen gesehen habe. Ich habe mir also diesen Pass ohne erschwerende Umstände angeeignet. Bevor ich die Wohnung des Nikolaeff verlassen habe, ging ich ihn vorsorglich auch noch um die Hergabe von Bargeld an, weil ich damit rechnete, dass ich gut tun würde, wenn ich zu meinen 300 RM, die ich bei mir hatte, noch etwas dazu bekäme. Ausserdem machte ich Nikolaeff vor, dass ich einen Ausflug machen wolle und mir dazu eine Windjacke passender wäre. Nikolaeff zeigte sich mit meinem Ansinnen einverstanden und übergab mir eine graue Windjacke, während ich meinen Wintermantel bei ihm gelassen habe. Den wahren Grund, der von mir beabsichtigten Flucht aus München, habe ich Nikolaeff gegenüber verschwiegen. Mit Rücksicht darauf, dass Nikolaeff gutwillig gehandelt hat, möchte ich bitten, dass ihm von meinem Bargeld in Höhe von 340,41 RM der Betrag von, 50.– RM, sowie die Windjacke zurückgegeben wird. Ich möchte nicht haben, dass Nikolaeff durch seine Gutwilligkeit auch noch einen Schaden erleidet.

Am Freitag, den 19.2.43 ging ich dann von der Wohnung des Nikolaeff weg noch ein Stück zur Innenstadt spazieren und fuhr gegen Abend mit der Linie 8 nach Thalkirchen. Von dort aus ging ich der Isar entlang bis Ebenhausen. Es mag etwa um 3 Uhr früh gewesen sein, als ich dort zu Fuss angekommen bin. Von Ebenhausen aus weg fuhr ich mit der Bahn nach Kochel, von wo aus ich zu Fuss zum Walchensee ging. Als Handgepäck hatte ich lediglich meine Aktenmappe bei mir. In der Nacht vom 20. auf 21.2.43 habe ich in Walchensee, Pension Edeltraud, übernachtet. Den mir vorgelegten Fremden-zettel füllte ich mit dem Namen Nikolajes Nikolaj aus. Bevor ich diese falsche Eintragung gemacht hatte, habe ich aus meinem Studentenausweis das Lichtbild herausgerissen und es in den bulgarischen Pass des Nikolaeff notdürftig eingeklebt. Das Lichtbild des Nikolaeff habe ich vernichtet. Um bei einer polizeilichen Kontrolle nicht aufzufallen, habe ich auf meiner Flucht auch meinen Studentenausweis, mein Sold- und Postsparbuch vernichtet. Am Sonntag, den 21.2.43 ging ich zu Fuss nach Krün und von dort nach Elmau weiter, wo ich eine Bekannte Ingrid *Mesirca* zu treffen hoffte. Auf meinen telefonischen Anruf hin, habe ich von deren Erkrankung erfahren und bin deshalb gar nicht in ihre Wohnung gegangen. Von Elmau aus habe ich Frau Dr. *Kleeblatt* in Tegernsee angerufen und mich nach Christoph Probst erkundigt. Von dieser Frau (Mutter des Probst) konnte

ich jedoch den derzeitigen Aufenthalt ihres Sohnes nicht erfahren. Mit dieser Anfrage wollte ich mich vergewissern, ob,
im Zusammenhang mit der Festnahme des Scholl, die Polizei
inzwischen auch gegen Probst etwas unternommen habe. Die
Gründe, warum ich über das Befinden des Probst Erkundigun-
gen einziehen wollte, habe ich gestern schon aufgezeigt.

Die Nacht vom Sonntag auf Montag verbrachte ich in der
Nähe der Ortschaft Krünn in einem Heuschober. Am Montag
ging ich wieder nach Elmau zurück. Ich muss berichtigen, dass
ich nicht nach Elmau, sondern nach Mittenwald weitergegangen bin. Dort habe ich gegen Abend den mir bekannten Guts-
angestellten *Micha* getroffen. Mit diesem fuhr ich nach Elmau in der Annahme, dass ich dort vielleicht übernachten
könnte. Nachdem sich aber Micha dazu nicht bereit erklären
konnte, verliess ich die Ortschaft Elmau, um dann in der Nacht
vom 22. auf 23.2.43 in einem nahegelegen Heuschober zu
übernachten. Am 23.2.43 ging ich nach Elmau zurück, wo ich
von zwei Gendarmeriebeamten kontrolliert wurde. Ich legiti-
mierte mich mit dem bulgarischen Pass des Nikolai Nikolaeff.
Obwohl die betreffenden Gendarmeriebeamten gewisse Zweifel an meiner Person hatten, sahen sie von einer Festnahme ab,
sodass ich meinen Weg nach Kochel fortsetzen konnte. Ich bin
dabei die ganze Nacht marschiert. Morgens um 6 Uhr kam ich
in Kochel an. Tags vorher habe ich die bei mir sichergestellte
Decke gefunden und zu mir genommen, um bei meinen Über-
nachtungen in Heuschobern einen Schutz zu haben. Am
24.2.43 habe ich mich tagsüber in der Nähe von Kochel herum-
getrieben. Um 19 Uhr fuhr ich mit dem Personenzug von Kochel aus mit der Isartalbahn nach München. Zu diesem Entschluss kam ich dadurch, dass mir nach der polizeilichen Kontrolle in der dortigen Gegend der Boden zu heiss wurde und ich
mir vorstellte, in München leichter durchkommen zu können.
Ich kam am 24.2.43 gegen 22 Uhr in München-Thalkirchen an
und fuhr mit der Strassenbahn zum Kurfürstenplatz. Dort angekommen, erinnerte ich mich an eine Bekannte Frau Dr. *Upp-*

leger, die am Schönererplatz 2, wohnt. Bei dieser Frau wollte ich um eine Übernachtungsgelegenheit anhalten. Bevor ich dieses Anwesen erreichen konnte, wurde ich vom Fliegeralarm überrascht. Es blieb mir deshalb keine andere Möglichkeit, als den Versuch zu machen, Frau Uppleger in ihrem Luftschutzkeller aufzusuchen. Dort habe ich sie gebeten in den Vorraum zu kommen, um mit ihr allein sprechen zu können. Wider Erwarten kam jedoch vom Luftschutzkeller heraus ein etwa 45 Jahre alter Mann, der eine Eisenbahneruniform getragen hat, auf mich zu und kündigte mir die Festnahme an. Obwohl ich im Anschluss an diese Festnahme versuchte wieder zu entkommen, wurde ich von herbeigeeilten Uniformträgern überwältigt und der Polizei übergeben.

Den in der elterlichen Wohnung vorgefundenen Trommelrevolver russischen Formats mit 50 Schuß Munition habe ich von den mir bekannten Studenten Anton *Wagner*, Wohnung nicht bekannt, gekauft. Ich muss berichtigen, dass Wagner, diesen Trommelrevolver in Wirklichkeit an Hans Scholl verkaufte, der mir diese Waffe etwa 8 Tage vor seiner Festnahme überlassen hat. Einen besonderen Zweck habe ich beim Erwerb dieser Waffe nicht verfolgt. Ich habe insbesondere nicht daran gedacht, von dieser Waffe Gebrauch zu machen, wenn ich wegen der Herstellung und Verbreitung staatsfeindlicher Druckschriften verfolgt werden würde. Aus diesem Grunde habe ich diese Waffe auch nicht bei mir geführt, sondern diese in meiner Zimmer in der elterlichen Wohnung verwahrt.

Die dort nach der Festnahme des Scholl sichergestellten Matrizzen, sowie das Saugpapier stammt aus Beständen, mit denen wir unsere staatsfeindlichen Flugblätter hergestellt haben. Ob ich die sichergestellten Briefmarken schon vor meinem Osteinsatz gekauft und in meinem Zimmer verwahrt habe oder, ob diese bei der Versendung unserer Druckschriften übrig geblieben sind, vermag ich heute nicht mehr anzugeben. Dagegen kann ich mit Bestimmtheit angeben, dass die bei mir sichergestellte Quittung vom 28. Jan. 43, ausgestellt von der

Fa. Kaut-Bullinger u. Co., den Einkauf von Matrizzen bestätigt.

Zu dem Überweisungsschein gebe ich an: Ich habe im Jahre 1933 herum kurze Zeit dem »Jung-Stahlhelm« angehört. Von dort aus wurde ich in die SA eingegliedert. Da ich zu jung war, wurde ich am 1.3.34 in die HJ. überwiesen. Der HJ. habe ich nur ganz kurze Zeit angehört. Ich bin zum SA-Reitersturm übergetreten, dem ich aber auch nur ganz kurze Zeit angehörte. Mein Ausscheiden nach verhältnismässig kurzer Zeit erfolgte auf eigenen Wunsch, weil ich über die Reiterei enttäuscht war. Am 3. Dezember 1936 wurde mir das SA-Sportabzeichen verliehen. Am 8. November 1938 habe ich als Kanonier des Art.Rgt.7, 2.Batt., die Medaille zur Erinnerung an den 13. März 1938 verliehen bekommen. Ich war bei der Heimkehr der Ostmark zum Grossdeutschen Reich als Soldat beteiligt. Auch die Medaille zur Erinnerung an den 1. Oktober 1938 habe ich erhalten. Als ich mit 15–16 Jahren dem Jungvolk und der HJ. angehörte, war ich für diese Sache sogar begeistert. Dieses Interesse flaute jedoch mehr und mehr ab.

Um noch einmal auf den Besitz des bei mir sichergestellten Trommelrevolvers zurückzukommen, erkläre ich ausdrücklich, dass ich diesen bei den Schmierereien bestimmt nicht mitgeführt habe, da ich ihn um diese Zeit noch gar nicht in Händen hatte. Der Medizinstudent Anton *Wagner* wird über den Zeitpunkt der Übergabe an mich nähere Angaben machen können. Diese Übergabe erfolgte in der Bergmannschule. Wagner wohnt jedoch nicht dort. Soviel ich weiß, hat bei den Schmierereigängen nur Hans Scholl eine Schusswaffe bei sich mitgeführt, von der er auch Gebrauch gemacht haben würde, wenn wir ertappt worden wären. Ob auch Willy *Graf* eine Schusswaffe mitgeführt hat, weiß ich nicht.

Den Bargeldbetrag von RM. 340,41 usw. habe ich am 18. 2. 43, als ich an der Universität zufällig von der Festnahme zweier Studenten erfahren habe, zufällig bei mir gehabt, denn ich bin seither nicht mehr in die elterliche Wohnung gekommen. Ich pflege schon seit längerer Zeit mein Geld restlos bei mir zu haben.

Auf die Frage über die Beziehungen und die politische Einstellung des Prof. *Muth* von Solln gebe ich eine Antwort wie folgt:

»Hans Scholl kennt Prof. Muth schon viele Jahre. Ich selbst habe Prof. Muth vor etwa einem Jahr durch Hans Scholl in Solln kennengelernt. Prof. Muth befasst sich viel mit religiöser Literatur. Seine sonstige Einstellung zum Nationalsozialismus kenne ich nicht. Ich habe jedenfalls keine Anhaltspunkte dafür, dass sich Prof. Muth staatsfeindlich betätigt. Mit meiner Straftat hat Prof. Muth gar nichts zu tun. Ich glaube nicht einmal, dass Hans Scholl es gewagt hat, Prof. Muth in unsere Pläne einzuweihen. Ich kann Prof. Muth nichts Nachteiliges nachsagen. Bei meinem einzigen Besuch, den ich bei Prof. Muth machte, wurde über den Personenkreis des Stephan *George* gesprochen, dem Prof. Muth ablehnend gegenübersteht.

Ich werde nun Einzelheiten schildern, wie sich unsere Aussprache mit Prof. *Huber* von der Universität München zugetragen hat. Ich habe Prof. Huber vor etwa 1 Jahr in der Wohnung des Scholl kennengelernt. Ich berichtige dazu, dass diese erste Begegnung auf der Strasse gewesen sein kann. Vorher habe ich aus dem Munde des Scholl noch gar nichts gehört gehabt, dass sich die Beiden näher kennen. Seither bin ich mit Prof. Huber vielleicht dreimal zusammen gekommen. Einmal war Prof. Huber bei mir in der Wohnung, um mit mir über literarische Dinge zu sprechen. Einem politischen Zweck hat diese Zusammenkunft bestimmt nicht gedient. Bei diesem Besuch in meiner Wohnung war auch Hans Scholl zugegen. Ich glaube mich erinnern zu können, dass als Zeitpunkt dieser Zusammenkunft der Sommer 1942 in Frage kommt. Nachdem ich vom Osteinsatz zurück war, habe ich bis jetzt Prof. Huber etwa zweimal in der Wohnung des Scholl getroffen. Bei diesen Zusammenkünften sprachen wir natürlich auch über militärische und politische Dinge, wobei wir feststellen konnten, dass Prof.

Huber mit manchen derzeitigen nationalsozialistischen Fragen nicht einverstanden ist. Diese Erkenntnis liess es zu, Prof. Huber anzudeuten, dass wir bereits im Sommer 1342 das staatsfeindliche Flugblatt »Weisse Rose« hergestellt und vertrieben haben. In diesem Zusammenhang haben wir über die Herstellung und Verbreitung von staatsfeindlichen Flugblättern ganz allgemein gesprochen, ohne Prof. Huber jedoch zu sagen, dass wir uns augenblicklich schon wieder mit der Herstellung und Verbreitung von solchen Flugblättern befassen würden. Obwohl wir uns in dieser Beziehung nicht deutlich ausgedrückt haben, konnte Prof. Huber immerhin vermuten, dass bei einem evtl. Auftauchen von neuen staatsfeindlichen Flugblättern die Hersteller und Verbreiter derselben Hans Scholl und ich seien. Jedenfalls hat Prof. Huber bei diesen Andeutungen auf die Gefährlichkeit der Herstellung und Verbreitung von staatsfeindlichen Flugblättern hingewiesen und davor gewarnt. Hans Scholl und ich waren uns sicher, dass Prof. Huber über die ihm gemachten Andeutungen Stillschweigen bewahren wird. Diese Zusammenkunft in der Wohnung des Scholl war vor etwa 4 Wochen.

Ich nehme davon Kenntnis, dass der mir soeben gegenübergestellte Willi *Graf* mit der Herstellung und Verbreitung unseres letzten Flugblattes »Kommilitoninnen! Kommilitonen« nichts zu tun haben will, bezw. bei den von uns verübten Schmierereien nicht mitgemacht habe. Ich halte das, was ich gestern über Graf angegeben habe, voll und ganz aufrecht.

Das Flugblatt »10 Jahre Nationalsozialismus« ist mir unbekannt. Ich habe bis jetzt von der Existenz eines solchen Flugblattes nichts gewusst und kann deshalb auch über die Hersteller und Verbreiter dieser staatsfeindlichen Druckschrift keine sachdienlichen Angaben machen.

Mir wird ein gelber Briefumschlag vorgezeigt, der die handschriftliche Adresse »Herrn Dr. *Halm*, München 1, Bayer. Staatsbibliothek, Ludwigstrasse« trägt. Wenn mir gesagt wird, dass in diesem Briefumschlag am 3.7.42 das staatsfeindliche

Flugblatt »Weisse Rose« durch die Post verschickt worden ist, so kann ich dazu keinen näheren Hinweis geben.

Auf Vorhalt, dass ich beschuldigt werde, etwa Mitte Februar 1943 an der Strassenbahnhaltestelle Menterschwaige ein Werbeplakat für die Waffen-SS herunter gerissen zu haben, kann ich nur erklären, dass ich in diesem Falle nicht als Täter in Frage komme. Ich fahre seit etwa 18 Monaten (um diese Zeit wurde mir aus meinem Fahrrad das Vorderrad herausgestohlen) nicht mehr mit dem Fahrrad, sondern ausschliesslich mit der Strassenbahn. Diese Angaben können bei meinen Eltern und bei dem vorhandenen Hauspersonal jederzeit überprüft werden. In diesem Zusammenhang gebe ich zu, dass im Haushalt meiner Eltern fast nur russisch gesprochen wird.

Einen Prof. *Martin* kenne ich überhaupt nicht.

Von der Tatsache, dass ich steckbrieflich verfolgt werde, habe ich am 24.2.43 bei meiner Rückkehr nach München nichts gewusst. Wo sich gegenwärtig Christoph *Probst* und die Geschwister *Scholl* aufhalten könnten, weiss ich nicht.

Ich habe meinen Angaben, die ich bisher in dieser Angelegenheit gemacht habe, nichts mehr hinzuzufügen. Ich habe die reine Wahrheit gesagt und bin nicht in der Lage einen weiteren Personenkreis zu nennen, der mit meiner Straftat etwas zu tun hatte bezw. daran beteiligt war. Ich bin von niemanden angehalten oder beeinflusst worden, staatsfeindliche Flugblätter herzustellen, zu verbreiten oder Schmierereien, »Nieder mit Hitler« bezw. »Freiheit« an Gebäuden in München, anzubringen. Ich bezeichne aber auch nicht den Hans Scholl, Christoph Probst, Sophie Scholl oder Willi Graf als diejenigen Personen, die zur Herstellung und Verbreitung unserer staatsfeindlicher Flugblätter einen grösseren Teil dazu beigetragen haben, sondern gestehe ganz offen, dass Hans Scholl und ich die beiden Rädelsführer waren. Die Annahme, dass ich mit russischen Personen oder Stellen zum Zwecke der Nachrichtenübermittlung in Verbindung stehe, ist unzutreffend. Ich muss mich gegen einen solchen Vorwurf unbedingt wehren, weil jede

Grundlage dazu fehlt. Die bei mir vorgefundene Photographie eines russischen Fliegers und die Adresse eines russischen Kriegsgefangenen bedeuten in dieser Beziehung gar nichts, denn ich habe die Fotografie gelegentlich meines Osteinsatzes gefunden und die Person dieses abgestürzten Fliegers persönlich nicht gekannt. Den russischen Kriegsgefangenen namens Andrejeff habe ich am Hauptverbandsplatz Plankenhorn kennengelernt, mich öfter mit ihm unterhalten und mir vorsorglich seine Adresse aufschreiben lassen, um ihn allenfalls nach dem Kriege aufsuchen zu können. Eine briefliche Verbindung zwischen uns beiden besteht nicht. Ich bekenne mich zum Hochverrat, lehne es aber ab, mich auch landesverräterisch betätigt zu haben.«

Aufgenommen: Vorgel. genehmigt u.
                                         unterschrieben:

Schmauß   *Schmorell*
KS.

Anwesend:
Ammon
B.A.

II A/So   München, den 1. März 1943.

Vernehmung.

Aus der Haft vorgeführt, machte *Alexander Schmorell* Personalien bekannt, folgende Angaben:

»Bei der Zuschrift des Postsparkassenamtes Wien I handelt es sich um meinen monatlichen Kriegssold, der mir antragsgemäß auf mein Postsparbuch-Konto-Nr. 2370146 in Höhe von 133,15 RM. dorthin überwiesen wird. Ich bin damit jeweils am 1. des Monats zu einem Postamt gegangen und habe mir dort diesen Betrag in mein Postsparbuch eintragen lassen. Sodann konnte ich diesen Betrag abheben. Es handelt sich um meinen Kriegssold für Monat März 1943. Die Verfügung über diesen Geldbetrag muss ich anderen überlassen, da ich als Häftling über nichts verfügen kann.

Frage: Wollen Sie nun endlich darüber genaue Angaben machen, wer die einzelnen staatsfeindlichen Flugblätter verfasst, abgeändert bezw. vertrieben hat?

Antwort: Bei meinen bisherigen Angaben wollte ich insbesondere Prof. *Huber* schonen. Aus diesem Grunde habe ich eigentlich manches auf mich und Scholl genommen, das nicht der Wahrheit, entspricht. Das staatsfeindliche Flugblatt »Weisse Rose« haben Scholl und ich allein verfasst und verbreitet, wie ich das schon wiederholt angegeben habe. Davon haben Hans Scholl und ich dem Prof. Huber erst Kenntnis gegeben, als wir vom Osteinsatz (November 1942) zurück waren. Bei dem fraglichen Abschiedsabend im Juni 1942 im Atelier Eickemayr, Leopoldstr. 38, wo auch Prof. Huber zugegen war, haben Hans Scholl und ich Prof. Huber gegenüber nichts davon gesagt, dass wir die Hersteller und Verbreiter der »Weissen Rose« seien. Um diese Zeit dürfte auch die Sophia Scholl noch keine Kenntnis, davon gehabt haben. Soviel ich weiß, hat die Studentin Traude *Lafrenz* von den Herstellern und Verbreitern dieses Flugblattes überhaupt nichts erfahren. Ich halte jedenfalls daran fest, dass Hans Scholl und ich dem Prof. Huber erst um die Weihnachtszeit 1942 anvertrauten, dass wir die Hersteller der »Weissen Rose« seien.

Frage: Wie ist das 2. Flugblatt »Widerstandsbewegung in Deutschland« überhaupt zustande gekommen, wer hat dabei mitgewirkt und von wem ist dasselbe vertrieben worden?

Antwort: Zunächst kamen Hans Scholl und ich überein, ein Flugblatt herauszugeben. Wir vereinbarten deshalb je einen Entwurf anzufertigen. Als ich damit fertig war (es war das alles in der Wohnung des Scholl, wo später auch Prof. Huber dazugekommen ist), haben wir unsere Entwürfe verglichen. Ich weiß noch ganz genau, das Prof. Huber und Hans Scholl mit meinem Entwurf nicht einig gingen, sondern ihn mißbilligten. Solange ich an dem betr. Abend in der Wohnung des Scholl war, hat Prof. Huber selbst keinen Entwurf zu einem staatsfeindlichen Flugblatt angefertigt. Ich habe Hans Scholl und Prof. Huber meinen Entwurf vorgelesen und eine Ablehnung wahrgenommen. Da ich an diesem Abend ohnedies vor hatte, ein Konzert im Odeon zu besuchen, habe ich mich in der Wohnung des Scholl gar nicht länger aufgehalten, sondern bin unverrichteter Dinge weggegangen, Ich kann deshalb auch gar nicht sagen, wie sich die Besprechung zwischen Scholl und Prof. Huber weiter entwickelt hat. Die Beiden blieben nach meinem Weggehen noch in der Wohnung des Scholl und haben in meiner Abwesenheit das Flugblatt »Widerstandsbewegung in Deutschland« verfasst. Als ich einige Tage später dem Scholl beim Abziehen des Flugblattes behilflich war, habe ich die Feststellung machen müssen, das das Flugblatt inhaltlich mit meinem Entwurf gar nichts zu tun hatte. Was ich in meinem Entwurf niedergeschrieben habe, weiß ich heute nicht mehr. Scholl und Prof. Huber waren jedenfalls nicht damit einverstanden und haben dann von sich aus ein Flugblatt verfasst, wovon oben die Rede ist. Der Vertrieb dieses Flugblattes hat sich so zugetragen, wie ich das schon angegeben habe.

Frage: Wollen Sie nun endlich angeben, wie das Flugblatt »Studentinnen, Studenten!« zustande gekommen ist, wer der Verfasser war und warum Sie bis jetzt offensichtlich mit der Wahrheit zurückgehalten haben?

Antwort: Den Entwurf zu diesem letzten Flugblatt hat Prof. Huber angefertigt. Als er diesen Entwurf in die Wohnung des Scholl gebracht hat, waren Hans Scholl und ich zugegen. Hans Scholl u. ich haben davon Kenntnis genommen und dabei einige Stelle[n] sogar kritisiert. Schließlich haben wir auch einige Stellen, die ich inhaltlich heute nicht mehr genau aufzeigen kann, weggestrichen. Damit hat sich Prof. Huber auch einverstanden erklärt. Ich hebe dann noch besonders hervor, dass wir in seiner Abwesenheit noch eine Stelle, wo Prof. Huber davon sprach, *daß unsere herrliche Wehrmacht gerettet werden müßte*, mißbilligten und deshalb weggestrichen haben. Vielleicht haben wir (Scholl und ich) noch eine ähnliche Parole gestrichen, die uns nicht gepasst hat. An den Wortlaut kann ich mich aber heute nicht mehr erinnern. Nach dem Abstrich dieser Stellen habe ich das letzte Flugblatt auf der Schreibmaschine geschrieben und bei der Vervielfältigung und beim Vertrieb mitgeholfen, wie ich das schon ausführlich angegeben habe. Scholl und ich waren uns bei der Herausgabe dieses Flugblattes vollkommen einig. Wie Prof. Huber den Inhalt des von uns abgeänderten Flugblattes nach der Herausgabe aufgefasst hat, weiß ich nicht, denn ich habe ihn seither nicht mehr gesprochen. Wenn ich bisher Prof. Huber nicht als den geistigen Urheber dieses Flugblattes angeführt habe, sondern alles auf mich nehmen wollte, so geschah das ausschließlich nur, um Prof. Huber zu decken. Welchen besonderen Beweggrund Prof. Huber zur Verfassung dieses Flugblattes gehabt haben mag, kann ich nicht sagen. Eine Verärgerung des Prof. Huber über irgend eine höhere Persönlichkeit habe ich nicht entnehmen können. Ich kann also über diese Frage keine befriedigende Antwort geben. Wenn in diesem Zusammenhang davon die Rede ist, dass ich gerade bei der Abänderung des letzten Flugblatt-Entwurfes meine kommunistische Einstellung und meine fanatische Gegnerschaft zum Nat.Soz. gezeigt hätte, so muss ich mich gegen einen solchen Vorwurf mit allen Kräften wehren, weil ich in Wirklichkeit ein überzeugter Gegner des Bolschewismus bin.

Frage: Wer hat das ganze staatsfeindliche Unternehmen neben Ihnen und den Geschwistern Scholl finanziert, Mittel in Aussicht gestellt und wo werden solche Gelder noch deponiert?

Antwort: Im Januar 1943 sind Hans *Scholl* und ich nach Stuttgart gefahren und haben dort Dr. Grimminger, etwa 50 Jahre alt und von Beruf Steuerberater, in seinem Büro aufgesucht. Wir haben ihm gesagt, dass wir zur Herstellung und Verbreitung von staatsfeindlichen Flugblättern dringend Geld benötigen und ob er uns solches geben könne. Ich nehme an, dass Scholl diesen Mann und seine politische Einstellung von früher her kannte, weil er auf ihn hingewiesen hat.

Dr. Grimminger sagte uns, dass er augenblicklich kein Geld habe. Schließlich stellte uns anheim, wieder einmal, also später, diesbezüglich nachzufragen. Obwohl Dr. Grimminger keine offensichtlichen Andeutungen machte, wie er zum heutigen Staatsgebilde eingestellt sei, kann ich nur annehmen, dass es ich tun einen Gegner des Nat.Soz. handeln wird, weil er uns sonst nicht angehört hätte. Wir fuhren ohne Geld bekommen zu haben nach München zurück. Etwa 8 Tage später fuhr Hans Scholl allein zu Dr. Grimminger nach Stuttgart, um dort Geld zu holen. Ich habe bei der Rückkehr des Scholl zwar kein Geld gesehen, kann mich aber erinnern, dass Scholl zu mir sagte, von Dr. Grimminger 500. – RM. bekommen zu haben. Was mit diesem Geld im einzelnen bezahlt wurde, weiß ich nicht, denn die Kasse führte damals Sophia Scholl. Von ihr habe ich glaublich einmal 50.– RM. zurückbekommen, denn ich habe ja mindestens 230.– RM. zur Anschaffung des Abzieh-Apparates usw. ausgegeben gehabt. Das übrige Geld wurde sicherlich zum Ankauf von Briefmarken, Papier, Briefumschlägen usw. verwendet. Andere Geldgeber kommen nicht in Betracht. Ich kann auch keine Personen oder Stellen nennen, wo noch Geld für unsere Zwecke hinterlegt worden wäre. Geistliche oder sonstige kirchlichen Würdenträger haben mit unserer staatsfeindlichen Handlung nichts zu tun. Auch ein solcher Einfluß scheidet aus. Ich selbst bin ein streng gläubiger Anhänger der russ.orto. Kirche. Eine persönliche Bindung besteht jedoch mit einer solchen Stelle nicht. Von meinem Vater wurde ich mit meiner politischen Gesinnung nicht verstanden. Mein Vater hat nicht den geringsten Einfluß auf mich gehabt, dass ich zum Staatsgegner geworden bin, sondern geriet mit mir immer in Streit, wenn ich meinen Hang zum russischen Volk nachgegangen bin. Auch meine Stiefmutter ist immer der Ansicht meines Vaters gestanden.

Frage: Wie steht das Mittwissen seitens des Otto *Aicher?*

Antwort: Nach meiner Meinung hat Aicher von unseren Machenschaften nichts gewußt. Daran halte ich fest, wenn mir gesagt, dass die die übrigen Mitbeschuldigten andere Aussagen gemacht haben. Vielleicht können darüber die Geschwister Scholl mehr angeben.

Frage: Wie verhält sich die Bekanntschaft mit einem *Harnak* und dessen Bekanntenkreis?

Antwort: Ich kenne seit etwa 4 Jahren die Tänzerin Lilo Berndl, die in München, Prinzenstr. 30 wohnt: Diese Berndl ist mit einem Wehrmachtsangehörigen namens Dr. Valk *Harnak* aus Ostpreußen gut bekannt. Ich habe ihn durch die Werndl Mitte Januar in Chemnitz kennengelernt. Um diese Zeit fuhren Hans Scholl und ich von München aus nach Chemnitz, um Harnak kennen zu lernen Einen anderen Zweck habe ich dabei nicht verfolgt. In Chemnitz trafen wir mit Harnak in einem Hotel zusammen. Harnak ist glaublich Gefreiter. Bei unserem ersten Zusammentreffen war er in Wehrmachtsuniform (Nachrichtentruppenteil in Chemnitz). Hans Scholl und ich haben dem Harnak gegenüber ganz offen bekundet, dass wir Gegner des Nat.Soz. seien und haben ihn aufgefordert, mit uns zusammen zu arbeiten, wobei wir auch über die Herstellung und Verbreitung von staatsfeindlichen Flugblättern gesprochen haben. Wir haben aus der Unterhaltung über politische Angelegenheiten herausbekommen, dass Harnak ebenfalls ein Gegner des Nat.Soz. ist. Bevor Harnak an die Ostfront gekommen ist, besuchte er zu Anfang Februar 1943 die Berndl in München. Ich muss noch einflechten, dass sich Harnak bei der Besprechung in Chemnitz nicht einverstanden oder bereit erklärte, mit uns zu arbeiten bezw. Leute zu nennen, die mit uns arbeiten (staatsfeindliche Handlungen) würden. Anfang Februar 1943 habe ich Harnak in München getroffen und eingeladen, mit in die Wohnung des Scholl zu kommen, was Harnak auch getan hat. Bei diesem Zusammentreffen haben wir (Hans Scholl, Harnak und ich) über jene Mittel und Wege gesprochen, wie man Hitler stürzen und eine neue Sozialistische Regierungsform anstreben und herstellen könnte. Wir ließen Harnak auch unser Flugblatt »Widerstandsbewegung in Deutschland« lesen. Den Inhalt hat Harnak für gut befunden. Weiter sagten wir Harnak, dass wir die Hersteller und Verbreiter dieses Flugblattes seien und daß wir demnächst ein neues Flugblatt herausgeben würden. Harnak hat seine Gedankengänge, daß anstelle von Hitler etwas anderes komme müsste, klar zu erkennen gegeben und auch dazu beigepflichtet, daß man sich zur Herbeiführung eines solchen Umsturzes an die Masse des Volkes wenden müßte.

Auf welche Art und Weise Harnak als Soldat zum Umsturz beitragen wollte, hat er uns nicht gesagt. Soviel ich weiß, war Harnak 2mal in der Wohnung des Scholl. An den 2 Zusammenkünften wurden Umsturzgedanken erwogen. Die Berndl war nicht dabei. Diese befasst sich mit Politik überhaupt nicht. Wiewweit sie die gegnerische Einstellung des Harnak kennt, entzieht sich meiner Kenntnis. Als wir uns verabschiedeten, haben wir nicht vereinbart, ob und wann wir uns wieder zusammenfinden wollen. Wo Harnak jetzt ist, weiss ich nicht. Ein Bruder des Harnak befand sich in Berlin. Dieser ist glaublich beim Auswärtigen Amt Regierungsrat gewesen und vor einiger Zeit hingerichtet worden.

Frage: Wer hat außer Dr. Grimminger Eure Sache noch mitfinanziert?

Antwort: Ich kann nur noch den Willy *Graf* nennen, der zum Ankauf von Briefmarken etwa 50–60 RM. hergegeben hat. Andere Personen kann ich in dieser Beziehung nicht nahmhaft machen.

Ich habe alles angegeben, was ich noch in meinem Gedächtnis gehabt habe.«

Aufgenommen: Lt.U.
Schmauß KS.   *Alexander Schmorell*

München, den 11. März 1943.

Vernehmung.

Aus der Haft vorgeführt, machte *Alexander Schmorell*, Personalien bekannt, ergänzend noch folgende Angaben:
»Wenn ich befragt werde, aus welchen Gründen ich und Scholl den Harnack in Chemnitz besuchten, so gebe ich an: Von Berndl habe ich in Erfahrung gebracht, dass der Bruder des Harnack aus staatsgegnerischen Gründen in Berlin verhaftet worden war. Davon habe ich dem Scholl mündlich Kenntnis gegeben. Schließlich kamen wir beide überein, den Harnack in Chemnitz aufzusuchen, um ihn für unsere Ziele zu gewinnen. Ich erwähne ausdrücklich, dass Frau Berndl von unserem Vorhaben, den Harnack für uns zu gewinnen, nichts gewußt hat. Bei der Besprechung in Chemnitz lenkten wir das Gespräch absichtlich auf allgemeine politische Dinge und bekamen heraus, dass Harnack mehr Sozialist ist und dem Nat.Soz. ablehnend gegenüber steht. Ich erinnere mich noch, dass Harnack bei der ersten Besprechung in Chemnitz eine Mitarbeit ablehnte. Dazu muß ich vorausschicken, dass wir dem Harnack erklärt hatten, die heutige Staatsform beseitigen und dafür eine Demokratie errichten zu wollen. Nachdem Harnack eine ablehnende Haltung eingenommen hatte und jeden Tag mit seiner Frontabstellung gerechnet werden musste, haben wir uns von ihm verabschiedet, ohne einen weiteren Treff ausgemacht zu haben. Wir sagten lediglich, daß wir uns vielleicht einmal in München (Harnack unterhält mit Frau Berndl in München nähere Beziehungen) treffen könnten. Etwas Bestimmtes wurde jedenfalls nicht ausgemacht.
Als Harnack im Februar 1943 nach München gekommen ist, um hier Frau Berndl zu besuchen, habe ich Harnack abermals getroffen. Dieses Treffen kam folgendermaßen zustande:
Ich habe um diese Zeit im Gasthaus »Zur Klause« in der Kaulbachstraße zu Mittag gegessen und dort zufällig Frau

Berndl getroffen. Diese sagte mir, dass Harnack in München sei. Wir vereinbarten dann zusammen, dass Frau Berndl und Harnack am nächsten Tage in das gleiche Lokal zum Mittagessen kommen würden. Tatsächlich kamen die Beiden am nächsten Tage auch dorthin, wo ich Harnack getroffen habe. Als erster war ich dort. Es kam dann Frau Berndl und kurze Zeit darauf auch Harnack. Nach unserer Begrüßung versuchte ich Hans Scholl telefonisch zu erreichen. Da mir das nicht möglich war, gingen wir beide schließlich von diesem Lokal weg in die Wohnung des Scholl, wo wir ihn auch getroffen haben. Frau Berndl ging nach dem Mittagessen ihrem Studium als Tänzerin nach und kam später in die Wohnung des Scholl, um Harnack abzuholen. In der Wohnung des Scholl haben wir unsere Besprechung fortgesetzt. Später ist auch Willy Graf dazugekommen. Im Laufe der Unterhaltung zeigten wir dem Harnack auch das Flugblatt »Aufruf an alle Deutsche« vor und gaben dabei zu, dass wir die Hersteller seien und diese Blätter an einem bestimmten Personenkreis übersandt haben. Harnack hat den Inhalt dieses Flugblattes für gut befunden. Auch bei dieser Zusammenkunft zeigte sich Harnack wieder als Sozialist und mit der heutigen Staatsform nicht restlos einverstanden. Einen Plan, wie man die heutige Regierungsform beseitigen könnte, haben wir damals gar nicht entwickelt. Nach einer etwa zweistündigen Unterhaltung kam Frau Berndl in die Wohnung des Scholl, worauf diese (Berndl) und Harnack weggegangen sind. Vor diesem Weggehen vereinbarten wir mit Harnack, dass wir uns am nächsten Tage um 11 Uhr vor dem Universitätsgebäude treffen, um ihn unserem Mitarbeiter Prof. *Huber* vorstellen zu können. Wir erhofften dabei eine interessante Aussprache.

Am nächsten Tage trafen wir vereinbarungsgemäß an der Universität zusammen. Als Letzter kam Prof. Huber zu uns, wobei wir ihm Harnack vorgestellt haben. Nach der üblichen Begrüßung gingen wir (Scholl, Pof. Huber, Harnack, Willy Graf und ich) direkt in die Wohnung des Scholl. Möglicherweise kam Willy Graf erst dort zu uns. Auf diese Einzelheiten habe ich bei meiner früheren Vernehmung hinzuweisen vergessen.

Nachdem wir in der Wohnung des Scholl zunächst über allgemeinpolitische Dinge gesprochen hatten, erfolgte in der Hauptsache ein Gedankenaustausch zwischen Prof. Huber und Dr. Harnack. Dabei vertrat Harnack die Sozialistische Form (Verstaatlichung der Großbetriebe). Prof. Huber neigte mehr demokratischen Ansichten zu. Möglicherweise hat Harnack zwischen durch auch kommunistische Ideen vertreten, die von Prof. Huber zurückgewiesen wurden. Harnack wies in dieser Frage auf ein Buch von Stalin hin. Schliesslich erweckte diese Aussprache abschliessend bei uns den Eindruck, daß beide einer demokratischen Regierungsform den Vorzug gaben. Daß Harnack mit der Nat.Soz.Regierungsform nicht einverstanden ist bezw. dies zu erkennen gegeben hat, habe ich glaublich schon einmal erwähnt.

Auch bei dieser Unterredung wurden keine Vereinbarungen getroffen, auf welche Art und Weise, sich Harnack in Zukunft etwa staatsfeindlich betätigen sollte. Harnack hat auch davon nichts gesagt, wie wir uns weiterhin als Gegner des Nat.Soz. verhalten sollten. Zwischen 13 und 14 Uhr haben wir die Besprechung beendet, um endlich zum Mittagessen zu kommen.

Auf die Frage, ob Harnack bei dieser letzten Besprechung in der Wohnung des Scholl eine totale Sozialisierung aller Produktionsmittel nach russischem Muster vertreten hat, kann ich keine völlig zustimmende Antwort geben. Ich erinnere mich nämlich, dass Harnack dann und wann auch zum Ausdruck brachte, daß ihm dieses oder jenes Vorgehen der Sowjetregierung nicht gefiele. An eine Warnung seitens Prof. Huber, daß wir mit Harnack zukünftig nicht mehr zusammenkommen sollten, kann ich mich nicht erinnern. Vielleicht hat sich Prof. Huber in dieser Beziehung nur an Scholl allein gewendet. Dagegen habe ich noch gut in Erinnerung, dass Prof. Huber nach dem Weggehen des Harnack uns den Flugblattentwurf »Studentinnen, Studenten!« übergeben hat, sodaß Harnack m.W. davon kein Wissen haben dürfte. Einmal habe ich Harnack auch zufällig auf der Strasse (in München) getroffen und kurz gesprochen. Es war dies in der Zwischenzeit, d. h. von einem Treff zum anderen in der Wohnung des Scholl. Nach der zweiten Besprechung woselbst Prof. Huber mit Harnack in der Wohnung des Scholl zusammengetroffen ist, habe ich Harnack nicht mehr gesehen. Ich weiß es bestimmt, dass nach diesem Zeitpunkt zwischen Harnack und uns keine Verbindung mehr bestanden hat.

Frau Berndl hat uns durch ihre Vermittlung zwar mit Harnack bekannt gemacht, wußte aber nicht, daß wir uns (Scholl und ich) staatsfeindlich betätigen und deshalb an der Person des Harnack ein Interesse hatten.

Wenn ich befragt werde, ob ich einen Medizinstudenten *Janitschek* von der Bergmannschule kenne, so muss ich dazu sagen, daß mir dieser Mann nicht näher bekannt ist. Jedenfalls hat dieser mit meiner staatsfeindlichen Einstellung bezw. Betätigung nichts zu tun. Der Schriftsteller *Bergengrün* und ein gewisser *Sommerfeld* haben ebenfalls mit meinem Straffall nichts zu tun. An der Zusammenkunft in der elterlichen Wohnung im Frühsommer 1942 war außer Prof. Huber, den Geschw. Scholl, Frl. Lafrenz und Schüttekopf auch noch ein Dr. Heinrich *Ellermann* (nicht Petermann) beteiligt. Diesen Ellermann kenne ich von Hamburg her. Es kann aber auch sein, dass ich ihn bei der Familie Probst in Ruhpolding kennengelernt habe. Ellermann war szt. Lehrer am Landerziehungsheim Marquartstein, wo Christian Probst sein Schüler gewesen ist. Bei dieser Zusammenkunft wurde ausschließlich über kulturelle und wissenschaftliche Dinge gesprochen. Politische oder staatsgegnerische Erörterungen haben bestimmt nicht stattgefunden. Dr. Ellermann befindet sich bei der Luftwaffe in München. Ich habe ihn jedoch schon sehr lange nicht mehr gesehen oder gesprochen. Meine Eltern waren damals gar nicht zu Hause, sondern verreist.

Einen älteren Herrn namens *Wagner*, der für Prof. Huber

schon wiederholt Schreibpapier besorgt haben soll, kenne ich nicht. Die beiden Medizinstudenten *Stoll* und *Federhofer* kenne ich nicht näher. Beide haben mit meinem Straffall nichts zu tun. Auch ein gewisser *Przywara* ist mir nicht bekannt.

Über meine Verbindungen zu Prof. *Muth* habe ich mich schon geäußert.

Mehr kann ich zur Sache nicht angeben.«

Aufgenommen: Selbst gelesen u. unterschr.

Schmauß KS.   *Schmorell*

II A/So.   München, den 13. März 1943.

Vernehmung

Aus der Haft vorgeführt, machte *Alexander Schmorell,* Personalien bekannt, ergänzend noch folgende Angaben:

»Wenn mir vorgehalten wird, dass ich bei den früheren Vernehmungen hinsichtlich der Fahrt von München nach Stuttgart unklare bezw. unvollständige Angaben gemacht haben soll, so will ich wahre Aussagen machen.

Ich erinnere mich jetzt, dass ich nach meiner Rückkehr vom Osteinsatz 2 Wochen Sonder-Urlaub bekommen habe. Wahrscheinlich habe ich während dieses Urlaubs den Scholl in Ulm besucht. Ich war jedenfalls 5–7 Tage von München abwesend. Von Ulm aus fuhren wir (Hans Scholl und ich) nach Stuttgart, um einen gewissen *Grimminger* zur Hergabe von Geld aufzusuchen. Wenn ich früher angegeben habe, dass wir diese Fahrt im Januar 1943 unternahmen, so ist das nicht zutreffend, denn ich glaube mich jetzt erinnern zu können, dass das bestimmt im November 1942 gewesen ist, also kurz nach meinem Osteinsatz. Über Weihnachten und Neujahr 1942/43 war ich in München. Für die Dauer meines Aufenthalts in Ulm habe ich ausschließlich in der Wohnung der Eltern des Scholl über-

384

nachtet. Ich war die meiste Zeit mit Hans Scholl beisammen und haben uns vielfach mit dem Gedanken getragen, wieder einmal ein Flugblatt herauszugeben, um das Volk für unsere Idee zu gewinnen. Die Fahrt von Ulm nach Stuttgart haben wir in der Weise ausgeführt, dass wir morgens von Ulm abgefahren und abends wieder dorthin zurückgekommen sind, ohne in Stuttgart übernachtet zu haben. Auf Grimminger zu sprechen zu kommen, sagte mir Hans Scholl, dass uns dieser Mann, den er gut kenne, vielleicht mit Geld aushelfen würde. Weiter hat sich Hans über Grimminger nicht ausgelassen. Bei Grimminger in Stuttgart angekommen, haben wir ihm offen zu erkennen gegeben, dass wir staatsfeindliche Flugblätter herstellen und verbreiten möchten und dazu Geld bräuchten. Grimminger hat uns bei diesem Besuch kein Geld gegeben, sondern gesagt, dass er augenblicklich keins habe und Scholl später wieder nachfragen könnte, was er dann etwa 2 Wochen später auch mit Erfolg getan hat. Scholl hat von Grimminger 500.– RM. bekommen. Unter welchen Voraussetzungen Grimminger dem Scholl diesen Geldbetrag übergeben hat, weiss ich nicht, weil ich bei dem 2. Besuch nicht dabei war. Sophia Scholl hat mir von diesen 500.– RM. glaublich 50.– RM. für meine Ausgaben in Höhe von etwa 230.– RM. zurückerstattet. Von Hans Scholl weiss ich, dass Grimminger mit einer Jüdin verheiratet ist.

Frage: Wer war an den Besprechungen in der Wohnung der Eltern des Scholl in Ulm alles beteiligt?

Antwort: Hinsichtlich des Zeitpunktes wäre vorweg zu sagen, dass nicht die Weihnachtszeit, sondern der November 1942 in Frage kommt, weil ich um die Weihnachtszeit, bezw. um Neujahr nicht nach Ulm bin. Außerdem haben wir zu unseren Besprechungen niemals die Eltern der Geschwister Scholl beigezogen, sondern haben es streng vermieden, den Eltern und der Inge Scholl etwas von unseren Plänen zu sagen. Ich erinnere mich, dass einmal an unseren Besprechungen auch der Gymnasiast Hans *Hirzel* von Ulm teilgenommen hat.

Soviel ich mich noch daran erinnere, haben wir diesen Hirzel in groben Umrissen in unseren Plan, eine andere Regierungsform herbeizuführen, eingeweiht und ihn um seine Mitarbeit angegangen. Eine ablehnende Haltung hat Hirzel dazu jedenfalls nicht eingenommen. Ich kann mich aber an den Wortlaut seiner Stellungnahme heute nicht mehr genau erinnern. Hirzel ging nach dieser Besprechung wieder weg. Ich habe ihn seither nicht mehr gesehen und mit ihm auch keine Verbindung unterhalten.

Frage: Wer war außerdem noch an diesen Besprechungen in Ulm beteiligt, denn es wird behauptet, dass ein Angehöriger der Luftwaffe, etwa 170–172 cm groß, schlank, dunkelbraune Haare, längliches gerötetes Gesicht, damals in der Wohnung des Scholl anwesend war?

Antwort: Ich kann mich nicht erinnern, dass während meines Aufenthalts in dieser Wohnung auch ein Angehöriger der Luftwaffe dorthin gekommen wäre und sich an unserer Besprechung beteiligt hätte. Wohl fällt mir ein, dass einmal, als Hans Scholl und ich ausgegangen waren, jemand nach Hans Scholl gefragt haben soll. Ob es sich dabei um diesen Wehrmachtsangehörigen oder um eine Zivilperson gehandelt hat, vermag ich nicht anzugeben, denn ich habe darüber Näheres nicht erfahren. An den Gymnasiasten Hirzel kann ich mich noch gut erinnern. Wenn bei dieser Aussprache der betr. Wehrmachtsangehörige dabei gewesen wäre, würde ich mich bestimmt noch an diesen Mann erinnern können. Weil mir aber eine solche Erinnerung fehlt, glaube ich mit Bestimmtheit angeben zu können, dass wir (Hans und Sophia Scholl, Hirzel und ich) in Gegenwart dieses Wehrmachtsangehörigen unsere umstürzlerischen Pläne nicht entwickelt haben. Ich kann mich an das Dazwischenkommen eines solchen Mannes nicht erinnern und auf diese Weise auch keinen Hinweis geben, wie er heissen könnte. Wenn ich dazu in der Lage wäre, würde ich es offen und frei heraussagen, wer da in Frage kommt. Da Hans Scholl in der Folgezeit niemals von diesem fraglichen Wehrmachtsangehörigen etwas verlauten ließ, dürfte feststehen, dass er von unserem Plan kein Wissen hatte und eine Mitarbeit voll und ganz ausscheiden muss, da mir sonst etwas davon bekannt sein müsste.

Ich kann keine Personen mehr nennen, die von meiner Straftat ein Wissen gehabt haben könnten. Ich habe schon bisher die volle Wahrheit gesagt und bin nun nicht mehr in der Lage, einen weiteren Personenkreis namhaft zu machen.«

Aufgenommen: Vorgelesen u. unterschrieben:
Schmauß KS.   *Alexander Schmorell*

II A/So.   München, den 18. März 1943.

Vernehmung.

Aus der Haft vorgeführt, machte Alexander Schmorell, Personalien bekannt, folgende Angaben:

»Wenn ich heute darüber befragt werde, welche Hintermänner Hans Scholl und mich zu unserer staatsfeindlichen Aktion veranlasst bezw. unser Unternehmen finanziert haben, so kann ich dazu weiter keinen Hinweis mehr geben. Mir selbst ist ein Ernst *Reden*, Georg von *Schweinitz*, ein Bannführer *Rieke*, Günther *Eten* oder ein *Tusk* vollständig unbekannt. Ich habe diese Namen auch nicht aus dem Munde des Hans Scholl gehört. Von ihm habe ich aber auch nichts davon erfahren, dass er szt. einen »Bund der Wenigen« in Ulm gegründet oder angehört hätte. Scholl hat mir nur erzählt, dass er szt. in Ulm einer »Bündischen Organisation« angehörte. Über die Zielsetzung dieser »Bündischen Organisation« bin ich nicht unterrichtet worden. Ich habe jedenfalls kein Wissen davon, dass Scholl vom ausländischen ND. her Mittel oder Anweisungen bekommen hätte, im Reich eine staatsfeindliche Flugblattaktion durchzuführen. Ich bin deshalb überzeugt, dass Scholl von sich aus so gehandelt hat, wie auch ich mich zu meiner Tat bekenne, ohne unter einem fremden Einfluß gestanden zu haben.

Von einem Leutnant Scheringer (gemeint ist der ehem. Leutnant und derzeitige Erbhofbauer Richard Scheringer, geb. 13.9.1904 zu Aachen, in Dürnhof, Gde. Kösching b. Ingolstadt wohnhaft) habe ich noch nichts gehört. Scholl hat von diesem Mann nie etwas erzählt. Aus diesem Grunde kann ich wohl die Erklärung abheben, dass dieser Scheringer mit unserer Flugblattaktion nichts zu tun hat. Eine Familie *Heisch* aus Ulm ist mir vollständig unbekannt.

Frage: Ist Ihnen ein Direktor der Trumpf-Schokoladenfabrik im Rheinland bekannt und welche Beziehungen haben dazu Scholl und Sie unterhalten?

Antwort: Bei diesem Direktor handelt es sich um meinen Onkel Franz *Monheim* in Aachen, der dort der Besitzer der Trumpf-Schokoladefabrik ist. Die Ehefrau des Monheim ist eine Schwester meiner Stiefmutter Elisabeth Hoffmann. Ich selbst war noch nie in Aachen, um diese Familie zu besuchen. Dagegen hat uns die Familie *Monheim* schon wiederholt in München besucht. Nur von diesen Besuchen her ist mir diese Familie bekannt. Es handelt sich bestimmt um keine Juden. Wenn die Familie Monheim in Aachen, Nizzaallee 46, im Sommer 1942 das Flugblatt »Weisse Rose« zugeschickt bekam, so habe ich das getan. Davon habe ich auch dem Scholl erzählt. Frau Ulla Monheim war letztmals zu Weihnachten 1942 bei uns in München auf Besuch. Dabei erzählte sie davon, dass sie im Sommer 1942 ein staatsfeindliches Flugblatt erhalten und sie dasselbe der Staatspolizei übergeben hätten, weil sie mit dem Inhalt gar nicht einverstanden gewesen seien. Unter diesen Umständen habe ich es begreiflicherweise streng vermieden zu sagen, dass ich mit der Herstellung und Verbreitung dieses Flugblattes etwas zu tun hatte. Auf diese Weise hat die Existenz dieses Flugblattes bei uns zu Hause weiter keine Unterredung ausgelöst. Ich habe im übrigen kein Wissen davon und kann es auch gar nicht glauben, dass Hans Scholl meine Verwandten in Aachen besucht haben soll. Ich selbst habe jedenfalls mit einem solchen Besuch nichts zu tun. Es ist mir schleierhaft, wie Scholl überhaupt dazugekommen sein kann, sich über meine Verwandten in Aachen näher auszulassen. Die weitere Angabe, dass das Flugblatt »Weisse Rose« durch das Dienst[m]ädchen oder eine andere Person an eine Garderobefrau weitergegeben worden sei, um es Theaterbesuchern in die Taschen zu stecken, halte ich für unzutreffend, Ich weiß nichts davon und erkläre ausdrücklichst, dass ich szt. nur ein einziges Flugblatt »Weisse Rose« nach Aachen geschickt habe. Das Buch bezw. der Verfasser Gerhard *Ritter* in Freiburg ist mir nicht bekannt. Ich habe kein Wissen davon, dass Hans Scholl diesen Mann für unsere Pläne gewinnen wollte oder ihn ausgesucht hätte. Ich bin szt. mit Hans Scholl von Ulm aus nach Stuttgart gefahren, um dort den bereits erwähnten *Grimminger* aufzusuchen. Andere Personen versuchten wir nicht für unsere Sache zu gewinnen.

Ich glaube auch nicht, dass Scholl hinter meinem Rücken irgendwelche Reisen unternommen hat. Mein Onkel Franz Monheim ist ein wohlhabender Mann. Er wurde aber nicht in unsere Pläne eingeweiht und kann deshalb keine Rede davon sein, dass er evtl. als Geldgeber in Aussicht genommen worden wäre. Ich habe Hans Scholl über die politische Einstellung meines Onkels Monheim bestimmt nichts erzählt. Dazu konnte ich gar nicht kommen, weil ich die politische Einstellung meines Onkels nicht kannte, denn ich habe bis jetzt keine Gelegenheit gehabt, meinen Onkel in dieser Beziehung näher zu befragen. Mir ist demnach auch nichts davon bekannt, dass meine Verwandten (Monheim) in Aachen politische Gegensätze aufweisen. Wenn diese Leute bei uns in München waren, wurde über Politik fast gar nichts gesprochen. Ich selbst habe mich auch gehütet, von meiner staatsabträglichen Einstellung bezw. Betätigung etwas zu sagen. So ist es auch gekommen, dass meine Eltern von meinem strafbaren Tun und Treiben keine

Ahnung hatten. Wenn der Mitteiler wiederholt die Stadt Bonn / Rh. genannt hat, so dürfte damit jeweils Aachen gemeint sein und in dieser Hinsicht eine Verwechslung vorliegen.

Ich kann keine Personen oder Stellen nennen, die mich Scholl zu unserer gemeinsamen Tat angestiftet oder diese finanziert hätten.«

Aufgenommen: Vorgelesen u. unterschrieben:
 Schmauß KS.   *Alexander Schmorell*

Aktenzeichen KR. 3   München, 7, den 25. März 1943.
Gs 243 / 43   Mariahilfplatz 17

Amtsgericht München,
Abteilung Strafgericht.
(Ermittlungsrichter.)

Beschuldigten-Vernehmung

in der Strafsache

gegen *Schmorell* Alexander

Gegenwärtig: wegen
Der Oberamtsrichter   Hochverrats
Dietz

der Urkundsbeamte
Dietz

Der im Gerichtsgefängnis Neudeck vorgeführte
Beschuldigte wurde gemäß § 136 StPO.
vernommen, wie folgt:

Zur Person:
Schmorell Alexander, übr. Pers. erhob.

Er erklärte:
Zur Sache erklärte der Beschuldigte:
Ich nehme Bezug auf meine bisherigen Angaben, die ich zum
Gegenstand meiner Aussage mache. Soweit ich bei meinem
pol. Verhör die Beschuldigungen zugegeben habe, gebe ich sie
auch bei meinem richterlichen Verhör zu. Ich gebe insbes. zu,
gemeinsam mit Hans und Sofie Scholl an der Herstellung und
Verbreitung der Flugblätter »Widerstandsbewegung in
Deutschland« beteiligt gewesen zu sein. Auch war ich an der
Herstellung u. Verbreitung der Flugblätter »Weisse Rose« be-

teiligt. Auch gebe ich zu, dass ich an den Schmiereien an der Universität mit der Hetzparole »Nieder mit Hitler« beteiligt war.

Hierauf wurde verkündigt: Es ergeht

Haftbefehl.

D. Beschuldigte ist dringend verdächtig

eines in Mittäterschaft begang. Verbrech. eines hochverräterischen Unternehmens gem. § 83 / II StGB in Tateinheit m. einem Verbr. der Feindbegünstigung gem. § 91 b u. I Verbrech. der Wehrkraftzersetzg. gem. § 5 / I Z. 1 der KStVO; §§ 47, 73 StGB. Die Haft wird angeordnet, weil ein Verbrechen den Gegenstand der Untersuchung bildet. Ausserdem mit Rücksicht auf die zu erwartende hohe Strafe.

Vorgelesen:

Alexander Schmorell
    (Beschuldigt.)   (Dolmetscher)
        Dietz
    (Richter)   (Urk.-Beamt.)

Aufnahme-Verfügung für Gefängnis erteilt.
Mit Akten an die Staatsanwaltschaft München I, Abt. 1.

Der Ermittlungsrichter
Dietz

Ein von Schmorell am 8. März 1943 handschriftlich abgefass-
tes »politisches Bekenntnis«, das von der Gestapo in Schreib-
maschinenschrift übertragen wurde (beide Ausfertigungen
sind in den Ermittlungsakten überliefert), gab detailliert Aus-
kunft über seine politischen Vorstellungen, seine Liebe zu sei-
nem Heimat- und Geburtsland Russland und seine Haltung
zum Nationalsozialismus:

München, den 8. März 1943

Politisches Bekenntnis
Angaben des Alexander Schmorell:

Wenn Sie mich fragen, welche Staatsform ich bevorzuge, so
muss ich antworten: Jedem Land die seine, die seinem Charakter entsprechende. Eine Regierung ist doch meiner Ansicht
nach lediglich die Vertreterin des Volkswillens – sie soll es jedenfalls sein. In einem solchen Falle findet sie dann auch
selbstverständlich das Vertrauen des Volkes, das Volk hat sie
gerne – es ist ja seine Vertreterin, die Vertreterin seiner Gedanken und seines Willens – das Volk selber. Gegen eine solche Regierung kann das Volk gar nicht sein. Aber sie soll auch
seine Führerin sein, denn der einfache Mann kann nicht alles
selbst begreifen, selbst entscheiden, er masst es sich auch gar
nicht an, er vertraut seinen Führern, der Intelligenz, die es
besser versteht, als er. Unbedingt muss aber diese Intelligenz-
schicht verwachsen sein mit ihrem Volk, muss dasselbe denken und fühlen, wie dieses denn sonst begreift sie ihr Volk
nicht und treibt ihre eigene Politik, ohne auf das einfache
Volk zu achten, ohne seine Interessen zu verfolgen, von jenem Volk, das doch in jedem Falle die Mehrzahl bildet. Ich
bin deshalb auf keinen Fall ein entschiedener Verfechter der
Monarchie, der Demokratie, des Sozialismus, oder wie alle die
verschiedenen Formen heissen mögen. Was für das eine Land
gut ist, sogar das beste, ist für das andere Land vielleicht das

393

verkehrteste, das ihm am wenigsten entsprechende. Überhaupt sind ja alle diese Regierungsformen nur Äusserlichkeiten.

Wenn ich mich schon öfter als Russen bezeichnet habe, so sehe ich für Russland als die einzig mögliche Staatsform unbedingt den Zarismus an. Ich will damit nicht sagen, dass die Staatsform wie sie in Russland bis 1917 geherrscht hat, mein Ideal war – nein. Auch dieser Zarismus hatte Fehler, vielleicht sogar sehr viele – aber im Grunde war er richtig. Im Zaren hatte das russische Volk seinen Vertreter, seinen Vater, den es heiss liebte – und mit Recht. Man sah in ihm nicht sosehr das Staatsoberhaupt, als vielmehr den Vater, Fürsorger, Berater des Volkes – und wiederum mit vollem Recht, denn so war das Verhältnis zwischen ihm und dem Volk. Nicht in Ordnung war in Russland fast die ganze Intelligenz, die die Fühlung mit dem Volke vollständig verloren hatte und sie nicht mehr fand. Aber trotz dieser todkranken Intelligenz, also auch der Regierung halte ich für Russland als die einzig richtige Form den Zarismus.

Selbstverständlich wird es in einem Staate, wie ich ihn mir vorstelle, auch eine Opposition geben, immer wird es diese geben, da selten ein ganzes Volk nur einer Meinung ist – aber auch diese muss geduldet und geachtet werden. Denn diese deckt die Fehler der bestehenden Regierung auf – und, welche Regierung macht keine Fehler – und übt Kritik. Diese Fehler gezeigt zu bekommen, um sie gut zu machen, dafür müsste die Regierung direkt dankbar sein.

Sie fragen mich weiter, warum ich mit der nat. soz. Regierungsform nicht einverstanden bin. Weil sie meinem Ideal, wie mir scheint, nicht entspricht. Meiner Ansicht nach stützt sich die nat. soz. Regierung zu sehr auf die Macht, die sie in Händen hat. Sie duldet keine Opposition, keine Kritik, deshalb können die Fehler, die gemacht werden, nicht erkannt, nicht beseitigt werden. Dann glaube ich, dass sie nicht eine reine Ausdrucksform des Volkswillens darstellt. Sie macht es dem Volk unmöglich, seine Meinung zu äussern, sie macht es dem Volke unmöglich, etwas an ihr zu ändern, wenn es (das Volk) auch damit nicht einverstanden ist. Sie ist geschaffen worden, und an ihr darf nicht kritisiert, nichts mehr geändert werden – und das finde ich nicht richtig. Sie müsste mit dem Volksdenken mitgehen, elastisch – nicht nur befehlen. Meiner Ansicht nach müsste eine Regierung, wenn sie sieht, dass das Volk mit ihr in irgend einem Punkt nicht einverstanden ist, es erstens dem Volk ermöglichen, sich zu äussern und zweitens dann diesen Fehler auch ausbessern. Denn sonst entspricht sie ja dem Volkswillen nicht, arbeitet ihm manchmal vielleicht sogar entgegen – und dann ist es keine Vertretung des Volkes mehr. Meiner Ansicht nach hat jetzt jeder Bürger direkt Angst, irgendetwas bei den Regierungsbehörden auszusetzen, weil er sonst bestraft wird. Und das müsste vermieden werden. Ich bin sogar geneigt, der autoritären Staatsform fast immer vor der demokratischen den Vorzug zu geben. Denn wohin uns die Demokratien geführt haben, hab[en] wir alle gesehen. Eine autoritäre Staatsform bevorzuge ich nicht nur für Russland, sondern auch für Deutschland. Nur muss das Volk in seinem Oberhaupt nicht nur den politischen Führer sehen, sondern vielmehr seinen Vater, Vertreter, Beschützer. Und das, glaube ich, ist im nat. soz. Deutschland nicht der Fall.

Und als der Krieg begann, hatte ich das Gefühl, dass die deutsche Regierung auf eine Vergrösserung seiner Landbesitzungen durch Gewalt hinarbeitet. Das entspricht auf keinem Fall meinem Ideal. Ein Volk ist wohl berechtigt, sich an die Spitze aller anderen Völker zu stellen und sie anzuführen zu einer schliesslichen Verbrüderung aller Völker – aber auf keinen Fall mit Gewalt. Nur dann, wenn es das erlösende Wort kennt, es ausspricht, und dann alle Völker *freiwillig* folgen, indem sie die Wahrheit einsehen und an sie glauben. Auf diesem Wege wird, dessen bin ich sicher, schliesslich eine Verbrüderung ganz Europas und der Welt kommen, auf dem Wege der

Brüderlichkeit, des freiwilligen Folgens. Sie können sich vorstellen, dass es mich besonders schmerzlich berührte, als der Krieg gegen Russland, meine Heimat, begann. Natürlich herrscht drüben der Bolschewismus aber es bleibt trotzdem meine Heimat, *die Russen bleiben doch meine Brüder*. Nichts sähe ich lieber, als wenn der Bolschewismus verschwände, aber natürlich nicht auf Kosten des Verlustes so wichtiger Gebiete, wie sie Deutschland bisher erobert hat, die ja eigentlich fast das ganze Kernrussland umfassen. Ich glaube, sie würden als Deutscher nicht anders denken, wenn angenommen Russland einen so grossen Teil Deutschlands erobert hätte, wie es Deutschland im Osten getan hat! Das ist doch ein ganz selbstverständliches Gefühl – es ist direkt ein Verbrechen, wenn man seinem Vaterlande gegenüber in einem solchen Falle andere Gefühle entgegenbrächte. Das würde doch besagen, dass man ein heimatloser Mensch ist, irgendein internationaler Schwimmer, bei dem es sich nur darum dreht, wo es ihm am besten geht.

Alexander Schmorell

Quelle: Russisches Staatliches Militärarchiv (RGVA) Moskau, 1361–1-8808; auch in: Gedenkstätte Deutscher Widerstand, Sammlung » Weiße Rose«; Weiße Rose Stiftung e.V., München; z.T. auch Bundesarchiv Berlin, NJ 1704, Bd.9.

Vernehmungen von Wilhelm Graf

Nachdem Wilhelm Graf am späten Abend des 18. Februar 1943 bei Rückkehr in seine Wohnung in der Mandlstraße 1 / I mit seiner Schwester verhaftet worden war, begannen unmittelbar danach die Vernehmungen ab dem 19. Februar 1943.
Obwohl Hitler nach der Verurteilung durch den Volksgerichtshof am 19. April 1943 am 21. Mai 1943 einen Gnadenerweis ablehnte, wurde Grafs Hinrichtung noch längere Zeit hinausgezogen, da man ihn noch für Gegenüberstellungen benötigte, wie der Oberstaatsanwalt in München am 8. Juli 1943 schrieb.
Schließlich wurde Wilhelm Graf am 12. Oktober 1943 getötet.

Geheime Staatspolizei

Staatspolizeileitstelle München

II A-S.

(Dienststelle des vernehmenden Beamten)   **München**............, am ....**19. 2. 1943.**

Auf Vorladung – Vorgeführt*⁾ – erscheint

.... **der Nachgenannte**

und erklärt, zur Wahrheit ermahnt:

I. Zur Person:

1. a) Familienname, auch Beinamen (bei Frauen auch Geburtsname, ggf. Name des früheren Ehemannes)	a) ...**Graf**............................. ....
b) Vornamen (Rufname ist zu unterstreichen)	b) ...**Wilhelm**......................... ....

2. a) Beruf   a) ...**Med. Student**...................

Über das Berufsverhältnis ist anzugeben,
– ob Inhaber, Handwerksmeister, Geschäftsleiter oder Gehilfe, Geselle, Lehrling, Fabrikarbeiter, Handwerksgehilfe, Verkäuferin usw.
– bei Ehefrauen Beruf des Ehemannes –
– bei Minderjährigen ohne Beruf der der
Eltern –
– bei Beamten und staatl. Angestellten die genaueste Anschrift der Dienststelle –
– bei Studierenden die Anschrift der Hochschule und das belegte Lehrfach –
– bei Trägern akademischer Würden (Dipl.-
Ing., Dr., D. pp.), wann und bei welcher Hochschule der Titel erworben wurde –

b) Einkommensverhältnisse   b) ....

c) Erwerbslos?   c) Ja, seit ....

                                        nein ....

3. Geboren   am ...**2.1.18**....... in ...**Kuchenheim**...........

                                        Verwaltungsbezirk ....**Köln-Aachen**.........

                                        Landgerichtsbezirk ....

                                        Land ....

*⁾ Nichtzutreffendes durchstreichen.

4. Wohnung oder letzter Aufenthalt	in ......München........................
	Verwaltungsbezirk ....
	Land ....
	....................Mandl- Straße/Platz Nr. I/I..............
	Fernruf ..34309..
5. Staatsangehörigkeit	DR...
Reichsbürger?	....
6. a) Religion (auch frühere)	a) rk.,...
1) Angehöriger einer Religionsgemeinschaft od. einer Weltanschauungsgemeinschaft,	1) ja – welche? .... nein
2) Gottgläubiger,	2) ja – nein
3) Glaubensloser	3) ja – nein
b) sind 1. Eltern 2. Großeltern } deutschblütig?	b) 1. ja... 2. ja...
7. a) Familienstand (ledig – verheiratet – verwitwet – geschieden – lebt getrennt)	a) ledig..
b) Vor- und Familiennamen des Ehegatten (bei Frauen auch Geburtsname)	b) ....
c) Wohnung des Ehegatten (bei verschiedener Wohnung)	c) ....
d) Sind oder waren die Eltern – Großeltern – des Ehegatten deutschblütig?	d) ....
8. Kinder	ehelich: a) Anzahl: .... b) Alter: .... Jahre unehelich: a) Anzahl: .... b) Alter: keine........................... Jahre
9. a) Des Vaters Vor- und Zunamen Beruf, Wohnung	a) Gerhard Graf, Geschäfts- führer und........................
b) der Mutter Vor- und Geburtsnamen Beruf, Wohnung (auch wenn Eltern bereits verstorben)	b) Anna Graf, geb. Gölden, in Saarbrücken
10. Des Vormunds oder Pflegers Vor- und Zunamen Beruf, Wohnung	....

11. a) Reisepaß ist ausgestellt	a) von .... am ....
	Nr. ....
b) Erlaubnis zum Führen eines Kraftfahrzeuges – Kraftfahrrades – ist erteilt	b) von .... am ....
	Nr. ....
c) Wandergewerbeschein ist ausgestellt	c) von .... am ....
	Nr. ....
d) Legitimationskarte gemäß § 44a Gewerbeordnung ist ausgestellt	d) von .... am ....
	Nr. ....
e) Jagdschein ist ausgestellt	e) von .... am ....
	Nr. ....
f) Schiffer- oder Lotsenpatent ist ausgestellt	f) von .... am ....
	Nr. ....
g) Versorgungsschein (Zivildienstverordnungsschein) ist ausgestellt	g) von .... am ....
	Nr. ....
Rentenbescheid?	....
Versorgungsbehörde?	....
h) Sonstige Ausweise?	h) ....
12. a) Als Schöffe oder Geschworener für die laufende oder die nächste Wahlperiode gewählt oder ausgelost? Durch welchen Ausschuß (§ 40 GVG.)?	a) ....
b) Handels-, Arbeitsrichter, Beisitzer eines sozialen Ehrengerichts?	b) ....
c) Werden Vormundschaften oder Pflegschaften geführt? Über wen?	c) ....
Bei welchem Vormundschaftsgericht?	....
13. Zugehörigkeit zu einer zur Reichskulturkammer gehörigen Kammer (genaue Bezeichnung)	....
14. Mitgliedschaft a) bei der NSDAP.	a) seit ...nein..................................
	letzte Ortsgruppe ....
b) bei welchen Gliederungen?	b) seit .....DRK................................
	letzte Formation ....
	oder ähnl. ....

15. Reichsarbeitsdienst Wann und wo gemustert?	....
Entscheid	....
Dem Arbeitsdienst angehört	von .... bis ....
	Abteilung .... Ort ....
16. Wehrdienstverhältnis a) Für welchen Truppenteil gemustert oder als Freiwilliger angenommen?	a) ....gehört der 2. Studenten-................ ....Komp. München an als................
b) Als wehrunwürdig ausgeschlossen?	b) ....Feldwebel ....
Wann und weshalb?	....
c) Gedient:	c) von 22.1.40................ bis ....
Truppenteil	........seit April 1942................
Standort	........abkommandiert..................
entlassen als	....
17. Orden- und Ehrenzeichen? (einzeln aufführen)	........Kriegsverd. Kreuz m. Schwertern.. ....und Ostmed..................................
18. Vorbestraft? (Kurze Angabe des – der – Beschuldigten. Diese Angaben sind, soweit möglich, auf Grund der amtlichen Unterlagen zu ergänzen)	........keine................................ ....

Persönliche Verhältnisse:

»Ich habe in Saarbrücken die Volksschule und das Gymnasium besucht. Im April 1937 rückte ich zum Arbeitsdienst nach Dillingen ein. Im Oktober 1937 wurde ich dort entlassen.
Im Jahre 1940 musste ich zur San-Ersatz-Abt. 7 nach München einrücken. Ende Februar kam ich als Sanitäter an die Front. Im April 1942 wurde ich zum Weiterstudium abkommandiert.

Vernehmung

Vorgeführt, machte der ledige Student
Wilhelm Graf,
geb. 2.1.18 zu Kuchenheim, in München, Mandlstr.1 / I; bei
Berrsche wohnhaft, folgende Angaben:
»Ich wurde im April 1942 vom Felde her zum Weiterstudium nach München abkommandiert. Ich will Arzt werden.
    Im Sommer 1942 lernte ich bei der Studenten-Komp. den
Hans Scholl kennen, wo wir bei der gleichen Einheit an der
Ostfront waren. Wir kamen gemeinschaftlich im November
1942 wieder nach München zurück, um hier weiterzustudie-
ren. In der letzten Zeit lernte ich auch die Schwester Sophie
Scholl, die in München studiert, kennen. Mit Hans Scholl
komme ich seither öfters zusammen. So gingen wir schon wiederholt zum Essen in Lokale und haben schon in unseren Wohnungen gegenseitig besucht. Am letzten Freitag habe ich ihn
dort das letzte Mal besucht. Ob bei diesem letzten Besuch seine
Schwester (wohnt in der gleichen Wohnung) anwesend war,
kann ich augenblicklich gar nicht sagen. Wir haben uns bei diesen Besuchen und auch sonst mehr mit Literatur befasst, als
über sonstige Dinge gesprochen. Soweit ich Hans Scholl
kenne, zählt er zu jenen Deutschen Männern, die sich für den
deutschen Sieg einsetzen. Ich bin übrigens erstaunt, dass eine
solche Frage jetzt im Krieg noch gestellt werden kann.
    Wenn ich befragt werde, was ich bei meinen Besuchen in der
Wohnung des Scholl getan habe, so kann ich daraufhin nur
antworten, dass wir uns beide literarisch betätigt haben. Dabei
haben wir natürlich auch mit der Schreibmaschine geschrieben. Es handelte sich um Auszüge aus Dichtungen und eigenen Gedankengängen. Hans Scholl ist auf diesem Gebiete sehr
belesen. Dies war auch der Grund, warum ich gerne mit ihm
zusammengekommen bin. Jedenfalls haben wir bei unserem

Zusammensein nicht über politische oder staatsgefährdende Dinge verhandelt. Ich habe noch keine Wahrnehmungen gemacht, dass sich Scholl mit derartigen Dingen bezw. Angriffen auf unseren Führer befasst hätte. Richtig ist allerdings, dass wir uns öfters auch über religiöse Angelegenheiten unterhalten haben. Scholl ist evangelisch, ich selbst bin katholisch. Trotzdem zeigte Scholl für diesen Glauben ein besonderes Interesse. Auf diese Weise standen wir uns in dieser Beziehung sehr nahe. Ich muss aber hervorheben, dass Scholl seine religiöse Einstellung nicht bis zur Gehässigkeit auf den Führer gesteigert hat. Freilich haben wir beide ab und zu über dieses oder jenes, was wir heute erleben, sozusagen gemeckert. Wir haben nichts unternommen, was uns als eine hochverräterische Handlung angedeutet werden könnte. Ich bin immer gerne zu den Geschwistern Scholl gegangen, weil diese immer sehr gastfreundlich waren. Bei den Geschwistern Scholl verkehrte auch eine Studentin namens Gisela, die sehr schweigsam war. Was wir beide im Zimmer des Hans Scholl getan bezw. gearbeitet haben, hätte auch die Sophie Scholl und deren Freundin Gisela sehen dürfen, weil wir nichts getan haben, was uns strafrechtlich schaden könnte. Ich kenne auch einen weiteren Freund namens Alexander *Schmorell*, der mit uns an der Ostfront war und ebenfalls öfters in die Wohnung der Geschwister Scholl gekommen ist.

Ich bin mir keiner strafbaren Handlung bewusst und kann auch meine beiden Freunde Scholl und Schmorell nichts beschuldigen. Ich habe die Wahrheit gesagt.

Geschlossen: Lt.U.
Schmauss   *Wilhelm Graf*
KS.

Weiterverhandelt

II A–So / Schm.   München, den 19.2.43

Fortsetzung der Vernehmung

Aus der Haft vorgeführt, machte Wilhelm Graf, geb. 2.1.18 zu Kuchenheim, folgender Angaben:

»Ich bleibe auch heute wieder darauf bestehen, dass ich mit der Flugblätterherstellung sowie mit dem Vertrieb derselben nichts zu tun hatte. Beim Vorzeigen der von Scholl verfassten Flugblätter (Flugblätter der Widerstandsbewegung und Komilitonen! und Komilitoninnen!) kann ich nur erklären, dass ich von der Existenz dieser Schriften und von den Arbeiten des Scholl keine Kenntnis habe. Ich bin, darüber erstaunt, wie es möglich sein kann, dass sich Scholl mit derartigen Dingen überhaupt befassen konnte. Solange ich bei Scholl bezw. in seiner Wohnung eine Verbindung gehabt habe, habe ich wirklich von solchen Dingen nichts beobachten können.

Frage: Wie kommt es, dass Scholl entgegen Ihren bisherigen Angaben behauptet, Sie hätten ihm Briefumschläge besorgt, die zur Versendung von Flugblättern verwendet wurden?

Antwort: Ja, es ist richtig, dass Scholl vor Weihnachten 1942 an mich herangetreten ist, ich solle ihm Briefumschläge mit dem dazu gehörigen Briefpapier besorgen, damit er dieses seinen Bekannten ins Feld schicken könne. Da mir selbst bekannt ist, dass gegenwärtig Briefpapier bezw. Umschläge an der Front eine begehrte Sache ist, habe ich das Vorbringen das Scholl für wahr gehalten und ihm nach und nach etwa 40–60 Briefumschläge und das Papier dazu in den Geschäften gekauft und übergeben. Scholl hat mir diese Sachen ordnungsgemäss bezahlt. Es war im Januar 1943, als ich ihm das erste Mal solches Papier besorgt habe. In den letzten 3 Wochen habe ich ihm nichts mehr besorgen können, weil mir dazu die Zeit gefehlt hat. Ich kann mich auch nicht erinnern, dass

Scholl mich in den letzten Wochen nochmals darum angegangen hätte.

Frage: Hätten Sie dem Scholl auch dann Briefpapier und Umschläge besorgt, wenn Sie den Verwendungszweck gewusst oder erkannt hätten?

Antwort: Wenn ich davon eine Ahnung gehabt hätte, würde ich zunächst versucht haben, den Scholl zu warnen oder ihm das überhaupt auszureden. Weil ich aber von der strafbaren Handlungsweise des Scholl, wie gesagt, keine Ahnung gehabt habe, habe ich in dem Ansinnen des Scholl besonders erblickt und ihm seinen Wunsch erfüllt. Ich bin also unbewusst ein Opfer des Scholl geworden und kann mein Erstaunen gar nicht genug herausstellen.

Frage: Wie kommt es, dass es überhaupt möglich sein konnte, dass 2 Kameraden, die sich häufig gegenseitig in ihren Wohnungen besuchen usw. solche Dinge verschweigen?

Antwort: Ich kann diese Frage nur in der Weise beantworten, dass Scholl angenommen haben wird, ich würde nicht mitmachen oder ich würde ihn von seinem Vorhaben abbringen wollen. Eine andere Erklärung kann ich dazu nicht geben. Insbesondere möchte ich hervorheben, dass ich dem Scholl in keiner Weise bei der Herstellung Versendung und finanziell behilflich gewesen bin, denn ich habe nichts von seinem ganzen Vorhaben gewusst. Ich kann deshalb auch keine Angaben darüber machen, wer dem Scholl in dieser Beziehung behilflich gewesen wäre. Wohl weiss ich, dass Scholl mit dem Architekten Manfred *Eickemayr,* mit dem Maler Wilhelm *Geyer,* mit dem Studenten Alexander *Schmorell* und mit einem Studenten *Jäger* bekannt ist, weil ihn diese schon in seiner Wohnung besucht haben. Wenn mir gesagt wird, dass Scholl neben diesem Personen auch noch mit einem Christoph *Probst* bekannt ist, so stimmt das. Probst ist ebenfalls Student, den ich durch Scholl im Juli 1942 in München kennen gelernt habe. Näheres vermag ich darüber nicht anzugeben. Ich weiss nur, dass Probst und Schmorell gute Schulkameraden sind.

Ich würde es begrüssen, wenn mir Scholl gegenübergestellt wird, weil ich gewiss bin, dass ich von ihm nicht belastet werden kann.«

Aufgenommen: Lt. U.
gez. Schmauss, KS.   *gez. Wilhelm Graf.*

II A/Sond. / Mo   München, den 26. Februar 1943

Aus Polizeihaft vo[r]geführt erscheint
Graf, Wilhelm,
geb. 2.1.18 in Kuchenheim, und machte auf Befragen und zur Wahrheit ermahnt, folgende Angaben:
Zur Person:
Die bereits früher angegeben Personalien sind richtig. Ich bin in Kuchenheim, Krs. Hainbach, Reg.Bez. Köln geboren, wo mein Vater Direktor einer Molkerei war. Als ich 4 Jahre alt war, verlegte mein Vater seinen Wohnsitz von Kuchenheim nach Saarbrücken, wo er als Geschäftsführer in die Weingrosshandlung Johannishof A. G. eintrat. Gemeinsam mit einer um 3 Jahre jüngeren und einer um 2 Jahre älteren Schwester wurde ich im Elternhaus erzogen. Soviel mir bekannt ist, gehörte mein Vater vor der Machtübernahme keiner Partei an, er war vor der Rückgliederung des Saargebietes Mitglied der Deutschen Front und wurde nunmehr in die NSDAP als Mitglied übernommen.

In Saarbrücken besuchte ich 4 Jahre die Volksschule und anschliessend das Ludwigs-Gymnasium bis zum Abitur. Mein Abgangszeugnis war durchwegs genügend. In Musik, Turnen, Religion erhielt ich die Note 2 und in den übrigen Fächern, 3, d. h. genügend.

Nach der Rückgliederung des Saargebietes (1.3.1935) wurde im Saargebiet, als Parteigliederung die Hitlerjugend aufgebaut. Ich trat dieser Gliederung nicht bei, aus welchen Gründen vermag ich heute nicht mehr anzugeben. Von Herbst 1935 bis Frühjahr 1936 war ich vorübergehend Anwärter des NSFK, (nat.soz. Fliegercorps), bin aber davon wieder abgekommen, weil mich die Vorbereitungen für mein Abitur voll in Anspruch nahmen und mir wenig freie Zeit verblieb.

Im April 1937 meldete ich mich freiwillig zur Ableistung des Arbeitsdienstes und wurde zur Abteilung 5/323 nach Dillingen/Saar eingezogen. Nach Beendigung des Arbeitsdienstes im September 1937 liess ich mich für das Wintersemester 1937/38 als Student der Medizin bei der Universität Bonn einschreiben. Hier studierte ich 4 Semester und zwar bis zum Sommer 1939 (Schliessung der Universität Bonn infolge Ausbruch des Krieges) und übersiedelte im September 1939 zur Fortsetzung meines Studiums zur Universität München. Nachtragen möchte ich hier noch, dass ich in Bonn im Herbst 1938 dem Roten Kreuz als aktives Mitglied beitrat.

Im Januar 1940 wurde ich von München aus zur San.Ers.Abteilung 7 in München eingezogen, als Sanitäter ausgebildet und im Februar 1940 zu einer Kranken-Transportabteilung in das Operationsgebiet am Oberrhein abgestellt. Ende Juni 1940 musste ich mich einer Blinddarmoperation unterziehen, kam nach Wiederherstellung zum meinem Ersatztruppenteil nach München, von wo ich im September des gleichen Jahres zum Pionier-Batl. 7 als Sanitäter abgestellt wurde. Als San.Unteroffizier wurde ich im November 1940 zur Artillerieabteilung 740, die seinerzeit in Belgien stationiert war, versetzt, wo ich bis zum April 1942 Dienst tat. Zur Fortsetzung meines Studiums wurde ich zu meinem Ersatztruppenteil versetzt und von hier zur 2. Studentenkompanie kommandiert.

Von Haus aus wurde ich in strengkatholischem Sinne erzogen, so ist es verständlich, dass ich diesen Erziehungsgrundsätzen bis heute treu geblieben bin. Ich bin der Auffassung, dass man ein guter Christ oder Katholik und gleichzeitig Nationalsozialist sein kann.

Zur Sache:
Bei der 2. Studentenkompanie befand sich u. a. auch der San. Feldwebel Hans *Scholl*, mit dem ich hier näher bekannt wurde. Hierzu kam, dass ich mit Scholl von Ende Juli bis Anfang November 1942 bei ein und derselben Feldeinheit, als Hilfsarzt an der Front im Osten eingesetzt war. Anfang Dezember setzte ich dann nach 14 Tagen Urlaub, den ich in meiner Heimat verbrachte, mein Studium an der Universität München fort. Ich gehörte auch jetzt wieder der 2. Studentenkompanie an und bewohnte seit dieser Zeit ein Zimmer in München, Mandlstrasse 1/I bei Berrsche. Die Schwester des Scholl, Sophie, wurde mir bereits vor dem Osteinsatz Ender Juni 1942 durch ihren Bruder vorgestellt.

Frage: Wann haben Sie erstmals vor der Absicht gehört, die auf die Herstellung, bezw. Verbreitung von Flugblättern der sog. »Widerstandsbewegung in Deutschland« und später mit der Überschrift »Kommilitoninnen! Kommilitonen!« bezw. »Studentinnen! Studenten!« gerichtet war. Wollen Sie, nachdem ich Ihnen die Angaben besonders Schmorell vorgehalten und ich Sie diesem gegenübergestellt habe nicht auch die Wahrheit sagen, zumal Sie durch ein längeres Leugnen Ihre Lage in der Sie sich befinden keinesfalls verbessern?

Antwort: Auch ich will mich nun uneingeschränkt zur Wahrheit bekennen.

Aus den verschiedenen Unterredungen mit Scholl wusste ich, dass seine Stellung dem heutigen Staat gegenüber ablehnend ist. Er lehnte beispielsweise die autoritäre Staatsführung und das Führerprinzip ab und vertrat mehr den Standpunkt einer Demokratie. Ich dagegen vertrat die Auffassung, dass in Deutschland die autoritäre Staatsform die beste und sicherste Lösung sei, vorausgesetzt, dass, wie man zu sagen pflegt, sich der richtige Mann am richtigen Platz befände, was nach meiner Auffassung heute vielfach nicht der Fall ist. Über dieses Thema habe ich mich mit Scholl und auch Schmorell wiederholt unterhalten. Davon, dass Scholl im Zusammenwirken mit

408

Schmorell schon im Sommer 1942 ein Flugblatt, mit dem Titel »Die weisse Rose« verfasst, hergestellt und verbreitet hat, habe ich erst durch meine Vernehmung hier im Hause erfahren.

Als ich Mitte Januar 1943 in den späten Nachmittagstunden mich in der Wohnung des Scholl aufhielt, hat mir dieser im Beisein seiner Schwester Sophie, den auf der Schreibmaschine gefertigten Entwurf zu einem Flugblatt mit der Überschrift: »An alle Deutsche«, zu lesen gegeben. Ich habe diesen Entwurf gelesen, ohne zu dem Inhalt in irgendeiner Form weder für noch gegen Stellung zu nehmen. Wenn ich mich recht erinnere, war im 2. Teil dieses Entwurfs von der Errichtung eines sogenannten föderalistischen Staates die Rede und habe ich nach Durchsicht des Entwurfs die Meinung vertreten, dass ein kommender Staat für Deutschland in dieser Form nicht denkbar sei, weil ich, wie bereits erwähnt, der Meinung bin, dass ein autoritärer Staat für uns am geeignetsten sei bzw. ist. Zuerst war ich darüber nicht unterrichtet, dass es sich hier um einen Aufruf an alle Deutschen handeln solle, der in grösserer Zahl vervielfältigt und verbreitet werden würde. Mehrere Tage habe ich von diesem Entwurf und auch der Absicht, Flugblätter herzustellen nichts mehr gehört, obwohl ich mit Scholl, dessen Schwester und Schmorell wiederholt in der Wohnung des Scholl und auch sonstwo zusammenkam. Erst etwa 8 Tage später, es dürfte etwa am 20. Januar gewesen sein, teilte mir Hans Scholl mit, ich möge an einem vorher bestimmten Nachmittag zu ihm in die Wohnung kommen und ihm beim Herstellen von Flugblättern behilflich sein. Als ich wie verabredet an dem betreffenden Tag (20. oder 21.1.43) in die Wohnung des Scholl kam, waren ausser Scholl dessen Schwester auch Schmorell anwesend. Bei meinem Eintreffen vielleicht gegen 17 Uhr, war Scholl Hans gerade damit beschäftigt, die erforderlichen Wachsmatrizen zu schreiben. Bei der nachfolgenden Vervielfältigung haben wir uns gegenseitig unterstützt, d. h. wir haben uns beim Abziehen (Durchdrehen) gegenseitig abgelöst. Manchmal habe ich selbst den Vervielfältigungsapparat bedient oder ich habe mich mit dem Ordnen der durchgedrehten Flugblätter beschäftigt. Als ich an jenem Abend die Schollsche Wohnung etwa um 20 Uhr verliess, waren etwa 2000 bis 2500 Flugblätter fertig gestellt. Soviel ich weiss, haben die Geschwister Scholl und Schmorell nach einem Weggehen weiter gearbeitet, bzw. noch weitere Flugblätter hergestellt, wieviel insgesamt, vermag ich nicht anzugeben. Ich musste an diesem Abend vorzeitig weggehen, weil eine Schwester Anneliese, die von dieser Sache keine Ahnung hatte mich erwartete und ich schliesslich durch mein Fernbleiben keinen Verdacht erwecken wollte.

An die zeitlichen Zusammenhänge der einzelnen Vorgänge kann ich mich heute nicht mehr genau erinnern. Meines Wissens fuhr ich am 21.1.43 zu einem Kameraden, Karl *Bisa*, der in Bonn Medizin studiert und dort Luisenstrasse 9 wohnt, nach Bonn, um mit ihm ein Fechtturnier zu besprechen, das im März im München ausgetragen werden sollte. Von Bonn kam ich am 25.1.43 in den ersten Morgenstunden nach München zurück. So viel ich mich erinnern kann, wurden die oben besprochenen Vervielfältigungen etwa am Mittwoch den 27.1. in der Wohnung Scholl hergestellt und in der folgenden Nacht durch Scholl, Schmorell und mich in den Strassen von München ausgestreut.

Schon an dem Abend, als wir die erwähnten Flugblätter in der Wohnung Scholl herstellten, teilte mir Hans Scholl mit, dass diese Flugblätter in der kommenden Nacht in München verbreitet werden sollten und dass ich dabei behilflich sein solle. Ich habe zugesagt und begab mich verabredungsgemäss am 28.1.43 gegen 23 Uhr in die Schollsche Wohnung, wo die Geschwister Scholl und Schmorell bereits anwesend waren. Hans Scholl übergab mir eine mit Flugblättern gefüllte Aktenmappe und gab mir Auftrag, die Flugblätter in der Nähe des Sendlingertorplatzes zu verbreiten. Bestimmte Strassen wurden mir dabei nicht genannt. Auch bin ich heute nicht mehr in der Lage, die einzelnen Strassen, in welchen ich die Flugblätter ausstreute, zu benennen. Wenn ich mich richtig erinnere, habe ich bei der Ausstreuung hauptsächlich das Gebiet in Richtung der Isar, Müllerstrasse, Thalkirchnerstrasse etc. berührt. In welchen Stadtgebieten Hans Scholl und Schmorell die Flugblätter ausstreuten, weiss ich nicht genau, nehme aber an, dass es Stadtmitte war.

Nachdem mir nun ein Stadtplan vorgezeigt wurde, auf welchem die gesamte Streuaktion mit verschiedenen farbigen Nadeln festgehalten ist, gebe ich zu, das Stadtgebiet vom Sendlingertorplatz aus in südliche bzw. südöstlicher Richtung in jener Nacht betreut zu haben: Ich erinnere mich auch, verschiedentlich Flugblätter in größerer Zahl auf sogenannte Splitterschutzsockel und Briefkästen gelegt zu haben. Während der ganzen Dauer meiner Streutätigkeit fühlte ich mich unbeobachtet.

Wie oben erwähnt, trafen wir uns gegen 23 Uhr in der Wohnung Scholl, von wo wir uns sofort auf den Weg machten. An der Franz-Joseph-Ludwigstrasse bestieg ich eine Strassenbahn der Linie 3 oder 23, fuhr bis zum Odeonsplatz, ging über den Marienplatz zum Sendlingertorplatz. Die ersten Flugblätter habe ich in der Müllerstraße Richtung Isar abgelegt bzw. ausgestreut. Ungefähr um 1 Uhr hatte ich alle mitgeführten Flugblätter ausgestreut und begab ich mich anschliessend zu Fuss zur Wohnung Scholl, wo ich etwa um 1 ½ Uhr ankam. Scholl und Schmorell waren um diese Zeit schon dort anwesend. Wir unterhielten uns noch kurz, worauf ich meine Wohnung, Mandlstrasse 1, aufsuchte.

Ich habe bereits angegeben, dass ich mich in der Zeit vom 21. bis 24.1.43 in Bonn aufhielt. Während dieser Zeit sind meines Wissens die Propagandabriefe für die Städte Salzburg, Linz, Wien, Augsburg, Stuttgart und Frankfurt / Main in der Wohnung Scholl vorbereitet worden. Davon erfuhr ich erst nachträglich durch Hans Scholl. Ich habe also davon gewusst, aber in keiner Weise bei Bearbeitung dieser Sache mitgewirkt.

Richtig ist dagegen, dass ich auf Ersuchen des Hans Scholl etwa 40 bis 60 Briefumschläge mit Papier besorgt habe, die jedenfalls zum Versenden der Propagandabriefe Verwendung fanden. Dass die Briefumschläge etc. für diesen Zweck bestimmt waren, wusste ich.

Am Freitag, den 12.2.43 fuhr ich abends um 20,15 Uhr nach Gaissach bei Lenggries zum Schifahren. Noch vor der Abfahrt begab ich mich etwa um 16 Uhr in die Wohnung Scholl, wo Hans Scholl oder Schmorell gerade damit beschäftigt war, die Matrizen für das Flugblatt mit der Überschrift: »Studentinnen, Studenten« bzw. »Komilitonen, Komilitoninnen« zu schreiben. Noch in meinem Beisein wurde von Scholl und Schmorell mit der Herstellung von Abzügen begonnen, es klappte aber zuerst nicht richtig und schliesslich musste ich weg, weil ich mich zur Abfahrt nach Gaissach richten musste.

Am Sonntag, den 14.2. gegen 22 Uhr kam ich von Gaissach in meine Wohnung nach München zurück. Erst am folgenden Tag gegen 18 Uhr begab ich mich in die Wohnung Scholl, wo Hans und Sophie damit beschäftigt waren, die bereits mit einer Anschrift versehenen Flugblätter (Komilitoninnen, Komilitonen) zuzukleben und postfertig zu machen. Ich habe beim Zukleben dieser sogenannten Wurfsendungen und dem Aufkleben der Briefmarken mitgeholfen. Auch Schmorell, der nachträglich zu uns kam, hat sich an dieser Arbeit beteiligt. Es waren meiner Schätzung nach 800 bis 1000 Studenten, die auf dem Postwege mit dem erwähnten Flugblatt versehen wurden. Die Adressen wurden einem Studentenverzeichnis entnommen, das ich bei Scholl liegen sah. Dieses Verzeichnis hatte einen grauen Umschlag (ist richtig, wurde bei Scholl sichergestellt). Nach Beendigung unserer Tätigkeit an jenem Abend wurden die Propagandabriefe in ein kleines Köfferchen und 2 Aktenmappen verbracht. Als wir die Wohnung Scholl verliessen, war es zwischen 23 und 23 ½ Uhr. Ich selbst trug zwei Aktenmappen mit Flugblättern, während Scholl oder Schmorell das Köfferchen mit gleichem Inhalt trug und einer derselben ausserdem die Schablone, Farbe und Pinsel. Wir begaben uns zum Postamt Ecke Kaulbach-Veterinärstrasse (Postamt 34) wo wir einen Teil, ungefähr ein Viertel der Briefe, einwarfen. Schon auf dem Wege zu diesem Postamt hatten wir einen kleinen Teil der Briefe in einen Postkasten geworfen. Vom Postamt 34 begaben wir uns zum Hauptpostamt, wo wir ungefähr die Hälfte der noch in unserem Besitz verbliebenen Briefe in den Kasten gesteckt haben. Den Rest haben wir beim Telegrafenamt am Hauptbahnhof aufgegeben. Von hier begaben wir uns über den Stachus über Lenbachplatz, Ritter v.Epp-Platz zur Buchhandlung Hugendubel, wo Scholl und Schmorell verschiedene Aufschriften anschmierten, während ich auf der Strasse auf und ab ging. Verabredet war es nicht, doch wenn jemand des Weges gekommen wäre, hätte ich Scholl und Schmorell zuvor verwarnt, bevor man sie beim Anschmieren überrascht hätte. Von der Buchhandlung Hugendubel aus gingen wir über den Wittelsbacher Platz an dem Kino »Wittelsbacher Lichtspiele« vorbei, hinüber zur Amalienstrasse. In dem Durchgang zur Amalienstrasse haben Scholl und Schmorell verschiedene Hetzparolen angeschrieben. Ob sie dabei die Schablone benützten, weiss ich nicht, da ich langsam vorausging und dies nicht gesehen habe. Bei Hugendubel wurde jedenfalls keine Schablone verwendet, das weiss ich bestimmt. Es könnte möglich sein, dass Scholl und Schmorell auf dem weiteren Weg zur Wohnung Scholl auch noch an anderen Stellen angeschmiert haben, ohne dass ich dies sah, denn ich ging mit dem Köfferchen und den zwei Mappen in der Hand immer ein kleines Stückchen voraus.

Es war mir bekannt, dass Scholl schon zu einem früheren Zeitpunkt mit Farbe und Pinsel Hetzparolen, z. B. an der Universität angeschrieben hat. Scholl hatte mir dies persönlich mitgeteilt. Ich selbst war an weiteren Schmieraktionen nicht beteiligt.

Nach dem Versand der Propagandabriefe an die erwähnten Studenten waren noch eine Menge von Flugblättern übrig, die in der Wohnung Scholl in einem Koffer verwahrt wurden. Wieviel Flugblätter es noch waren, weiss ich nicht. Bekannt ist mir dagegen, dass Scholl die Absicht äusserte, diese Flugblätter innerhalb des Universitätsgebäudes auszustreuen bzw. zur Verteilung zu bringen. Er beabsichtigte, die Flugblätter während der Vorlesungen vor den Hörsälen, auf den Gängen etc. abzulegen. Am letzten Donnerstag, vor 8 Tagen (18.2.43) befand ich mich von 10 bis 11 in der Vorlesung des Prof. Huber im Hörsaal des ersten Stockwerks der Universität. Ich habe die Vorlesung etwa um 10 Minuten von 11 Uhr verlassen, weil ich um 11,15 Uhr in der Nervenklinik in der Nussbaumstrasse sein musste. Beim Verlassen der Universität habe ich die Geschwister Scholl nicht gesehen. Wenn sie mir begegnet wären, hätte mir dies meines Erachtens auffallen müssen, da es jedenfalls nicht oft vorkommt, dass Personen mit einem Koffer die Universität betreten.

Am gleichen Nachmittag etwa um 15,15 Uhr hat mich Schmorell in meiner Wohnung angerufen und mir mitgeteilt, dass er mich eine halbe Stunde später an der Strassenecke bei der Ursulakirche in Schwabing treffen wollte. Ich begab mich nichtsahnend zu diesem Treff, wo mir Schmorell mitteilte, er habe erfahren dass in der Universität zwei Leute verhaftet worden seien beim Flugblattverteilen und habe er in der Wohnung Scholl angerufen, keine Antwort erhalten, weshalb vermute, dass man Scholl und seine Schwester verhaftet habe. Diese Vermutung (vorläufig handelte es sich nur um eine Kombination des Schmorell) hat Schmorell und auch mich stark beunruhigt. Schmorell war der Meinung, wir sollten uns vorerst einmal versteckt halten, d. h. uns des evtl. Zugriffs der Polizei entziehen und abwarten, was weiter in dieser Sache geschehe. Ich entgegnete darauf, dies sei unmöglich, denn im Falle einer Flucht käme bei uns als Soldaten der Wehrnacht sofort Fahnenflucht in Betracht, weshalb wir unsere Lage nur noch verschlimmern könnten. Nach dieser Aussprache hat Schmorell nochmals von einer Telefonzelle in Schwabing in der Wohnung Scholl angerufen, worauf sich eine Männerstimme gemeldet hat, die mitteilte, Scholl sei nicht anwesend. Nach diesem Zusammentreffen mit Schmorell fuhr ich nach Pasing, wo ich bei einer verwandten Familie (Hptm. Dr. Martin *Luible*, Exterstr. 19) zum Abendessen eingeladen war. Als ich kurz vor 24 Uhr nach Hause kam, wurde ich von bereits anwesenden Kriminalbeamten verhaftet.

Frage: Durch wen und seit wann sind Sie mit Christoph *Propst* bekannt, in welchem Verhältnis standen Sie zu ihm und in welcher Weise war dieser an der Flugblattaktion beteiligt?

Antw.: Propst wurde mir im Juni oder Juli 1942 gelegentlich eines Konzert- oder Theaterbesuchs durch Scholl Hans vorgestellt. In der Folgezeit kam ich noch etwa 4 mal im Beisein des Scholl mit ihm in Berührung. Es handelte sich durchwegs um kurze Begegnungen, nur einmal, und zwar Mitte Dezember waren wir in der Wohnung Scholl einen ganzen Abend beisammen. Das Unterhaltungsthema ist mir heute nicht mehr erinnerlich. Ob wir nebenbei politische oder militärische Tagesfragen berührten, kann möglich sein. Die politische Einstellung des Probst hat sich von der des Scholl kaum unterschieden. Ein abschliessendes Urteil möchte ich mir nicht erlauben. Ob Probst über die von uns beabsichtigten und später durchgeführte Flugblatt- und Schmieraktion unterrichtet war, weiss ich nicht, halte dies jedoch für möglich. Von meiner Seite aus hat Probst hiervon nichts erfahren.

Frage: Sind Sie mit Professor *Muth* bekannt?

Antw.: Diesen Mann kenne ich nur dem Namen nach und durch seine Bücher, die er geschrieben hat. Hans Scholl muss, wie ich seinen Erzählungen entnehmen konnte, mit Muth näher bekannt gewesen sein. Nähere Einzelheiten vermag ich hier nicht anzugeben.

Frage: Sind oder waren Sie sich bewusst, dass die verbreiteten Flugblätter ihrem Inhalte nach gegen den heutigen Staat gerichtet waren und in ihrer letzten Konsequenz darauf abzielten, die heutige Staatsform zu ändern bzw. die Wehrkraft des deutschen Volkes zu untergraben, wenn nicht unmöglich zu machen.

Antw.: Dass sich die in Frage stehenden Flugblätter gegen die heutige Staatsführung und damit gegen den heutigen Staat richteten, gebe ich ohne weiteres zu, doch war ich mir der Tragweite, die aus einer solchen Propaganda hätte erwachsen können, nicht bewusst. Insbesondere lag mir der Gedanke einer Untergrabung der Wehrkraft bei meinem Vorgehen vollkommen fern. Ich sehe ohne weiteres ein, an einer Sache beteiligt gewesen zu sein, die in der jetzigen Phase des Krieges als ein Verbrechen gegenüber der Gemeinschaft angesehen werden muss. Zu dieser Auffassung komme ich allerdings erst jetzt, nachdem ich mir über die Tragweite unserer Handlungsweise eingehend Gedanken gemacht habe. Zuvor war ich mir dessen nicht in diesem Masse bewusst, zumal ich vollkommen unter dem Einfluss des Scholl und zum Teil auch des Schmorell stand.

Aufgenommen durch: Selbst gelesen, genehmigt und
                                                          unterschrieben:

            Mohr   *Wilhelm Graf*
            KOS.
                          Anwesend: *G. Goebel*
                          BA.

Fortsetzung der Vernehmung Wilhelm Graf (Personalien wie bereits bekannt).

Frage: Schildern Sie nochmals eingehend, wie, auf wessen Anregung oder Veranlassung Sie in die Ihnen zur Last gelegten Sache hineingekommen sind?

Antwort: Ich habe gestern bereits angegeben, dass ich Scholl bei der 2. Studentenkomp. kennenlernte, dass wir bei unserem Sommereinsatz in Osten ebenfalls beisammen waren, woraus unsere kameradschaftlichen und schliesslich freundschaftlichen Beziehungen resultieren. Scholl war mir, das gebe ich ohne weiteres zu, geistig in jeder Hinsicht überlegen. Man konnte von diesem Manne etwas lernen, er war ausserordentlich kameradschaftlich, selbstlos und nicht allein mir, sondern auch den übrigen Personen seiner Umgebung gegenüber, sehr gastfreundlich. All diese Umstände brachten es mit sich, dass ich sehr häufig mit Scholl zusammenkam und ich im Laufe der Zeit mehr und mehr unter seinen Einfluss kam.

Bevor ich mit Scholl bekannt wurde, habe ich mich nie mit wirtschaftlichen oder politischen Problemen irgendeiner Art befasst. Ich war mehr für Literatur, Musik, religiöse und Berufsfragen interessiert. Auch hatte ich bis dahin wenig Verständnis für politische Zusammenhänge, weil mir jede politische Begabung und nicht zuletzt, jede Anregung hierzu fehlte. Erst durch mein Zusammenkommen und meine Unterhaltungen mit Scholl, wurde ich von diesem auf dem Umweg über einschlägige Literatur und religiöse Fragen, mit politischen Problemen bekannt gemacht. Dass ich durch Scholl, den ich als politischen Idealisten ansah, einseitig über politische Vorgänge belehrt wurde, sehe ich heute ein. Auch bin ich mir darüber im Klaren, allerdings erst jetzt, das ihm – Scholl – phantastische Pläne vorschwebten, die in ihrer Zielsetzung jeder praktischen Durchführung entbehren. Hierzu kommt, dass

Scholl mir gegenüber immer wieder äusserte, dass er nicht allein so denke, sondern, mit Persönlichkeiten in einflussreichen Stellungen bekannt sei, die seine Meinung teilen würden. Namen solcher Persönlichkeiten hat er in meinem Beisein nie genannt. Andererseits lag für mich kein Grund vor, die Behauptungen des Scholl in dieser Hinsicht anzuzweifeln.

Abschliessend möchte ich zu dieser Frage nochmals betonen, dass ich bei meinen Handlungen wesentlich von Scholl beeinflusst wurde, im Laufe der Zeit in ein gewisses Hörigkeitsverhältnis zu ihm kam und meine eigene Meinung eine untergeordnete Rolle dabei gespielt hat.

Frage: Was waren für Sie die wesentlichen, inneren Beweggründe, sich an diesem Unternehmen zu beteiligen?

Antwort: Diese Frage ist zum Teil durch die vorherige Beantwortung und Stellungnahme überholt, bzw. erläutert.

Wie bereits erwähnt, wurde ich vom Elternhause her im streng katholischen Sinne erzogen, muss jedoch hinzufügen, dass sich im Laufe meines Älterwerdens, meines Studiums und durch den Umgang mit anderen Menschen, diese christlich religiöse Bildung erweitert, vertieft und gefestigt hat. Hiervon ausgehend haben mich manche Massnahmen des heutigen Staates hinsichtlich des Verhältnisses zwischen Kirche und Staat unangenehm berührt, wenn nicht mein Missfallen oder meinen inneren Widerspruch hervorgerufen. Ich machte mir deshalb Gedanken darüber, ob es nicht Mittel und Wege gäbe, diesen Missständen zu begegnen, um diese Spannung zwischen Kirche und Staat zu beseitigen. Ich kam schliesslich zu dem Ergebnis, dass ein Ausgleich sehr wohl möglich sein müsse, wenn beide Teile bestrebt seien, ihre Fehler gut zu machen und einen Ausgleich fänden.

Wenn man in diesem Zusammenhang die Frage an mich richtet, aus welchen inneren Beweggründen ich mich an dieser staatsfeindlichen Propaganda beteiligt habe, so kann ich nur wiederholen, dass ich mich nicht aus eigenem Antrieb, sondern durch die Überredung und Beeinflussung seitens des Scholl und nicht zuletzt aus Gutmütigkeit, bezw. aus einem gewissen Dankbarkeitsgefühl, das ich Scholl gegenüber hegte, in die Sache hereinkam. Ich sehe heute ohne weiteres ein, dass ich unter dem Einfluss und der Überredungskunst eines geistig höherstehenden Menschen eine Fehler begangen habe, den ich nicht leicht wieder gutmachen kann, es sei denn, man wollte mir Gelegenheit geben, durch meinen persönlichen Einsatz an der Front dies zu versuchen, und unter Beweis zu stellen.

Frage: Ist Ihnen bekannt, dass von dem einen oder anderen der Beteiligten bei den nächtliche Schmierereien Waffen mitgeführt wurden?

Antwort: An jenem Abend, glaublich am 15.2.43, als Scholl, Schmorell und ich die Propagandabriefe zu verschiedenen Postämtern brachten, und anschliessend die Hetzparolen am Gebäude der Buchhandlung Hugendubel und an anderen Stellen anschmierten, hat Scholl vor Verlassen derselben geäussert, wenn er eine Waffe bei sich führe, fühle er sich sicherer. Ob Scholl dann tatsächlich eine Waffe mitgenommen hat, weiss ich nicht, kann aber möglich sein. Ich selbst hatte jedenfalls keine Waffe bei mir.

Frage: Kennen Sie einen Leutnant Scheringer aus Ulm, wenn ja, wodurch, und was haben Sie von ihm gehört?

Antwort: Diesen Namen höre ich nun zum Erstenmal. Auch die mir soeben bekanntgegebenen Zusammenhänge sind mir vollkommen fremd.

Frage: Sind Sie mit einem Prof. Huber bekannt?

Antwort: Ich bin nur flüchtig mit einen Prof. Huber bekannt, weil ich Vorlesungen und Übungen bei ihm belegt habe. Ich kann mich erinnern, dass Prof. Huber im Dez. 1942 an einem Nachmittag von Scholl und seiner Schwester zum Tee eingeladen war. Ich kam an diesem Nachmittag zufällig in die Wohnung Scholl und hörte, dass Prof. Huber komme, weshalb auch ich bei Scholl blieb, zumal ich um diese kalte Jahreszeit öfters die Nachmittagsstunden bei Scholl verbrachte, um bei mir die Beheizung meines Zimmers zu sparen. Meiner Schätzung nach, hielt sich Prof. Huber 1 ½ – 2 Stunden bei den Geschwistern Scholl auf. Wer ausserdem noch anwesend war, weiss ich nicht mehr. Ich kann mich erinnern, dass er (Huber) von seinen Kindern erzählt hat. Welche anderen Gebiete bei dieser Unterhaltung berührt wurden, vermag ich heute nicht mehr anzugeben, insbesondere weiss ich auch nicht mehr, ob über politische Themen gesprochen wurde.

Frage: Kennen Sie die Familie *Hirzer* aus Ulm?

Antwort: Ich kann mich erinnern, dass zwischen Sophie und Hans Scholl dieser Name einmal genannt wurde, ohne jedoch über Einzelheiten unterrichtet zu sein oder zu wissen, wer damit gemeint ist.

Frage: Seit wann und durch wen wurden Sie mit dem Studenten *Falk*, wohnhaft in München, Siegfriedstr. 15 bekannt, in welchem Verhältnis stehen Sie zu ihm usw.?

Antwort: Friedrich Falk lernte ich meines Wissens im Herbst 1940 durch den jetzigen Wehrmachtsangehörigen Dr. Hermann Krings, früher Assistent am Philosophischen Seminar in München, kennen. Seit ich wieder, nach dem Osteinsatz, dauernd in München bin (Anfang Dezember 42) kam ich des öfteren, insgesamt 4–5x, entweder in der Wohnung des Krings und einmal in meiner Wohnung, mit Falk zusammen. Ich versichere ausdrücklich, dass Falk und auch Krings von unserer staatsfeindlichen Propaganda nicht die geringst[e] Ahnung hatten. Als Falk Anfang Februar 1942 zu einem Panzergrenadier-Rgt. nach Augsburg einberufen wurde, begab ich mich zum Wehrbezirkskommando München I und habe dort zuerst bei einem Unteroffizier und später bei einem Inspektor die Bitte ausgesprochen, man möge Falk zu einem Münchner Ers.-Truppenteil einberufen, weil dies aus gesundheitlichen Gründen des Falk besser sei, da er öfter unter ärztlicher Betreuung stehe und ausserdem seine Eltern hier wohnhaft seien. Ausser mir hat in der gleichen Angelegenheit auch der Unteroffizier *Sahm*, z.Zt. Siegfriedstr. 18 / IV wohnhaft, beim Wehrbezirkskommando München I vorgesprochen. Auch Sahm ist zur Fortsetzung seines Studiums nach München beurlaubt. Zuvor befand er sich als Verwundeter in einem Lazarett, bezw. bei einem Gebirgsjägerregiment im Kaukasus. Auch Sahm hat mit der staatsfeindlichen Tätigkeit nichts zu tun. Krings, Falk und Sahm sind mit Scholl, dessen Schwester und Schmorell nicht bekannt, wenigstens soweit ich unterrichtet bin. Ich halte es für vollkommen ausgeschlossen, dass sich Scholl beim Wehrbezirkskommando für Falk verwendet hat. Insoweit muss ein Irrtum, oder Personenverwechslung vorliegen.

Aufgenommen: Selbst gelesen u. unterschrieb.:   Anwesend:
Mohr   *Wilhelm Graf*   *Schuster*
KOS.   Verw.Ang.

II A/So Mo.   München, den 1. März 1943

Fortsetzung der Vernehmung des Wilhelm Graf (Personalien wie bereits bekannt).

Frage: Ende Juli 1942 vor Ihrer Abstellung nach Russland fand im Atelier des *Eickemayer* in der Leopoldstrasse eine Abschiedsfeier statt, an welcher auch Sie teilnahmen. Wer war ausser Ihnen an dieser Feier beteiligt und welche politischen Themen wurden dabei besprochen?
Antwort: Zu dieser Feier wurde ich durch Hans *Scholl* eingeladen. Ausser diesem waren anwesend, dessen Schwester Sophie Scholl, der Architekt Eickemayer, Schmorell, Professor *Huber* und meines Wissens auch *Probst*. Wer die übrigen zwei oder drei Personen waren, weiss ich heute nicht mehr. Der Name Otto *Aicher* ist mir vollkommen fremd. Dagegen wurde der Name *Hirzel* einmal bei einem Gespräch zwischen Sophie und Hans Scholl genannt, ohne dass mir die Zusammenhänge noch erinnerlich wären.
An Einzelheiten der Unterhaltung an jenem Abend kann ich

mich heute nicht mehr erinnern. Nachdem mir die diesbezüglichen Angaben des Professor Huber vorgehalten wurden, gebe ich die Möglichkeit zu, dass solche und ähnliche Themen behandelt wurden. Ich glaube mich nun entsinnen zu können, dass Schmorell hinsichtlich des Einsatzes an der Front den Standpunkt vertrat sich passiv zu verhalten, welcher Auffassung von den übrigen Anwesenden widersprochen wurde. Meines Wissens habe ich mich an diesen Debatten überhaupt nicht oder kaum beteiligt.

Frage: Kennen Sie einen Professor Dr. *Mertens*, wenn ja, in welchem Verhältnis stehen Sie zu ihm usw.?

Antwort: Ein Professor dieses Namens ist mir lediglich als Herausgeber der »Münchner medizinischen Wochenschrift« bekannt. Persönlich kam ich mit diesem Mann nie in Berührung. Auch ist mir nicht bekannt, dass die Geschwister Scholl mit Dr. Mertens Umgang pflegten.

Frage: Kurz nach Neujahr 1943 besuchten Sie gemeinsam mit Hans Scholl Professor Dr. Huber in seiner Wohnung und unterhielten sich mit Huber über die Zweckmässigkeit der Herstellung von Flugblättern. Erzählen Sie nun was Sie von dieser Besprechung wissen?

Antwort: Dass diese Unterredung zwischen Huber, Scholl und mir stattgefunden hat, ist richtig. Meines Wissens traf ich damals an einen Samstagnachmittag mit Scholl in dessen Wohnung zusammen, worauf er mir den Vorschlag machte, zusammen mit ihm nach Gräfelfing zu fahren, um bei Professor Dr. Huber einen Besuch zu machen. Ich war zuerst der Meinung, es handle sich um einen sogenannten Anstandsbesuch. Bei der späteren Unterredung mit Huber ist m. W. erstmals von Flugblättern gesprochen worden, worüber ich zunächst überrascht war. Scholl schilderte Professor Huber die allgemeine wirtschaftliche, politische und militärische Lage, die er als für uns äusserst ungünstig und gefährlich ansah. Er vertrat dabei den Standpunkt, das Volk bzw. die breite Masse, entsprechend aufzuklären, denn in breiten Teilen der Bevölkerung bestehe infolge der einseitigen Propaganda das Gefühl der unbedingten Sicherheit, die den gegebenen Verhältnissen in keiner Weise gerecht sein würde.

In diesem Zusammenhang wurde von Scholl die Möglichkeit der Herstellung und Verbreitung von Flugblättern erwogen, um dadurch die Bevölkerung aufzuklären. *Huber* sprach sich zunächst gegen eine Flugblattpropaganda aus und zwar, weil dieses Mittel nicht geeignet sei an die breite Masse heranzukommen und zwar schon aus technischen Schwierigkeiten, zumal keine Druckerei zur Verfügung stehe, ferner aus Materialmangel und schliesslich, weil es immerhin eine gewagte Sache sei und das Flugblatt an und für sich infolge des früheren Missbrauchs mit diesen, seinen politischen Propagandawert eingebüsst habe. Huber kam schliesslich zu dem Schluss, er wolle sich die Sache nochmals überlegen und dann seine Meinung äussern. Schon zuvor hat Scholl in seiner Begeisterung den Versuch gemacht, Hubers Bedenken zu zerstreuen und der Auffassung Ausdruck verliehen, dass die Herstellung und Verbreitung von Flugblättern die beste und erfolgreichste Möglichkeit darstellen würde, das Volk aufzuklären.

Über Einzelheiten der technischen Durchführung wurde von Scholl hervorgehoben, dass man zur Herstellung der Flugblätter sich eines Viervielfältigungsapparats bedienen und die Flugblätter durch Postversand und Ausstreuen breiten Teilen der Bevölkerung zugänglich machen müsse. Ich erinnere mich nicht, dass in diesem Zusammenhang auch von dem Text solcher Flugblätter die Rede war. Dagegen wurde davon gesprochen die Propaganda auf Süddeutschland zu beschränken.

Frage: Wann wurde Ihnen *Harnack* vorgestellt, was wissen Sie von ihm und in welchem Verhältnis standen Sie zu ihm?

Antwort: Am 9. oder 10.2.43 nachmittags, zwischen 16 und 17 Uhr kam ich zufällig in die Wohnung Scholl, wo um diese Zeit ein gewisser Harnack, etwa 30 Jahre alt, anwesend war. Derselbe wurde mir vorgestellt und bei der folgenden kurzen Unterredung erfuhr ich, dass er früher einmal in München

Volkswirtschaft studiert hat. Wenige Minuten nach mir kam eine Dame (Name bekannt) und hat Harnack abgeholt. Am nächsten oder übernächsten Tag, meines Wissens ein Donnerstag (11.2.43) vormittags kurz nach 11 Uhr begab ich mich zur Wohnung Scholl, nachdem mir Hans Scholl nach der Vorlesung gesagt hatte, ich solle mit ihm kommen, Harnack komme vorbei. Als wir an die Scholl Wohnung kamen, standen Schmorell und Harnack bereits vor der Tür. Einige Minuten später kam auch Professor Huber.

Nach dem Erscheinen des Huber wurde dieser durch Scholl vorgestellt und anschliessend erwähnte Scholl ohne jede Überleitung bzw. Einleitung, Harnack möge nun einmal in diesem Kreis seine Gedanken und Pläne hinsichtlich der ihm vorschwebenden Staatsform entwickeln. Harnack führte ungefähr dem Sinne nach aus, dass die künftigen Staaten Europas autoritäre Staatsformen erhalten müssten, in welchen die Industrie und Wirtschaft, besonders aber die Schwerindustrie sozialisiert sein solle, denn dies sei die einzige Möglichkeit in den Staaten Ansehen und Wohlstand wieder herzustellen. Als Beispiel hat er verschiedentlich auf Russland und die Verstaatlichung von Reichsbahn und -post verwiesen. Huber widersprach dieser Auffassung und vertrat die Meinung, dass diese Entwicklung in letzter Konsequenz die Zerstörung des Mittelstandes und die Aufhebung des Privateigentums mit sich bringe. Scholl war gleicher Ansicht. Trotz des Widerspruchs liess sich Harnack nicht von seinen Plänen abbringen. Er brachte weiter vor, zu Gunsten einer zentral geführten und verwalteten Wirtschaft müsse man eben auf den Mittelstand und Privateigentum verzichten. Huber gab darauf zur Antwort: »Ja, wenn das so käme, dann hätten wir Verhältnisse wie im bolschewistischen Russland, das wäre ja furchtbar.«

Harnack erwähnte im weiteren Verlauf der Unterhaltung, in Berlin habe es Kreise und Gruppen gegeben, die bis in die höchsten Stellen vertreten gewesen seien, die sich mit diesen Problemen befasst hätten. Auch sein (Harnacks) Bruder sei in die Sache verwickelt gewesen. Daraus habe ich geschlossen, dass die Berliner Gruppen ausgehoben und womöglich gerichtlich belangt wurden.

Ich habe dieser Unterredung etwa eine Stunde lang beigewohnt und mich entfernt noch bevor sie beendet war. Ich war bei dieser Aussprache mehr Zuhörer, denn ich bin dabei kaum zu Worte gekommen. Ich weiss nur noch, dass ich gegen den Gedanken einer Sozialisierung Stellung genommen habe.

Frage: Ich muss nochmals die Frage an Sie richten, ob Sie zur Finanzierung der Flugblattaktion irgendwie beigetragen haben?

Antwort: Ende Januar, es war in der letzten Januarwoche, als eine grössere Anzahl Propagandabriefe postfertig gemacht werden sollten, ging Scholl von seiner Wohnung weg, um Briefmarken zu kaufen. Er zählte zuerst sein Geld nach und musste feststellen, dass sein Bargeld für die gewünschte Menge Briefmarken nicht ausreichte. Er bat mich deshalb ihm Geld vorzustrecken, worauf ich ihm RM. 50.– ausgehändigt habe. Ich war der Meinung, diesen Betrag wieder zurückzuerhalten, zumal ich mit den mir zur Verfügung stehenden Barmitteln haushalten muss, bzw. nichts übrig habe.

Es ist mir bekannt, dass auch Schmorell die Sache finanziell unterstützt hat, mit welchen Beträgen, weiss ich allerdings nicht. Andere Geldgeber sind mir, ausser Scholl, nicht bekannt.

Frage: In der Zeit vom 21. bis 25.1.43 hielten Sie sich in Bonn auf. Was war der Grund dieser Reise und mit wem kamen Sie in Bonn oder anderen Orten des Rheinlandes etc. in Berührung?

Antwort: Ich habe schon einmal angegeben, dass ich mich mit der Absicht trug, demnächst ein Fechtturnier in München zu veranstalten. Aus diesem Grund fuhr ich nach Bonn, um mich mit den in Betracht kommenden Partnern zu besprechen. Nebenbei wollte ich bei dieser Reise eine Freundin von mir, Frl. Marita *Herfeldt*, wohnhaft in Bonn, Poppelsdorferallee 98/I, besuchen. Ich fuhr am 20. oder 21.1.43 um 23 Uhr in München weg und kam an einem dieser Tage (genau weiss ich den Tag nicht mehr) in den Mittagstunden in Bonn an. Bis zu meiner Wegfahrt am Samstag, den 23.1.43 morgens gegen 7 Uhr wohnte ich in Bonn bei meinem Studienfreund Karl *Bisa*, wohnhaft bei seiner Mutter, Luisenstr. 9. Auch Bisa ist Wehrmachtsangehöriger, zur Fortsetzung seines Studiums beurlaubt und gehört der Studentenkompanie Bonn an. Ausser mit Bisa und seiner Mutter kam ich in Bonn noch mit folgenden Personen in Berührung, Frl. Herfeldt, einem Herrn *Eckrath*, ebenfalls Student und Wehrmachtsangehöriger, nähere Anschrift unbekannt, einem Herrn *Jacobs* Heinrich, ein Bekannter des Frl. Herfeldt, mit einem jungen Soldaten, der wenige Tage später nach Russland abgestellt wurde, dessen Name mir entfallen ist, es handelte sich um einen Bekannten der Familie Bisa.

Von Bonn fuhr ich am 23.1.41 nach Freiburg i. Br., wo ich am Nachmittag, zwischen 16 und 18 Uhr ankam. Dort wollte ich einen Studienfreund namens Rudi *Alt*, wohnhaft in Freiburg, Ludwigstr. 22?, besuchen, den ich aber nicht antraf. Statt dessen besuchte ich den Medizinstudenten Helmut *Bauer*, der aus Saarbrücken, meiner Heimat, stammt und habe mit diesem den Abend verbracht. Übernachtet habe ich bei Geschwister *Kistner*, Schwarzwaldstr. 100 oder 108. Bei Kistner wohnte früher und auch jetzt noch ein Bekannter von mir, Dr. Heinz *Bollinger*, der aber nicht anwesend war. Mit anderen Personen, als den angegebenen, kam ich in Freiburg nicht zusammen. Am 24.1.43 gegen 10 Uhr, fuhr ich in Freiburg weg und kam nach kurzer Unterbrechung in Ulm in der Nacht vom 24./25.1.43 um 1 Uhr München an.

In Ulm hielt ich mich von etwa 15 bis 22 Uhr bei Dr. Max *Müller*, wohnhaft in Ulm, Wilhelm-Murr-Str. (Nr. unbekannt) auf. Müller ist Regierungsrat und zwar beim Arbeitsamt in Ulm. Ausserdem traf ich hier bei Müller Dr. Heinz Bollinger aus Freiburg.

Frage: Bei der Besprechung zwischen Ihnen, Scholl und Dr.

Huber in der Wohnung des letzteren Anfang Januar 1943 haben Sie sich selbst erboten, Ihre Beziehungen zum Rheinland etc. dazu auszunützen, die in Frage stehenden Flugblätter zu verbreiten. Es ist daher naheliegend, wenn nicht mit Sicherheit anzunehmen, dass Ihre Reise nach Bonn, Freiburg i. Br. und Ulm in der Hauptsache diesem Zweck gedient hat. Ich frage Sie daher mit welchen Personen Ihres Bekanntenkreises Sie während Ihres Aufenthalts an den genannten Orten wegen der Verbreitung von Flugblättern in Verbindung traten?

Antwort: Ich gebe zu, dass ich auf Anregung des Hans Scholl diese Reise nach Bonn und Freiburg unternommen habe, um dortselbst Mittelsleute aus meinem Bekanntenkreis zu suchen, die sich evtl. an der Verbreitung unserer Flugblätter beteiligen würden. Die Fahrtkosten habe ich aus meiner Tasche bestritten.

Ich versichere meinen Bekannten in Bonn gegenüber mit keinem Wort von unserer Flugblattpropaganda gesprochen zu haben. Ich habe das deshalb nicht getan, weil ich es nicht fertig brachte, diese Menschen mit dieser Angelegenheit zu belasten. Dagegen muss ich zugeben, mit Dr. Heinz Bollinger, den ich in Freiburg suchte, aber erst in Ulm antraf, über die Sache gesprochen und aufgefordert zu haben, sich an der Verbreitung der Flugblätter zu beteiligen. Da Bollinger aus seiner grundsätzlichen Einstellung heraus es ablehnte sich mit der Sache zu befassen, habe ich ihm keines der Flugblätter, wovon ich drei Exemplare bei mir hatte, gezeigt.

Ich wollte Bollinger dazu überreden, sich an einer Aktion zu beteiligen, die von mir durchgeführt wird und gegen den heutigen Staat gerichtet ist. Ich hab ihm auch mitgeteilt, dass an dieser Aktion nicht nur ich, sondern auch andere Personen aus München beteiligt seien. Es handle sich um eine Propaganda, die gleichzeitig in mehreren Städten Süddeutschlands einsetzen solle, weshalb er – Bollinger – die Verbreitung der Flugblätter, die von uns geliefert würden, übernehmen solle. Ohne mich richtig zu Wort kommen zu lassen, erklärte mir Bollinger, dass er grundsätzlich mit einer solchen Sache nichts zu tun haben wolle. Dadurch kam ich überhaupt nicht dazu, ihm eine nähere Begründung für unser Vorgehen zu erklären.

Ich wiederhole nochmals, dass ich wegen der Verbreitung von Flugblättern in Bonn mit niemanden gesprochen habe.

Aufgenommen: S. g. u. u.
  Mohr   *Wilhelm Graf*
    KOS
                        Anwesend:
                      Elfriede Maier

―――――――

München, den 2. März 1943

Zur Fortsetzung der Vernehmung aus Polizeihaft vorgeführt erscheint

Wilhelm *Graf* (Personalien bereits bekannt)

und machte auf Befragen folgende weitere Angaben:

Frage: Ich richte nochmals die Frage an Sie, genaue und wahrheitsgetreue Angaben darüber zu machen, mit wem Sie bei ihrer Reise nach Bonn, Freiburg i. Br. und Ulm wegen der Verbreitung von Flugblättern in Verbindung traten bezw. mit wem Sie überhaupt über die Herstellung und Verbreitung von Flugblättern gesprochen haben?

Antwort: Bei Herstellung der Flugblätter mit der Überschrift »Widerstandsbewegung in Deutschland«, es war dies ungefähr Mitte Januar 1943, wurde von Hans *Scholl* der Vorschlag gemacht, diese Flugblätter gleichzeitig in verschiedenen Städten Süddeutschlands zu verbreiten, um dadurch eine grössere Wirkung zu erzielen und gleichzeitig den Eindruck zu erwecken als handele es sich hier um eine grosse weltverzweigte Organisation. Bei diesen Erwägungen wurde ich vom Scholl aufgefordert, wegen der Verbreitung von Flugblättern mit meinen Freunden und Bekannten meiner Heimat und dem

428

Rheinland in Verbindung zu treten, wenigstens aber den Versuch zu machen, aus meinem Freundeskreis Personen für unsere Sache zu gewinnen. Ich habe Scholl gegenüber mein Einverständnis dazu gegeben, nach Bonn fahren zu wollen um dort zu sehen, was zu machen sei. Am 20. oder 21.1.43 habe ich mich dann, wie bereits angegeben, auf den Weg nach Bonn gemacht. Ich wollte in Bonn zunächst einmal die Stimmung erkunden und feststellen, wer von meinen Freunden und Bekannten evt. zur Mithilfe bezw. Verbreitung der Flugblätter in Betracht komme. Sobald ich dem Einfluß des Scholl entzogen war, also schon auf der Fahrt nach Bonn, kamen mir verschiedene Bedenken. So kam ich auf den Gedanken, meine Bonner Freunde könnten die jetzigen Verhältnisse mit anderen Augen sehen und seien deshalb für meine Pläne nicht zugänglich. Ausserdem dachte ich an die Gefahr, die darin beruhe, andere Personen in unsere Sache einzuweihen und einen möglichen Verrat. Schliesslich kamen mir aber auch Gedanken darüber, meine Freunde mit dieser Sache nicht belasten zu dürfen.

Vor meiner Abfahrt in München dachte ich zuerst an meinem Freund *Bisa*, der vielleicht mit seinen Freunden zur Mitarbeit in Betracht käme, obwohl ich mir über die politische Einstellung des Bisa nicht im Klaren war. Früher gehörte er der SA an, weshalb es vor allem notwendig gewesen wäre, seine jetzige politische Einstellung zu erkunden.

Als ich in Bonn ankam, mich in einer anderen Umgebung befand und vor allem sah und hörte, dass Bisa gerade mit der Ablegung des Staatsexamens sehr stark beschäftigt war und weiterhin feststellen musste, dass Bisa die politischen und militärischen Verhältnisse günstiger beurteilt hat als ich, kam ich vollkommen von meinem ursprünglichen Gedanken ab, ihn irgendwie mit der Sache zu befassen. Hinzu kam, dass Bisa durch seine monatelange Vorbereitung zum medizinischen Examen um diese Zeit politischen Themen kaum zugänglich war.

Fräulein *Herfeldt*, deren Mitarbeit ich schon garnicht in Erwägung zog, weil ich sie als Frau für ungeeignet hielt, war ausserdem um diese Zeit damit beschäftigt, ihre Doktorarbeit zu machen. Ebenso befindet sich mein Studienfreund Heinrich *Jacobs* gegenwärtig ebenfalls im medizinischen Staatsexamen.

Meine gestrige Vernehmung zu diesem Punkt habe ich insofern zu ergänzen, als ich während meines Aufenthalts in Bonn meinen früheren Studienfreund Dr. Adolf *Lossen*, Feldw. bei der 2 / San.Ers.Abtlg. 6 in Hamm / Westf., in Bonn zufällig auf der Strasse traf und mich vielleicht eine ¼ Stunde lang über persönliche Dinge unterhalten habe.

Als ich in München wegfuhr hatte ich schon die Absicht, auf dem Rückweg von Bonn über Freiburg zu fahren um dort evt. den mir bekannten *Bollinger* als Mitarbeiter bezw. Verbreiter von Flugblättern zu gewinnen. Durch Bollinger hoffte ich, vielleicht noch andere zur Verbreitung der Flugblätter oder Mitarbeit in Betracht kommende Personen kennenzulernen. Heinz Bollinger ist in meinem Alter, wohnte früher bei seinen Eltern in Saarbrücken, meiner Heimat und ist ein Schulfreund von mir. Die politische Einstellung des Bollinger und sein Verhalten zum heutigen Staat war mir nicht bekannt. Ich wusste lediglich, dass er guter Katholik ist und einer religiös eingestellten Familie entstammt. Auch bei ihm musste ich die inneren Voraussetzungen einer evt. Mitarbeit zuerst erkunden.

Frage: Schildern Sie mir nun, in welcher Weise Sie Bollinger über Ihre Flugblattaktion informierten und wie sich die diesbezügliche Unterhaltung abgespielt hat?

Antwort: Wie bereits erwähnt, traf ich Bollinger in Freiburg i. Br. nicht an, erfuhr aber dort, dass er sich besuchsweise bei Dr. Max *Müller* in Ulm aufhalte. Um ihn doch noch anzutreffen, unterbrach ich auf der Rückfahrt nach München die Fahrt in Ulm, begab mich in die Wohnung Müller, wo Bollinger anwesend war. Max Müller war mir bis dahin als Dozent der Freiburger Universität nur dem Namen nach bekannt. Am Nachmittage des 24.1.43 zwischen 15 und 16 Uhr kam ich in der Wohnung Müller an, wo ausser Müller und Bollinger niemand anwesend war. Wir haben uns gemeinsam über persönliche und wissenschaftliche Fragen unterhalten, gingen gegen 18 Uhr 30 in ein in der Nähe befindliches Lokal zum Abendessen und anschliessend wieder in das möbl. Zimmer des Müller zurück. Während der folgenden Unterhaltung, vielleicht auch schon vor dem Abendessen habe ich das Gespräch durch Fragen auf politische, wirtschaftliche und militärische Fragen gelenkt, wenigstens habe ich den Versuch dazu gemacht. Dabei habe ich feststellen müssen, dass die Gesprächspartner die Verhältnisse von einer günstigeren Seite aus sahen, als dies bei mir der Fall war. Auf meine Frage, wie man die militärische Lage in Russland beurteile, vertrat Müller die Auffassung, die augenblicklichen Schwierigkeiten seien als eine vorübergehende Erscheinung zu bewerten, die sich in den kommenden Monaten würde beheben lassen. Aus seiner eigenen Erfahrung als Ressortleiter für den Arbeitseinsatz erzählte Müller von der grossen Menge von Arbeitskräften, die in planvoller Weise in der Industrie und Wirtschaft eingesetzt würden, weshalb mit wirtschaftlichen Schwierigkeiten keinesfalls zu rechnen sei. Bollinger hat, wie ich feststellen konnte die Auffassung des Müller zu diesen Fragen geteilt. Schon dadurch kam ich auf den Gedanken, dass Bollinger und auch Müller für meine Pläne (Mitarbeit bei einer staatsfeindlichen Aktion) nicht in Frage kommen würden. Als kein richtiges Gespräch mehr in Gang kam, haben wir dann bis etwa 1 Stunde vor Abgang meine Zuges Schach gespielt.

Gegen 24 Uhr haben Bollinger und ich die Wohnung des Müller verlassen. Bollinger begleitete mich zu Bahn und wartete hier in meiner Gesellschaft bis zur Abfahrt meines Zuges gegen 1 Uhr früh.

Auf dem Wege zum Bahnhof brachte ich das Gespräch auf weltanschauliche und religiöse Fragen, wobei ich den Gegensatz zwischen Kirche und dem heutigen Staat in den Vordergrund stellte. Ich wiess besonders darauf hin, in welcher Weise man die Klöster und Ordensleute in Deutschland behandele, wie man die Tätigkeit der Kirche oder vielmehr das religiöse Leben mehr und mehr aus dem öffentlichen Leben besonders aus den Schulen verdränge. Ich hatte den Eindruck, dass Bollinger mit dieser Entwicklung ebenfalls nicht einverstanden ist, denn er stimmte mir zu. Im weiteren Verlauf unserer Unterhaltung erzählte ich ganz allgemein, in Süddeutschland seien Strömungen im Gange, die zunächst einmal darauf hinzielten, diese Mißstände der breiten Masse klarzulegen um dadurch eine Änderung der innenpolitischen Verhältnisse herbeizuführen. Ich erwähnte ausdrücklich, dass ich selbst bei dieser Aufklärungsarbeit mitmache, es sei in nächster Zeit an eine Flugblattaktion gedacht, die sich hauptsächlich auf Süddeutschland erstrecke. Um Bollinger zu beeindrucken erklärte ich weiter, dass weite und auch einflussreiche Kreise an diesem Unternehmen beteiligt seien. Namen nannte ich dabei nicht.

Ich forderte Bollinger dann auf, sich an dieser Sache zu BETEILIGEN, damit gerade in Freiburg, wie in vielen anderen süddeutschen Städten jemand vorhanden sei, der sich dafür einsetze. Die Flugblätter selbst würden ihm von München zugebracht, er brauche dann nur für die Verbreitung zu sorgen. Die Flugblätter sollten durch die Post an die verschiedensten Volksschichten versandt werden, das Porto solle er dann selber bestreiten.

Dieses Ansinnen wies Bollinger zurück und zwar mit den Worten: »Für so etwas gebe ich mich nicht her«. Er erklärte weiter, eine Flugblattaktion sei nicht der richtige Weg, die vorher angezeigten Schwierigkeiten zu beheben, das bringe die Zeit mit sich. Ausserdem müsse man eine Änderung oder Klärung den dazu berufenen Leuten überlassen. Unter dem Begriff »berufenen Leuten« verstand ich, berufene Regierungs- oder Partei- bezw. kirchlichen Stellen. Wegen der ablehnenden Stellungnahme des Bollinger habe ich davon abgesehen, ihm eines der Flugblätter zu zeigen. Ausserdem habe ich ihn nicht darüber aufgeklärt, inwieweit die Sache schon vorbereitet sei.

Als ich einsehen musste, dass Bollinger nicht zur Mitarbeit bei unserer Flugblattaktion zu gewinnen war, habe ich ihn schliesslich gebeten, stillschweigen zu bewahren und keinem Menschen etwas von dieser Sache zu sagen. Er gab mir zu verstehen, mit welchen Worten weiss ich nicht mehr, dass er meiner Bitte, zu schweigen, nachkomme.

Nach meiner Rückkehr nach München habe ich Hans Scholl mitgeteilt, dass ich auf der Suche nach Mitarbeitern keine Erfolg gehabt hätte, den es habe sich niemand finden lassen, der bereit gewesen wäre, bei unserer Aktion als Verbreiter von Flugblättern mitzuwirken.

Ich erkläre ausdrücklich, dass durch mich, ausser Bollinger, niemand in unsere Pläne und Absichten eingeweiht wurde. Bollinger wusste wohl, wenigstens konnte er dies meiner Darstellung entnehmen, dass die erwähnte Propagandaaktion in mehreren Städten Süddeutschlands in Vorbereitung ist, wenn er auch über Einzelheiten und den Stand der Dinge nicht unterrichtet war. Flugblätter habe ich Bollinger nicht gezeigt, obwohl ich bei der Begegnung mit ihm einige in der Tasche bei mir führte. Auch habe ich ihm nicht gesagt, dass die Flugblätter schon hergestellt seien und zu jeder Zeit der Öffentlichkeit zugänglich gemacht werden könnten.

Frage: Es sind Anhaltspunkte dafür vorhanden, dass Sie nicht nur am Abend des 15.2.43 (Nacht vom 15./16.2.43), sondern auch in der Nacht vom 8./9.2.43 gemeinsam mit Hans *Scholl* an einer Schmieraktion beteiligt waren. Wollen Sie nicht auch in diesem Punkt endlich aus der Reserve treten und die Wahrheit sagen?

Antwort: Verabredungsgemäss traf ich am Abend des 8.2.43 gegen 23 Uhr, vielleicht auch etwas später, mit Hans Scholl an dessen Wohnung, Franz Josephstrasse 13, zusammen. Scholl war mit einem Farbkübel und Pinsel ausgestattet, welche Gegenstände er, in ein Papier eingewickelt, in der Hand hatte. Wir gingen von der Wohnung Scholl aus durch die Franz Joseph-Leopoldstrasse zur Universität, wo Scholl sofort begann am

Eingang (Ludwigstrasse) die bekannten Aufschriften anzuschmieren. Meines Wissens hat er 4 oder 5 Mal mit sehr grossen Buchstaben das Wort »Freiheit« angeschrieben. Während der Tätigkeit des Scholl ging ich vor dem Brunnen bezw. der Anlage vor dem Universitäts-Eingang auf und ab um Scholl vor einer etwaigen Überraschung zu schützen. Es war an diesem Abend ziemlich dunkel, habe aber trotzdem die von Scholl angeschmierten Aufschriften gesehen, denn ich ging ab und zu an den Eingang zur Universität hinüber, um mich von dem Stand der Dinge zu überzeugen. Dass Scholl bei der gleichen Gelegenheit, unter Verwendung einer Schablone auch die Worte »Nieder mit Hitler« am Eingang zur Universität angeschrieben hat, habe ich nicht wahrgenommen. Auch die Schablone habe ich an diesem Tag nicht gesehen.

Von der Universität gingen Scholl und ich nachhause, es war dies etwa um 1 Uhr früh.

Sonstige sachdienliche Angaben habe ich nicht mehr zu machen.«

Aufgenommen: S.g.u.u.
Mohr   *Wilhelm Graf*
KOS.

II A/So. Mo.   München, den 4. März 1943

Aus Polizeihaft zur Vernehmung vorgeführt macht
    Graf Wilhelm (Pers. bereits bekannt)
nach Befragen folgende Angaben:
    Frage: Kennen Sie einen *Janicek* oder *Janitschek* Student und San. Feldwebel, einer der Studentenkompanien in München?
    Antwort: Ich gehöre der 2. Studentenkompanie an, die in der Bergmannschule in München untergebracht ist. Im vorigen Sommer habe ich etwa vier bis sechs Wochen in der Bergmannschule gewohnt. Ein Student oder San. Feldwebel na-

434

mens Janicek oder Janitschek ist mir nicht bekannt und vermag ich auch nicht anzugeben, ob ein Mann dieses Namens meiner Kompanie angehört.

Frage: Kennen Sie einen Dr. *Grimminger* aus Stuttgart, wenn ja, durch wen wurden Sie mit ihm bekannt usw.?

Antwort: Dieser Name ist mir durch Hans Scholl bekannt. Ich erinnere mich, dass Scholl gelegentlich einmal von einem Bekannten Grimminger sprach, ohne heute noch zu wissen in welchem Zusammenhang dieser Name genannt wurde. Auch ist mir nicht bekannt, in welchem Verhältnis Scholl zu Grimmger stand. Wenn mir vorgehalten wird, dass Dr. Grimminger nach den eindeutigen Feststellungen zur Finanzierung der Flugblattaktion beigetragen hat, so kann ich nur versichern, davon bis jetzt nichts gewusst zu haben. Um den finanziellen Teil, der von uns getriebenen Propaganda, habe ich mich nicht gekümmert. Wie bereits angegeben, habe ich lediglich einmal einen Betrag von RM 50.-- an Hans Scholl zum Ankauf von Briefmarken gegeben. Bei der Hingabe des Geldes hoffte ich, diesen Betrag wieder zurückzuerhalten.

Frage: Sind Sie mit einem Schriftsteller *Bergengruen* und einem Physiker *Sommerfeld* (Universität München) bekannt?

Antwort: Den Schriftsteller Bergengruen kenne ich nur als Herausgeber verschiedener Bücher und weiss, dass er irgendwo in Süddeutschland lebt. Mit diesem Mann kam ich noch nie in persönliche Berührung. Auch der Physiker Sommerfeld ist mir nur dem Namen nach bekannt. Ich weiss, dass er früher an der Universität in München Vorlesungen gehalten hat und sich auf dem Gebiete der modernen Physik Verdienste erworben hat.

Zwischen Scholl und mir war höchsten einmal von dem Schriftsteller Bergengrün und zwar im Zusammenhang mit seinen Büchern die Rede.

Wenn mir vorgehalten wird, dass Scholl einem Mitbeteiligten der Propagandaaktion gegenüber geäussert habe, Bergengrün und Sommerfeld »gehören auch zu uns,« so kann ich nur angeben, dass Scholl mir gegenüber derartiges nicht behauptet hat. Mir ist jedenfalls nicht bekannt, dass diese beiden Männer mit unserer Sache irgendwas zu tun hatten. Hier muss ich ausdrücklich bemerken, dass ich über den Bekanntenkreis und die Beziehungen des Scholl nicht restlos informiert war.

Frage: Zum Schlusse Ihrer Vernehmung richte ich die Frage an Sie, ob Sie nicht von sich heraus noch irgendetwas anzugeben haben, das Sie bisher verschwiegen und zur Klärung des Sachverhalts von Bedeutung sein könnte?

Antwort: Die von mir nunmehr gemachten und protokollarisch festgelegten Angaben sind richtig und habe ich diesen nichts mehr hinzuzufügen. Wenn ich anfänglich entgegen der Wahrheit, behauptet habe, mit der staatsfeindlichen Propaganda nichts zu tun zu haben, also unschuldig sei, dann nur deshalb, um meinen Eltern dieses grosse Unglück zu ersparen. Andere Beweggründe hatte ich dabei nicht.

Ich sehe heute ein, an einem Unternehmen beteiligt gewesen zu sein, das in seiner letzten Konsequenz auf eine Änderung der heutigen Staatsform abzielte. Zum Schluss möchte ich nochmals hervorheben, dass ich nicht aus eigenem Entschluss in staatsfeindlicher Weise tätig wurde, sondern unter dem ständigen Einfluss des Hans Scholl und dessen einseitigen politischen Aufklärungen in diese Sache hineingezogen wurde. Ich bedaure mein Vorgehen und würde nichts mehr begrüssen, als in die Lage versetzt zu sein, den begangenen Fehler durch meinen persönlichen Einsatz an der Front wieder gutzumachen.

Aufgenommen: S. g. u. u.
Mohr   *Wilhelm Graf*

Anwesend:
Elfriede Meier

_____

Aus der Polizeihaft vorgeführt erscheint
  Graf, Wilhelm (Personalien bereits bekannt)
  und machte, eingehend zur Wahrheit ermahnt, auf Befragen
nachfolgende Angaben:
  »Während meiner Weihnachtsferien in der Zeit vom 22.12.
1942 bis 6.1.1943, die ich in meiner Heimat in Saarbrücken
verbrachte, kam ich mit meinem Schulkameraden Dr. Heinrich *Bollinger*, dessen Eltern ebenfalls in Saarbrücken wohnen,
zusammen. Da ich schon während meiner Weihnachtsferien
die Absicht hatte, nach Bonn zu fahren, um dort meine Bekannten zu besuchen, was ich Bollinger mitteilte, bat er mich,
gelegentlich dieser Reise den Kaplan *Tack*, Studentenseelsorger glaublich an der Musikhochschule in Köln, genau weiss ich
das heute nicht mehr, Grüsse zu bestellen. Kaplan Tack ist etwa
30–35 Jahre alt, ca. 1.75 m gross und an einer Pfarrei in Köln,
ziemlich in der Stadtmitte, in der Nähe des Festsaales Gürzenich tätig. Wenn ich mich recht erinnere, heisst die Pfarrei »St.
Gereon«. Tack ist der Familienname des Kaplans. Bollinger hat
mir seinerzeit die Adresse (steht bereits fest) aufgeschrieben,
die sich auf einem Zettel in meinem Notizbuch befinden
müsste.
  Da ich aus Zeitmangel während meiner Weihnachtsferien
die Reise nach Bonn nicht durchführen konnte, habe ich meine
Fahrt dorthin in der Zeit vom 20. bis 23.1.1943 dazu benützt,
die Grüsse an Kaplan Tack in Köln zu bestellen. Der von mir
benützte Schnellzug von München nach Köln / Dortmund fuhr
rechtsrheinisch, berührte also Bonn nicht, weshalb ich bis nach
Köln weiterfuhr, wo ich in den Vormittagsstunden, schätzungsweise gegen 10 Uhr ankam. Vom Hbf. in Köln begab ich
mich zu Fuss in die Wohnung Tack, wo ich etwa 10 Minuten
später eintraf. Bei Tack hielt ich mich etwa eine halbe Stunde
auf. Ich bestellte die Grüsse des Bollinger, erzählte ihm woher
wir miteinander bekannt seien, wie es ihm gehe und mit was er

sich beschäftigte. Tack selbst erzählte mir von einem grösseren Fliegerangriff auf Köln, wobei das Pfarrhaus und die Kirche in Brand gerieten und dass er sich an den Löscharbeiten beteiligt habe. Auch von der Studentenseelsorge erzählte mir Tack, die ihm viel Freude mache, zumal sich die Studenten rege an der Sache beteiligen würden. Da Tack nur wenig Zeit hatte, musste er mich nach etwa einer halben Stunde verabschieden. Ich versichere, Tack gegenüber von unserer Propagandaaktion (Herstellung und Verbreitung von Flugblättern) mit keinem Wort gesprochen zu haben. In Köln habe ich mich nicht weiter aufgehalten. Ich habe einen kurzen Spaziergang durch die Stadt gemacht, habe vom Bahnhof aus eine Postkarte an Dr. Bollinger in Freiburg i. Br. geschrieben und meine Ankunft für 23.1.1943 angekündigt. Am 21.1.1943 um die Mittagszeit fuhr ich in Köln weg und traf etwa dreiviertel Stunden später in Bonn ein. Meine Begegnungen in Bonn, mit den bereits angegebenen Personen, haben sich so abgespielt, wie ich bereits angegeben habe. Ich versichere nochmals, meinen Bekannten in Bonn gegenüber von der Herstellung und Verbreitung der Flugblätter nichts erwähnt zu haben.

Kaplan Tack in Köln war mir bis dahin persönlich nicht bekannt. Ich habe den Abstecher zu ihm bisher verschwiegen, weil ich diese Begegnung für unwesentlich hielt und ich ausserdem vermeiden wollte, dass auch er unschuldig in die Sache hereingezogen wird.

Mit dem Studenten der Medizin Helmut *Bauer* aus Saarbrücken, z. Zt. Student an der Freiburger Universität, habe ich am 23.1.1943 den Abend verbracht, da Dr. Bollinger, den ich besuchen wollte, ortsabwesend war. Ich versichere nochmals, Bauer in unsere Pläne und Absichten (Herstellung und Verbreitung von Flugblättern) in keiner Weise eingeweiht zu haben. Ein solcher Gedanke lag mir, soweit es Bauer betrifft, vollkommen fern, zumal er mir erzählte, dass er gegenwärtig damit beschäftigt sei, sich für sein Staatsexamen vorzubereiten. Schliesslich war mir bekannt, dass Bauer nicht besonders gesund ist und bei jeder aussergewöhnlichen Aufregung nervös und kopflos wird. Wenn Bauer über einzelne Vorgänge unserer Propagandaaktion unterrichtet ist, so kann ich mir dies nicht erklären. Es kann dann nur möglich sein, dass ihm Dr. Bollinger etwas erzählt hat.

Auf Vorhalt gebe ich nun auch zu, dass ich Dr. Bollinger in der Nacht vom 24./25.1.1943 kurz vor Abgang des Zuges auf dem Bahnsteig in Ulm ein Flugblatt mit der Überschrift »Flugblatt der Widerstandsbewegung in Deutschland« übergeben habe. Bei der Hingabe des Flugblattes an Dr. Bollinger habe ich gesagt, er solle sich den Inhalt des Flugblattes, von welchem ich ihm auf dem Weg zum Bahnhof erzählt hatte, einmal ansehen und das Flugblatt vernichten oder wegwerfen. Meine übrigen Angaben, soweit es sich auf das Zusammentreffen mit *Müller* und Dr. Bollinger in Ulm beziehen, sind richtig. Ich bleibe nach wie vor darauf bestehen, dass Max Müller von unserer staatsfeindlichen Propaganda keine Ahnung hatte, wenigstens von mir nicht unterrichtet wurde. Wenn er von der Sache etwas wissen sollte, dann könnte er nur von Dr. Bollinger unterrichtet worden sein.«

Aufgenommen: S. g. u. u.
  Mohr   *Wilhelm Graf*
    KOS.

———————

Geheime Staatspolizei   München, den 16. März 1943
Staatspolizeileitstelle München
BNr. 13226 / 43 II A Sond. Mo.

Aus Polizeihaft vorgeführt erscheint
    Graf Wilhelm (Personalien bereits bekannt)
und machte zur Ergänzung seiner Angaben, eingehend zu Wahrheit ermahnt, noch folgende Mitteilung:
    Frage: Hatten Sie im Jahre 1942 Weihnachtsurlaub, mit wem

kamen Sie ausser mit Ihren nächsten Angehörigen in Berührung und in wie weit haben sie sich dabei über Politik usw. unterhalten?

Antwort: Während meines Urlaubes zu meinen Eltern nach Saarbrücken in der Zeit vom 22.12.1942 bis 6.1.1943 kam ich ausser mit meinen nächsten Angehörigen mit sehr vielen Freunden und Bekannten zusammen. Es waren zumeist Freunde und Bekannte, die sich bei der Wehrmacht befinden und sich vorübergehend in Saarbrücken oder Umgebung aufhielten.

Dr. Heinz *Bollinger* habe ich an einem dieser Feier- oder Sonntagen während des vormittäglichen Gottesdienstes getroffen. Nach dem Gottesdienst haben wir uns kurz begrüsst und uns über persönliche Dinge unterhalten. Meines Wissens wurde dabei über Politik nicht gesprochen. Nachträglich habe ich Bollinger in seiner Wohnung in Saarbrücken-Burbach, Wilhelmstrasse (Nummer unbekannt) aufgesucht. Wenn Bollinger angegeben hat, es sei dies am 3.1.1943 gewesen, so kann dies richtig sein. In der Wohnung des Bollinger habe ich mich mit meinem Freund ungefähr 1 ½ – 2 Stunden lang unterhalten.

Schon um diese Zeit habe ich unsere militärische und politische Lage nicht mehr so fest und gesichert angesehen, wie man dies in der Öffentlichkeit, durch Zeitungen, Rundfunk usw. darzustellen versuchte. Wenn ich mich zurückerinnere wurden solche Erwägungen durch verschiedene Vorgänge und Rückschläge an den Fronten, z. B. in Afrika und der Südfront im Osten, ausgelöst. Diese Ereignisse, dazugenommen unsere wirtschaftliche Lage (Warenverknappungen), die ganze geistige Entwicklung, der Zwang und Druck der auf jedem Menschen lastet, begünstigten bei mir den Gedanken, dass der Krieg u. Umständen verloren gehen kann.

Aus diesen Gedankengängen heraus kam ich zu Überlegungen was geschehen könne, falls der Krieg für uns verloren ginge. Bei meiner Unterhaltung mit Dr. Bollinger in dessen Wohnung habe ich mit ihm u. A. diese Fragen angeschnitten, um festzustellen welcher Meinung Bollinger sei. Zum Zeitpunkt dieser Unterredung war ich und zwar angeregt durch die verschiedenen Aussprachen mit Scholl, der Meinung, dass für den Fall einer militärischen und politischen Niederlage etwas geschehen müsse, um eine Bolschewisierung Deutschlands und damit Europas zu vermeiden. Wenn ich auf den Widerspruch hingewiesen werde, der in dem Flugblatt »Widerstandsbewegung in Deutschland« bzw. »Aufruf an alle Deutsche!« zum Ausdruck kommt, wo es heisst: »Glaub nicht der nationalsozialistischen Propaganda, die Euch den Bolschewistenschreck in die Glieder gejagt hat! Glaubt nicht, dass Deutschlands Heil mit dem Sieg des Nationalsozialismus auf Gedeih und Verderben verbunden sei!«, also eine Verherrlichung des Bolschewismus darstellt, so möchte ich dazu bemerken, dass Hans Scholl mir gegenüber die Meinung vertrat, man müsse in Flugblättern absichtlich etwas übertreiben, um mehr Wirkung zu erzielen. Demgegenüber bin ich fest davon überzeugt, dass ein Sieg des Boschewismuses über Deutschland die grösste Katastrophe und das grösste Unglück für unser Volk und Europa mit sich brächte.

Bei der Aussprache mit Dr. Bollinger in dessen Wohnung über weltanschauliche und religiöse Fragen (Einzelheiten sind mir nicht mehr bekannt) konnte ich feststellen, dass Bollinger bei Behandlung dieser Fragen ähnlicher Meinung war wie auch ich. Soweit ich mich erinnere, hat Bollinger die militärische Lage, insbesondere die seinerzeitigen Rückschläge an verschiedenen Fronten, nicht diese entscheidende Bedeutung beigemessen hat, wie dies bei Scholl und auch bei mir der Fall war. Im weiteren Verlauf unserer Unterredung habe ich Bollinger mitgeteilt, dass ich in München mit einem Kreis von Personen in Fühlung stehe in welchem man über solche Fragen diskutiere, dass man sich ferner Gedanken darüber mache, was in diesem Falle zur Abwendung von Gefahren geschehen könne. Wenn ich in diesem Zusammenhang überhaupt von der Herstellung und Verbreitung von Flugblättern gesprochen habe, dann nur als Erwägung einer der Möglichkeiten die breite Masse des Volkes aufzuklären. Auch im Kreise Scholl war um diese Zeit die Herstellung und Verbreitung von Flugblättern geplant, ohne jedoch solche Flugblätter inhaltlich wie auch zeitlich festzulegen. Soweit ich mich erinnere, hat Bollinger die Verbreitung von Flugblättern verworfen. Er hat sich jedenfalls dagegen ausgesprochen. Mit Bollinger kam ich schliesslich überein, sich über dieses Thema bei passender Gelegenheit weiter zu unterhalten. Irgendeine Aufforderung an Bollinger, sich evtl. an der Verbreitung von Flugblättern zu beteiligen, konnte ich zu diesem Zeitpunkt an ihn schon deshalb nicht richten, weil diese Frage um die angegebene Zeit noch nicht geklärt und spruchreif war.

Frage: In wie weit haben Sie sich über die soeben behandelten Fragen mit dem Studenten Rudolf *Alt* aus Merzig unterhalten?

Antwort: Mit Alt bin ich von der Schule her bekannt. Auch gehörte Alt in den Jahren 1932/34 dem Jugendbund »Neu Deutschland« an, in welcher Organisation auch ich Mitglied war.

Während meines Weihnachtsurlaubes habe ich Alt Ende Dezember 1942 in seiner Wohnung in Merzig, Losheimerstrasse (Nummer unbekannt) aufgesucht. Dass Alt bei den Kampfhandlungen im Osten schwer verwundet wurde, er hat den linken Arm verloren, sein rechtes Bein ist steif, habe ich gewusst. Auch war mir bekannt, dass er von der Wehrmacht bereits entlassen ist und sich bei seinen Eltern aufhielt. Bei meinem Besuch musste ich feststellen, dass Alt an den Folgen dieser schweren Verwundung sichtlich noch schwer zu leiden hatte und sich mit seiner neuen Lage noch nicht zurechtgefunden hatte. Bei Alt habe ich einen ganzen Nachmittag verbracht. Die Unterhaltung bezog sich in erster Linie auf den Austausch persönlicher Erinnerungen. Er erzählte mir ziemlich ausführlich den Hergang seiner Verwundung und all das, was er im Zusammenhang damit erlebte. Auch zahlreiche

Lichtbilder vom Frankreich-, Balkan- und Russlandfeldzug zeigte er mir und hat mir nähere Einzelheiten dazu erzählt. Mit Alt habe ich mich bei dieser Unterredung ganz allgemein über politische und militärische Tagesfragen unterhalten, ohne irgendwelche Schlussfolgerungen daraus zu ziehen. Möglicherweise wurde bei dieser Gelegenheit auch davon gesprochen, dass der Ausgang dieses Krieges, nach Lage der Sache noch zweifelhaft sei. Meines Erachtens war sich Alt, genau so wie ich, der Gefährlichkeit der Situation, in welcher wir uns befanden, bewusst. Es wurde dabei aber nicht erörtert ob und welche Massnahmen von den Einzelnen ergriffen werden sollten, um einen Ausweg aus dieser Gefahr zu finden. Auch habe ich Alt gegenüber nichts davon gesagt, dass ich in München mit Personen in Verbindung stehe, die sich bereits ernstlich mit diesen Fragen beschäftigen. Ich habe absichtlich davon abgesehen ihm von meinem persönlichen Umgang in München zu erzählen, weil ich ihn in seiner schwierigen körperlichen Lage mit solchen politischen Problemen nicht belasten wollte. Mit Alt habe ich mich wie bereits erwähnt, nur ganz allgemein und nebenbei über politische und militärische Tagesfragen unterhalten.

Um nochmals auf die Grundfrage zurückzukommen möchte ich noch bemerken, dass ich während meines Weihnachtsurlaubs in Saarbrücken mit zahlreichen Freunden und Bekannten in Berührung kam. Die Unterhaltung bezog sich dabei durchwegs auf Fragen persönlicher Art. Im Einzelfalle mögen auch politische Tagesfragen gestreift worden sein, ohne sich eingehend damit zu befassen. In keinem Falle wurde diesen Freunden und Bekannten gegenüber von der Möglichkeit eines verlorenen Krieges, die Erwägung von Aufklärungsmassnahmen (Herstellung und Verbreitung von Flugblättern) gesprochen, wie auch von der Errichtung einer sogenannten »Abwehrfront« keine Rede war.

Frage: Ungefähr Mitte Januar 1943 war Professor Huber von Hans Scholl und dessen Schwester Sophie zum Abendtee eingeladen. Auch Frl. Lafrenz und Sie waren zugegen. Schildern Sie den Verlauf dieser Unterhaltung?

Antwort: Diese Zusammenkunft bzw. Unterhaltung dauerte von ungefähr 18 bis 20 Uhr (1 ½ bis 2 Stunden). Von dieser Unterhaltung ist mir besonders in Erinnerung, dass Professor Huber in ausführlicher Erzählung von seiner Jugend und Schülerzeit, die er in Stuttgart verbrachte, berichtet hat. Es ist möglich, dass auch politische oder militärische Tagesfragen berührt wurden, ohne mich heute noch an Einzelheiten erinnern zu können. Von der Abfassung, Herstellung und Verbreitung von Flugblättern wurde in diesem Kreise, ich glaube dies bestimmt sagen zu können, nicht gesprochen. Dies wohl schon deshalb nicht, weil die Lafrenz zugegen war, die, soviel ich weiss, von der Propagandaaktion nicht unterrichtet war. Ich selbst habe mit der Lafrenz über diese Sache nie gesprochen. Ob sie von anderer Seite ins Bild gesetzt wurde entzieht sich meiner Kenntnis. Mit aller Bestimmtheit kann ich sagen, dass die Lafrenz bei der Herstellung und Verbreitung von Flugblättern nie zugegen war.

Zu dieser Frage fällt mir nun ein, dass ich beim Betreten der Wohnung Scholl zuerst in das Zimmer des Hans Scholl (vom Eingang links) geführt wurde. Hier war lediglich Hans Scholl anwesend, während Professor Huber einige Minuten später zu uns kam. Am Wohnungseingang wurde ich von Hans Scholl empfangen. Die Sophie Scholl und Frl. Lafrenz bekam ich zuerst gar nicht zu Gesicht. Im Zimmer des Hans Scholl haben wir uns zuerst und zwar Scholl, Huber und ich, etwa ¼ Stunde lang über die Flugblattangelegenheit unterhalten. Hans Scholl hat einen handgeschriebenen Flugblattentwurf (jenen der »Widerstandsbewegung in Deutschland« bzw. »Aufruf an alle Deutsche«) vorgelesen, jedenfalls um die Meinung oder Stellungnahme des Huber zu hören. Beim Vorlesen des Entwurfs hat Huber lediglich stilistische Verbesserungsvorschläge gemacht, die von Scholl zum Teil insofern berücksichtigt wurden, dass er den Text entsprechend änderte. An dem Inhalt des

Entwurfs hatte Huber nichts auszusetzen. Soweit ich mich erinnere war der Entwurf zu diesem Flugblatt um diese Zeit noch nicht fertig. Es handelte sich vielmehr um die erste Seite des Flugblatts. Ich selbst wurde zu einer Stellungnahme nicht aufgefordert und weil ich auch keine Verbesserungsvorschläge machen konnte, war ich lediglich stiller Zuhörer. Nach Verlauf von etwa ¼ Stunde wurden wir, Huber und ich durch Hans Scholl in das Zimmer der Sophie Scholl zum Tee gebeten. Hier trafen wir erst mit Sophie Scholl und Frl. Lafrenz zusammen. Bei der folgenden Unterhaltung wurde die Flugblattangelegenheit nicht mehr berührt.

Diese Sachdarstellung entspricht der Wahrheit.

Die bereits bei einer früheren Vernehmung in dieser Sache geschilderte Begegnung zwischen Scholl mir und Huber in der Wohnung des Letzteren fand etwa 8 Tage vor diesem Teeabend, etwa am 8.1.1943 statt.

Aufgenommen: S. g. u. u.
Mohr   *Wilhelm Graf*
   KOS.

II A/Sond./Mo.   München, den 23. März 1943

Fortsetzung der Vernehmung des Wilhelm Graf.

Den jetzigen Wehrmachtsangehörigen Karl Heinz *Scheer* früher wohnhaft in Saarbrücken, Gustav Bruchstrasse 40, kenne ich seit dem Jahre 1928. Er kam mit mir in das Gymnasium in Saarbrücken und war mein Klassenkamerad bis zum Jahre 1937 bzw. bis zur Primareife. Nach Abschluss unserer Schulzeit meldeten wir uns zum Arbeitsdienst und wurden von April bis September 1937 zu ein und derselben Arbeitsdienstabteilung – 5/323 nach Dillingen/Saar – eingezogen. In den folgenden Jahren habe ich Scheer nur gelegentlich meines Urlaubs in Saarbrücken gesehen und jedenfalls auch kurz gesprochen. Während meines letzten Urlaubs nach Saarbrücken in der Zeit von 22. oder 23.12.42 bis 6.1.43 hat mich Scheer, der um diese Zeit ebenfalls Urlaub hatte, in meiner Wohnung besucht. Es dürfte dies in den ersten Januartagen an einem späten Nachmittag gewesen sein. Er hielt sich etwa 2 bis 2 ½ Stunden bei mir auf. Zuerst habe ich mich mit Scheer allein unterhalten und nach etwa einer Stunde kam Dr. Bollinger zufällig noch zu uns. Bollinger und Scheer kannten sich ebenfalls von der Schulzeit her, sie haben sich erst bei mir wiedergesehen. Bei dieser Gelegenheit haben wir uns auch über die militärische, politische und wirtschaftliche Lage unterhalten. Ich gab der Meinung Ausdruck, dass unsere militärische und damit auch die politische Lage und zwar mit Rücksicht auf die Ereignisse in Afrika und den Rückschlag in Russland nicht besonders günstig seien. Scheer vertrat die Auffassung, dass es sich an allen Fronten nur um vorübergehende Erscheinungen handele und dass mit Sicherheit seitens der Heeresleitung Vorbereitungen im Gange seien unsere Fronten zu festigen um schliesslich wieder selbst zum Angriff überzugehen. Für Bollinger war unsere Lage militärisch gesehen nicht durchsichtig genug, um sich ein Bild über unsere Lage an den Fronten zu machen. Dies kam wohl daher, weil Bollinger bis jetzt nicht Soldat war und sich von diesen Zusammenhängen weniger ein Bild machen konnte. Soviel ich mich an diese Unterredung erinnere, liess Scheer keinen Zweifel aufkommen, dass unsere militärische Lage als verworren oder schlecht anzusehen sei.

Ich bestreite ganz entschieden bei dieser soeben geschilderten Unterredung zwischen Scheer, Bollinger und mir auch nur mit einem Wort oder auch nur andeutungsweise von den mir bekannten Strömungen oder der Absicht, gegen den heutigen Staat gerichtete Flugblätter zu verbreiten, gesprochen zu haben. Davon habe ich schon deshalb abgesehen, d. h. der Gedanke hierzu ist mir garnicht gekommen, weil Scheer eine

446

absolut positive Haltung eingenommen hatte und ich ausserdem viel zu wenig Verbindung mit Scheer hatte. Ich war ausserdem der Auffassung, dass sich ein Soldat der Truppe mit
solchen zweifelhaften Gedanken und Erwägungen nicht befassen solle, um besser seinen Pflichten nachkommen zu können.

Wenn man mir in diesem Zusammenhang die Frage vor-
legt, wie es bei dieser Auffassung von den soldatischen Pflichten möglich war, selbst an hochverräterischen Bestrebungen
teilzunehmen, zumal ich ja auch Soldat war und den Treueid
auf den Führer geleistet hatte, so möchte ich dazu angeben,
dass ich hier insoferne einen Unterschied sehe, als Scheer
einer Feldeinheit angehörte, während ich zur Fortsetzung
meines Studiums einer sog. Studentenkompanie angehörte, in
welcher ich eine Zwischenstellung einnahm, mich also halb
und halb als Zivilist fühlen konnte. Ich sehe allerdings ein,
dass dies Stellung an meinen soldatischen Pflichten nichts änderte.

Ich möchte noch nachtragen, dass Scheer, wie auch Bollinger
und ich in den Jahren 1930/32 vielleicht auch noch später
einige Zeit der katholischen Jugendorganisation »Neudeutschland« angehörte. Später trat er, soviel ich weiss, in die Hitlerjugend ein.

Aufgenommen: S.g.u.u.
Mohr   *Wilhelm Graf*
KOS.

Aktenzeichen KR. München, 7, den 25. März 1943
3 Gs 252 / 43 Mariahilfplatz 17

Amtsgericht München,
Abteilung Strafgericht.
(Ermittlungsrichter.)

Beschuldigten-Vernehmung
in der Strafsache
gegen *Graf* Wilhelm
Gegenwärtig: wegen Hochverrats
Der Oberamtsrichter
Dietz Der im Gerichtsgefängnis
Neudeck vorgeführte
der Urkundsbeamte Beschuldigte wurde gemäß § 136 StPO.
Dietz vernommen, wie folgt:

Zur Person:
Graf, Wilhelm übr. Pers. erhob.

Er erklärte:
Zur Sache erklärte der Beschuldigte:
Ich nehme Bezug auf meine bisherigen Angaben, die ich zum
Gegenstand meiner Aussage mache. Ich gebe zu, an der Herstellung und Verbreitung der Flugblätter »Widerstandsbewegung in Deutschland« beteiligt gewesen zu sein. Einmal brachten auch, Scholl und ich, an der Universität mit Anstreichfarbe
die Worte »Freiheit« an.

448

Hierauf wurde verkündigt: Es ergeht

Haftbefehl.

D. Beschuldigte ist dringend verdächtig

1 in Mittäterschaft begang. Verbrech. 1 hochverräterischen
Unternehmens gem. § 82 / II in Tateinheit mit einem Verbrech.
der Feindbegünstigung gem. § 91 b StGB u. eines Verbrech. der
Wehrkraftzersetzg. gem. § 5 / I Z. 1 der KStVO §§ 47, 73 StGB

Die Haft wird angeordnet, weil

ein Verbrechen den Gegenstand der Untersuchung bildet. Ausserdem mit Rücksicht auf die zu erwartende hohe Strafe.

Vorgelesen:

Wilhelm Graf
(Beschuldigt.)   (Dolmetscher)
Dietz
(Richter)   (Urk.-Beamt.)

Aufnahme-Verfügung für Gefängnis erteilt.
Mit Akten an Staatsanwaltschaft München I, Abt. 1.

Der Ermittlungsrichter
Dietz

Quelle: Bundesarchiv Berlin, NJ 1704, Bd. 8

Vernehmungen von Prof. Dr. Kurt Huber

Nach der Festnahme in seiner Gräfelfinger Wohnung am 27. Februar 1943 begannen für Kurt Huber die Gestapo-Vernehmungen noch am gleichen Tage. Huber bekannte schon zu Anfang, dass er auf Wunsch von Hans Scholl direkt einen Flugblattentwurf verfasst hatte. Es war das (sechste) Flugblatt mit der Aufschrift »Kommilitoninnen! Kommilitonen!« (zuerst formuliert als »Deutsche Studentin! Deutscher Student!«). In der Haft verfasste Kurt Huber am 8. März 1943 ein »politisches Bekenntnis«. Er wurde am 19. April 1943 zum Tode verurteilt und wie Alexander Schmorell am 13. Juli 1943 im Gefängnis München-Stadelheim hingerichtet.

Geheime Staatspolizei

Staatspolizeileitstelle München

Fingerabdruck genommen*)
Fingerabdrucknahme nicht erforderlich*)
Person ist – nicht – festgestellt*)

Datum: ....

Name: ....

Amtsbezeichnung: ....

II A/Sond./Geith

Dienststelle: ....

(Dienststelle des vernehmenden Beamten)

Auf Vorladung – Vorgeführt*) – erscheint

München........, am ....27.Febr. 1943.........

.... Nachgenannter

und erklärt, zur Wahrheit ermahnt:

I. Zur Person:

1. a) Familienname, auch Beinamen (bei Frauen auch Geburtsname, ggf. Name des früheren Ehemannes)

   a) Huber Dr.

   b) Vornamen (Rufname ist zu unterstreichen)

   b) Kurt

2. a) Beruf
   Über das Berufsverhältnis ist anzugeben,
   – ob Inhaber, Handwerksmeister, Geschäftsleiter oder Gehilfe, Geselle, Lehrling, Fabrikarbeiter, Handwerksgehilfe, Verkäuferin usw.
   – bei Ehefrauen Beruf des Ehemannes –
   – bei Minderjährigen ohne Beruf der der Eltern –
   – bei Beamten und staatl. Angestellten die genaueste Anschrift der Dienststelle –
   – bei Studierenden die Anschrift der Hochschule und das belegte Lehrfach –
   – bei Trägern akademischer Würden (Dipl.-Ing., Dr., D. pp.), wann und bei welcher Hochschule der Titel erworben wurde –

   a) ausserplanmässiger Universitäts-professor

   Universität München

   Philosophie

   b) Einkommensverhältnisse

   b) netto RM 640,–

   c) Erwerbslos?

   c) Ja, seit ....

   nein

3. Geboren

   am 24.10.93 in Chur/Schweiz

   Verwaltungsbezirk ....

   Landgerichtsbezirk ....

   Land ....

*) Nichtzutreffendes durchstreichen.

4. Wohnung oder letzter Aufenthalt	in .... **Gräfelfing** Verwaltungsbezirk ......**München**........ Land ....**Obb.**........ **Ritter von Epp Str.** Straße/Platz Nr. **4** Fernruf ....
5. Staatsangehörigkeit Reichsbürger?	**D.R.** **ja**

6. a) Religion (auch frühere)
     1) Angehöriger einer Religionsgemeinschaft
     od. einer Weltanschauungsgemeinschaft,
     2) Gottgläubiger,
     3) Glaubensloser
 	
 b) sind 1. Eltern ⎫ deutschblütig?
         2. Großeltern ⎭
	a) **kath.**
	     1) ja – welche? ....
	     nein
	     2) ja – nein
	     3) ja – nein
	
	 b) 1. **ja**
	      2. **ja**

7. a) Familienstand
     (ledig – verheiratet – verwitwet – geschieden –
     lebt getrennt)
 	
 b) Vor- und Familiennamen des Ehegatten
     (bei Frauen auch Geburtsname)
 	
 c) Wohnung des Ehegatten
     (bei verschiedener Wohnung)
 	
 d) Sind oder waren die Eltern – Großeltern –
     des Ehegatten deutschblütig?
	a) **verh.**
	
	 b) **Klara, geb. Schlickenrieder**
	     geb. 12.8.08 Schwabhausen
	 c) **Gräfelfing, Ritter von Epp-Str. 5**
	
	 d) ....

8. Kinder	ehelich: a) Anzahl: **2**
	          b) Alter: ....**12 u. 4**.... Jahre
	 unehelich: a) Anzahl: **1**
	          b) Alter: ....**6 Jahre**.... Jahre

9. a) Des Vaters
     Vor- und Zunamen
     Beruf, Wohnung
 	
 b) der Mutter
     Vor- und Geburtsnamen
     Beruf, Wohnung
     (auch wenn Eltern bereits verstorben)
	a) **+ Theodor Huber, Professor**
	     zul.Ref.a.d.Zentralstelle f.Gewerbe
	                  u. Handel
	 b) **+ Katharina H., geb. Jakobi**

10. Des Vormunds oder Pflegers
      Vor- und Zunamen
 	
      Beruf, Wohnung	

11. a) Reisepaß ist ausgestellt	a) von ....Pol.Präs.Mchn.. am ....3.8.29...... Nr. ......B.21742..
b) Erlaubnis zum Führen eines Kraftfahrzeuges – Kraftfahrrades – ist erteilt	b) von .... am .... Nr. ....
c) Wandergewerbeschein ist ausgestellt	c) von .... am .... Nr. ....
d) Legitimationskarte gemäß § 44a Gewerbeordnung ist ausgestellt	d) von .... am .... Nr. ....
e) Jagdschein ist ausgestellt	e) von .... am .... Nr. ....
f) Schiffer- oder Lotsenpatent ist ausgestellt	f) von .... am .... Nr. ....
g) Versorgungsschein (Zivildienstverordnungsschein) ist ausgestellt	g) von .... am .... Nr. ....
Rentenbescheid?	....
Versorgungsbehörde?	....
h) Sonstige Ausweise?	h) ....**Amtl. Ausweis der Universität München v. 8.8.41**..........
12. a) Als Schöffe oder Geschworener für die laufende oder die nächste Wahlperiode gewählt oder ausgelost? Durch welchen Ausschuß (§ 40 GVG.)?	a) ....–.–.......... ....
b) Handels-, Arbeitsrichter, Beisitzer eines sozialen Ehrengerichts?	b) ....–.–..........
c) Werden Vormundschaften oder Pflegschaften geführt? Über wen?	c) ....
Bei welchem Vormundschaftsgericht?	....
13. Zugehörigkeit zu einer zur Reichskulturkammer gehörigen Kammer (genaue Bezeichnung)	........–.–.......... ....
14. Mitgliedschaft a) bei der NSDAP.	a) seit ......**1.4.1940 Nr. 8282981** letzte Ortsgruppe ......**Gräfelfing**..........
b) bei welchen Gliederungen?	b) seit .... letzte Formation .... oder ähnl. ......**NSV.**..........

15. Reichsarbeitsdienst Wann und wo gemustert? Entscheid Dem Arbeitsdienst angehört	.... von .... bis .... Abteilung .... Ort ....
16. Wehrdienstverhältnis a) Für welchen Truppenteil gemustert oder als Freiwilliger angenommen?	a) .... ungedient ....
b) Als wehrunwürdig ausgeschlossen? Wann und weshalb?	b) ....
c) Gedient: Truppenteil Standort entlassen als	c) von .... bis ....
17. Orden- und Ehrenzeichen? (einzeln aufführen)	25 jährige Dienstauszeichnung ....
18. Vorbestraft? (Kurze Angabe des – der – Beschuldigten. Diese Angaben sind, soweit möglich, auf Grund der amtlichen Unterlagen zu ergänzen)	angebl. nicht ....

noch zur Person:

Ich bin in Chur geboren, kam 1896 nach Stuttgart, habe dort
das Humanistische Gymnasium absolviert. Im Jahre 1912 kam
ich an die Universität München und habe Philosophie und Musikwissenschaft studiert. 1918 promovierte ich in Musikwissenschaft, summa cum laude und habilitierte mich 1923 in Philosophie an der Universität München. 1926 wurde ich zum
ausserordentlichen Professor ernannt. Von 1925–1937 habe

ich die Volksliedarbeiten für die Deutsche Akademie durchgeführt. 1937 wurde ich an das Staatl. Institut für deutsche Musikforschung in Berlin als Abteilungsleiter berufen. Da die geforderte Umhabiliterung an die Universität Berlin nicht durchgeführt wurde, wurde ich 1939 als ausserordentlicher Professor an die Universität München zurückversetzt und habe die Stelle seither inne.

Mein Vater war Professor für Handelswissenschaften in Stuttgart und später Referent für das Württembergische Handelswesen an der Zentralstelle für Gewerbe und Handel. Er starb 1911. Meine Mutter stammt aus Kempten, wo ihr Vater und nach dessen Tod ihre Mutter das angesehene Erziehungsinstitut »Jakobi« geleitet hatten.

Ich habe 3 Geschwister. Mein Bruder ist zur Zeit Oberstabsarzt in Passau. Meine ältere Schwester ist im Verlag Bruckmaun in München tätig. Meine jüngere Schwester ist Direktorin der Aufbauschule für Mädchen in Aichstätt.

I. Politisch:

Mein Vater war liberal politisch sehr interessiert, gehörte der liberalen Partei an und war ausgesprochen national eingestellt. Dieselbe nationale Einstellung bildet den Grund zu meiner politischen Auffassung. Nach dem Kriege 1918 gehörte ich 2 Jahre lang der Bayer. Volkspartei an, da ich zuerst die Hoffnung hatte, dass sich die Partei zu einer konfessionell in keiner Weise gebundenen Partei entwickeln würde. Mit der Anlehnung der Partei an das Zentrum trat ich aus der Partei aus und unterschrieb mit meiner Frau den von der Nationalsozialistischen Partei aufgelegten Protest gegen den Dawesplan. Ich war 1927 von Mitgliedern der Nationalsozialistischen Partei aufgefordert für die Partei zu arbeiten, konnte mich jedoch später, angesichts der zunehmend antikirchlichen Haltung der Partei nicht entschliessen der Partei beizutreten. Zweimalige mögliche Berufungen an einen katholisch gebundenen Lehrstuhl schlug ich aus, da ich die katholischen Lehrstühle für untragbar erachte. Von 1927–1940 gehörte ich keiner politischen Partei an. Auch den Freimaurerlogen hatte ich keinerlei Beziehungen.

Ich wurde immer wieder von meinen Freunden aufgefordert, der NSDAP beizutreten. Ich habe nach vielfachen Rücksprachen mit meinen Freunden mich entschlossen, mich 1938 zur Partei zu melden. Die Meldung wurde jedoch durch meine Rückversetzung nach München unterbrochen und nahm die Anmeldung 1940 wieder auf. Ich bin keineswegs nur aus Zwang zur Partei gegangen, sondern mein eigentliches Motiv war zu dem konservativen Teil der Partei in möglichst enge Beziehungen zu treten, um der, meines Erachtens, drohenden Linksrichtung nach meinen Kräften entgegenzuarbeiten. Eine Mitarbeit in der Gräfelfinger Ortsgruppe kam bei meiner dauernden beruflichen Überlastung kaum in Frage. Ich habe einige Artikel in nationalsozialistischen Zeitungen veröffentlicht, z. B. im »Erzieher im Braunhemd« die sich mit Volksliedfragen befassten. Ich stand einer Reihe geistig führender Nationalsozialisten politisch und freundschaftlich ausserordentlich nahe. Vor allem kann Herr Präsident Prof. Dr. v. Müller, dessen Haus ich besonders nahe stand, aber auch Generaldirektor Dingler, Fürst Donnersmarck über mich nähere Angaben machen. Ich habe in diesen Kreisen meine kritische und bedenkliche Stellungnahme gegenüber der meines Erachtens drohenden Entwicklung der Partei nie zurückgehalten. Ich würde die nationalsozialistische Staatsform an sich durchaus würdigen und habe die militärischen und wirtschaftlichen Verdienste der Partei jederzeit restlos anerkannt. Nicht einverstanden war ich mit gewissen Punkten der nationalsozialistischen Kulturpolitik, vor allem mit der immer schärfer werdenden Stellungnahme gegen das Christentum, der Erziehungspolitik der Jugend, der Haltung gegenüber der Wissenschaft. Ich bin in gar keiner Weise engkirchlich eingestellt und habe die katholische wie die evangelische Kirchenpolitik gegenüber dem Nationalsozialismus von Anfang an aufs schärfste missbilligt. Ich bin aber der festen Überzeugung, dass ein gesunder Deutscher Staat ohne Mitwirkung der christ-lichdenkenden Staatsglieder nicht fruchtbar aufgebaut werden kann. Die immer deutlicher heraustretende Stellung der ober-sten Leitung der Partei in diesen Fragen hat mich in die schwer-sten seelischen Konflikte verwickelt.

Mit der Entwicklung der politischen Lage seit der Beendi-gung des Frankreichsfeldzuges und der nach meiner Auffas-sung immer mehr drohenden Beeinträchtigung auch der gei-stigen Freiheit des einzelnen, meiner Forschung, Lehre und politisch fruchtbaren Betätigung (nach der meines Erachtens immer mehr drohenden Linksentwicklung in der deutschen Volkspolitik) kam ich in die schwersten politischen, aber auch sittlichen Konflikte meines Lebens und Denkens. Ich hatte jeg-liches Verständnis für eine starke Politik im Osten, konnte mich jedoch mit den immer zahlreicher werdenden Blutopfern im Osten nicht innerlich abfinden. Ich bin der festen Überzeu-gung, dass eine mildere und verstehendere Politik nach dem Frankreichsfeldzug einen wirklichen Aufbau Gross-Europas ohne Versklavung aller darunter fallenden Völker hätte er-möglichen müssen. Die Reden der obersten Parteistellen und die Massnahmen des vergangenen Jahres haben mir diese letzte Hoffnung genommen.

III. Zur Sache:

Ich bin mir über den Grund meiner Festnahme in keinem Zweifel, weiss insbesondere, dass sie mit der Angelegenheit Scholl und Genossen in unmittelbarem Zusammenhang steht und ich bin bereit, meine Schuld zu bekennen und ein offenes Geständnis abzulegen.

Im Frühsommer 1942 lernte ich Hans Scholl in einem klei-nen Gesellschaftskreis bei Prof. Dr. Mertens kennen. Einige Zeit später kam er mit einigen Freunden in mein Kolleg und bat mich gelegentlich dort hören zu dürfen, da er als Mediziner keine Zeit für die Belegung des Kollegs hatte. Dem Ersuchen des Scholl habe ich zugestimmt und ihn gelegentlich nach dem Kolleg gesprochen. Dabei lud er mich ein, einmal mit ihm in die Villa Schmorell zu gehen, was ich zusagte. Ende Juni 1942 folgte ich dann der Einladung und war einmal abends in der Villa Schmorell. Zusammengekommen sind wir dort etwa um 19 Uhr in einem sogenannten Musikzimmer. Anwesend waren meiner Erinnerung nach die Geschwister Hans und Sophie Scholl, Alex Schmorell, Frl. Lafrenz, ein älterer Herr aus Hamburg, dessen Name mir unbekannt ist, und ein Frl. Schüttekopf, die später meine Schülerin geworden ist. Das Gespräch drehte sich hauptsächlich um den politischen Gegensatz zwischen Nord und Süd. In diesem Zusammenhang vertraten insbesondere Scholl und ich den Standpunkt, dass die starke Bolschewisierungwelle eigentlich vom Norden ausgehe, während wir im Süden im Grunde einer ständig demokratischen Staatsverfassung zugeneigt sind. Daraus entstand ein Streit über die Beteiligung der Süddeutschen an der Verteidigung, der stellenweise etwas scharfe Formen annahm. Wir trennten uns mit der Absicht zu musikalischen Zusammenkünften öfters in diesem Haus zu treffen, woraus aber nie etwas geworden ist. Herr Schmorell nahm bei dieser Unterhaltung selbst so gut wie gar keinen Anteil. Petermann vertrat die Anschauung, dass sich positiv gar nicht erreichen liesse, dass diese Bolschewisierung eine Art Schicksal sei. Über die Einstellung Petermanns im Allgemeinen kann ich nur angeben, dass sie skeptisch resigniert war. An dieser Unterhaltung waren im Grunde genommen eigentlich nur Petermann, Scholl und ich beteiligt. Die anwesenden Studentinnen kann man eigentlich hier nur als stille Zuhörer bezeichnen. Kurze Zeit nach dieser Zusammenkunft luden mich Scholl und seine Kameraden zu einer kleinen Abschiedsfeier anlässlich ihrer Abstellung an die Front ein. Die Abschiedsfeier fand im Atelier des Architekten Eickemeier in der Leopoldstrasse statt. Es dürfte etwa Ende Juli 1942 gewesen sein. An diesem Abschiedsabend haben bestimmt teilgenommen die Geschwister Hans und Sofie Scholl, Alex Schmorell,

Willi Graf und Arch. Eickemeier. Etwas später kam dann noch ein gewisser Otto Eicher und eine jüngere Frau, die ich nicht mehr benennen kann. Weiter kann ich als Teilnehmer an der Abschiedsfeier noch den Studenten Probst Christoph nennen. An weitere Teilnehmer kann ich mich im Augenblick nicht entsinnen. An diesem Abend kam es auch zu politischen Aussprachen. Von den jungen Leuten wurde insbesondere davon gesprochen, wie sie sich im Felde verhalten werden. Schmorell hat dabei besonders hervorgehoben, dass er sich ganz passiv verhalten wolle, während Scholl, alle Studentinnen, Eicher und ich der Auffassung, waren, dass sie im Kampf ihren Mann stellen müssen. Scholl, Eickemeier und ich vertraten auch den Standpunkt, dass die Tätigkeit der SS-Verbände im Feld das Ansehen der allgemeinen Wehrmacht beeinträchtige. Durch die uns bekannt gewordenen Erschiessungen von Polen und Russen durch die SS waren wir zu dieser Ansicht gekommen. Schmorell vertrat ganz offen den Standpunkt, dass ein passiver Widerstand das zweckmässigste sei. In seiner Auffassung wurde er aber von allen übrigen Anwesenden überstimmt. Weiter hat sich an dem Abend nichts Wesentliches mehr zugetragen. Gegen 23 Uhr habe ich die Gesellschaft verlassen. Mit mir gingen gleichzeitig Probst, Frl. Schüttekopf und Frl. Lafrenz.

Während Scholl im Felde war erhielt ich von ihm einen Brief, in dem er mir mitteilte, dass er nun von Russland ein ganz anderes Bild bekommen habe. Vorher war Scholl ein kollossaler Gegner des Bolschewismus, dem Briefinhalt nach musste ich aber schliessen, dass er seine Ansicht völlig geändert hat.

Zu Beginn des Semesters 1942/43 tauchte Scholl wieder auf und nahm auch gelegentlich an meinen Vorlesungen teil. Mit Scholl traf ich mich im Laufe des Semesters öfters im Kolleg. Bei solchen kleinen gelegentlichen Zusammentreffen erzählte mir Scholl über die Verhältnisse und seine Eindrücke in Russland. Insbesondere hob er hervor, dass die Bauern an sich sehr deutschfreundlich seien, gar nicht bolschewistisch, sie ihre religiösen Gebräuche aufrecht erhalten aber wirtschaftlich besser gestellt seien als unter der Zarenregierung. Seinen Äusserungen nach vertraten die Bauern den Standpunkt, dass der Bolschewismus das kleinere Übel gegenüber der zaristischen Zeit darstelle.

Kurz nach Neujahr besuchte mich Scholl mit Graf in meiner Wohnung in Gräfelfing. Gelegentlich einer Zusammenkunft in der Universität kurz vor Weihnachten, hat mir Scholl erzählt, dass er der Verfasser und Verbreiter der Hetzschrift »Die weisse Rose« ist. Ich selbst habe die Auflage 1 und 2 dieser Hetzschrift zugesandt erhalten. Die erste Folge habe ich Prof. v. Müller gezeigt und wir unterhielten uns darüber, aus welchen Kreisen dieses Flugblatt stammen könne, kamen aber zu keinem Ergebnis. An Scholl habe ich damals nicht gedacht. Prof. v. Müller gegenüber habe ich betont, dass ich jede weitere Folge dieser Hetzschriften sofort verbrennen werde.

Bei der Unterhaltung zwischen Scholl, Graf und mir in meiner Wohnung kamen wir auf das Thema: Zweckmässigkeit der Herstellung von Flugblättern zu sprechen. Dabei erwähnte Scholl, dass er weitere Flugblätter herstellen und vor allem auch in Norddeutschland verbreiten wolle. Graf gab uns davon Kunde, dass er hinsichtlich der Verbreitung von Flugblättern gute Beziehungen zum Rheinland habe. Aus den Ausführungen des Scholl musste ich entnehmen, dass er die Flugblätter selbst verfassen, herstellen und sich bei der Verbreitung beteiligen wolle. Sinn und Zweck dieser Flugblätter sollte sein, eine Änderung der unserer Ansicht nach ausgesprochen links eingestellten Staatsform herbeizuführen. Wir waren der Überzeugung, dass diese Änderung nur von dem politisch in ganz anderer Weise vorerzogenen süddeutschen Raum aus gehen könne, in dem auch der Nat.Soz. keineswegs die scharfen Formen angenommen habe, die er in Norddeutschland zeige. Wir waren der Auffassung, dass das Freiheitsbewusstsein des süddeutschen Volkes eine derartige Änderung unbedingt verlange, und dass die Methoden gewisser Parteiinstanzen dem Rechtsbewusstsein des Süddeutschen unmöglich entspricht. Auf dieser Grundlage etwa riet ich ihm, wenn er schon Flugblätter verfassen wolle, die Aktion durchzuführen. Ich frug ihn dabei, wie eigentlich die technische Frage der Herstellung der Flugblätter geregelt sei. Er gab mir zur Antwort, dass er mich grundsätzlich in alle Fragen der Herstellung und Verbreitung nicht einweihen wolle. Er hat dies auch grundsätzlich durchgehalten. Ich weiss daher über die Herstellung und Verbreitung der schon gedruckten Flugblätter nichts.

Gelegentlich traf ich kurze Zeit nach dieser Besprechung mit Scholl in der Universität zusammen, wobei wir abmachten, die grundsätzlichen Fragen unserer Stellungnahme zu einer positiven Staatsform zu erörtern. Ich besuchte gelegentlich nach einem Kolleg Scholl in seiner Wohnung, Franz Josefstr. 13. Bei dieser Aussprache, bei der teilweise auch die Schwester Sofie Scholl zugegen war, ohne sich aber an der Diskussion zu beteiligen, wurden die Normen für den Aufbau einer neuen Staatsform besprochen. Meine Grundeinstellung war, dass für eine Umänderung unbedingt der konservative Teil der nat.soz. Partei und vor allem die alten Nat.Sozialisten nach und nach gewonnen werden müssten. Dieser Auffassung gegenüber war Scholl entschieden skeptisch. Er vertrat wiederholt den Standpunkt, dass alle nat.soz., führenden Köpfe grundsätzlich ausgeschlossen bleiben müssen. Dagegen waren wir durchaus einig, dass vom Süden her eine wirkliche ständische Form, wie sie ja ursprünglich im nat.soz. Program auch weitgehend vorgesehen war, die einzig mögliche Basis abgeben, könne. Wir waren weiter darüber einig, dass die sozialistische Form bei der heutigen Wirtschaftslage Europas eine unbedingte Notwendigkeit sei. An der technischen Durchführung sollte ich auch weiterhin grundsätzlich nicht beteiligt werden. Ich kann daher über die technische Durchführung der letzten Flugblattaktion gar keine Mitteilung machen. Mit der Ausgabe von Flugblättern war ich prinzipiell einverstanden, weil ich der Auffassung war, dass man sich nur auf diese Weise durchsetzen und Gehör verschaffen könne. Vor etwa 4 Wochen las mir Scholl einen Entwurf vor, an dem ich mehrere Stellen beanstandete, da sie m. E. gerade das Gegenteil von dem ausdrückten, was ich bezwecken wollte und kommunistische Anklänge hatten. Diese Sache war vor der Studentenkundgebung im Kongressaal, bei welcher Gauleiter Giesler sprach. Ich hörte dann von dem Entwurf weiter nichts mehr, auch nicht ob der Entwurf zu einem Flugblatt verwendet worden ist. Sehr viel später teilte mir Scholl mit, dass ein neues Flugblatt von ihnen s. E. keinen Erfolg erzielt habe. Er teilte mir aber nicht mit, welchen Text das Flugblatt hatte, erklärte mir aber, dass dieses Flugblatt vorzüglich in Arbeiterkreisen Verbreitung fand. Augenblicklich kann ich hinsichtlich des Textes nichts aussagen, will mich aber noch auf den Inhalt besinnen.

Den entscheidenden Anstoss zu einer völligen Änderung meiner Einstellung gab die Einberufung der Studentenversammlung durch Gauleiter Giesler im Kongresssaal des Deutschen Museums. Ich empfand es als ein schlechthin undiskutierbares Vorgehen gegen deutsche Frontstudenten, dass ihnen zugemutet wurde, sich vor Betreten der Versammlung abstempeln zu lassen mit der Drohung, dass wer nicht abgestempelt sei, im folgenden Semester an keiner deutschen Universität inskripiert werde. Ich sehe nach wie vor in dieser Massnahme des Gauleiters nicht nur eine ungeheure Verachtung des deutschen Studenten, und der deutschen Bildung, sondern einen unmittelbaren Angriff auf die deutsche Armee. Ich weiss, dass diese Auffassung keinesfalls von mir allein ausgeht, sonders dass sie in den weitesten Kreisen der Studentenschaft und der Professorenschaft von jedem vertreten wird, der noch Mut zur Selbstbehauptung hat.

Mir scheint diese Anmassung noch weit schwerer unruhestiftend gewirkt zu haben, als die Beleidigung der Studentinnen durch den Studentenführer und leider durch den Herrn Gauleiter, welch letztere man immer noch als eine augenblickliche Entgleisung auffassen mag. Nicht die Beleidigung selbst, sondern die Behandlung der Beleidigung in der Presse und den Studenten gegenüber hat mich aufs tiefste empört. Ich nahm mir fest vor, jetzt einmal aus der Reserve herauszugehen und auf irgendeine Weise nicht einem Publikum, sondern den massgebenden Stellen der Partei Kunde zu geben, wie man im Volk in der deutschen Studenten und Professorenschaft über diesen Schritt gegen persönliche Freiheit und Ehre denkt.

In diesem Augenblick stieg in mir erst der Gedanke auf, die Flugblattaktion Scholl's hie[r]zu zu benützen.

Als ich Scholl kurz danach wieder nach meinem Kolleg kurz traf, gab ich meiner Entrüstung über den Vorfall Ausdruck und Scholl meinte, jetzt sei es Zeit mit einem daraufbezüglichem Flugblatt zu antworten. Die Sache unterblieb aber zunächst unter dem Eindruck der furchtbaren Geschehnisse in Stalingrad. Ich bin der festen Überzeugung, dass seit der Übernahme des Oberbefehls durch den Führer und durch die sukzessive Entlassung der fähigsten Generäle die Angriffskraft der Deutschen Wehrmacht in katastrophaler Weise geschwächt wird. Und die ganze Entwicklung der letzten 14 Tage ist eine einzige Bestätigung meines damaligen Eindrucks. Ich litt unter dieser Katastrophe beispiellos. Und das ist wohl der entscheidende Grund, dass ich auf Scholls Anforderung, ihm einige Gesichtspunkte für ein Flugblatt zu geben, direkt ein Flugblatt verfasste. Unter Hereinnahme einiger Punkte, die Scholl vorzüglich hervorgehoben haben wollte, die aber mir persönlich nicht am Herzen lagen. Diese Punkte sind die Aufforderung, die Vorlesungen von SS-Angehörigen nicht zu besuchen. Über die Fassung des Flugblatts im Einzelnen waren wir auch damals nicht ganz einer Meinung. In meinem Konzept standen mehrere Stellen, die ausdrücklich die volle Verbundenheit mit der Wehrmacht betonten, die Scholl nicht darin wünschte. Ich überliess das Konzept etwas ärgerlich an Scholl mit der Bemerkung, sie möchten damit machen, was sie wollten. Ich hatte damals den Eindruck, dass sie das Flugblatt in dieser Gestalt nicht herausgeben wollten und verlangte, dass sie es sofort vernichteten. Ich war in dieser Woche leider verreist bei einem Vortrag in Kempten mit meiner Frau und hörte seitdem von Scholl nichts mehr. Ich habe selbstverständlich von der Redaktion des abgeworfenen Flugblattes nichts erfahren und auch kein Flugblatt zugesandt bekommen. Ich habe überhaupt ausser den 2 Auflagen der »Flugblätter der Weissen Rose« Flugblätter weder zugesandt noch auf andere Weise zu Gesicht bekommen. Scholl versprach mir auch bezüglich des von mir verfassten Entwurfes in Bezug auf die Herstellung und Verbreitung, sowie die Autorschaft, mich vollkommen aus dem Spiele zu lassen. Ich wurde auch in keiner Weise finanziell zu den Flugblattaktionen herangezogen. Über die finanzielle Seite ist nie gesprochen worden.

Schmorell war bei den grundsätzlichen Unterhaltungen zwischen mir und Scholl über unsere politischen Ziele nie beteiligt. Ich nehme daher an, dass er in der technischen Frage der Herstellung und Verbreitung der Flugblätter durch Scholl eingesetzt war. Ich habe mich jedenfalls mit Schmorell über diese Fragen nie auseinandergesetzt.

Wenn mir die Frage der Finanzierung der ganzen Aktionen vorgelegt wird, so kann ich darauf nur antworten, dass ich in diesem Punkte mich auf die bestehende Form der Aktion verliess, sie jedoch in politischer Hinsicht in meinem Sinne und vor allem ausgesprochen antibolschewistisch beeinflussen wollte. Ich versichere, dass ich über die Finanzierung als solche keinerlei Kenntnisse habe. Ich sehe ein, dass sie unbedingt einen Finanzmann haben mussten, kann aber bei besten Willen und nach besten Wissen und Gewissen hierüber keine Aussagen machen.

Der Text meines Entwurfes, den ich an Scholl zur Verarbeitung für ein Flugblatt ausgefolgt habe, ist mir in einigen kleinen Punkten nicht mehr wörtlich erinnerlich. Aus den mir vorgelegten Flugblättern betitelt: »Deutsche Studentin! Deutscher Student!« und »Kommilitoninnen! Komilitonen!« stelle ich fest, dass der Text meines Entwurfes mit kleinen Abände-

rungen darin enthalten ist. Eine einzige wesentliche Ausnahme hebe ich hervor: In einem ersten weggelassenen Passus
betonte mein Entwurf die grossartigen Leistungen der Deutschen Wehrmacht und erklärte die volle Solidarität der deutschen Studenten mit der Wehrmacht. In einem zweiten Passus
forderte der Entwurf zur vollkommenen Unterstellung der
Studenten unter die Deutsche Wehrmacht auf. Beide, meine
eigene Einstellung besonders kennzeichnenden Stellen, sind in
beiden Flugblättern weggelassen. Herr Scholl hatte mich aufgefordert, den Entwurf in der Sprache eines jungen Studenten
abzufassen. Bei der Übergabe meines Entwurfes, die in der
Wohnung des Scholl stattgefunden hat, war Schmorell zugegen. Beiden war der Entwurf nicht aggres[s]iv genug abgefasst,
so dass ich mich zurückzog und eigentlich der Meinung war,
dass der Entwurf nicht benützt würde. Ich mache aber kein
Hehl daraus, dass ich den Entwurf als Unterlage für die Herstellung eines Flugblattes gemacht habe.

Was Graf betrifft, so kann ich hier nur angeben, dass er sich
hinsichtlich der Verbreitung von Flugblättern auf gute Beziehungen zum Rheinland berief. Ob und in welcher Weise Graf
an der Herstellung und Verbreitung von Flugschriften beteiligt ist, weiss ich nicht. Graf selbst hat sehr wenig gesprochen,
ich bin aber der Anschauung, dass er mit Scholl einig war.

Über Sophie Scholl kann ich mir über ihre politische Einstellung kein Bild machen, denn ich habe mit ihr über politische
Dinge, sofern sie nicht allgemeiner Natur waren, nicht gesprochen. Inwieweit sie sich an der Herstellung und Verbreitung
der Flugblätter beteiligt hat, entzieht sich meiner Kenntnis.

Was die politische Einstellung von Schmorell betrifft, so
habe ich aus den Gesprächen, die ich mit Scholl geführt habe,
aus dessen Darlegungen entnommen, dass Schmorell eher
kommunistisch eingestellt ist. In politischen Fragen habe ich
mich mit Schmorell nicht auseinandergesetzt. In welcher
Weise er sich an der Herstellung und Verbreitung der Flugblätter beteiligt hat, kann ich keine Angaben machen.

Aicher Otto habe ich gelegentlich des Abschiedsabends im Atelier Eikemeier nur etwa eine halbe Stunde gesehen. Ich habe mit ihm eine persönliche Aussprache nicht geführt und kann über ihn daher keine Angaben machen. Das Gleiche trifft auch in Bezug auf Probst zu. Der Name der aus diesem Anlass von mir genannten jungen Frau ist mir noch nicht in Erinnerung gekommen. Ich glaube aber, dass Eickemeier sie kennt.

Eickemeier habe ich auch nur an diesem Abend kurz kennengelernt. Er hat sich insbesondere in unserem Sinne dahin ausgesprochen, dass man sich der Wehrmacht voll zur Verfügung stellen müsse und der passive Widerstand, den Schmorell empfahl, durchaus abzulehnen sei. Ich habe keine Ahnung, ob und wie fern Eickemeier an den Machenschaften des Scholl beteiligt ist.

Durch Scholl lernte ich etwa Ende Januar Anfang Februar, an einem Dienstag oder Donnerstag noch einen Studenten namens Harnak, kennen. Ich hatte zuerst abgelehnt mit ihm bekannt zu werden. Scholl erschien aber eines Tages mit ihm nach einer Vorlesung und bat mich in seine Wohnung mitzukommen. Ich habe mit Harnak gesprochen um festzustellen, welche Ziele er verfolgt, ersah aber sehr bald, dass es sich dabei um eine kommunistische Aktion gehandelt haben musste, die in Berlin ihren Sitz hatte, und offenbar vor einiger Zeit aufgelöst war. Ich warnte Scholl dringend mit diesem Herrn Harnak nicht mehr zusammenzukommen, da seine Ziele genau die entgegengesetzten von unseren Zielen seien.

Meines Wissens nach ist Harnak (richtig: Harnack) Volkswirtschaftler. Wir besprachen daher fast nur die wirtschaftliche Lage. Harnack war der Meinung, dass sie nur durch einen totalen Sozialismus, d. h. nur durch eine totale Sozialisierung der gesamten Produktion in Europa wieder einigermassen hergestellt werden könnte. Er liess durchblicken, dass die russische Form der Sozialisierung dafür vorbildlich werden könnte, wogegen ich mich in den schärfsten Formen wandte. Ich kann mich des Eindrucks nicht erwehren, dass Harnack mit der kommunistischen Welle in Deutschland irgendwie in Beziehung stehen muss. Meiner Meinung nach dürfte diese Begebenheit sich am 9. oder 4. Februar 1943 zugetragen haben. Harnack ist etwa 25–30 Jahre alt, etwa 1,75 m gross, sehr schlank längliches Gesicht, lange spitze Nase, vermutlich dunkelblond und zurückgekämmte Haare, sehr schmale Hände, spricht norddeutsche Mundart. Er trug einen bräunlichen Anzug mit langer Hose.

Einen gewissen Furtmeier, der ebenfalls mit Scholl verkehrt, kenne ich nicht: Frl. Lafrenz kann ich politisch nicht schildern und ich weiss auch nicht, ob und inwieweit sie an der Flugblattaktion beteiligt ist.

Das in meiner Wohnung vorgefundene Maschinenpapier, das in seiner Qualität bestimmt auch zu Abzügen verwendet werden kann, habe ich vor etwa 8 Tagen von einem Teilnehmer meines Seminars, namens Wagner, käuflich erworben. Herr Wagner hatte für mich im letzten Semester und auch in diesem Semester einige Abzüge wissenschaftlicher Texte für die Studenten angefertigt. Bei Wagner handelt es sich um einen älteren Herrn, der als Gasthörer die Vorlesungen besucht. Ob Wagner diese Abzüge selbst herstellt oder wo er diese Gelegenheit wahrnehmen kann, weiss ich nicht.

Einen Hirzel kenne ich nicht. Er ist mir dem Namen nach völlig unbekannt.

Ich war mir darüber im Klaren, dass meine Handlungsweise und zwar die der Herstellung und Verbreitung von Flugschriften und die geistige Förderung hie[r]zu eine Handlungsweise gegen den heutigen Staat darstellt. Bewusst war ich mir auch, dass im Ermittlungsfalle ich mit den schwersten Strafen rechnen musste. Trotzdem habe ich das Wagnis auf mich genommen in der festen Überzeugung, dass auf keinem anderen Wege eine Abstellung der furchtbaren Schäden, in die das deutsche Staatswesen durch die Ereignisse der letzten 4 Jahre gestürzt worden ist, möglich sei. Ich bin der festen Überzeugung, dass dem Deutschen Volke noch vor dem Verlust des

Krieges die Augen darüber geöffnet werden müssen, in welcher Lage wir uns wirklich befinden.

Ich habe vorzüglich damit gerechnet, dass derartige Flugblätter zur Kenntnis nicht nur des Volkes, sondern der höheren und höchsten Stellen der Partei kommen müssen und dort den Eindruck der vorgebrachten Tatsachen nicht ganz verfehlen werden. Für mich ist es unmöglich in einem Staatswesen der heutigen Struktur weiterzuleben und einen Beruf als Philosophiedozent auszuüben, der mich täglich und stündlich in die denkbar schwersten Konflikte mit der Staatsauffassung der heutigen Parteiführer bringt. Ich betone nochmals, dass ich eine ganze Reihe nationalsozialistischer Forderungen nur mit Freude und vollstem Verständnis beistimmen konnte. Ich sehe in der Entwicklung des heutigen Reiches in den vier Kriegsjahren nur den Abfall von gerechten Forderungen, die die Partei einst gestellt hatte. Ich weiss, dass meine Haltungsweise illegitim ist, aber sie ist genau so illegitim, wie die Handlungsweise einer grossen Reihe tapferer Nationalsozialisten, die durch ihren Mut den Sturz des demokratischen Regimes mit herbeigeführt haben.

Ich bitte die heutige Vernehmung abbrechen zu dürfen.

Aufgenommen:	Vorgel. genehmigt u.
Geith	unterschrieben:
KS.	*K. Huber*

II A/Sond./Gei   München, den 1.3.43

Der Beschuldigte Prof. Kurt Huber, zur Fortsetzung in der Vernehmung aus der Pol.Haft vorgeführt, gibt weiterhin an:

Meinen Angaben vom 27.2.43 habe ich nichts hinzuzufügen und auch keine Berichtigungen vorzunehmen.

Auf die ausdrückliche und eingehende Frage über mein Wissen hinsichtlich der Finanzierung des illegalen Unternehmens kann ich nur nochmals die Versicherung abgeben, dass ich in diesem Punkte keine weiteren Angaben machen kann. Über die Finanzierung ist zwischen Scholl oder anderen Beteiligten und mir nie gesprochen worden. Im übrigen hielt ich Scholl und Schmorell finanziert so gut situiert, dass sie eine finanzielle Hilfe nicht nötig hatten. Besonders hervorheben möchte ich noch, dass ich selbst keinerlei Geldmittel zur Verfügung gestellt habe.

Als innerstes Motiv meiner Tat möchte ich nochmals nachdrücklich die schwere Sorge um das Wohl des Staates nennen, die mich nach dem Fall von Stalingrad in einen Zustand der äussersten Erregung und Verzweiflung brachte. Dass gerade in diesem Augenblick die Differenzen zwischen der Studentenschaft und der Studentenführung zum Austrag kamen, sehe ich als den verhängnisvollsten Anlass zu meinem Schritt an. Ich wurde in diesem Augenblick an der Kraft der politischen Führung irre und hatte nur den einen Wunsch, die militärische Schlagkraft durch eine nachdrückliche Unterstellung der Studentenschaft unter die Wehrmacht nach Kräften zu stärken. Ich gestehe, dass ich in dem Fall von Stalingrad ein militärisches Versagen erblickte. Ich wollte die Gelegenheit ergreifen, in diesem Augenblick eine starke politische Rechtswendung zu erzielen. Ich muss aber nochmals betonen, dass die entscheidenden Sätze meines Entwurfs in dem Flugblatt weggeblieben sind.

Auf entsprechende Frage erkläre ich, dass ich den Entwurf seinerzeit auf der in meinem Besitz befindlichen Schreibmaschine geschrieben habe. Eine Kopie fertigte ich nicht. Das Original des Entwurfs habe ich seinerzeit Scholl persönlich in seiner Wohnung übergeben und ihn nicht mehr zurückbekommen. Ob er von Scholl nachträglich vernichtet wurde, weiss ich nicht.

Absatz 1 mit 5 des mir vorgelegten Flugblattes, betitelt: »Deutsche Studentin! Deutscher Student!«, entstammt wörtlich aus meinem Konzept. Nach Absatz 5 folgte ein weiterer

Absatz, der meiner Erinnerung nach wörtlich lautete: »Studenten, Studentinnen, Ihr habt Euch der deutschen Wehrmacht an der Front und in der Etappe, vor dem Feind, in der Verwundeten-Hilfe, aber auch im Laboratorium und am Arbeitstisch restlos zur Verfügung gestellt. Es kann für uns alle kein anderes Ziel geben, als die Vernichtung des russ. Bolschewismus in jeder Form. Stellt Euch weiterhin geschlossen in die Reihen unserer herrlichen Wehrmacht.« Der Rest des Textes des Flugblattes stimmt wiederum wörtlich mit dem meines Entwurfes überein.

Wenn mir vorgehalten wird, dass der oben und im Flugblatt fehlende Absatz geradezu ein Widerspruch zum übrigen Text des Flugblattes darstellt, so muss ich dies meines Empfindens verneinen. Der Absatz bringt gerade zum Ausdruck, dass ich unter dem Eindruck der Niederlage in Stalingrad der festen Überzeugung war, dass bestimmte Massnahmen der Partei die Schlagkraft des Heeres ausserordentlich geschwächt hätten.

Die Frage, welche Stellungnahme ich zur Kirche bezw. zum Christentum einnehme beantworte ich wie folgt: »Ich bin Katholik, jedoch in keine Weise eng kirchlich gebunden und habe in den 20 Jahren meines Wirkens in München meine scharfe Stellungnahme gegen klerikale Politik vor und nach der Machtübernahme immer wieder eindeutig zum Ausdruck gebracht. Es ist jedoch mein innerstes Bestreben gewesen, die Forderungen eines wahren und vernünftigen Christentums mit den Forderungen der Partei in Einklang zu bringen. Ich galt in klerikalen Kreisen von jeher als höchst unwillkommener Aussenseiter. Über meine wahre Meinung zu diesem Punkt kann wohl niemand besser und genauer urteilen, als Prof. Karl Alexander v. *Müller*, mit dem ich gerade diese Fragen immer wieder eingehend besprochen habe.

Die Frage eines kirchlichen oder geistlichen Einflusses in dieser Sache, muss ich verneinen. Ich wollte grundsätzlich Angehörige des Klerus an meinen Besprechungen mit Scholl ausgeschlossen wissen, was ich Scholl auch ausdrücklich zur Bedingung gemacht habe. Soweit ich aus den zwischen mir und Scholl geführten Besprechungen schliessen kann, habe ich keine Anhaltspunkte dafür, dass weitere Einflüsse von anderen Persönlichkeiten, massgebend waren.

Einen Prof. *Muth* kenne ich nur aus der Literatur und aus der Redaktion »Das Hochland«. Persönlich lernte ich Prof. Muth noch nicht kennen. Ich war von jeher auch ein Gegner des »Hochland«. Scholl hat mir wohl gelegentlich einmal erklärt, dass er Muth persönlich kenne, ich lehnte ihn jedoch ab. In wie weit Scholl die Beziehungen zu Muth aufrecht erhalten hat, entzieht sich meiner Kenntnis.

Meine Stellung zum Kommunismus ist eine rein negative und ablehnende. Ich sah ja gerade eine ausserordentliche Gefahr darin, dass durch die Entwicklung des Krieges viele wirtschaftliche Massnahmen, notwendig wurden, die bei Dauerbestand sich den kommunistischen Verhältnissen in Russland bedenklich annähern müssten. Ich suchte Scholl in mehreren Gesprächen (2 Gespräche) nachdrücklich dahin zu beeinflussen, seit ich eine gewisse Änderung seiner Meinung nach seiner Rückkehr vom Osten, beobachtet hatte.

Was den bereits geschilderten Abschiedsabend im Atelier *Eickemeier* anbetrifft, so muss ich mich auf meine hier bereits gemachten Angaben berufen. Ich kann mich nicht entsinnen, dass gelegentlich der Unterhaltung und insbesondere bei der Erörterung politischer Fragen, von Plakatierungen oder Anschmierungen die Rede gewesen sei. Ich erinnere mich nur noch, dass Schmorell von passivem Widerstand im Feld und in Betrieben gesprochen hat und sich alle dagegen geschlossen wendeten. Dem Sinne nach habe ich sogar dagegen eingewandt, dass dies dem reinen Kommunismus zusteure.

Ich kenne einen Ukrainischen Studenten Namens *Hocji* seit etwa 1939, wo er als Student der Slavistik nach München kam und meine Vorlesungen besuchte. Später traf ich ihn gelegentlich auf der Strasse, er war Mitarbeiter im Deutschen Süd-Ost-

Institut, gab Sprachunterricht auf der Ordensburg in Sontho-
fen und hatte zur deutschen Akademie Fühlung. Letztmals sah
ich ihn vor 10 Tagen, wobei er mir von seiner Doktor-Arbeit
erzählte und mich bat, die Prüfung im Nebenfach der Philosophie zu übernehmen. In Kreisen von Scholl oder Schmorell
habe ich Hocji nie gesehen. Ich halte es für ausgeschlossen,
dass Hocji mit Scholl in Verbindung stand, auf gar keinen Fall
aber in dieser Sache.

Aufgenommen: s.g.u.u.
Geith, Krim.Sekr.   *K. Huber*

II A–Sko/Gei.   München, den 2. März 1943

Der Beschuldigte Kurt *Huber*, zur Fortsetzung in der Vernehmung vorgeführt und nochmals zur Wahrheitsangabe ermahnt gibt an:
      Hinsichtlich des Zustandekommens des Flugblattes »Aufruf
an alle Deutsche« trage ich noch ausführlicher nach.
      Auf Ersuchen des Scholl begab ich mich in der Zeit zwischen
18. und 20.1.43, an den genauen Tag kann ich mich nicht mehr
entsinnen, gegen Abends in seine Wohnung. Bei meinem Eintreffen waren Scholl und Schmorell dort bereits anwesend.
Dass Scholl mir einen Entwurf eines Flugblattes zeigen wolle,
war mir im Zeitpunkt der Einladung noch nicht bekannt.
Scholl zeigte mir erst in seiner Wohnung den Entwurf eines
Flugblattes. Bei dem Entwurf handelte es sich um den des
Scholl. Schmorell hatte auch einen Entwurf, den er aber nicht
vorlas, weil er in ein Konzert wollte. Es besteht doch aber Möglichkeit, dass Schmorell i[h]n zu lesen begann. Er las ihn aber
nicht zu Ende und erst Scholl versuchte mir ihn mühsam aus
dem Konzept des Schmorell zu entziffern. Ich lehnte den Entwurf des Schmorell rundweg ab, da er kommunistisch klin-
gende Aufforderungen enthielt. Darauf erst las mir Scholl sei-

nen Entwurf ganz vor. Der erste Teil bis zu dem Satz: »Was lehrt uns der Ausgang dieses Krieges, der nie ein nationaler war?«, war im Wortlaut wohl so ziemlich ausgeführt wie er auf dem Flugblatt steht. Das folgende war eine hastige Skizze und sprachlich nicht in Ordnung. Ich korr[i]gierte den Satz: »Nur in großzügiger Zusammenarbeit usw.« dem ich eine sprachlich richtige Fassung gab. Außerdem setzte ich an Stelle eines etwas kommunistisch klingenden Satzes, den Satz: »Nur eine gesunde usw.« ein. Außerdem an Stelle eines weiteren unklaren Satzes, den Satz: »Jedes Volk usw.« Das übrige stammt aus der Skizze des Scholl. Auf diese Änderungen bezieht sich meine Angabe in der ersten Vernehmung, daß ich einige Stellen des Entwurfs beanstandet habe. Das fertige Flugblatt habe ich nicht gesehen. Ich habe auch nicht gewußt, ob dieses Flugblatt gedruckt würde. In keinem Zweifel war ich mir jedoch, dass das Konzept zur Herstellung eines Flugblattes bestimmt war.

Meine Angaben hinsichtlich der Textniederlegung zu dem Flugblatt: »Deutsche Studentin! Deutscher Student!« sind richtig. Ich habe, den Enwurf selbständig und ohne Mithilfe dritter Personen gemacht und auch selbständig auf meiner Schreibmaschine zu Hause in meinem Arbeitszimmer geschrieben.

Auf entsprechende eindrückliche Frage hinsichtlich meines Wissens über die Finanzierung der ganzen Aktion wiederhole ich nochmals, dass ich in diesem Punkte nichts auszusagen in der Lage bin. Wenn mir in diesem Zusamm[en]hang der Name Grimminger genannt wird, so muss ich erklären, dass mir der Name völlig fremd ist.

Ich kann mich entsinnen, dass ich mit Scholl auf den Schriftsteller Werner Bergengrün und den Physiker Sommerfeld zu sprechen kam, aber ebenso auch auf eine ganze Reihe anderer literarischer, naturwissenschaftlicher und volkswirtschaftlicher Kapazitäten. Bei diesen Nennungen handelte es sich um rein sachliche und fachliche Interessen. Mir gegenüber hat

Scholl bestimmt nie etwas durchblicken lassen, dass er eine dieser Kapazitäten für seine Sache gewinnen wolle oder gar schon gewonnen hat.

aufgenommen: s.g.u.u.
    Geith   *K. Huber*
    KrimSekr.

II A – Skdo / Gei.   München, den 3. März 1943

Vermerk.

Die Sicherstellung der Schreibmaschine des Beschuldigten Kurt *Huber* wurde am 2.3.43 durch Gend-Haupw. Fleischmann des Gend-Postens Gräfelfing durchgeführt.

Die Schreibmaschine Marke »Ideal« mit Firmenzeichen »S & N« und Firmenschild »Alfred Bruck, Schreibmaschinenhaus München« Fabrik-Nr. 16505 wurde am 3.3.43 zur Dienststelle der Staatspolizeileitstelle München verbracht.

Geith
KrimSekr.

II A – Skdo / Gei.   München, den 4. März 1943

Der Beschuldigte Kurt *Huber* zur Fortsetzung der Vernehmung aus der Polizeihaft vorgeführt, gibt weiter an:

Meine bisherigen Angaben muß ich noch dahingehend ergänzen, daß mich Scholl etwa Anfang Februar um ein Studentenverzeichnis ersuchte. Dieses Ersuchen stellte Scholl an mich bei einem gelegentlichen Zusammentreffen in der Universität. Ich gab Scholl zu verstehen, daß ich über ein neues Studentenverzeichnis nicht verfüge, jedoch im Besitze eines alten Verzeichnisses aus dem Wintersemester 41 / 42 bin. Da Scholl sich auch mit dem alten Verzeichnis aus dem Wintersemester 41 / 42 zufrieden gab, stellte ich ihm das in meinen Händen befindliche Verzeichnis zur Verfügung. Die Übergabe des Verzeichnisses erfolgte dann einige Tage später in der Wohnung des Scholl anlässlich der bereits geschilderten Besprechung. Daß Scholl das Verzeichnis nur brauchte, um daraus die Anschriften der Studenten zu entnehmen, um die gefertigten Flugblätter an die Studenten versenden zu können, war ich mir nicht im Zweifel.

Wenn ich weiter gefragt werde, ob ich noch Einzelheiten über den Flugblattentwurf des Schmorell zu dem Flugblatt »Aufruf an alle Deutsche« angeben kann, so muss ich hierzu angeben, daß Schmorell, wie in meiner letzten Vernehmung bereits erwähnt, den Entwurf nur flüchtig vorgelesen hat. An Einzelheiten kann ich mich nicht mehr erinnern. Ich kann mich nur noch auf den Gesamteindruck berufen, daß der Entwurf leere, etwas kommunistische Phrasen enthielt, hinter denen gar keine leitende Idee stand. Dieser Entwurf des Schmorell kam daher für mich von vornherein nicht in Frage.

Den in meiner Erstvernehmung genannten Petermann lernte ich glaublich Anfangs Juni 42 in einem Gesellschaftskreis der Frau Dr. Mertens kennen, dem ich zum erstenmal anwohnte. Frau Dr. Mertens las an diesem Abend eine Skizze über »Innere Erneuerung« vor, die allen beteiligten Studenten etwas weltfremd erschien. Politische Themen wurden an diesem Abend nicht berührt. Ein weiteres und letztesmal traf ich dann mit Petermann in der Villa Schmorell zusammen wie bereits angegeben. Von wem aus Petermann in die Villa Schmorell eingeladen wurde entzieht sich meiner Kenntnis. Wie ich bereits in meiner Erstvernehmung angegeben habe, kam es zu politischen Meinungsverschiedenheiten vor allem zwischen Scholl und Petermann, die ich damals zu überbrücken versuchte. Nachdem Petermann politisch ganz anders eingestellt war als Scholl, halte ich es für sehr unwahrscheinlich, dass er mit Scholl auch späterhin in nähere Beziehungen trat. Petermann kenne ich nicht näher, weiß auch nicht welcher Beschäftigung er nachgeht und kann daher über ihn weitere Angaben nicht machen. Ich brachte lediglich durch ihn in Erfahrung, dass er in Hamburg ansässig ist und auch bald wieder dorthin zurückkehren wolle.

Die Eltern des Schmorell kenne ich nicht. Ich bin mit ihnen noch nie zusammengekommen. Auch während meiner Anwesenheit in der Villa Schmorell habe ich die Eltern Schmorell nicht gesehen.

Den mir bekannten Freundschafts- bezw. Bekanntenkreis von Scholl und Schmorell habe ich nach meinen Erinnerungen voll angegeben. Es sind mir bestimmt keine weiteren Personen bekannt, die ich aus diesen Kreisen kennenlernte oder von denen ihnen hörte. Hierbei muss ich aber noch erwähnen, daß ich gelegentlich einer Vorführung am 3.3.43 einem Mann kurz gegenüber stand, den ich im Zusammenhang mit Scholl meiner Erinnerung nach einmal gesehen haben muß. Es kann dies nur entweder an dem fraglichen Abschiedsabend im Atelier Eickemeier oder in der Wohnung Scholl's gewesen sein. Er wurde mir kurz vorgestellt, ich habe mit ihm jedoch kein Wort gesprochen. Ich kann mich aber an den Namen des Mannes nicht mehr entsinnen.

aufgenommen: s.g.u.u.
  Geith   *K. Huber*
  KrimSekr.

K II A – Skdo.   München, den 6. März 1943

Feststellung.

Am 6.3.43 wurde dem Beschuldigten *Huber* der Mitbeschuldigte Grimminger gegenübergestellt. Bei Grimminger handelt es sich um den von Huber in seiner Vernehmung vom 4.3.43 bezeichneten Mann, den er glaubt, bestimmt im Zusammenhang mit Scholl einmal gesehen zu haben. Während Grimminger im Gespräch mit Huber im Verlauf der Gegenüberstellung fest behauptet, Huber noch nie gesehen zu haben, gibt Huber in diesem Zusammenhang an:

Ich muss meine Angaben vom 4.3.43, in denen ich ausführte, den mir heute gegenübergestellten Mann schon einmal in Zusammenhang mit Scholl gesehen zu haben, aufrecht erhalten. Ich kann mich bestimmt entsinnen, daß ich diesen Mann, der mir allerdings erst heute dem Namen nach bekannt wurde, mit Scholl gegenüberstand. Die Gegenüberstellung bestärkt mich in meiner Aussage weiter noch dadurch, weil ich mich auf Grund des schwäbischen Dialekts, den der Mann spricht, noch besser an ihn entsinnen kann. Im Zweifel bin ich mir nur, ob ich ihm anlässlich der bewußten Abschiedsfeier im Atelier Eickemeier oder in der Wohnung des Scholl gesehen habe. Auf ausdrückliches Befragen und nach reiflicher Überlegung muß ich erklären, daß ich meine Angaben sogar mit einem Eid bekräftigen müßte, denn im gegenteiligen Fall müsste ich mir selbst wegen Ableistung eines Falscheides innere Vorwürfe machen. Ich habe zwar im allgemeinen kein gutes Personenerinnerungsvermögen, aber in diesem Falle weiß ich bestimmt, daß ich mich keiner Täuschung hingebe.

aufgenommen: s.g.u.u.
Geith   *K. Huber*
K.S.

II A – Skdo / Gei   München, den 10. März 1943

Der Beschuldigte *Huber* zur Fortsetzung der Vernehmung aus der Polizeihaft vorgeführt, erklärt:

Wenn ich nochmals befragt werde, wie sich Willi Graf seinerzeit hinsichtlich seiner Erklärung, daß er im Rheinland Beziehungen habe, ausdrückte, so kann ich auf diese Frage nur antworten, daß er in meiner Gegenwart keine Namen genannt hat. Ebensowenig wurden von Graf Städte genannt. Die mir hier bekanntgemachten Namen, Bollinger, Bauer, Alt und Dr. Müller sind mir völlig unbekannt und neu. Ich hörte auch diese Namen in späteren Unterredungen mit Scholl nicht. Ich versichere, dass ich von weiteren Personen, die mit der Sache in Verbindung stehen könnten, keine Kenntnis habe. Die in diesem Zusammenhang mir bekannten Personen habe ich nach bestem Wissen und Gewissen genannt.

Wenn auch in keinerlei ursächlichem Zusammenhang mit der mir zur Last gelegten Handlung stehend, so muss ich doch noch ergänzend angeben, dass ich in der Theresienstr. 93 / II bei Keitl ehemals Schießl, ein Studienzimmer gemietet habe. Dieses Zimmer habe ich seit etwa 8 Monaten gemietet und diente mir nur unter Tage zu Studienzwecken, weil ich in der Universität keinen Arbeitsraum zur Verfügung habe. Das Zimmer gebrauchte ich wöchentlich etwa 2 bis 3 mal zwischen 12 und 18 Uhr. Ich habe in dem Zimmer niemals einen Studenten oder sonstige Besuche empfangen, weil es mir ausschließlich zu Studienzwecken diente. Aus diesen Gründen habe ich das Zimmer auch vor meinen Studenten geheimgehalten. In dem Zimmer befinden sich lediglich eigene wissenschaftliche Arbeiten, Konzepte, wissenschaftliche Bücher der Staats- u. Universitätsbibliothek, die ich in der letzten Zeit gebrauchte.

Damit habe ich von mir aus keine weiteren sachdienlichen Mitteilungen mehr vorzubringen und ich versichere nochmals, daß ich alle meine Angaben in reiflicher Überlegung nach bestem Wissen und Gewissen gemacht habe.

aufgenommen: s.g.u.u.
Geith   *K. Huber*
KrimSekr.

II A – Skdo / Gei.   München, den 11. März 1943

Feststellung.

Im Anschluss an die Vernehmung des Huber wurde die Durchsuchung seines sogenannten Studienzimmers, hier Theresienstr. 93 / II bei Kreiler (nicht Keitl) vorgenommen.

Material, das auf staatsfeindliche Betätigung hinweisen könnte, oder mit der schwebenden Sache in Verbindung zu bringen wäre, konnte dort nicht vorgefunden werden. In diesem Zimmer hat Huber nur Arbeiten rein wissenschaftlicher Art und Bücher aufbewahrt, wie er in seiner Vernehmung vom 10.3.43 angab.

Die Mietgeberin Hedwig Kreiler bestätigte auf Befragen die Angaben des Huber hinsichtlich der Mietdauer und Benützungszeiten. Insbesondere wurde von Kreiler bestätigt, daß Huber nie Herren dort empfangen hat, oder von Herren telefonisch angerufen wurde. Hinsichtlich des Mietpreises gab die Kreiler an, dass ihr Huber freiwillig einen solchen in Höhe von 70.– RM pro Monat bezahlte. Huber zu diesen Angaben gehört erklärte, daß dies nicht richtig sei. Er habe zwar den Preis von 70.– RM bezahlt, doch wurde von der Kreiler ursprünglich ein Mietpreis von 80.– RM gefordert, den er aber auf 70.– RM heruntergedrückt habe. Die Angelegenheit gegen Kreiler wegen Mietpreiswuchers wird gesondert behandelt.

Geith
KrimSekr.

Beschuldigter *Huber* Kurt, Personalien bekannt, aus der Polizeihaft vorgeführt und weiter vernommen gibt an:

Auf die Frage, wann ich das Flugblatt »Weisse Rose« erstmals erhalten habe, gebe ich an, daß das Ende Juni 42 gewesen sein muß. Ich entsinne mich jetzt, daß ich es jedenfalls schon bekommen hatte, bevor ich zu der Zusammenkunft in die Villa Schmorell fuhr. Ich entsinne mich deshalb noch genau an den ganzen Hergang, weil ich nach meiner Erinnerung kurz vorher das Flugblatt Prof. v. Müller gebracht und mit ihm besprochen habe. Seinerzeit hatte weder ich, noch Prof. v. Müller die geringste Ahnung, daß das Flugblatt von Scholl oder überhaupt aus Studentenkreisen stammen konnte. Ich wurde von Scholl am Tag der Zusammenkunft in der Villa Schmorell für den Abend eingeladen und traf mich mit ihm um 18 Uhr an der Strassenbahnhaltestelle Heilig-Geist-Kirche. Ich erinnere mich, daß eine Dame dabei war. Die Strassenbahn war sehr voll und meines Wissens waren wir Anfangs in der Strassenbahn getrennt. Erst gegen Schluß der Fahrt erinnere ich mich mit Scholl einige gleichgültige Dinge besprochen zu haben. Die Dame sass neben Scholl am Fensterplatz, ich gegenüber. Auf die Frage, ob schon in der Strassenbahn von dem Flugblatt »Weisse Rose« die Rede war, kann ich bestimmt erwiedern, daß ich mich daran nicht erinnere. Nachdem mir in diesem Zusammenhang der Name Lafrenz genannt wird, erinnere ich mich genau, daß es sich bei der von mir genannten Dame um Frl. Lafrenz handelt, die ich damals noch gar nicht kannte. Jetzt erinnere ich mich auch, daß Frl. Lafrenz bei dem Gang von der Strassenbahnhaltestelle zur Villa Schmorell an der Ecke, wo der Weg zur Villa Schmorell beginnt, mit mir etwas zurückblieb und mich fragte, ob ich auch das Flugblatt »Weisse Rose« bekommen habe. Ich bejahte dies und sie sagte mir kurz, dass eine Reihe von Bekannten das Flugblatt bekommen haben. Weiter habe ich mich mit

Frl. Lafrenz nicht unterhalten. Es kam auch meines Wissens an dem Abend das Flugblatt nicht zur Sprache. Auf Befragung kann ich bestimmt versichern, dass mir nichts davon bekannt ist, daß Scholl in der Strassenbahn der Frl. Lafrenz die Erwähnung des Flugblattes verbot. Ich hatte auch gar keinen Anlass, ausgerechnet in der Strassenbahn oder überhaupt an diesem Abend über das Flugblatt zu sprechen, da ich Scholl ja zu diesem Zeitpunkt erst zum 2.mal sah und Frl. Lafrenz gar nicht kannte. Ich habe damals über das Flugblatt nur mit Prof. v. Müller gesprochen.

Zur Zusammenkunft bei Eickemeyer bemerke ich nachträglich in Bezug auf die von mir genannte Dame, daß Scholl die Dame im Atelier ziemlich spät anrief. Sie erschien sehr bald darauf. Ich kannte sie nicht, jedoch schon bei der Vorstellung durch Eickemeyer sagte sie mir, dass sie mich von ihrem Mann her sehr wohl kenne. Sie unterhielt sich ausser mit mir für den Rest des Abends fast nur mit Eickemeyer, der neben mir sass. Zu dem Zeitpunkt da die Dame kam hat nach meiner bestimmten Erinnerung sich die Unterhaltung nicht mehr auf politische Fragen bezogen. Den Name der Dame kann ich aber auch heute nicht angeben, weil er mir vollkommen in Vergessenheit geriet.

aufgenommen: s.g.u.u.
Geith   *K. Huber*
K.S.

482

Aktenzeichen KR.   München, 7, den 25. März 1943.
3 Ge 246/43   Mariahilfplatz 17

Amtsgericht München,
Abteilung Strafgericht.
(Ermittlungsrichter.)

Beschuldigten-Vernehmung
in der Strafsache
gegen Dr. Huber Curt
wegen Hochverrats

Gegenwärtig:
Der Oberamtsrichter
Dietz

der Urkundsbeamte
Dietz

Der im Gerichtsgefängnis Neudeck vorgeführte
Beschuldigte wurde gemäß § 136 StPO. vernommen, wie folgt:

Zur Person:
Dr. Huber Curt, übr. Pers. erhob.

Er erklärte:
Zur Sache erklärte der Beschuldigte:
Ich nehme Bezug auf meine pol. Angaben, die ich zum Gegenstand meiner Aussage mache. Ich gebe zu, an der Abfassung u. Entwurfs zu den Flugblättern »Widerstandsbewegung
in Deutschland« und »Studenten u. Studentinnen« bzw. »Komilitonen und Komilitoninnen« mitgewirkt zu haben. Mir war
s. Zt. von Scholl der Entwurf zu dem Flugblatt »Widerstandsbewegung in Deutschland« vorgelegt worden, ich änderte den
Entwurf an einigen Stellen ab. Zu dem Flugblatt »Studenten u.
Studentinnen« fertigte ich selbst einen Entwurf an. Schliesslich stellte ich auch Scholl ein Adressenverzeichnis der Studenten des Wintersemesters 41/42 der Univ. München zur

Verfügung. Ich erklärte aber ihm ausdrücklich bei Übergabe des Adressenverzeichnisses, dass dieses keinerlei Wert habe, weil es bereits veraltet sei. Ich konnte allerdings annehmen, dass das Verzeichnis dazu verwendet werde, um Anschriften herauszuschreiben und dann die Flugblätter an die betr. Personen zu versenden. Ich erklärte aber ausdrücklich, dass ein solches Unternehmen keinen Sinn habe.

Hierauf wurde verkündet: Es ergeht

Haftbefehl.

D. Beschuldigte ist dringend verdächtig

1 in Mittäterschaft begang. Verbrech. eines hochverr. Unternehmens gem. § 83 Abs. II StGB in Tateinheit m. 1 Verbr. der Feindbegünstigung gem. § 91 b u. StGB eines Verbrech. der Wehrkraftzersetzg. gem. § 5 / I Z. 1 der KStVO §§ 47, 73 StGB.

Die Haft wird angeordnet, weil

ein Verbrechen den Gegenstand der Untersuchung bildet. Ausserdem mit Rücksicht auf die zu erwartende hohe Strafe.

Vorgelesen:

K. Huber	
(Beschuldigt.)	(Dolmetscher)
Dietz	
(Richter)	(Urk.-Beamt.)

Aufnahme-Verfügung für Gefängnis erteilt.
Mit Akten
an Staatsanwaltschaft München I, Abt. 1.

Der Ermittlungsrichter
Dietz

Mein politisches Bekenntnis, selbst diktiert von Prof. Huber
am. 8. März 1943.

1.) Ich ergreife dankbar die mir von der Geheimen Staatspolizei gebotene Gelegenheit, die Ziele meines Vorgehens
und die leitende Idee des von mir erstrebten teilweisen
Umbaues der bestehenden Staatsform näher auszuführen.
Ich hatte in der Vernehmung angegeben, dass die wachsende Sorge bezüglich der zunehmenden Linksentwicklung des Staatswesens das Hauptmotiv meines Eingrei-
fens gewesen sei. Der zentrale Punkt dieser Sorge ist die
immer stärker hervortretende Einschränkung der persönlichen Freiheit des einzelnen Volksgliedes, der Denkfreiheit, der Gewissensfreiheit, der Handlungsfreiheit. Man
macht geltend, dass die Not und Wucht unseres Lebens-
kampfes gegen den russischen Bolschewismus die stärkste
unnachgiebige Zusammenfassung aller Kräfte fordere. Es
ist jedoch etwas anderes, ob diese Zusammenfassung mit
dem vollen Einsatz der persönlichen Freiheit jedes Einzelnen erfolgen kann, oder ob sie zum äusseren Anlass tief-
greifender innerer Umbildungen wird, die, wenn nicht in
der Zielsetzung, so doch im Erfolg auf eine Bolschewisierung des deutschen Staates und Volkes hinauslaufen. Das
letztere ist meine Meinung.

2.) Der Deutsche Staat ist ein Führerstaat. Er beruft sich in
der Herleitung des Führerprinzips ausdrücklich auf das
altgermanische Führertum. Ich stimme dem Führerprinzip restlos zu; aber ich muss bestreiten, dass das Führerprinzip hier und dort auch nur in der Idee dasselbe ist. Das
germanische Führertum ist auf der Idee der persönlichen
unantastbaren Freiheit jedes Volksgliedes aufgebaut.
Nicht der Wille des Führers ist Gesetz, sondern der Führerwille ist Ausdruck des Gesetzes, er untersteht der Bindung durch das Gesetz und durch die Volksvertretung. Er
ist wählbar und absetzbar. Der germanische Führerstaat

ist kein autoritärer Machtstaat, zu dem sich der heutige Deutsche Staat in einer Form entwickelt, die mit der Forderung persönlicher Freiheit nicht mehr zu vereinen ist. Hier liegen meine innersten Konflikte.

3.) Keine Staatsform kann an dieser sittlichen Forderung vorbeigehen. Sie kann sie mit Machtmitteln unterdrücken; dann ist das Volk zur willenlosen Masse geworden, die einem Führerwillen bedingungslos zu gehorchen hat. Die extreme Entwicklung zum autoritären Machtstaat führt zur Auflösung des Volkes als sittliche Substanz. Der gebundene Führerstaat der altgermanischen Idee bezweckt und gestaltet umgekehrt die freie Aktivierung der sittlichen Kräfte auch des letzten Mannes im Volk.

4.) Soviel in Kürze zur Ideengrundlage. Aus ihr erfliesst für mich die Forderung der Denk- und Gewissensfreiheit gerade im Führerstaat germanischer Prägung. Zunächst im Politischen: Der germanische Führer untersteht sehr wohl der Kritik im gesetzlichen Rahmen. Der autoritäre Machtstaat erklärt jede Kritik an der Staatsführung als illegale Handlung. Er unterbindet die Rede-, Versammlungs-, Pressefreiheit restlos. Auch diese Entwicklung ist mit der sittlichen Forderung der Selbstbestimmung unvereinbar.

Die Forderung der religiösen Gewissensfreiheit berühre ich hier nur kurz. Es steht ausser Zweifel, dass der offene und versteckte Kampf gegen das Christentum im heutigen Machtstaat Formen angenommen hat, die sich grundsätzlich von den Kampfformen des russischen Bolschewismus nicht unterscheiden.

Etwas näher muss ich auf die wachsende Unterbindung der wissenschaftlichen Denkfreiheit eingehen. Der nationalsozialistische Staat hat gerade in der letzten Zeit an leitender Stelle so oft betont, dass eine deutsche Wissenschaft ohne völlige Durchdringung mit der nationalsozialistischen Weltanschauung in Zukunft undenkbar ist, dass an dem totalen Herrschaftsanspruch diese Weltanschauung über alle wissenschaftliche Forschung und Lehre kein Zweifel möglich ist. Nur »bürgerliche« Wissenschaftler von gestern mögen sich da mit halben Lösungen, mit einem Arbeiten auf indifferenten Gebieten zufrieden geben. Der Philosophischdenkende weiss, dass es solche Gebiete kaum gibt. Er hat nur die Wahl sich unterzuordnen oder für die Freiheit der Forschung zu kämpfen. Kein einsichtiger Wissenschaftler kann heute bestreiten dass das Niveau der wissenschaftlichen Leistungen wie der wissenschaftlichen Bildung heute in Deutschland gesunken ist und sich der Mangel eines geeigneten wissenschaftlichen Nachwuchses immer stärker fühlbar macht. Ich sehe den Grund dieser Erscheinungen in einer zu weitgehenden Abhängigkeit der Forschung und Lehre von bestimmten Forderungen der nationalsozialistischen Weltanschauung.

5.) Die nationalsozialistische Weltanschauung ist freilich meines Erachtens keine so einheitlich geschlossene Weltanschauung, als die sie sich propagandistisch gibt. Sie ist in nicht zu leugnender Umbildung einzelner ihrer Hauptforderungen begriffen und noch sehr verschiedenartiger Auslegung fähig. Ich stimme mit ursprünglichen Forderungen wie dem Führerprinzip, der Betonung der Volksgemeinschaft, der Hervorhebung des germanisch rassischen Standpunkts, mit Erziehungsforderungen wie derjenigen der Leibesertüchtigung, der Charaktererziehung, der deutschen Volkstumsbildung durchaus überein. Aber ich muss mich gegen die Hervorkehrung sozialistischer Züge wenden, die der Bolschewisierung fraglos Vorschub leisten: Der geistigen Nivellierung, der Betonung einer materialistischen Lebensauffassung, die das Bild jener Oberflächenstruktur bestimmen, der wir heute in weitesten Volkskreisen begegnen. Sie kennzeichnet sich durch einen auffälligen Hass gegen alles höhergeistige Leben.

6.) Dem autoritären Machtstaat und nicht dem Führerprinzip als solchem ist jene verhängnisvolle Tendenz zur letzten Zentralisation und Überorganisation eigen, die unser heutiges staatliches, kulturelles und wirtschaftliches Wesen bestimmt. Der deutschen Staatenbildung ist von Hause aus eine weitgehende Dezentralisierung und Differenzierung eigen. Auf ihr beruht wesentlich der völkische Reichtum der deutschen Kultur. Die ständische Durchgliederung des Staatsgefüges war eine der glücklichsten Grundforderungen des ursprünglichen Parteiprogramms. Sie ist erst nach und nach den autoritär zentralistischen Tendenzen in Verwaltung, Wirtschaft und kultureller Organisation zum Opfer gefallen. Der Kampf zwischen ständisch Dezentralisierendem und autoritär zentralisierendem Aufbau ist im heutigen Staat noch nicht abgeschlossen. Ich kann nur in einer starken Hervorhebung des ständischen Elementes, der landschaftlichen und kommunalen Dezentralisierung die Gewähr gegen eine fortschreitende Bolschewisierung erblicken.

7.) Ich bin der festen Überzeugung dass die Wirtschaftsform Deutschlands und unter seiner Führung Europas nach dem Kriege nur eine gemässigt sozialistische sein kann. Die derzeitige Entwicklung der deutschen Wirtschaft zielt jedoch mit steigender Deutlichkeit auf eine totale Sozialisierung aller Produktionsmittel, auf die weitestgehende Kollektivierung der Landwirtschaft, auf die Vernichtung oder zumindest Drosselung des kleinen Handwerkerstandes – alles Züge einer fortschreitenden Annäherung an das bolschewistische System. Dem steht die Bildung von Riesenkapitalen in den Händen weniger Führer gegenüber, die in nichts der kapitalistischen Vertrustung ganzer Industrien im angelsächsischen Kapitalismus nachstehen. Kapitalismus und Sozialismus sind heute nicht nur in England und Russland, sondern auch im nationalsozialistischen Deutschland keine Gegensätze mehr und die Propaganda gegen Bolschewismus und Kapitalismus hat durch die deutsche Wirtschaftsentwicklung ihre stärksten Argumente eingebüsst. Meines Erachtens könnte nur eine föderalistische Wirtschaftsordnung und nur die intensivste wirtschaftliche Stärkung des Bauernstandes eine wirtschaftliche Gesundung Europas und die Überwindung der Doppelgefahr von Kapitalismus und Bolschewismus herbeiführen. Nur sie ist mit den Forderungen der materiellen Freiheit des Einzelnen grundsätzlich vereinbar.

8.) Der deutsche Führerstaat germanischer Prägung ist ein Rechtsstaat. Ich bestreite grundsätzlich die Ableitung des Rechts aus dem autoritären Machtwillen eines Führers. Auch der Führerwille ist an unveräusserliche Rechte der Volksgemeinschaft wie des einzelnen Volksgliedes gebunden. Friedrich der Grosse unterwirft sich dem unabhängigen Richterspruch von Sanssouci.

Ein extremer autoritärer Machtstaat stellt die Unabhängigkeit des Richteramts in Frage. Es besteht in der heutigen deutschen Rechtsprechung mehrfach kein begreifliches Verhältnis mehr zwischen der Bedeutung einer Straftat und der Härte der Strafe. In allen Kulturstaaten werden demjenigen der eine herrschende Staatsform lediglich bekämpft, die Ehrenrechte zuerkannt. Ich halte es für unmöglich, dass der politische Gegner einer Staatsidee mit dem niedersten Verbrecher auf eine Stufe gesetzt wird.

9.) Freiheit und Wahrheit müssen wieder die Kennzeichen der deutschen Presse werden. Die Forderung der freien, wenn auch keineswegs schrankenlosen Meinungsäusserung habe ich schon betont. Aber auch die objektive Berichterstattung muss sich von übertriebenen Propagandaformulierungen wieder zur schlichten sachlichen, möglichst wahrheitsgetreuen Darstellung zurückfinden, wenn sie auf freie verantwortungsbewusste Menschen wirken und

nicht zum blossen Mittel einer Massenführung herabsin-
ken will.

10.) Die vorliegenden in keiner Weise abschliessenden Gedanken zusammenfassend, betone ich nochmals: Nicht Revo-
lutionierung bezweckt mein Vorgehen, sondern gerade
umgekehrt eine Zurückführung des heutigen Staatswesens auf eine nationale und zugleich gemässigt sozialistische, mit der unbedingten Forderung der Freiheit und
Selbstverantwortlichkeit des Einzelnen vereinbaren Auslegung des Führerprinzips. Ich denke nicht entfernt an
einen Rückfall in die überlebte Gedankenwelt der westlichen Demokratien und des Parlamentstaates. Aber ich
bitte und beschwöre den Führer der drohenden Bolschewisierung des deutschen Volks einen Damm entgegenzuset-
zen. Vom autoritären Machtstaat zurück zur gegenwarts-
nahen Erfüllung des echten germanischen Führertums,
vom drohenden Massenstaat zurück zum ständisch aufge-
bauten Volksstaat! Das ist in Kürze die Losung.

11.) Man hat mir vorgeworfen warum ich mich mit meinen
Vorschlägen nicht an den Rektor der Universität gewandt
hätte. Dies konnte für mich nicht in Frage kommen, weil
es sich ja nicht um die Abstellung einiger Missstände,
sondern um Grundsätzliches handelt, worüber eine einzelne Amtsstelle nicht verfügen kann. In einem Staat, der
die freie öffentliche Meinungsäusserung unterbindet,
muss der Versuch einer solchen notwendig zu illegalen
Formen greifen.

Ich identifiziere die hier entwickelte Staatsauffassung
jedoch in keiner Weise mit den Äusserungen und evtl.
politischen Meinungen von Scholl und Schmorell. Scholl
war zwar für meine Anregungen sehr empfänglich und
hat sie auch in meiner Gegenwart durchaus geteilt. Aber
es steht für mich ausser Zweifel, dass er damit Anregungen ganz anderer und der meinigen entgegengesetzter
Herkunft, und zwar sowohl kommunistischer wie konfes-

sionell reaktionärer Herkunft zu einem subjektiv unklaren Bild verschmolz. Bei Schmorell hingegen kann ich auf Grund der flüchtigen Kenntnis seines Flugblattentwurfs von eigenen politischen Ideen, die er verfochten hätte in keiner Weise sprechen.

Meine eigene Auffassung habe ich wohl nirgendwo klarer und ausführlicher entwickelt als in Gesprächen mit dem Präsidenten der Akademie der Wissenschaften Prof. Dr. Karl Alexander von Müller. Ich bitte ihn als Zeugen dafür zu berufen, dass alle meine vorliegenden Angaben genau meiner ihm gegenüber immer vertretenen Auffassung entsprechen.

Ich stelle keineswegs in Abrede und habe genugsam betont, dass meine politischen Grundauffassungen, die ich hier nur in Kürze skizzieren konnte, in wesentlichen und grundsätzlichen Punkten in einem Gegensatz zur heute herrschend gewordenen Staatsauffassung stehen. Aber man wird mir nicht abstreiten können, dass sie aus streng einheitlichen Prinzipien erfliessen und dass sie in mehr als einer Richtung den ursprünglichen Gedanken und Forderungen der nationalsozialistischen Bewegung sich annähern. Niemand aber kann leugnen, dass meine Auffassungen aus der tiefsten Sorge um das Wohl des Vaterlandes hervorgehen. Ich richte an den Führer, Partei und Staat die Bitte, diese Gedanken wenigstens zu erwägen. Ich kann es mit meinem Gewissen nicht mehr vereinbaren, als deutscher Hochschullehrer dem drohenden Untergang der deutschen Geistesfreiheit in einem zum extremen Machtstaat sich entwickelnden Staatswesen und der fortschreitenden Bolschewisierung des deutschen Volkes tatenlos zuzusehen, nur um meine Stellung zu erhalten und mit der Staatsgewalt nicht in äussere Konflikte zu kommen, mit der ich mich unleugbar im inneren Konflikt befinde. Ich stehe für mein Vorgehen mit meinem Leben ein. Mehr kann ich nicht tun. Wenn ich noch eine Bitte an den Führer persönlich vorbringen darf, so ist dies die, meine arme Familie zu schonen und mir in letzter Stunde eine persönliche Unterredung mit ihr zu gewähren.

K. Huber

Quelle: Bundesarchiv Berlin, NJ 1704, Bd. 7.

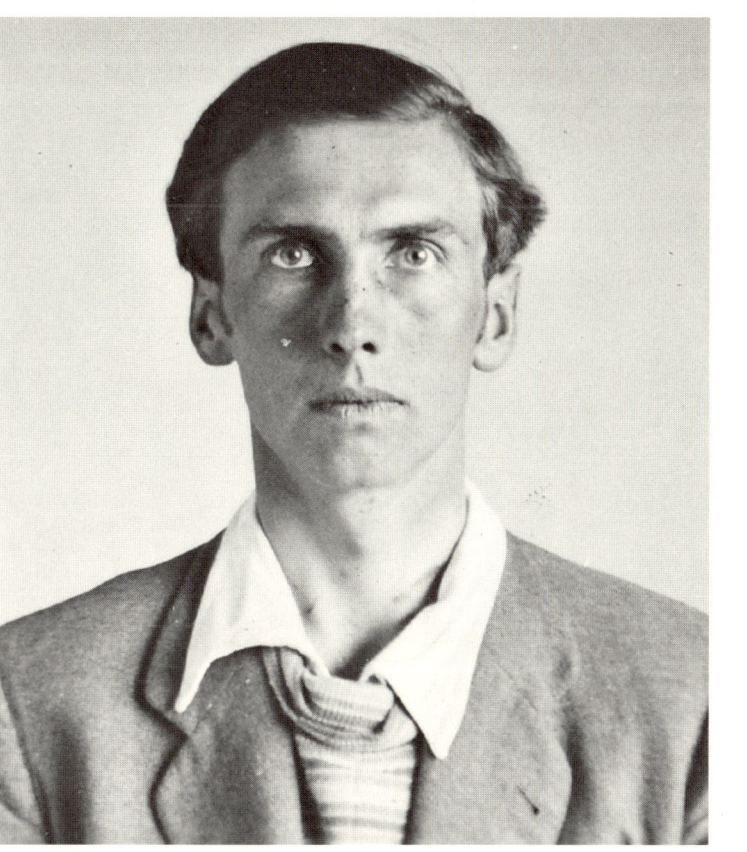

Erkennungsdienstliches Foto der Gestapo-Leitstelle München.
Die Aufnahme vom 24. Februar 1943 ist vermutlich
die letzte Aufnahme von Alexander Schmorell.

Erkennungsdienstliches Foto der Gestapo-Leitstelle München.
Die Aufnahme vom 19. Februar 1943 ist vermutlich
die letzte Aufnahme von Wilhelm Graf.

Erkennungsdienstliches Foto der Gestapo-Leitstelle München.
Die Aufnahme vom 27. Februar 1943 ist vermutlich
die letzte Aufnahme von Prof. Dr. Kurt Huber.

Das Urteil des Volksgerichtshofes
vom 19. April 1943

J 24 / 43   Im Namen
H 101 / 43   des Deutschen Volkes

In der Strafsache gegen

1.) den Alexander *Schmorell* aus München, geboren am 16. September 1917 in Orenburg (Rußland),

2.) den Kurt *Huber* aus München, geboren am 24. Oktober 1893 in Chur (Schweiz),

3.) den Wilhelm *Graf* aus München, geboren am 2. Januar 1918 in Kuchenheim,

4.) den Hans *Hirzel* aus Ulm, geboren am 30. Oktober 1924 in Untersteinbach (Stuttgart),

5.) die Susanne *Hirzel* aus Stuttgart, geboren am 7. August 1921 in Untersteinbach,

6.) den *Franz* Joseph *Müller* aus Ulm, geboren am 8. September 1924 in Ulm,

7.) den Heinrich *Guter* aus Ulm, geboren am 11. Januar 1925 in Ulm,

8.) den Eugen *Grimminger* aus Stuttgart, geboren am 29. Juli 1892 in Crailsheim,

9.) den Dr. *Heinrich* Philipp *Bollinger* aus Freiburg, geboren am 23. April 1916 in Saarbrücken,

10.) den *Helmut* Karl Theodor August *Bauer* aus Freiburg, geboren am 19. Juni 1919 in Saarbrücken,

11.) den Dr. *Falk* Erich Walter *Harnack* aus Chemnitz, geboren am 2. März 1913 in Stuttgart,

12.) die Gisela *Schertling* aus München, geboren am 9. Februar 1922, in Pößneck / Thür.,

13.) die Katharina *Schüddekopf* aus München, geboren am 8. Februar 1916 in Magdeburg,

14.) die Traute *Lafrenz* aus München, geboren am 3. Mai 1919 in Hamburg,

zur Zeit in dieser Sache in gerichtlicher Untersuchungshaft,
wegen Feindbegünstigung u. a.,
hat der Volksgerichtshof, 1. Senat, auf Grund der Hauptverhandlung vom 19. April 1943, an welcher teilgenommen haben
als Richter:
Präsident des Volksgerichtshofs Dr. Freisler, Vorsitzer,
Landgerichtsdirektor Stier,
SS-Gruppenführer und Generalleutnant der Waffen-SS Breithaupt,
SA-Gruppenführer Bunge,
SA-Gruppenführer und Staatssekretär Köglmaier,
als Vertreter des Oberreichsanwalts:
Erster Staatsanwalt Bischoff,
für Recht erkannt:
Alexander *Schmorell*, Kurt *Huber* und Wilhelm *Graf* haben im Kriege in Flugblättern zur Sabotage der Rüstung und zum Sturz der nationalsozialistischen Lebensform unseres Volkes aufgerufen, defaitistische Gedanken propagiert und den Führer aufs gemeinste beschimpft und dadurch den Feind des Reiches begünstigt und unsere Wehrkraft zersetzt.
Sie werden deshalb mit
dem Tode
bestraft.
Ihre Bürgerrechte haben sie für immer verwirkt.
Eugen *Grimminger* hat einem feindbegünstigenden Hochverräter Geld gegeben. Zwar kam ihm nicht zum Bewußtsein, daß er dadurch half, den Feind des Reiches zu begünstigen. Aber er rechnete damit, dass dieser das Geld benutzen könnte, um unserem Volk seine nationalsozialistische Lebensform zu rauben.
Weil er so einen Hochverrat unterstützt hat, bekommt

er zehn Jahre Zuchthaus und hat seine Ehre für zehn Jahre verwirkt.

Heinrich *Bollinger* und Helmut *Bauer* haben Kenntnis von hochverräterischen Umtrieben gehabt, das aber nicht angezeigt. Dazu haben sie fremde Rundfunknachrichten über Kriegsereignisse oder Vorkommnisse im Innern Deutschlands zusammen angehört. Dafür bekommen sie sieben Jahre Zuchthaus und haben ihre Bürgerehre für sieben Jahre verloren.

Hans *Hirzel* und Franz *Müller* haben – als unreife Burschen von Staatsfeinden verführt – hochverräterische Flugblattpropaganda gegen den Nationalsozialismus unterstützt. Dafür bekommen sie fünf Jahre Gefängnis.

Heinrich *Guter* hat von solchen Propagandaabsichten gewußt, das aber nicht angezeigt. Er wird dafür mit achtzehn Monaten Gefängnis bestraft.

Gisela *Schertling*, Katharina *Schüddekopf* und Traute *Lafrenz* haben dasselbe verbrochen. Als Mädchen bekommen sie dafür ein Jahr Gefängnis.

Susanne *Hirzel* hat hochverräterische Flugblätter verbreiten helfen. Daß sie hochverrätrisch waren, wußte sie zwar nicht; aber nur deshalb, weil sie in unverzeihlicher Gutgläubigkeit sich keine Gewißheit verschafft hat. Sie wird mit sechs Monaten Gefängnis bestraft.

Allen Angeklagten, die Zuchthaus oder Gefängnis bekommen haben, hat der Volksgerichtshof ihre Polizei- und Untersuchungshaft ganz auf ihre Strafe angerechnet.

Falk *Harnack* hat zwar auch seine Kenntnis von hochverräterischen Umtrieben nicht angezeigt. Aber bei ihm liegen so einmalig besondere Verhältnisse vor, dass man ihn wegen dieser Unterlassung nicht bestrafen kann. Er wird daher freigesprochen.

Die Richtigkeit der vorstehenden Abschrift wird be-
glaubigt und die Vollstreckbarkeit des Urteils bescheinigt.

Berlin den 28. April 1943
[Unterschrift]
Amtsrat

als Urkundsbeamter der Geschäftsstelle.

An den
Herrn Oberreichsanwalt
mit
42 beglaubigten Abschriften und
42 einfachen Abschriften.

*Die Gründe für das Urteil wurden bei dieser Abschrift weg-
gelassen; siehe dazu Inge Scholl, Die Weiße Rose. Neuausgabe,
S. 116 ff. mit Angabe der Urteilsbegründung.*

V. Zur Reflexion der *Weißen Rose* nach 1943

1. Wahrnehmung und Einschätzung des Widerstandskreises *Weiße Rose* vom Frühjahr 1943 bis zum Kriegsende 1945

von Gerd R. Ueberschär

Die Hoffnungen der Münchner Widerstandsgruppe *Weiße Rose*, dass gerade die schwere militärische Niederlage in Stalingrad im Januar / Februar 1943 in der deutschen Bevölkerung zu einer größeren Widerstandsaktion und umfassenden Auflehnung gegen das NS-Regime führen werde, wozu sie in ihren letzten Flugblättern vehement aufgerufen hatte, verwirklichten sich nicht. Vielmehr gelang es den NS-Stellen geschickt, die militärische Situation als Ausgangspunkt für die angestrebte Totalisierung der weiteren Kriegführung zu nutzen. Ausdruck dieser politischen Linie war die bekannte Berliner Sportpalastrede von Reichsminister Joseph Goebbels am 18. Februar 1943, in der er die versammelten Zuhörer zur Proklamation des totalen Krieges zu begeistern vermochte.[1] Auch im Kreis der Studentenschaft der Universität München blieb eine Aufbruchstimmung zum Widerstand aus. Vielmehr versammelten sich die Münchner Studenten am Abend des 22. Februar 1943 zu einer von ca. 3–4000 Studenten besuchten Treuekundgebung für das NS-Regime.

In der NS-Presse erschien am 23. Februar 1943 eine kurze Meldung über den Prozess und die vollstreckten Todesurteile des Volksgerichtshofes vom Tag zuvor. Sophie Scholl, Hans Scholl und Christoph Probst wurden darin »als charakteristische Einzelgänger« bezeichnet, die sich am »heroischen Kampf« des deutschen Volkes »vergangen« hätten.[2] Allerdings gelang es der NS-Führung nicht, den aufgedeckten Widerstand der *Weißen Rose* rasch und stillschweigend ad acta zu legen, denn der Umfang dieses oppositionellen Kreises erwies sich mit dem großen Freundes- und Sympathisantenkreis als viel größer, als zu Beginn angenommen worden war. Es wurde zudem deutlich, dass dieser weit über München hinausreichte und dass die verurteilten NS-Gegner keine isolierten Einzelgänger waren, als die sie die NS-Führung gerne präsentieren wollte, so dass in den nächsten Monaten weiterhin Ermittlungen, Befragungen, Verhaftungen, Vernehmungen und Verurteilungen sowie Hinrichtungen mit anschließendem Abdruck kurzer Meldungen in der NS-Presse erfolgten und auch allgemein an die Öffentlichkeit gelangten.

Nach den Lageberichten des Sicherheitsdienstes der SS vom 15. März 1943 stifteten Gerüchte über verbreitete Flugblätter »besondere Unruhe« unter der Bevölkerung im Reichsgebiet.[3] Sogar über größere Demonstrationen von Münchner Studenten wurde in verschiedenen Gebieten des Reiches gesprochen. Beunruhigend fand man dabei, dass die verteilten Flugblätter von den Findern und Empfängern offensichtlich nicht mehr so prompt und sorgfältig bei den zuständigen Dienststellen der Polizei und Behörden abgegeben wurden wie früher; offensichtlich fanden sie verstärktes Interesse.

Am 18. April 1943 berichtete auch die *New York Times* ihren Lesern von dem Studentenwiderstand in München aufgrund einer Meldung, die sie über Stockholm erhalten habe.

In der folgenden Zeit wurden weitere Prozesse gegen Mitglieder des Widerstandskreises *Weiße Rose* durchgeführt. Am 19. April 1943 erfolgten die Verurteilungen von Alexander Schmorell, Kurt Huber, Wilhelm Graf, Hans und Susanne Hirzel, Franz Müller, Heinrich Guter, Eugen Grimminger, Heinrich Bollinger, Helmut Bauer, Gisela Schertling, Katharina Schüddekopf und Traute Lafrenz durch den auf Drängen von NSDAP-Gauleiter Paul Giesler erneut nach München gekommenen Volksgerichtshof unter dessen Präsidenten Roland Freisler. Die *Münchner Neuesten Nachrichten* berichteten am 21. April 1943 über die Verurteilungen und »gerechten Strafen gegen die Verräter« im zweiten Prozess gegen die *Weiße Rose*.[4] Ebenfalls im April 1943 fühlte sich die NS-Studentenführung veranlasst, an alle Studentenführungen in den NSDAP-Gauen des Reiches die Aufforderung zu richten, man müsse gezielt gegen Kritiker und Miesmacher unter den Studenten vorgehen, um keinen Kriegsdefätismus aufkommen zu lassen.[5]

Einige Wochen später wurde die *Weiße Rose* sehr zum Ärger der NS-Führung Gesprächsstoff für eine öffentliche Mitteilung im alliierten Feindeslager. Thomas Mann, der seit Oktober 1940 auf Wunsch des britischen Rundfunks (BBC = British Broadcasting Corporation) in regelmäßigen Abständen – etwa monatlich – an die »Deutschen Hörer« im Reich und an Zuhörer in weiteren Ländern Europas kurze Ansprachen richtete, in denen er Kommentare zur Kriegssituation gab, griff am 27. Juni 1943 die Widerstandsaktionen der *Weißen Rose* überaus lobend auf. Er sprach »Ehre und Mitgefühl« auch dem deutschen Volk aus und wies darauf hin, dass man zwischen ihm und dem Nazismus unterscheiden müsse, denn Deutschland habe sich gegen den Nationalsozialismus gewehrt und fahre fort, sich zu wehren. Dabei kam er auf die Aktionen der Münchner Widerstandsgruppe *Weiße Rose* zu sprechen:

»Jetzt ist die Welt aufs tiefste bewegt von den Vorgängen an der Münchner Universität, wovon die Nachricht durch Schweizer und schwedische Blätter, erst ungenau, dann mit immer ergreifenderen Einzelheiten, zu uns gedrungen ist. Wir wissen nun von Hans Scholl, dem Überlebenden von Stalingrad, und seiner Schwester, von Christoph Probst, dem Professor Huber und all den anderen; von dem österlichen Aufstande der Studenten gegen die obszöne Ansprache eines Nazi-Bonzen im Auditorium maximum, von ihrem Märtyrertod unterm Beil, von der Flugschrift, die sie verteilt hatten und worin Worte stehen, die vieles gutmachen, was in gewissen unseligen Jahren an deutschen Universitäten gegen den Geist deutscher Freiheit gesündigt worden ist. Ja, sie war kummervoll, diese Anfälligkeit der deutschen Jugend – gerade der Jugend – für die nationalsozialistische Lügenrevolution. Jetzt sind ihre Augen geöffnet, und sie legen das junge Haupt auf den Block für ihre Erkenntnis und für

Deutschlands Ehre, legen ihn dorthin, nachdem sie vor Gericht dem Nazi-Präsidenten ins Gesicht gesagt: ›Bald werden Sie hier stehen, wo ich jetzt stehe‹; nachdem sie im Angesicht des Todes bezeugt: ›Ein neuer Glaube dämmert an Freiheit und Ehre‹.

Brave, herrliche junge Leute! Ihr sollt nicht umsonst gestorben, sollt nicht vergessen sein. Die Nazis haben schmutzigen Rowdys, gemeinen Killern in Deutschland Denkmäler gesetzt – die deutsche Revolution, die wirkliche, wird sie nieder reißen und an ihrer Stelle eure Namen verewigen, die ihr, als noch Nacht über Deutschland und Europa lag, wußtet und verkündet: ›Es dämmert ein neuer Glaube an Freiheit und Ehre‹.«[6]

Mit dieser gleichsam öffentlichen Würdigung der *Weiße Rose*-Aktionen durch Thomas Mann über den englischen Rundfunksender erhielten sie eine Publizität, wie sie die NS-Stellen in München gerade verhindern wollten, denn die Widerstandshandlungen der *Weißen Rose* sollten nur einem begrenzten Kreis von Eingeweihten bekannt sein und in der weiteren Öffentlichkeit keinerlei Echo finden. Auch den Hinweis auf den Märtyrertod der Münchner Studenten wollten die Nationalsozialisten gerade vermeiden. Nun wurden diese Ereignisse über den Feindsender möglicherweise verbotenen Radiohörern publik gemacht, die sie dann auch an andere Personen weitererzählen konnten.

Auch die UdSSR griff das Thema *Weiße Rose* in ihrer militärischen Propagandaarbeit gegen das nationalsozialistische Deutschland auf und benutzte den Münchner Widerstandskreis in zwei Front-Flugblättern an deutsche Soldaten der Ostfront, um diese zu verunsichern, zum Überlaufen oder zur Einstellung des Kampfes zu bewegen. Im Juni 1943 druckten Propagandatruppen der Roten Armee für den unmittelbaren Fronteinsatz die Meldung mit der Überschrift »Senkt die Fahnen über frischen Gräbern deutscher Feiheitskämpfer« in Form eines Propaganda-Flugblattes, wonach man gerade er-

Senkt die Fahnen

✝✝✝ über frischen Gräbern
deutscher Freiheitskämpfer!

Vor kurzem erreichte uns noch eine Schreckenskunde. In München wurden Ende Februar drei jugendliche Deutsche hingerichtet — Die Geschwister **Hans** und **Sophia Scholl** und **Christoph Probst.**

Die drei gehörten zu den edlen und mutigen Vertretern der deutschen Jugend, die nicht mehr gedankenlos in sturer Demut, die schrecklichen Leiden ihres Vaterlandes miterleben wollten.

Sie waren Studenten an der Münchener Universität. Hans Scholl kam erst vor wenigen Monaten von der Ostfront auf Studienurlaub. Er war tapferer Soldat gewesen — Inhaber des Verwundetenabzeichens, des EK II und der Ostmedaille.

Geführt von Hans Scholl rollten die Münchener Studenten als erste die Fahne der Freiheit öffentlich auf. Sie verbreiteten Flugschriften und organisierten eindrucksvolle Kundgebungen

gegen Gestapo-Terror und Massenbetrug —

gegen Totalmobilisation, die totale Verelendung des deutschen Volkes bedeutet —

gegen die schlemmenden und prassenden Etappenhengste der SS, SA und der Hitlerschen Bonzokratie —

gegen Kriegshetzer und Kriegsverlängerer, die in unersättlicher Profitgier oder in sturer, fanatischer Ergebenheit für Hitler Millionen deutscher Männer verbluten lassen —

gegen das gesamte willkürliche, auf Weltherrschaft und Völkerversklavung erpichte Hitlerregiment, das die masslosen Leiden des Totalkrieges, die massierten Luftangriffe, Ruin und Elend auf Deutschland heraufbeschworen hat —

gegen den Völkerbetrüger und wahnwitzigen Auch-Feldherr Hitler, der durch seine abenteuerliche Eroberungspolitik, Rassenhetze und blutige Terrorisierung der besetzten Gebiete, den Völkerhass gegen Deutschland provozierte, der den deutschen Bauernschaft und den deutschen Mittelstand ruiniert und zersetzt, Deutschland mit Ausländern überschwemmen lässt, die Grundlagen der Existenz und des Werdegangs der deutschen Nation zermürbt und untergräbt.

So lauteten die Parolen der Jugendkundgebungen in München im Februar 1943.

Propaganda-Flugblatt der Roten Armee von Juni 1943
über die *Weiße Rose* als »Deutsche Freiheitskämpfer«

...ihre Kundgebungen wurden durch die SS gesprengt, mehrere Studenten wurde[n] ...brutal misshandelt und vors Kriegsgericht gestellt.

Man beschuldigte sie, sie seien „Volksschädlinge" und „Kommunisten".

„Ich bin kein Kommunist, ich bin Deutscher"

sagte vorm Gericht Hans Scholl.

Und als Deutscher, als Frontsoldat, als ein Mann, der um das Schicksal seiner Heimat und seines Volkes besorgt ist, trotzte der tapfere, junge Freiheitskämpfer todesmutig seinen Richtern.

„Ihr könnt mich hinrichten, aber es kommt der Tag und Ihr werdet die Gerichteten sein, das Volk, die deutsche Heimat wird Euch richten!"

Das Beil des Hitlerschen Henkers sauste drei Mal nieder und drei junge Köpfe rollten vom Richtblock.

Drei Helden starben, doch ihr Geist, ihre Liebe und ihr Hass, ihr Kampf für Frieden und Freiheit Deutschlands leben in Hunderttausenden und Millionen jungen deutschen Herzen weiter.

Unsterblich bleibt der Ruhm der Tapferen!

Ulm — die Vaterstadt der Geschwister Scholl, und München — ihre Kampf- und Todesstätte, werden einst in Dank und Ehrfurcht ihre Heldendenkmäler einweihen.

„Deutschland hofft auf seine Jugend!"

sprach in seiner letzten Rede Scholl.

„Wie einst in dem Freiheitskriege 1813—1814, muss auch jetzt die deutsche Jugend ihr Vaterland von einer schändlichen Tyrannei, von Schmach, Elend und Kriegsausbeutung retten" — ergänzte seine Schwester.

Junge Deutsche im Waffenrock!

Erhöret den Weckruf der Freiheitshelden aus dem fernen München. Durch ihn spricht zu Euch Eure unglückliche Heimat.

Die schlimmsten Feinde und Verderber Deutschlands stehen hinter Euch, ja befehligen Euch und hetzen Euch in den selbstmörderischen, verhängnisvollen Kampf!

Erkennet die Wahrheit, erkennet den wahren Feind!

Nur Ihr allein könnt Volk und Heimat vor Ruin und Elend retten.

Offiziere und Soldaten!

Lasst Euch nicht mehr durch erlogene Hetzparolen, sondern durch eigene Vernunft, Gewissen und Heimatliebe leiten.

Für ein freies und friedliches Deutschland!

Für Erhaltung und Wohlstand des deutschen Volkes, der deutschen Familie!

Kämpft gegen Hitlerkrieg und Himmlerterror!

Kämpft gegen Göring-Krupp-Kriegsprofite und Goebbels-Ley-Lügen!

Kämpft gegen Völkerhass und Totalkrieg!

Macht Schluß mit dem Krieg! Stürzt Hitler!

Deutsche Jugend erwache!

fahren habe, dass vor kurzem die deutschen Studenten Hans und Sophie Scholl sowie Christoph Probst hingerichtet worden seien, nachdem sie antinationalsozialistische Flugblätter hergestellt und verteilt hätten.[7] Sie würdigten die drei Hitlergegner als »deutsche Freiheitskämpfer«. Die Rote Armee wies in ihrer Flugschrift darauf hin, dass der Geist der *Weißen Rose* und ihr Kampf für Frieden und Freiheit in Hunderttausenden und Millionen junger deutscher Herzen weiterleben würden. Die sowjetischen Stellen forderten dazu auf, dass die deutsche Jugend erwachen solle.

In der Literatur über die *Weiße Rose* wurde diese Flugschrift bislang dem Nationalkomitee »Freies Deutschland« (= NKFD) als herausgebende Stelle zugeschrieben.[8] Dies trifft jedoch nicht zu. Das NKFD wurde zudem erst am 12./13. Juli 1943 gegründet.[9] Es handelt sich vielmehr um eine Propagandaschrift der sowjetischen Armee, die nur regional von der Politverwaltung einer »Front« (vergleichbar mit einer deutschen »Heeresgruppe«) verfasst und verbreitet worden war, folglich also nur an einem Teil der deutschen Ostfront verteilt wurde und nicht zentral von der 7. Abteilung der politischen Hauptverwaltung der Roten Armee in Moskau erarbeitet und hergestellt worden war.

Neu entdeckt werden konnte nun ein zweites Propaganda-Flugblatt der Roten Armee, das ebenfalls im Juni 1943 den Widerstand der *Weißen Rose* zum Anlass nahm, um deutsche Soldaten zum Kampf gegen Hitler aufzurufen. Es wurde als Frontflugschrift der Propagandatruppen der sowjetischen Nordwestfront hergestellt und wendete sich gezielt »An die Soldaten und Offiziere der 5. [deutschen] Jäger-Division«.[10] Darin wurde der Widerstandskampf der Geschwister Scholl und von Christoph Probst als ein berechtigtes Aufbegehren der »Schwäbischen Jugend« gegen Hitler bezeichnet, und man forderte die an der Front gegenüberliegenden »schwäbischen« Soldaten der 5. Jäger-Division dazu auf, Hitler und den Nationalsozialismus zu stürzen. Dadurch ehre

Einbl. 1933/45. 8725. A 551

An die Soldaten und Offiziere der 5. Jäger-Division!

Schwäbische Jugend kämpft gegen Hitler

„Wohl manchen Mann und manchen Held
Gebar das Schwabenland."
Friedrich Schiller

Ehret die Namen der Freiheitshelden

Hans Scholl
Sophia Scholl
Christoph Probst

In der letzten Februarwoche wurden in München drei Studenten der Münchener Universität, die Geschwister Hans und Sophia Scholl und Christoph Probst hingerichtet.

Sie wurden verurteilt als Rädelsführer der grossen antifaschistischen Jugendkundgebungen, die im Februar 1943 in mehreren süd- und mitteldeutschen Städten wie München, Stuttgart, Frankfurt a.M., Mannheim, Ulm u. a. m. stattfanden.

Nun ist es bekannt geworden, dass diese drei Blutzeugen des heldenmütigen antifaschistischen Kampfes der deutschen Jugend schwäbischem Boden entstammen.

Hans und Sophia Scholl waren Kinder des Regierungsrates Scholl in Ulm a.D. Ihr Vater war Weltkriegsteilnehmer, Inhaber des E.K. I. und des E.K. II. Hans Scholl war auch Soldat. Er kämpfte im Osten, vielleicht auch bei Eurer Division, und wurde mit der Ostmedaille und dem E.K. II ausgezeichnet. Nach einer Verwundung erhielt er Studienurlaub.

Christoph Probst war auch ein Schwabe; näheres ist über ihn bis jetzt noch nicht bekannt.

Zweites Propaganda-Flugblatt der Roten Armee (Nordwestfront) über die *Weiße Rose* als Aufruf zum Widerstand gegen Hitler

Vor dem Kriegsgericht traten die Geschwister Scholl und ihr treuer Kamerad Probst mit wahrem Heldenmut auf. Sie liessen sich auch durch das grausame Urteil nicht beugen.

In ihren von leidenschaftlicher Heimatliebe durchdrungenen Reden geisselten sie die Hitlersche Terrorherrschaft, entlarvten sie den gemeinen Kriegsbetrug Hitlers am deutschen Volk und am deutschen Soldaten.

In ihren Schlussworten brachten die Tapferen die Ziele ihres Kampfes, des antifaschistischen Kampfes der deutschen Jugend, zum Ausdruck:

Sturz Hitlers,
Versöhnung mit allen Völkern

und damit Tilgung der Schmach, mit der Hitler durch seine Verbrechen den deutschen Namen bedeckt hat.

Hans und Sophia Scholl und Christoph Probst liessen ihr junges Leben unter dem Henkerbeil. Dieser dreifache Heldentod wird Hunderttausende neuer, junger Kämpfer begeistern und zum Kampf anspornen.

Immer gewaltiger breitet sich der antifaschistische Kampf in Deutschland aus. Die Verzweiflungsmassnahmen der Totalkriegshetzer können den Widerstand der Massen nur stärker herausfordern.

Es kommt der Tag, an dem das Schwabenland im freien Deutschland mit Stolz seiner tapferen und todesverachtenden Freiheitshelden gedenken wird.

Nicht zufällig waren die ersten deutschen Freiheitsdichter und -Kämpfer wie Schiller, Wieland, Schubart und Herwegh im schönen Schwabenland zuhaus. Ihr Feuergeist lebt in ihren Urenkeln fort.

Schwaben im Waffenrock, denkt daran!

Senkt die Fahnen über die frischen Gräber der jungen Freiheitshelden. Ehret sie und erhört ihren Mahnruf. Es ruft Euch Eure unglückliche Heimat!

Rettet Deutschland!
Stürzt Hitler!·

D—555

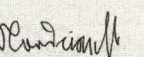

man die Tat von Hans und Sophie Scholl sowie von Christoph Probst.

In einem weiteren Prozess wurden am 13. Juli 1943, am Tag der Vollstreckung der Todesurteile von Alexander Schmorell und Kurt Huber, von einem Sondergericht in München Josef Soehngen, Wilhelm Geyer, Harald Dohrn (der Schwiegervater von Christoph Probst) und Manfred Eickemeyer zu Gefängnisstrafen verurteilt. Einige Wochen später wurden im Spätherbst 1943 über 50 Sympathisanten der *Weißen Rose* in Hamburg aufgedeckt und danach verhaftet sowie in anschließenden Prozessen im Herbst 1944 zum Teil mit dem Tod bestraft, unter ihnen Hans Leipelt und seine Mutter Katharina, Greta Rothe, Marie-Luise Jahn, Frederick Geussenhainer, Reinhold Meyer, Elisabeth Lange, Curt Ledien, Heinz Kucharski, Albert Suhr, Bruno Himpkamp und Margarete Mrosek. Die Urteile wurden teilweise noch 1945 vollstreckt. Den Kontakt zur Hamburger Gruppe, die die Flugblätter im Raum Hamburg weiter verteilt hatte, war von Alexander Schmorells Bekannten, Traute Lafrenz, hergestellt worden.[11] Ein großer Teil der Hamburger Inhaftierten konnte bei Kriegsende von den Alliierten befreit werden. Die Ideen und Vorstellungen der *Weißen Rose* konnten von ihnen nach dem Ende der NS-Zeit weitergetragen werden.[12]

Zu einer weiteren umfangreicheren Verbreitung eines der Flugblätter der *Weißen Rose* kam es, als dieses im Juli 1943 über weite Gebiete Deutschlands von alliierten Flugzeugen abgeworfen wurde. Helmuth James Graf von Moltke, ein Hitlergegner und führendes Mitglied in der Widerstandsgruppe des »Kreisauer Kreises«, hatte sich das Flugblatt »Kommilitoninnen und Kommilitonen«, das im »Kreisauer Kreis« bekannt war, beschafft und dann an den norwegischen Bischof Eivind Berggrav in Oslo übergeben, der es über Stockholm an die Alliierten weiterleitete. Im Juli wurde eine Reproduktion dieses Flugblattes mit der Überschrift »Ein deutsches Flugblatt« über mehreren Großstädten des Reiches aus Flugzeugen abgeworfen.[13] Auch hier hoffte man auf Ermunterung zum Widerstand gegen das NS-Regime oder auf Verunsicherung bei der Bevölkerung. Der Abwurf dieses Flugblattes als »Manifest der Münchner Studenten« in hunderttausendfachen Exemplaren beunruhigte die NS-Stellen, welche die Kenntnis über die Texte der Flugblätter bislang bewusst eingeschränkt hatten, sehr. So wurde die Witwe des hingerichteten Professors Huber, Clara Huber, extra wegen des alliierten Propagandacoups von der Gestapo vorgeladen und vernommen, um nach entsprechenden Verbindungen zu suchen.[14]

Als Oberst Claus Schenk Graf von Stauffenberg am 20. Juli 1944 das Bomben-Attentat auf Hitler ausführte, war der Widerstandskreis *Weiße Rose* schon vollständig aufgedeckt und zerschlagen. Es bestand keine Verbindung zu den Hitlergegnern um das Attentat vom 20. Juli.

Im Frühjahr 1945 wollte eine militärische Widerstandsgruppe um Hauptmann der Reserve Rupprecht Gerngroß in München die Gewalt übernehmen, um als »Freiheitsaktion Bayern« die Zerstörung der Stadt durch weiteren sinnlosen militärischen Widerstand gegenüber den übermächtigen alliierten Truppen bei Kriegsende zu verhindern. Dabei suchten Harald Dohrn und Hans Quecke, die zuvor zum Kreis der *Weißen Rose* gezählt hatten, einen Kontakt zu dieser »Freiheitsaktion Bayern« herzustellen. Ihre Absicht wurde aber entdeckt und beide wurden von der SS erschossen. Auch Gerngroß scheiterte mit seiner »Freiheitsaktion« und musste fliehen, bis München dann schließlich am 30. April 1945 von US-Truppen besetzt wurde.

EIN DEUTSCHES FLUGBLATT

DIES ist der Text eines deutschen Flugblatts, von dem ein Exemplar nach England gelangt ist. Studenten der Universität München haben es im Februar dieses Jahres verfasst und in der Universität verteilt. Sechs von ihnen sind dafür hingerichtet worden, andere wurden eingesperrt, andere strafweise an die Front geschickt. Seither werden auch an allen anderen deutschen Universitäten die Studenten „ausgesiebt". Das Flugblatt drückt also offenbar die Gesinnungen eines beträchtlichen Teils der deutschen Studenten aus.

Aber es sind nicht nur die Studenten. In allen Schichten gibt es Deutsche, die Deutschlands wirkliche Lage erkannt haben ; Goebbels schimpft sie „die Objektiven". Ob Deutschland noch selber sein Schicksal wenden kann, hängt davon ab, dass diese Menschen sich zusammenfinden und handeln. Das weiss Goebbels, und deswegen beteuert er krampfhaft, „dass diese Sorte Mensch zahlenmässig nicht ins Gewicht fällt". Sie sollen nicht wissen, wie viele sie sind.

Wir werden den Krieg sowieso gewinnen. Aber wir sehen nicht ein, warum die Vernünftigen und Anständigen in Deutschland nicht zu Worte kommen sollen. Deswegen werfen die Flieger der RAF zugleich mit ihren Bomben jetzt dieses Flugblatt, für das sechs junge Deutsche gestorben sind, und das die Gestapo natürlich sofort konfisziert hat, in Millionen von Exemplaren über Deutschland ab.

Manifeft der Münchner Studenten

Erfchüttert fteht unfer Dolf vor dem Untergang der Männer von Stalingrad. 330.000 deutfche Männer hat die geniale Strategie des Weltfriegsgefreiten finn= und verantwortungslos in Tod und Derderben gehetzt. Führer, wir danken Dir !

Es gärt im deutfchen Dolf. Wollen wir weiter einem Dilettanten das Schidfal unferer Armeen anvertrauen ? Wollen wir den niedrigften Machtinftinkten einer Parteiclique den Reft der deutfchen Jugend opfern ? Nimmermehr!

Der Tag der Abrechnung ift gekommen, der Abrechnung unferer deutfchen Jugend mit der verabfcheuungswürdigften Tyrannei, die unfer Dolf je erduldet hat. Im Namen des ganzen deutfchen Dolfes fordern wir von dem Staat Adolf Hitlers die perfönliche Freiheit, das foftbarfte Gut der Deutfchen zurüd, um das er uns in der erbärmlichften Weife betrogen hat.

In einem Staat rüdfichtslofer Knebelung jeder freien Meinungsäußerung find wir aufgewachfen.

G.39

Manifest der Münchner Studenten
— Fortsetzung —

HJ, SA und SS haben uns in den fruchtbarsten Bildungsjahren unseres Lebens zu uniformieren, zu revolutionieren, zu narkotisieren versucht. Weltanschauliche Schulung hieß die verächtliche Methode, das aufkeimende Selbstdenken und Selbstwerten in einem Nebel leerer Phrasen zu ersticken. Eine Führerauslese, wie sie teuflischer und zugleich borniert nicht gedacht werden kann, zieht ihre künftigen Parteibonzen auf Ordensburgen zu gottlosen, schamlosen und gewissenlosen Ausbeutern und Mordbuben heran, zur blinden, stupiden Führergefolgschaft. Wir „Arbeiter des Geistes" wären gerade recht, dieser neuen Herrenschicht den Knüppel zu machen.

Frontkämpfer werden von Studentenführern und Gauleiteraspiranten wie Schulbuben gemaßregelt, Gauleiter greifen mit geilen Späßen den Studentinnen an ihre Ehre. Deutsche Studentinnen haben an der Münchner Hochschule auf die Besudelung ihrer Ehre eine würdige Antwort gegeben, deutsche Studenten haben sich für ihre Kameradinnen eingesetzt und standgehalten. Das ist ein Anfang zur Erkämpfung unserer freien Selbstbestimmung, ohne die geistige Werte nicht geschaffen werden können. Unser Dank gilt den tapferen Kameradinnen und Kameraden, die mit leuchtendem Beispiel vorangegangen sind.

Es gibt für uns nur eine Parole: **Kampf gegen die Partei! Heraus aus den Parteigliederungen**, in denen man uns politisch weiter mundtot machen will! Heraus aus den Hörsälen der SS-Unter- und Oberführer und Parteikriecher! Es geht uns um wahre Wissenschaft und echte Geistesfreiheit! Kein Drohmittel kann uns schrecken, auch nicht die Schließung unserer Hochschulen. Es gilt den Kampf jedes einzelnen von uns um unsere Zukunft, unsere Freiheit und Ehre in einem seiner sittlichen Verantwortung bewußten Staatswesen.

Freiheit und Ehre! Zehn Jahre lang haben Hitler und seine Genossen die beiden herrlichen deutschen Worte bis zum Ekel ausgequetscht, abgedroschen, verdreht, wie es nur Dilettanten vermögen, die die höchsten Werte einer Nation vor die Säue werfen. Was ihnen Freiheit und Ehre gilt, das haben sie in zehn Jahren der Zerstörung aller materiellen und geistigen Freiheit, aller sittlichen Substanz im deutschen Volk genugsam gezeigt. Auch dem dünnsten Deutschen hat das furchtbare Blutbad die Augen geöffnet, das sie im Namen von Freiheit und Ehre der deutschen Nation in ganz Europa angerichtet haben und täglich neu anrichten. Der deutsche Name bleibt für immer geschändet, wenn nicht die deutsche Jugend endlich aufsteht, rächt und sühnt zugleich, seine Peiniger zerschmettert und ein neues, geistiges Europa aufrichtet.

Studentinnen! Studenten! Auf uns sieht das deutsche Volk. Von uns erwartet es, so wie 1813 die Brechung des napoleonischen, so 1943 des nationalsozialistischen Terrors aus der Macht des Geistes. Beresina und Stalingrad flammen im Osten auf, die Toten von Stalingrad beschwören uns: Frisch auf, mein Volk, die Flammenzeichen rauchen!

Unser Volk steht im Aufbruch gegen die Verknechtung Europas durch den Nationalsozialismus, im neuen gläubigen Durchbruch von Freiheit und Ehre!

Über Deutschland abgeworfenes Alliiertes Flugblatt vom Juli 1943 mit dem *Manifest der Münchener Studenten*

Anmerkungen

1 Siehe Wolfram Wette: Das Massensterben als »Heldenepos«. Stalingrad in der NS-Propaganda. In. Stalingrad. Mythos und Wirklichkeit einer Schlacht. Hrsg. v. Wolfram Wette und Gerd R. Ueberschär. Frankfurt am Main 1992 (erweiterte Neuausgabe Frankfurt am Main 2012), 57 ff.

2 Siehe Münchner Neueste Nachrichten v. 23.2.1943.

3 Siehe die geheimen »Meldungen« über die Stimmung der Bevölkerung im Reich v. 15.3.1943 in: Meldungen aus dem Reich. Die geheimen Lageberichte des Sicherheitsdienstes der SS. 1938–1945. Bd. 13. Hrsg. v. Heinz Boberach. Herrsching 1984, S. 4944.

4 Münchner Neueste Nachrichten Nr. 10 v. 21.4.1943; eine entsprechende Meldung wurde auch im Völkischen Beobachter veröffentlicht.

5 Vgl. Arno Klönne: Jugend im Dritten Reich. Düsseldorf 1982, S. 271 ff.

6 Thomas Mann: Reden und Aufsätze. Bd. II. Frankfurt am Main 1965, S. 263.

7 Siehe Staatsbibliothek Berlin, Handschriftenabteilung: Einbl.1939/45, 8725, S 75 Kop. Abdruck in diesem Band, S. 507 f.

8 Siehe die irrtümliche Angabe bei Inge Scholl: Die Weiße Rose. Erweiterte Neuausgabe. Frankfurt am Main 1982, S. 248 ff., wonach es sich um ein Flugblatt des NKFD handele.

9 Siehe: Das Nationalkomitee »Freies Deutschland« und der Bund Deutscher Offiziere. Hrsg. v. Gerd R. Ueberschär. Frankfurt am Main 1996.

10 Siehe Staatsbibliothek Berlin, Handschriftenabteilung: Einbl.1939/45, 8725, A 551. Abdruck in diesem Band, S. 510 f. Ich danke Herrn Dr. Klaus Kirchner, Erlangen, für den freundlichen Hinweis auf dieses zweite sowjetische Flugblatt.

11 Vgl. u. a. Peter N. Waage: Es lebe die Freiheit! Traute Lafrenz und die Weiße Rose. Aus dem Norwegischen v. Antje Subey-Cramer. Stuttgart 2012.

12 Vgl. die Hinweise bei Michael Verhoeven / Mario Krebs: Die Weiße Rose. Der Widerstand Münchner Studenten gegen Hitler. Informationen zum Film. Frankfurt am Main 1982, S. 180 f.; Harald Steffahn: Die Weiße Rose. Reinbek 1992, S. 125 ff.; Ursel Hochmuth / Gertrud Meyer: Streiflichter aus dem Hamburger Widerstand 1933–1945. Berichte, Dokumente. Frankfurt am Main 1969, 1980, S. 360, 387 ff.; Karl Heinz Jahnke: Weiße Rose contra Hakenkreuz. Der Widerstand der Geschwister Scholl und ihrer Freunde. Frankfurt am Main 1969, Rostock 2003.

13 Abdruck in diesem Band, S. 514 f. Siehe ebenso: Klaus Kirchner: Flugblatt-Propaganda im 2. Weltkrieg. Europa. Bd. 5: Flugblätter aus England G-1943, G-1944. Bibliographie Katalog. Erlangen1979, S. 136 f.

14 Vgl. Stadtarchiv München: Nachlass Kurt Huber, Vorladung v. 15.8.1943, wiedergegeben nach Bald, Die Weiße Rose, S. 9.

2. Kommentierte Auswahlbibliographie zur *Weißen Rose*
von Ulrich Chaussy

Die Titel sind in der chronologischen Reihenfolge ihres Erscheinens angeordnet. Diese Reihenfolge, anstelle der üblichen alphabetischen Ordnung nach Autorennamen ist bewusst gewählt, um die Entwicklung der Interpretation und Rezeption der Geschichte der *Weißen Rose* transparent werden zu lassen. Sie ist lange Zeit durch die geschichtspolitische Initiative vor allem von Inge-Aicher Scholl und anderen mit den Toten der *Weißen Rose* eng Vertrauten geprägt und auch durch die selektive Herausgabe oder Zurückhaltung von Quellenmaterial gesteuert worden.

Dies kann exemplarisch an der Rolle von Inge Aicher-Scholl verdeutlicht werden. Sie begann sofort nach Kriegsende mit großer Intensität Quellen über die Widerstandstätigkeit ihrer Geschwister und deren Freunde zu sammeln. Ohne ihre Initiative, für die sie 1952 sogar die Unterstützung des amerikanischen Hochkommissars John McCloy gewann, wären wesentliche Zeugnisse zur Geschichte der *Weißen Rose* nicht gesichert worden – und könnten heute der Forschung nicht frei zur Verfügung stehen. Das aber ist erst seit der Jahrtausendwende möglich, seit der Überführung großer Nachlässe wie der von Inge Aicher-Scholl in das Münchner Institut für Zeitgeschichte oder der von Anneliese Knoop-Graf an das Bayerische Hauptstaatsarchiv. Dieser Mangel an authentischem historischem Quellenmaterial hat auch die quellenkritische Prüfung der bei den Zeitzeugen seit den 8oer Jahren vielfach eingeholten Zeugnisse der »oral history« erschwert. Seit diese kein Zeugnis mehr ablegen können, hat die Historisierung auch der *Weißen Rose* unweigerlich begonnen.

Nur die neuesten der im Folgenden angeführten Titel sind

im Buchhandel erhältlich, es empfiehlt sich also der Gang in eine größere Bibliothek.

Scholl, Inge: Die Weiße Rose. Erstmals Frankfurt 1952, zuletzt: Erweiterte Neuausgabe, Frankfurt 1982

Der Urtext zur *Weißen Rose*. Durch Inge Scholls Buch, erstmals veröffentlicht 1952, wurde die Geschichte der *Weißen Rose* dem Vergessen entrissen und das Interesse der Öffentlichkeit geweckt. In späteren Auflagen des weltweit verbreiteten Buches hat Inge Scholl einen Anhang mit von ihr gesammelten Dokumenten und Augenzeugenberichten angefügt. Inge Scholls Text ist nach dem Auftauchen des neuen Quellenmaterials aus den Archiven der ehemaligen DDR nicht mehr überarbeitet worden.

Vielhaber, Klaus: Gewalt und Gewissen. Willi Graf und die »Weiße Rose«, Freiburg 1964

U. a. mit einem ersten biographischen Portrait von Willi Graf durch Anneliese Knoop-Graf, Materialien aus der Zeit der bündischen Jugend und einem Bericht des von Willi Graf für die *Weiße Rose* geworbenen Freundes Willi Bollinger sowie Auszügen aus Briefen und Tagebüchern Grafs.

Petry, Christian: Studenten aufs Schafott. Die Weiße Rose und ihr Scheitern, München 1968

Die erste auf umfangreichen Recherchen eines Autors beruhende Darstellung der Geschichte der *Weißen Rose*, die nicht aus dem Kreis der Familienangehörigen und Überlebenden der *Weißen Rose* stammt und in ihrem ausführlichen Dokumentenanhang viele Materialien und Quellen erstmals zugänglich machte. Petry stieß wegen seiner schon im Titel kenntlich gemachten harschen Bewertung der *Weißen Rose* auf Ablehnung bei Inge Scholl. Das sehr materialreiche Buch geriet wegen dieser tatsächlich fragwürdig wertenden Passagen zu Unrecht in Vergessenheit.

Drobisch, Klaus: Wir schweigen nicht – Die Geschwister Scholl und ihre Freunde, Berlin (Ost) 1972

Neben »Weiße Rose contra Hakenkreuz« von Karl Heinz Jahnke die ausführlichste Darstellung, die *Die Weiße Rose* in der früheren DDR gefunden hat. Das erste Drittel des Buches enthält eine kurze Geschichte der Gruppe, zwei Drittel nimmt ein ausführlicher Dokumentenanhang ein. Viele der damals erstmals veröffentlichten Dokumente

(Briefe und Tagebuchauszüge von Hans und Sophie Scholl und Willi Graf z. B.) sind mittlerweile vollständig ediert in eigenen Ausgaben vorhanden.

Vinke, Hermann: Das kurze Leben der Sophie Scholl, Ravensburg 1980

Das persönlichste Porträt-Buch über Sophie Scholl, für das der Autor neben bekannten Dokumenten vertiefende Interviews mit Inge Scholl und Fritz Hartnagel geführt hat, als Jugendbuch konzipiert, wie Vinke selbst schreibt »keine Biographie im herkömmlichen Sinne, sondern eine Beschreibung von Lebensstationen in Form von collagehaft zusammengefügten Berichten, Dokumenten, Briefen, Zeugenaussagen und Fotos«. Das Buch enthält auch Skizzen und Zeichnungen von Sophie Scholl.

Verhoeven, Michael / Krebs, Mario: Die Weiße Rose. Der Widerstand Münchner Studenten gegen Hitler. Informationen zum Film, Frankfurt 1982

Entstand begleitend zu Michael Verhoevens Film ›Die Weiße Rose‹ aus dem Jahr 1982, für das Michael Verhoeven und Mario Krebs gemeinsam das Drehbuch schrieben. Enthält eine Geschichte der *Weißen Rose*, die auf Mario Krebs' Recherchen beruht und einen Beitrag von Michael Verhoeven über seine Annäherung an den Filmstoff.

Jens, Inge (Hrsg.): Hans und Sophie Scholl. Briefe und Aufzeichnungen, Frankfurt 1984

Bis 2005 die vollständigste Edition von Tagebuchaufzeichnungen und Briefen von Hans und Sophie Scholl. Durch die ausführlichen Anmerkungen der Herausgeberin sind die in den Briefen und Texten spärlich gehaltenen Verweise auf die Ereignisse in Familien- und Freundeskreis, auf den zeitgeschichtlichen Kontext und vor allem die Literatur, die beide beschäftigte, sehr gut nachvollziehbar. Was den Briefwechsel von Sophie Scholl mit Fritz Hartnagel betrifft, ist der 2005 erschienene Band »Damit wir uns nicht verlieren« vorzuziehen, siehe unten.

Aicher, Otl: innenseiten des kriegs, Frankfurt 1985

Autobiographischer Bericht des 1922 in Ulm geborenen Graphikers, Designers und Gestalters. Er war eng mit Hans und Sophie Scholl befreundet und heiratete Inge Scholl. Aicher schildert die geistige, politische und kulturelle Entwicklung im Ulmer Freundeskreis um die Familie Scholl, an der er regen Anteil hatte. Er knüpfte die Kontakte zu älteren Mentoren wie den Publizisten Theodor Haecker und Carl Muth. Ergiebige Quelle für die literarischen, philosophischen und religiösen

Debatten in dem Freundeskreis, aus dem heraus die *Weiße Rose* entstand, in die Aicher jedoch nicht eingebunden war.

Huber, Clara (Hrsg.): Kurt Huber zum Gedächtnis »... der Tod war nicht vergebens«, München 1986

Enthält u. a. zwei Aufsätze der Witwe Clara Huber, Briefe und Gedichte Hubers aus dem Gefängnis und seine dort verfassten philosophischen Notizen, Erinnerungen seiner Schüler und Kollegen an den Wissenschaftler Kurt Huber.

Kurt-Huber-Gymnasium (Hrsg.): Kurt Huber. Stationen seines Lebens in Dokumenten und Bildern, Gräfelfing o. J.

In dem Bild- und Textband wird neben der Bedeutung und Rolle Kurt Hubers für die *Weiße Rose* der Blick auf sein Werk und seine Leistungen als Wissenschaftler und Hochschullehrer geweitet.

Knoop-Graf, Anneliese / Jens, Inge (Hrsg.): Willi Graf. Briefe und Aufzeichnungen, Frankfurt 1988

Enthält nach einem einleitenden Essay von Walter Jens über die Persönlichkeit von Willi Graf das Tagebuch der Jahre 1942 / 43 von Willi Graf und Korrespondenz von 1940 bis zu Grafs Abschiedsbriefen vor der Hinrichtung. Ein sehr ausführlicher und materialreicher Anmerkungsteil macht das in knappsten Andeutungen verfasste Tagebuch für den Außenstehenden als Chronik der Widerstandaktionen der *Weißen Rose* lesbar und verstehbar und beleuchtet den neben der Widerstandtätigkeit laufenden Alltag.

Steffahn, Harald: Die Weiße Rose. Mit Selbstzeugnissen und Bilddokumenten, Reinbek 1992

Erzählerisch verdichtete Geschichte der *Weißen Rose* mit faksimilierten Dokumenten und Fotografien.

Aicher-Scholl, Inge (Hrsg.): Sippenhaft. Nachrichten und Botschaften der Familie in der Gestapo-Haft nach der Hinrichtung von Hans und Sophie Scholl, Frankfurt 1993

Die mit geschmuggelten Kassibern vom 24. Februar bis 21. Dezember 1943 geführte Korrespondenz der Eltern Robert und Magdalene Scholl, der Kinder Inge, Elisabeth und Werner Scholl und von Fritz Hartnagel und Otl Aicher.

Schneider, Michael C. / Süß, Winfried: Keine Volksgenossen. Studentischer Widerstand der Weißen Rose, München 1993

Erste Darstellung der *Weißen Rose*, die die 1990 neu aufgetauchten Quellen aus den Archiven der ehemaligen DDR einbezogen hat.

Moll, Christiane: Die Weiße Rose, in: Steinbach, Peter / Tuchel, Johannes (Hrsg.): Widerstand gegen den Nationalsozialismus, Bonn 1994

Eine sehr verdichtete wissenschaftliche Darstellung der Geschichte der Gruppe, die nach dem Auftauchen wichtiger Quellenmaterialien aus ehemaligen Archiven der DDR, insbesondere der Verhörprotokolle und Ermittlungsakten, geschrieben wurde und diese konsequent auswertet und nachweist. Guter Ausgangspunkt für Spurensucher, die selbst historischen Quellen nachgehen wollen.

Fürst-Ramdohr, Lilo: Freundschaften in der Weißen Rose, München 1995

Autobiographischer Bericht der 1913 geborenen Tänzerin, Künstlerin und Bühnenbildnerin Lilo Fürst-Ramdohr, die mit Alexander Schmorell seit einem gemeinsamen Zeichenkurs im Jahr 1941 befreundet und durch ihn in die Aktionen der *Weißen Rose* eingeweiht war. Sie vermittelte den Kontakt mit Falk Harnack und half Alexander Schmorell bei seiner Flucht. Enthält einige Kohlezeichnungen Schmorells und Fürst-Ramdohrs.

Chaussy, Ulrich: Die Weiße Rose. Eine multimediale Dokumentation deutschen Widerstandes. CD-ROM, München 1995

CD-ROM mit u. a. den eingescannten Tagebüchern von Willi Graf, Briefen von Alexander Schmorell, dem ›Katalog der *Weißen Rose*-Ausstellung‹ der *Weißen Rose* Stiftung, dem Hörbild (Produktion Bayerischer Rundfunk) ›Allen Gewalten zum Trutz sich erhalten‹, Zeitzeugeninterviews mit Anneliese Knoop-Graf, Franz J. Müller, Marie-Luise Schultze-Jahn, Erich Schmorell u. a.

Hirzel, Susanne: Vom Ja zum Nein – eine schwäbische Jugend 1933–1945, Tübingen 1998

Autobiographischer Bericht der 1921 geborenen Musikerin und Musikpädagogin. Sie war mit Sophie Scholl befreundet und erlebte sie z. B. im BDM und in der späteren Kindergärtnerinnenausbildung im Fröbel-Seminar aus der Nähe mit. Susanne Hirzel half später ihrem Bruder Hans, Flugblätter der *Weißen Rose* zu verbreiten, und wurde im zweiten Prozess gegen Mitglieder der *Weißen Rose* vom Volksgerichtshof zu sechs Monaten Gefängnis verurteilt. Vor jedem Kapitel eine Chronik der wichtigsten historischen Ereignisse, deren Verarbeitung dann im autobiographischen Bericht dargelegt wird.

Lill, Rudolf (Hrsg.): Hochverrat? Die Weiße Rose und ihr Umfeld, Konstanz 1999

> Enthält u. a. Beiträge des im zweiten Prozess gegen Angehörige der *Weißen Rose* zu fünf Jahren Gefängnis verurteilten Hans Hirzel. Anneliese Knoop-Graf schreibt über Willi Graf und die Ausweitung des Widerstandes; auch eine ausführliche Bibliographie der bis 1992 erschienenen Literatur ist enthalten.

Christoph Probst-Gymnasium Gilching (Hrsg.): »... damit Deutschland weiterlebt«, Christoph Probst 1919–1943, Gilching 2000

> Text- und Bildband über das wenig bekannte Mitglied der *Weißen Rose* Christoph Probst, mit vielen unbekannten Bilddokumenten und Aufsätzen über Christoph Probst und unbekannten Briefen von seiner Hand.

Kißener, Michael / Schäfers, Bernhard: »Weitertragen« – Studien zur Weißen Rose. Festschrift für Anneliese Knoop-Graf zum 80. Geburtstag, Konstanz 2001

> Enthält u. a. die Beiträge: Willi Graf, »Von der Prägung eines widerständigen Katholiken« (1933–1939); »Bücher – frei von Blut und Schande« (eine Einführung von Inge und Walter Jens in die religiöse und belletristische Literatur, die für die Entwicklung des Kreises der Weißen Rose wichtig war); eine autobiographische Erinnerung des mit Willi Graf im zweiten Prozess gegen *die Weiße Rose* zu fünf Jahren Gefängnis verurteilten Franz J. Müller.

Vinke, Hermann: Hoffentlich schreibst Du mir recht bald. Sophie Scholl und Fritz Hartnagel, Ravensburg 2006

> Im collageartigen Stil von »Das kurze Leben der Sophie Scholl« verfasst, nimmt Vinke nun »Die Geschichte einer Freundschaft 1937–1943« in den Blick. Hierfür hat er, wie in seiner Biographie »Fritz Hartnagel. Der Freund von Sophie Scholl« nach Fritz Hartnagels Tod 2001 dessen Korrespondenz mit Sophie Scholl und weitere schriftliche Zeugnisse von Fritz Hartnagel auswerten können.

Sophie Scholl, Fritz Hartnagel: Damit wir uns nicht verlieren. Briefwechsel von 1937–1943, herausgegeben von Thomas Hartnagel, Frankfurt am Main 2005

> In der ersten Textedition der Briefe von Sophie Scholl fehlte das Echo. Thomas Hartnagel, der Sohn von Fritz Hartnagel und Elisabeth Scholl, hat nun den brieflichen Dialog vervollständigt: Man weiß schon seit

1984 durch die von Inge Jens edierten Briefe von Hans und Sophie Scholl um die drängenden und fordernden Briefe von Sophie. Die Antworten ihres Freundes und Verlobten Fritz Hartnagel stehen Sophie Scholls Texten an Intensität und Offenheit nicht nach.

Vinke, Hermann, Fritz Hartnagel. Der Freund von Sophie Scholl, Zürich-Hamburg 2005

Gleichzeitig mit dem von Thomas Hartnagel edierten Briefwechsel erschien dieses Porträt von Fritz Hartnagel, für das Vinke nicht nur den bis dahin noch unveröffentlichten Briefwechsel von Fritz Hartnagel mit seiner Freundin Sophie, sondern auch mit den anderen Mitgliedern der Familie Scholl und weiteren Briefpartnern auswerten konnte. Außerdem flossen umfangreiche biographische Recherchen und Gespräche mit den Mitgliedern der Familien Scholl und Hartnagel ein. Die Darstellung umfasst auch Hartnagels Lebensweg nach dem Ende der *Weißen Rose*. Hartnagel steht solidarisch zur ausgegrenzten und in Sippenhaft genommenen Familie. Aus dem Berufsoffizier wird ein Richter und überzeugter Pazifist, der sich in der Friedensbewegung engagiert und Kriegsdienstverweigerer berät – ein Lebensweg, den er wählt, um dem Vermächtnis der *Weißen Rose* gerecht zu werden.

Zankel, Sönke, Die Weiße Rose war nur der Anfang. Geschichte eines Widerstandskreises, Köln, Weimar, Wien 2006, und: **Zankel, Sönke, Mit Flugblättern gegen Hitler.** Der Widerstandskreis um Hans Scholl und Alexander Schmorell, Köln, Weimar, Wien, 2008

40 Jahre nach Christian Petrys »Studenten aufs Schafott« von 1968 legt Zankel die zweite Gesamtdarstellung der *Weißen Rose*, die – als Dissertation verfasst – sich wissenschaftlichen Ansprüchen verpflichtet sieht. Zankel setzt sich bewusst vom Gros der bekannten Publikationen über die *Weiße Rose* ab. Sie sind für ihn durch die Überbewertung quellenkritisch nicht hinterfragter »oral history« und sonstiger Zeugnisse aus dem Kreis der Überlebenden und Familienangehörigen der *Weißen Rose* fragwürdig. Eine wichtige Akzentverschiebung deutet sich schon im Titel der Dissertation an. Zankel stellt die entscheidende Rolle Alexander Schmorells neben Hans Scholl heraus, die seit der Entdeckung der Verhörprotokolle im Jahr 1990 feststeht. »Hinsichtlich der Geschichte des Scholl-Schmorell-Kreises wurde die Glaubwürdigkeit der Zeitzeugen bisher fast nie öffentlich angezweifelt. Dies geschieht hier zum ersten Mal«, schreibt der Historiker Zankel im Vorwort der 2008 publizierten Version seiner 594-seitigen Dis-

sertation aus dem Jahr 2005. Wie schon die im Vergleich dazu ge-
drängte Vorveröffentlichung seiner wichtigsten Ergebnisse in »Die
Weiße Rose war nur der Anfang« hat sich Zankel der Entmythologisie-
rung der *Weißen Rose* verschrieben und diese auf die bis dahin breite-
ste Basis von teils selbsterschlossenen neuen Quellen gestellt. Diese
sind so ausführlich aufgeführt, dass der Leser eigene Schlüsse ziehen
kann. Man muss deshalb weder Zankels merkwürdigen inhaltlichen
Bewertungen der Einstellung des Scholl-Schmorell-Kreises zur »Judenfrage« folgen, in der er antisemitische Anklänge zu entdecken
meint, noch seiner spekulativen Annahme Wichtigkeit beimessen, die
letzte Flugblattaktion am 18. Februar 1943 sei unter Drogeneinfluss er-
folgt.

Goergen, Peter, Willi Graf – Ein Weg in den Widerstand. St. Ingbert, 2009

In der ersten Einzelbiographie von Willi Graf wird seine allmähliche
Annäherung an den Widerstandskreis in München auf dem Hintergrund seiner Erfahrungen in den Gruppierungen der bündischen Jugend beschrieben. Goergen nimmt vor allem die Vorgeschichte Grafs
vor der Weißen Rose in den Blick und liefert ein Porträt des introver-
tierten Saarländers, der spät zum Kern der Weißen Rose stieß, dann
aber mit großer Umsicht und Entschiedenheit aktiv wurde.

Beuys, Barbara, Sophie Scholl. Biografie, München, 2010

»Die Ulmer Jahre der Scholl Geschwister – das Leben im Dritten Reich
– waren nicht nur länger, sondern in mancher, oft bedeutender Hinsicht anders, als in der ›Weißen Rose‹ geschildert«, schreibt Barbara
Beuys in der Nachbemerkung ihrer Biografie, und setzt sich so, deutlich vorsichtiger formuliert, aber nicht weniger entschieden als Sönke
Zankel von der vor allem von Inge Aicher-Scholl geprägten Überliefe-
rung ab. Wie alle umfangreichen neueren Arbeiten stützt sich Beuys
dabei vor allem auf deren umfangreiches Archiv, das seit 2004 im
Münchner Institut für Zeitgeschichte eingesehen werden kann. Gro-
ßen Raum nehmen bei Beuys nach der Begeisterung für den BDM und
NS die Phase der intensiven religiösen Orientierungssuche von Sophie
Scholl im Geschwister- und Freundeskreis ein – und die von heftigen
Spannungen bestimmte Beziehung zu Fritz Hartnagel.

Moll, Christiane (Hg.), Alexander Schmorell, Christoph Probst. Gesammelte Briefe, Berlin 2011

Diese 944-seitige Edition von Christiane Moll veröffentlicht erstmals
die Jahrzehnte im Privatbesitz der Familien befindlichen und der For-

schung nicht zugänglichen Briefe von Alexander Schmorell und Christoph Probst. Die Briefschaften selbst enthalten keine direkten Informationen über die konkreten Widerstandsaktivitäten und Aktivitäten der *Weißen Rose*. In der Zusammenschau mit der bisherigen *Weiße-Rose*-Literatur gelingt es jedoch Christiane Moll, anhand dieser sehr privaten Korrespondenz, die Persönlichkeiten von Alexander Schmorell und Christoph Probst plastisch zu schildern. Moll korrigiert damit, wie sie schreibt, die von Inge Aicher-Scholls initiierte »Konzentration auf Hans und Sophie Scholl (…), die nicht der historischen Realität entsprach«. Hilfreich dazu sind nicht nur die sorgfältig kommentierten und erläuterten Briefe, sondern auch Molls einführender Text »Alexander Schmorell und Christoph Probst – Eine biographische Einführung«. Er bietet nicht nur die bisher ausführlichsten biographischen Studien von Schmorell und Probst, sondern rekonstruiert die Rolle der beiden in der Entwicklung und den Aktionen der Widerstandsgruppe, die – insbesondere Schmorell – ihren unverdienten Platz als schlecht ausgeleuchtete Randfiguren verlieren und ins Zentrum der Weißen Rose rücken.

Ellermeier, Barbara , Hans Scholl. Biographie, Hamburg, 2012
Obwohl von allem Anfang der *Weiße-Rose*-Geschichtsschreibung als Zentralfigur, intellektueller Kopf und Motor der Widerstandsgruppe beschrieben, ist Hans Scholl als letztem der studentischen Kerngruppe eine Einzelbiographie gewidmet worden. Wie Barbara Beuys nutzt auch Barbara Ellermeier dazu konsequent den umfangreichen Nachlass von Inge Aicher-Scholl im Münchner Institut für Zeitgeschichte, hier mit der Folge, dass die sehr wohl vorhandenen Brüche und Zweifel in der Person von Hans Scholl deutlich hervortreten und sich die scheinbar allzeit und umfassend sichere Ikone des Widerstands in einen Menschen zurückverwandelt. Das wissenschaftliche Gerüst der in erzählerische Form gebrachten Biographie ist in einem nicht im Buch enthaltenen Nachweisapparat zu finden, den interessierte Leser auf Anfrage als Download von der Autorin erhalten können.

Dank

Bei Abfassung und Zusammenstellung der Texte und Dokumente des Bandes haben die Autoren vielfältige und hilfreiche Unterstützung erhalten. Sie sind dafür zahlreichen Personen dankbar. Befragungen und Gespräche mit Zeitzeugen boten über viele Jahre hinweg die Chance, die Kenntnis über die *Weiße Rose* und deren Mitglieder zu vertiefen und zu erweitern, denn gerade durch Auskünfte der Überlebenden und Mitwirkenden an den Aktionen der Widerstandsgruppe wurde erst das Ausmaß und der Umfang des Widerstandskreises *Weiße Rose* deutlich. Sie haben zudem forschendes Interesse ausgelöst und begünstigt, so dass der Zugang über die »oral history« vielfach ergänzt werden konnte und auch Ansporn zum möglichst umfassenden kritischen Quellenstudium gab. In diesem Sinne ist aus dem näheren und weiteren Kreis der *Weißen Rose* besonders Inge Aicher-Scholl (†1998), Otl Aicher (†1991), Mathilde Baez geb. Graf (†2001), Prof. Dr. Heinz Bollinger (†1990), Lilo Fürst-Ramdohr, Heiner Guter, Nikolai Hamasaspian, Dr. Falk Harnack (†1991), Elisabeth Hartnagel, Hans Hirzel (†2006), Susanne Hirzel, Clara Huber (†1998), Anneliese Knoop-Graf (†2009), Dr. Traute Lafrenz, Franz Müller, Dr. Michael Probst (†2010), Dr. Marie-Luise Schultze-Jahn (†2010), Dr. Erich Schmorell (†2010) und Birgit Weiß geb. Huber (†2012) zu danken.

Zu danken ist ferner den Mitarbeiterinnen und Mitarbeitern in den verschiedenen Archiven, deren Bestände die Verfasser eingesehen und ausgewertet haben. Dies gilt insbesondere für das Bundesarchiv in Berlin, das Bundesarchiv-Militärarchiv in Freiburg, das Archiv des Instituts für Zeitgeschichte in München, die Weiße Rose Stiftung in München, das Archiv der Gedenkstätte Deutscher Widerstand in Berlin und das Stadtarchiv München; sie waren den Autoren auch bei zum Teil schon einige Jahre zurückliegenden Archivrecherchen behilflich und gewährten bereitwillig Unterstützung. Wir danken besonders Herrn Andreas Grunwald vom Bundesarchiv Berlin und Frau Ursula Kaufmann von der Weiße Rose Stiftung München sowie Frau Dr. Christiane Caemmerer und Herrn Wolfgang Hamm von der Staatsbibliothek Preußischer Kulturbesitz in Berlin und Herrn Dr. Klaus Kirchner, Erlangen, sowie Herrn Hans U. Stenger, Frankfurt am Main.

Wir danken ebenso den Mitarbeiterinnen des Lektorats beim Fischer Verlag Frankfurt am Main, Frau Nina Sillem, Frau Nassima Sahraoui und Frau Mattina Roth, die das rasche Zustandekommen des Bandes tatkräftig unterstützten und die inhaltlichen Vorstellungen der Autoren bei der Herstellung und Konzeption des Bandes in die Realität umsetzten.

München / Freiburg,   *Ulrich Chaussy und*
Juli / August 2012   *Gerd R. Ueberschär*

Bildnachweise

Abb. S. 108, 124, 127, 160, 162: © George (Jürgen) Wittenstein / akg
Abb. S. 110–117: © 2013 Manuel Aicher, Dietikon (Schweiz)
Abb. S. 120, 122: aus dem Privatbesitz Fam. Schmorell, Markus
Schmorell, © Weisse Rose Institut e.V., München
Abb. S. 129–134: © Weisse Rose Institut e.V., München
Abb. S. 137–144: © 2013 Manuel Aicher, Dietikon (Schweiz)
Abb. S. 147–150: © Familie Graf, Joachim Baez
Abb. S. 153–155: aus dem Privatbesitz Prof. Dr. Wolfgang Huber
Abb. S. 168, 171, 174, 176, 181, 514 / 515: Privatbesitz
Abb. S. 333–339: © Stadtarchiv München
Abb. S. 340: © akg-Images / Nadine Dinter
Abb. S. 493–495: © Bundesarchiv, Berlin
Abb. S. 507 / 508, 510 / 511: © Staatsbibliothek zu Berlin Preußischer
Kulturbesitz

Verlag und Autoren danken allen Rechteinhabern für die freundliche Genehmigung zur Reproduktion der Abbildungen. Für die Unterstützung
gilt besonderer Dank dem Weisse Rose Institut e. V., München und der
Weiße Rose Stiftung e.V., München. Sollten weitere rechtmäßige An-
sprüche bestehen, so bitten wir die Inhaber der Rechte sich wegen der
Vergütung an den Verlag zu wenden.

Personenregister

Kursive Zeitenzahlen verweisen auf Abbildungen

Sophie Scholl/Fritz Hartnagel
Damit wir uns nicht verlieren
Briefwechsel 1937-1943
Herausgegeben von Thomas Hartnagel
496 Seiten. Gebunden

Im Winter 1942/43 kämpfen Sophie und Hans Scholl mit den Flugblättern der »Weißen Rose« gegen das NS-Regime. Zur selben Zeit ist Fritz Hartnagel, Offizier der deutschen Wehrmacht, im Kessel von Stalingrad eingeschlossen. Als er im Lazarett Sophies letzten Brief erhält, ist das Todesurteil gegen sie bereits vollstreckt. 1937 begann die Freundschaft, die Liebe zwischen der sechzehnjährigen Schülerin und dem jungen Leutnant. Zusammensein und Gespräch mussten oft durch Briefe ersetzt werden: Sie spiegeln alle Phasen dieser außergewöhnlichen Beziehung, die gegensätzlichen Auffassungen der beiden wie ihr Bedürfnis nach Nähe, ihr Bemühen, innere Freiheit und die Fähigkeit zu verantwortlichem Handeln zu erwerben – und zu bewahren, »allen Gewalten zum Trotz«.

S. Fischer

fi 1-000425 / 1

Sippenhaft

Nachrichten und Botschaften der Familie
in der Gestapo-Haft nach der Hinrichtung von
Hans und Sophie Scholl
Herausgegeben von Inge Aicher-Scholl
137 Seiten. Leinen

Am 22. Februar 1943 wurden die Geschwister Hans und Sophie
Scholl in München zum Tode verurteilt und hingerichtet. Sie hatten unter dem Losungswort »Weiße Rose« gemeinsam mit anderen
Studenten in einer Reihe von Flugblättern und mit Mauerinschriften zum Widerstand gegen die nationalsozialistische Herrschaft
aufgerufen und waren der Gestapo in die Hände gefallen, als sie die
Blätter in der Universität auslegten. Über das weitere Schicksal
ihrer Familie war bisher wenig bekannt.
Die Eltern und die beiden Schwestern Inge und Elisabeth wurden
wenige Tage später verhaftet; mehrere Monate verbrachten sie im
Gefängnis in Ulm. Der Vater wurde bis zum Dezember 1943 dort
festgehalten; dann kam er aufgrund einer Verurteilung wegen
»Rundfunkverbrechens« in ein Zuchthaus. Vom Ulmer Gefängnis
aus durfte er noch seine Arbeit als Steuerberater weiterführen; mit
den Akten, die ihm aus seiner Kanzlei gebracht wurden, konnte
die Familie heimlich Nachrichten und Briefe austauschen. Viele
die-ser Kassiber sind erhalten geblieben.
Inge Aicher-Scholl hat eine Auswahl daraus zusammengestellt, mit
Erläuterungen versehen und aus eigenen Erinnerungen ergänzt.

S. Fischer

Gerd R. Ueberschär
Für ein anderes Deutschland
Der deutsche Widerstand gegen den NS-Staat 1933-1945
Band 13934

Bücher über den deutschen Widerstand gegen Hitler und das nationalsozialistische Regime sind Legion. Die meisten von ihnen thematisieren im wesentlichen spezielle Aspekte und Widerstandsgruppen. Die bislang fehlende solide Monographie, die das gesamte Themenfeld abdeckt, legt nun der versierte Historiker und Stauffenberg-Biograph Gerd R. Ueberschär vor – eine in sich geschlossene und zugleich kurzgefasste Überblicksdarstellung, die den gesamten Zeitraum von 1933 bis 1945 umfasst und Maßstäbe setzt.

Fischer Taschenbuch Verlag

fi 13934 / 1

Anne Frank
Tagebuch
Band 15277

Das Tagebuch der Anne Frank ist Symbol und Dokument
zugleich. Symbol für den Völkermord an den Juden durch die
Nazi-Verbrecher und Dokument der Lebenswelt einer ein-
zigartig begabten jungen Schriftstellerin.

»Zwischen Sonntagmorgen und jetzt
scheinen Jahre zu liegen. Es ist so viel geschehen,
als hätte sich plötzlich die Welt umgedreht.«
Anne Frank

Fischer Taschenbuch Verlag

fi 15277 / 1